國際貿易學

（第二版）

主　編　尹忠明
副主編　李東坤、龔　靜

崧燁文化

再版前言

《國際貿易學》是為適應世界貿易組織的新形勢，根據不同層次高等院校學生和廣大企事業單位人員的迫切需要而編寫的。本書重點對關稅和非關稅壁壘、管理出口貿易的政策與措施、世界貿易組織、國際貿易救濟措施、國際貿易術語、國際貿易合同的商訂與履行、國際貿易運輸與保險、國際貿易結算、國際貿易融資、國際無形貿易、電子商務和國際貿易爭端的解決的國際貿易理論、政策和實務問題進行了全面、深入的闡述。本書內容充實，邏輯結構合理，使用了大量最新的數據和資料。

本書由教授尹忠明主持編寫。其他編寫人員是鄧敏、彭愛華、張嫦、朱宇、黃錚、王清、楊平、龐平和張勤等。

在此，我們謹表示衷心地感謝！

編者

目　錄

第一章　導論 ……………………………………………………………（1）
　　第一節　國際貿易及其分類 ……………………………………………（1）
　　第二節　有關國際貿易的基本概念 ……………………………………（4）
　　第三節　國際貿易方式 …………………………………………………（12）

第二章　關稅及非關稅壁壘 ……………………………………………（18）
　　第一節　關稅及其分類 …………………………………………………（18）
　　第二節　關稅的經濟效應 ………………………………………………（28）
　　第三節　數量限制措施 …………………………………………………（31）
　　第四節　其他非關稅壁壘措施 …………………………………………（35）

第三章　管理出口貿易的政策與措施 …………………………………（41）
　　第一節　鼓勵出口的政策與措施 ………………………………………（41）
　　第二節　促進出口的經濟特區政策 ……………………………………（51）
　　第三節　出口管制政策 …………………………………………………（56）

第四章　世界貿易組織與中國 …………………………………………（61）
　　第一節　世界貿易組織的宗旨、地位與職能 …………………………（61）
　　第二節　世界貿易組織的運作 …………………………………………（66）
　　第三節　世界貿易組織的原則與規則 …………………………………（73）
　　第四節　中國與世界貿易組織 …………………………………………（77）

第五章　國際貿易救濟措施 ……………………………………………（84）
　　第一節　反傾銷協議 ……………………………………………………（84）
　　第二節　補貼與反補貼協議 ……………………………………………（92）

第三節　保障措施協議 ………………………………………（101）

第六章　國際貿易術語 ………………………………………（106）
　　第一節　貿易術語的含義與作用 ………………………………（106）
　　第二節　六種常用的貿易術語 …………………………………（110）
　　第三節　其他幾種貿易術語 ……………………………………（119）
　　第四節　合同中的價格條款 ……………………………………（121）

第七章　國際貿易合同的商訂與履行 ………………………（124）
　　第一節　國際貿易合同概述 ……………………………………（124）
　　第二節　交易磋商 ………………………………………………（129）
　　第三節　出口合同的履行 ………………………………………（134）
　　第四節　進口合同的履行 ………………………………………（143）

第八章　國際貨物運輸與保險 ………………………………（146）
　　第一節　國際貨物的運輸方式 …………………………………（146）
　　第二節　合同中的裝運條款 ……………………………………（156）
　　第三節　國際貨物的運輸保險 …………………………………（158）
　　第四節　合同中的保險條款 ……………………………………（167）

第九章　國際貿易結算 ………………………………………（168）
　　第一節　國際貿易結算中的票據 ………………………………（168）
　　第二節　國際貿易結算中的商業單據 …………………………（176）
　　第三節　國際貿易結算的方式 …………………………………（182）

第十章　國際貿易融資 ………………………………………（193）
　　第一節　傳統結算方式下的國際貿易融資 ……………………（193）
　　第二節　國際保理業務 …………………………………………（199）
　　第三節　包買票據業務 …………………………………………（203）

第十一章　國際無形貿易 ……………………………………（207）
　　第一節　國際無形貿易概述 ……………………………………（207）
　　第二節　國際服務貿易 …………………………………………（209）
　　第三節　國際技術貿易 …………………………………………（216）

第十二章　電子商務 ……………………………………………（226）
　　第一節　電子商務體系 ………………………………………（226）
　　第二節　電子商務在國際貿易中的應用 ……………………（231）
　　第三節　電子單據及其結算 …………………………………（235）

第十三章　國際貿易爭端的解決 ………………………………（245）
　　第一節　爭議 …………………………………………………（245）
　　第二節　索賠 …………………………………………………（248）
　　第三節　不可抗力 ……………………………………………（253）
　　第四節　仲裁 …………………………………………………（256）

第一章
導論

國際貿易是在國際分工和世界市場形成的基礎上產生的，並在當代條件下獲得了迅速的發展。本章扼要介紹國際貿易的含義、分類和有關基本概念，國際貿易產生的基礎以及國際貿易的方式。

第一節　國際貿易及其分類

一、國際貿易與對外貿易 (International Trade & Foreign Trade)

國際貿易又稱世界貿易，是指世界各國之間商品、勞務和技術的交換活動。國際貿易是世界各國相互之間勞動分工的表現形式，它反應了各國在經濟上的相互依賴關係。

從一個國家的角度來看，它同其他國家所進行的商品交換活動被稱為對外貿易。而一些海島國家，如英國、日本等的對外貿易常被稱為海外貿易 (Oversea Trade)。

國際貿易內容廣泛，性質複雜，可從不同角度加以分類。

二、進口貿易、出口貿易和過境貿易 (Import Trade, Export Trade & Transit Trade)

這三種貿易方式以商品流向作為劃分標準。

進口貿易是指一國向他國購進商品用於國內生產或非生產性消費的全部貿易性業務。

出口貿易是指一國向他國出售、提供其生產和加工的有形商品和無形商品。

過境貿易是指外國商品途經本國，而最終銷售地為第三國的貿易，也稱通過貿易。

三、有形貿易和無形貿易 (Tangible Goods Trade & Intangible Goods Trade)

有形貿易和無形貿易以商品的形態作為劃分標準。

有形貿易是指實物商品的進出口。由於國際貿易中的有形商品種類繁多，為便於統計、貿易管理和徵稅，聯合國秘書處於1950年起草、出版了《國際貿易標準分類》(*Standard International Trade Classification*，簡稱 SITC)，並經歷了多次修訂。根據1974年修訂本，有形商品共有 10 大類（見表 1-1）、63 章、233 組、786 個分組

和 1,924 個基本項目。每種商品都有一個 5 位數的目錄編號。

1988 年國際上正式實施一個名為《協調商品名稱和編碼制度》（*Harmonized Commodity Description and Coping System*，簡稱 H·S 編碼）的商品編碼制度。它將商品劃分為三個層次：第一層次為章，共 96 章；第二層次為子目，共 1,019 個子目；第三層次為稅目，有 1,241 個稅目。目前，日益增多的國家的海關開始採用 H·S 編碼。它的廣泛採用，標誌著一個國際認可的統一的海關「語言」的產生，有助於清除各國海關之間不必要的分歧，簡化國際性關稅及貿易談判，使國際貿易統計數據更具可比性，從而更科學、更準確地對世界貿易情況進行分析和比較。中國海關自 1992 年起採用 H·S 編碼制度。

表 1-1　　　　　　　　　　　　有形商品的分類

類別	有形商品	
(0)	食品和主要供食用的活動物	初級產品
(1)	飲料和菸草	
(2)	燃料以外的非食用原料	
(3)	礦物燃料、潤滑油及有關原料	
(4)	動植物油、脂及蠟	
(5)	化學品及有關製品	製成品
(6)	按原料分類的製成品	
(7)	機械及運輸設備	
(8)	雜項製品	
(9)	沒有分類的其他商品	

無形貿易又稱服務貿易（Trade in Services），是指非實物商品的進出口，如運輸、保險、金融、國際旅遊、技術轉讓、勞務輸出輸入等。它主要包括與商品進出口有關的一切從屬費用的收支，如運費、保險費、加工費、裝卸費等；與商品進出口無關的其他收支，如國際旅遊費、外交人員費用、僑民匯款、專利費；國外投資匯回的股息、紅利、租金、利潤以及公司或個人在國外服務的收入；等等。

有形貿易要結關，其金額顯示在一國的海關統計上；無形貿易則不經過海關辦理手續，其金額不反應在海關統計上，但反應在一國國際收支平衡表上。

四、易貨貿易和現匯貿易（Batter Trade & Spot Exchange Trade）

易貨貿易和現匯貿易以清償工具作為劃分標準。

易貨貿易又稱換貨貿易，是指一國與他國間互換貨物的貿易方式。其特點在於進出口直接聯繫，以貨易貨，進出口基本平衡，可以不用現匯支付。採用此種方式能幫助一些外匯短缺的國家克服支付困難。在當代各國間經濟相互依賴關係加深的條件下，有支付能力的國家有時也採用這種貿易方式。

現匯貿易又稱自由結匯貿易（Free-Liquidation Trade），是指以國際通用貨幣作為清償手段的商品交易活動。能夠充當這種國際支付手段的貨幣，必須是具有可償付性、可接受性、可轉讓性及可兌換性的自由兌換貨幣，如美元、英鎊、日元、歐

元等。

五、有證貿易和無證貿易（Documentary Trade & Electronic Data Interchange，EDI）

這兩種貿易方式以貿易交換過程是否使用單證等商業文件作為劃分標準。

有證貿易是指在國際商品買賣中，通過單證等商業文件的交接進行結算支付的一種貿易方式。在國際貿易結算中常見的結算單據有：匯票、發票、提單、裝箱單、產地證明書、動植物衛生檢疫證明書、品質證明書等。由於交易雙方相距很遠，大多不易做到「一手交錢一手交貨」，在交易中單據就成為雙方各自履行義務、享受權利的重要依據。

無證貿易又稱「無紙交易」，亦即電子數據交換，是指一種將貿易、運輸、保險、海關等行業信息通過電子信息系統來實現各有關部門間的數據交換，利用計算機按國際統一規定進行商務處理的新方法。採用此項技術，可以將原料採購與生產製造、訂貨與庫存、市場需求與銷售，以及銀行、運輸和保險等各項業務有機地聯結起來，融先進技術與科學管理為一體，提高對外貿易的競爭能力。目前，EDI技術在國際貿易中已獲得廣泛使用，美國、日本和新加坡等國則是較早推廣EDI的國家。未來國際貿易的先決條件是：誰擁有EDI手段，誰就取得成為國際貿易夥伴的資格，EDI已成為未來貿易的通行證。為適應未來國際貿易發展的潮流，中國已開始採用和推廣EDI技術。

六、直接貿易、間接貿易和轉口貿易（Direct Trade，Indirect Trade & Entrepot Trade）

這三種貿易方式以貿易關係作為劃分標準。

直接貿易是指生產國與消費國直接買賣商品的行為。

間接貿易是指生產國與消費國通過第三國轉手進行商品買賣的行為。在此情況下，每一次活動至少有一方不是生產國或者消費國。

轉口貿易是指商品進口以後未經加工又出口的活動。間接貿易至少有第三方介入，而間接貿易對於第三國來說就是轉口貿易。

商品從生產國到消費國的過程有無第三國實際地介入買賣，是區分直接貿易和間接貿易的標準，而不論產品是否經過第三國國境。即使從商品生產國直接地運送貨物到消費國，但只要兩者之間並未直接發生交易關係，而是由第三國向生產國買進再向消費國賣出，就仍是間接貿易。中國香港是全球最大的轉口貿易港。

七、雙邊貿易和多邊貿易（Bilateral Trade & Multilateral Trade）

雙邊貿易和多邊貿易以貿易參與國數目的多少作為劃分標準。

雙邊貿易既泛指兩個國家之間的貿易往來，又指兩個國家之間相互保持收支平衡的貿易，即兩國都以本國的出口支付來自對方的進口，貿易支付在雙邊的基礎上進行。

多邊貿易是指三個或三個以上國家作為一個整體，相互間保持貿易收支平衡的

貿易。在這種貿易往來中，各國都可以用對某些國家的順差支付對另一些國家的逆差，以實現整個貿易的平衡。多邊貿易能得以順利進行的前提條件是多邊支付。

八、水準貿易和垂直貿易（Horizontal Trade & Vertical Trade）

水準貿易和垂直貿易以參與國經濟發展水準不同作為劃分標準。

水準貿易是指經濟發展水準差異較小的或經濟發展水準比較接近的國家之間開展的商品交換活動，如經濟發達國家之間、發展中國家之間以及區域性國家或一體化組織內的國際貿易。

垂直貿易是指經濟發展水準差異較大的國家之間進行的商品交換活動。這兩類國家在國際分工之中所處的地位因其經濟發展水準差異而相差甚遠，其貿易政策、特點和商品都表現出與水準貿易之間的較大差別。南北貿易就是這種貿易形式。

第二節 有關國際貿易的基本概念

一、總貿易與專門貿易（General Trade & Special Trade）

總貿易是指以國境為標準劃分的進出口貿易。凡進入本國國境的商品，不論是否免稅，一律列入總進口；凡離開本國國境的商品則一律列為總出口。前者包括從國外進口的供個人消費和生產使用的貨物、進入保稅工廠加工改制的進口貨物、進入保稅工廠和自由貿易區的進口貨物；後者包括本國貨物的出口、從保稅倉庫和自由貿易區出口的貨物。總進口額加總出口額就是一國的總貿易額。採用此種標準的國家和地區有90多個，其中包括美國、日本、加拿大、澳大利亞和中國等。

專門貿易則指的是以關境為標準來劃分的進出口貿易。當外國貨物進入國境後，如果暫時存放在保稅倉庫而不進入關境的，一律不列為進口。只有從外國進入關境的商品以及從保稅倉庫進入關境的商品，才列為進口，稱為專門進口。對於從國內運出關境的本國產品以及進口後未經加工又出關境的復出口商品，則列為出口，稱為專門出口。專門進口額與專門出口額構成一國的專門貿易額。目前，採用專門貿易統計方法的國家有德國、義大利、瑞士和法國等80多個國家和地區。

二、對外貿易額、對外貿易量和對外貿易差額（Value of Foreign Trade，Quantity of Foreign Trade & Balance of Foreign Trade）

對外貿易額是以本國貨幣或以國際通用的美元所表示的一國（或地區，下同）一定時期內出口貿易額與進口貿易額的總和。它是反應一國對外貿易規模的重要指標之一。而國際貿易總額則由於一國的出口就是他國的進口，所以應該是各國出口額的總和，而不是各國進口額和出口額的總和。從理論上講，各國貿易額之和應等於國際貿易額的兩倍。但因各國都偏向於誇大本國進口額而少算本國的出口額，所以都傾向於按離岸價格（FOB，即裝運港船上交貨價）計算出口貿易額，按到岸價格（CIF，即成本加運費和保險費）計算進口貿易額，導致世界出口總額小於世界

進口總額的現象發生。

對外貿易量是以數量、重量、長度、面積或容積等實物計量單位表示或反應的一國對外貿易規模。它剔除了價格變動因素對貿易額帶來的扭曲影響,更準確地反應實際貿易規模及其變動。但由於實物計量單位無法在不同商品間進行加總,於是,為了反應一國的貿易總量規模及其變動情況,只能以一定時期(基期)的不變價格為標準來計算各個時期(報告期)的對外貿易量。具體的公式為:

$$對外貿易量 = \frac{進出口額}{進出口價格指數}$$

$$價格指數 = \frac{報告期價格}{基期價格} \times 100$$

對外貿易差額則是指一定時期內一國出口總額與進口總額之間的差額。若出口總額大於進口總額,稱為貿易出超(Trade Surplus)或貿易順差(Favourable Balance of Trade);反之,若出口總額小於進口總額,則稱為貿易入超(Trade Deficit)或貿易逆差(Unfavourable Balance of Trade)。該指標是衡量一國對外貿易狀況乃至整個國民經濟狀況的重要指標。2009—2018年1—3月中國進出口總體情況見表1-2。

表1-2　　　　2009—2018年1—3月中國進出口總體情況　　　金額單位:億美元

年份	進出口總額	增速(%)	出口總額	增速(%)	進口總額	增速(%)	差額
2009	22,075.4	-13.9	12,016.1	-16.0	10,059.2	-11.2	1,956.9
2010	29,740.0	34.7	15,777.5	31.3	13,962.2	38.8	1,815.1
2011	36,418.6	22.5	18,983.8	20.3	17,434.8	24.9	1,549.0
2012	38,671.2	6.2	20,487.1	7.9	18,184.1	4.3	2,303.1
2013	41,589.9	7.5	22,090.0	7.8	19,499.9	7.2	2,590.1
2014	43,015.3	3.4	23,422.9	6.0	19,592.3	0.4	3,830.6
2015	39,569.0	-8.0	22,749.5	-2.9	16,819.5	-14.2	5,930.0
2016	36,855.7	-6.8	20,981.5	-7.7	15,874.2	-5.5	5,107.3
2017	41,045.0	11.4	22,635.2	7.9	18,409.8	15.9	4,225.4
2018.1—3	10,421.5	16.3	5,452.7	14.1	4,968.8	18.9	483.9

資料來源:根據《中國海關統計》各相關年份整理而成。

三、對外貿易商品結構與國際貿易商品結構(Composition of Foreign Trade & Composition of International Trade)

對外貿易商品結構是指一定時期內,一國進出口貿易總額中各類商品所占的比重或其構成。

國際貿易商品結構則是指在一定時期內,在國際貿易額中各類商品所占的比重或其構成。

它們可以分別反應出一國或各國的經濟發展水準、產業結構狀況和科技發展

水準。

為便於分析比較，世界各國和聯合國都以聯合國《國際貿易標準分類》公布對外貿易和國際貿易商品結構。2009—2018 年 1—3 月中國出口商品結構見表 1-3，2009—2018 年 1—3 月中國進口商品結構見表 1-4。

表 1-3　　　　　2009—2018 年 1—3 月中國出口商品結構　　　金額單位：億美元

	2009 年	2010 年	2011 年	2012 年	2013 年	2014 年	2015 年	2016 年	2017 年	2018 年 1—3 月
總值	**12,016.1**	**15,777.5**	**18,983.8**	**20,487.1**	**22,090**	**23,422.9**	**22,749.5**	**20,981.5**	**22,635.2**	**5,452.7**
初級產品	631.1	816.9	1,005.5	1,005.6	1,072.8	1,127.1	1,039.8	1,050.7	1,177.1	302.6
食品及活動物	326.3	411.5	504.9	520.7	557.3	589.2	581.6	610.5	626.4	147.3
飲料及菸類	16.4	19.1	22.8	25.9	26.1	28.8	33.1	35.6	34.7	6.3
非食用原料	81.5	116.0	149.8	143.4	145.7	158.3	139.2	130.8	154.4	40.9
礦物燃料、潤滑油及有關原料	230.7	266.7	322.7	310.1	337.9	344.5	279.4	268.4	353.5	105.7
動、植物油脂及蠟	3.2	3.6	5.3	5.4	5.8	6.2	6.4	5.6	8.1	2.5
工業製成品	11,385.0	14,960.7	17,978.3	19,481.6	21,027.4	22,300.4	21,709.6	19,930.8	21,458.1	5,150.1
化學品及有關產品	620.2	875.7	1,147.9	1,135.7	1,196.6	1,345.9	1,296.0	1,218.9	1,413.3	385.1
按原料分類的製成品	1,848.2	2,491.6	3,195.5	3,341.5	3,606.5	4,003.8	3,913.6	3,512.0	3,680.5	887.7
機械及運輸設備	5,902.7	7,802.7	9,017.7	9,643.6	10,392.5	10,706.3	10,594.5	9,845.1	10,829.1	2,692.6
雜項製品	2,997.5	3,776.5	4,593.7	5,346.6	5,814.5	6,221.7	5,881.5	5,296.2	5,477.7	1,174.4
未分類的其他商品	16.5	14.7	23.4	14.2	17.3	22.7	24.6	58.6	57.6	10.3

資料來源：參見 2018 年《中國對外貿易形勢春季報告》。

表 1-4　　　　　2009—2018 年 1—3 月中國進口商品結構　　　金額單位：億美元

	2009 年	2010 年	2011 年	2012 年	2013 年	2014 年	2015 年	2016 年	2017 年	2018 年 1—3 月
總值	**10,059.2**	**13,962.5**	**17,434.8**	**18,184.1**	**19,499.9**	**19,592.3**	**16,819.5**	**15,874.2**	**18,409.8**	**4,968.8**
初級產品	2,898.0	4,338.5	6,042.7	6,349.3	6,576.0	6,474.4	4,730.1	4,401.6	5,770.6	1,642.1
食品及活動物	148.3	215.7	287.7	352.6	417.0	468.2	505.0	491.4	542.9	151.5
飲料及菸類	19.5	24.3	36.8	44.0	45.1	52.2	57.7	60.9	70.3	19.2
非食用原料	1,413.5	2,121.1	2,849.2	2,696.6	2,861.4	2,701.1	2,104.6	2,019.6	2,602.3	669.5
礦物燃料、潤滑油及有關原料	1,240.4	1,890.0	2,757.8	3,130.8	3,149.1	3,167.9	1,988.1	1,762.8	2,478.4	784.6
動、植物油脂及蠟	76.4	87.4	111.1	125.3	103.4	84.9	74.5	67.3	76.8	17.3
工業製成品	7,161.2	9,624.0	11,392.1	11,834.7	12,926.9	13,128.5	12,089.4	11,472.6	12,639.2	3,326.7
化學品及有關產品	1,120.9	1,497.0	1,811.5	1,792.9	1,903.0	1,933.7	1,713.2	1,640.1	1,937.4	525.5

表1-4(續)

	2009年	2010年	2011年	2012年	2013年	2014年	2015年	2016年	2017年	2018年 1—3月
按原料分類的製成品	1,077.4	1,312.8	1,503.0	1,462.6	1,482.9	1,724.2	1,333.2	1,218.5	1,350.7	360.9
機械及運輸設備	4,078.0	5,494.2	6,305.7	6,259.4	7,103.5	7,244.5	6,834.2	6,579.4	7,348.5	1,900.1
雜項製品	851.9	1,135.6	1,277.2	1,362.2	1,390.1	1,398.4	1,347.4	1,260.1	1,341.7	334.8
未分類的其他商品	33.1	184.4	495.1	687.7	1,047.4	827.6	861.3	774.5	660.8	205.5

資料來源：參見2018年《中國對外貿易形勢春季報告》。

四、對外貿易地理分佈與國際貿易地理分佈（Geographical Distribution of Foreign Trade & Geographical Distribution of International Trade）

對外貿易地理分佈又稱為對外貿易地理方向（Direction of Foreign Trade）或國別結構，是指一國進出口貿易總額的國別和地區分佈。它指明一國出口商品的去向和進口商品的來源，從而反應出一國與不同國家和地區的經濟貿易聯繫的程度，在有的情況下也可表示一國的外貿地位。而經濟互補性、國際分工的形式與貿易政策是影響一國對外貿易地理分佈的主要因素。2009—2018年1—3月中國出口分國別（地區）情況見表1-5，2009—2018年1—3月中國進口分國別（地區）情況見表1-6。

表1-5　　　2009—2018年1—3月中國出口分國別（地區）　　金額單位：億美元

	2009年	2010年	2011年	2012年	2013年	2014年	2015年	2016年	2017年	2018年 1—3月
總值	12,016.1	15,777.5	18,983.8	20,487.1	22,090.0	23,422.9	22,749.5	20,981.5	22,635.2	5,452.7
亞洲	5,686.5	7,319.5	8,990.4	10,068.1	11,347.1	11,883.8	11,408.5	10,422.8	10,963.5	2,668.2
日本	978.7	1,210.4	1,482.7	1,516.2	1,502.8	1,494.5	1,356.7	1,292.6	1,373.2	344.4
韓國	536.7	687.7	829.2	876.8	911.8	1,003.5	1,013.0	937.1	1,027.5	248.1
中國香港	1,662.3	2,183.0	2,679.8	3,234.3	3,847.9	3,631.6	3,308.4	2,877.2	2,793.5	649.9
臺灣	205.0	296.7	351.1	367.8	406.4	462.8	449.0	403.7	439.9	108.8
東盟*	1,062.6	1,381.6	1,700.7	2,042.5	2,440.7	2,718.2	2,774.9	2,559.9	2,791.2	707.6
新加坡	300.5	323.5	355.7	407.4	458.6	488.4	520.1	444.8	450.2	115.1
非洲	477.3	599.6	730.8	853.1	928.1	1,061.5	1,086.7	922.2	947.4	227.4
歐洲	2,646.5	3,551.9	4,135.7	3,964.0	4,057.5	4,388.9	4,033.4	3,896.7	4,290.6	1,042.4
歐盟**	2,373.2	3,125.6	3,575.2	3,352.6	3,389.8	3,709.0	3,558.8	3,390.5	3,720.4	901.5
英國	312.8	387.7	441.2	463.0	509.5	571.4	595.7	556.7	567.2	116.2
德國	499.2	680.5	764.0	692.1	673.5	727.2	691.6	652.1	711.4	174.2
法國	214.6	276.5	300.0	269.0	267.2	287.1	267.5	246.6	276.7	68.7
義大利	202.4	311.4	336.9	256.0	257.6	287.6	278.4	263.6	291.7	74.7

表1-5(續)

	2009年	2010年	2011年	2012年	2013年	2014年	2015年	2016年	2017年	2018年1—3月
荷蘭	366.8	497.0	595.0	589.0	603.2	649.3	594.6	574.5	671.4	162.0
俄羅斯	175.2	296.1	389.0	440.6	495.9	536.8	347.8	373.3	429.0	102.8
拉丁美洲	570.9	918.0	1,217.2	1,352.2	1,342.7	1,362.6	1,322.2	1,138.6	1,308.3	317.7
北美洲	2,385.5	3,058.4	3,500.8	3,801.1	3,978.4	4,262.8	4,393.3	4,126.3	4,612.7	1,069.8
加拿大	176.7	222.2	252.7	281.2	292.2	300.1	294.3	273.1	313.8	70.0
美國	2,208.0	2,832.9	3,244.5	3,517.8	3,684.3	3,960.9	4,095.4	3,850.8	4,297.5	999.1
大洋洲	249.3	330.2	408.9	448.7	446.2	465.5	505.4	475.1	512.6	127.4
澳大利亞	206.4	272.2	339.1	377.3	375.6	391.2	403.2	372.9	414.4	100.5

註：*東盟：文萊、緬甸、柬埔寨、印度尼西亞、老撾、馬來西亞、菲律賓、新加坡、泰國、越南。

**歐盟：比利時、丹麥、英國、德國、法國、愛爾蘭、義大利、盧森堡、荷蘭、希臘、葡萄牙、西班牙、奧地利、芬蘭、瑞典、塞浦路斯、匈牙利、馬耳他、波蘭、愛沙尼亞、拉脫維亞、立陶宛、斯洛文尼亞、捷克、斯洛伐克、保加利亞、羅馬尼亞、克羅地亞。

資料來源：參見2018年《中國對外貿易形勢春季報告》。

表1-6　　　　2009—2018年1—3月中國進口分國別（地區）　　　金額單位：億美元

	2009年	2010年	2011年	2012年	2013年	2014年	2015年	2016年	2017年	2018年1—3月
總值	10,059.2	13,962.5	17,434.8	18,184.1	19,499.9	19,592.3	16,819.5	15,874.2	18,409.8	4,968.8
亞洲	6,035.2	8,349.6	10,040.8	10,382.9	10,901.7	10,856.0	9,547.8	9,058.4	10,293.7	2,725.3
日本	1,309.1	1,767.4	1,945.6	1,778.3	1,622.8	1,630.0	1,429.9	1,455.3	1,656.5	412.9
韓國	1,025.5	1,383.5	1,627.1	1,687.4	1,830.7	1,901.9	1,745.6	1,588.7	1,775.1	472.6
中國香港	87.0	122.6	154.9	178.8	162.2	129.0	127.7	168.5	73.2	16.2
臺灣	857.2	1,157.4	1,249.1	1,322.0	1,566.4	1,520.3	1,433.1	1,392.6	1,553.9	400.4
東盟*	1,067.5	1,547.0	1,930.2	1,958.9	1,995.4	2,083.1	1,946.8	1,962.2	2,357.0	628.9
新加坡	178.0	247.3	281.4	285.3	300.5	308.0	275.6	259.5	342.2	82.2
非洲	433.3	670.9	932.4	1,132.5	1,174.3	1,157.8	703.7	569.0	752.6	235.9
歐洲	1,620.4	2,178.7	2,871.7	2,866.9	3,241.9	3,363.6	2,932.1	2,877.0	3,268.3	900.0
歐盟**	1,277.7	1,684.2	2,112.4	2,121.5	2,200.6	2,442.6	2,088.8	2,079.7	2,448.7	635.2
英國	78.8	113.1	145.6	168.1	190.9	237.4	189.4	186.5	223.1	55.8
德國	557.2	742.6	927.4	919.2	942.0	1,050.3	876.2	969.5	251.9	
法國	130.0	171.1	220.6	241.2	231.1	270.9	246.6	224.8	267.2	63.4
義大利	110.1	140.1	175.8	160.7	175.8	193.0	168.5	167.0	204.3	50.1
荷蘭	51.2	64.8	86.6	87.0	98.3	93.5	87.0	97.9	112.4	33.5

表1-6(續)

	2009年	2010年	2011年	2012年	2013年	2014年	2015年	2016年	2017年	2018年 1—3月
俄羅斯	212.3	259.2	403.7	441.6	396.2	416.4	332.8	322.3	412.0	127.8
拉丁美洲	647.7	918.4	1,196.7	1,260.7	1,273.0	1,273.0	1,043.3	1,027.0	1,270.2	335.4
北美洲	895.6	1,170.8	1,443.5	1,561.7	1,778.7	1,842.9	1,750.8	1,528.1	1,744.5	477.2
加拿大	120.5	149.2	221.7	232.1	252.2	252.2	262.5	183.1	203.7	60.0
美國	774.6	1,021.0	1,221.2	1,329.0	1,525.8	1,590.1	1,487.4	1,344.0	1,539.4	416.7
大洋洲	426.6	660.2	889.3	916.7	1,085.6	1,096.2	830.3	803.8	1,076.7	294.3
澳大利亞	394.9	611.2	826.7	846.2	988.5	977.7	736.4	706.7	948.2	254.8

註：＊東盟：文萊、緬甸、柬埔寨、印度尼西亞、老撾、馬來西亞、菲律賓、新加坡、泰國、越南。

＊＊歐盟：比利時、丹麥、英國、德國、法國、愛爾蘭、義大利、盧森堡、荷蘭、希臘、葡萄牙、西班牙、奧地利、芬蘭、瑞典、塞浦路斯、匈牙利、馬耳他、波蘭、愛沙尼亞、拉脫維亞、立陶宛、斯洛文尼亞、捷克、斯洛伐克、保加利亞、羅馬尼亞、克羅地亞。

資料來源：參見2018年《中國對外貿易形勢春季報告》。

國際貿易地理分佈又稱國際貿易地理方向（Direction of International Trade），用以表明國際貿易額在不同地區和國家的分佈情況。它反應了各國、各地區或國家集團在國際貿易中的地位。2017年主要經濟體對外貨物貿易額見表1-7。

表1-7　　　　　　　　2017年主要經濟體對外貨物貿易額　　　　金額單位：億美元

經濟體	總額	同比增長率（％）	出口額	同比增長率（％）	進口額	同比增長率（％）	餘額	同比增長率（％）
中國	41,106.41	11.55	22,701.60	8.23	18,404.82	15.94	4,296.78	-15.74
美國	39,562.48	7.82	15,467.62	5.97	24,094.87	9.05	-8,627.25	15.04
德國	26,156.62	9.25	14,485.40	8.13	11,670.30	10.67	2,816.02	-1.24
日本	13,693.61	9.36	6,981.59	8.23	6,712.02	10.57	269.57	-29.12
荷蘭	12,257.12	14.31	6,525.05	14.63	5,732.07	13.94	792.98	19.89
法國	11,588.85	7.93	5,349.79	6.79	6,239.06	8.93	-889.27	23.85
中國香港	11,401.80	7.15	5,502.72	6.49	5,899.08	7.78	-396.36	29.53
英國	10,891.08	4.23	4,449.59	8.83	6,441.49	1.27	-1,991.90	-12.32
韓國	10,521.72	16.71	5,736.94	15.79	4,784.78	17.83	952.16	6.49
義大利	9,584.96	10.72	5,063.03	9.74	4,521.93	11.84	541.10	-5.19
加拿大	8,532.06	7.63	4,207.15	7.91	4,324.91	7.35	-117.76	-9.42
墨西哥	8,416.24	10.60	4,094.94	9.52	4,321.30	11.64	-226.36	72.01
比利時	8,299.96	8.77	4,282.36	8.20	4,017.60	9.39	264.76	-7.20
印度	7,454.17	19.54	2,991.93	13.31	4,462.24	24.11	-1,470.31	53.96

表1-7(續)

經濟體	總額	同比增長率(%)	出口額	同比增長率(%)	進口額	同比增長率(%)	餘額	同比增長率(%)
新加坡	7,009.24	14.35	3,732.35	13.13	3,276.89	15.77	455.46	-2.82
西班牙	6,663.15	11.69	3,184.52	10.81	3,478.63	12.50	-294.11	34.85
俄羅斯	5,909.04	24.86	3,531.16	25.29	2,377.88	24.23	1,153.28	27.55
臺灣	5,768.80	18.32	3,173.81	23.44	2,594.99	12.65	578.82	115.74
瑞士	5,684.47	-0.48	2,996.05	-1.13	2,688.42	0.26	307.63	-11.85
波蘭	4,608.09	15.26	2,306.51	13.90	2,301.58	16.66	4.93	-90.56
泰國	4,594.57	12.22	2,366.94	10.78	2,227.63	13.78	139.31	-22.09
澳大利亞	4,519.60	19.15	2,306.79	21.37	2,212.81	16.93	93.98	500.00
越南	4,264.57	21.49	2,146.53	21.42	2,118.04	21.57	28.49	11.29
土耳其	3,908.47	14.60	1,570.55	10.18	2,337.92	17.77	-767.37	37.10
巴西	3,752.49	16.25	2,177.84	17.57	1,574.65	14.48	603.19	26.51
奧地利	3,423.15	10.63	1,672.22	9.74	1,750.93	11.50	-78.71	68.91
捷克	3,421.02	12.16	1,801.55	10.65	1,619.47	13.89	182.08	-11.74
瑞典	3,068.41	9.68	1,531.32	9.80	1,537.09	9.57	-5.77	-29.63
愛爾蘭	2,192.59	7.75	1,349.71	5.36	842.88	11.82	506.83	-3.90
丹麥	1,954.99	8.17	1,025.40	7.73	929.59	8.65	95.81	-0.41
挪威	1,847.29	16.14	1,019.76	16.73	827.53	15.40	192.23	22.83

資料來源：根據世界貿易組織2017年的公布數據整理而成。

五、貿易條件（Terms of Trade）

貿易條件又稱進出口比價或交換比價，是指一個國家在一定時期內出口商品價格與進口商品價格之間的對比關係。用以反應該國的對外貿易狀況，一般用貿易條件系數來表示，即：

$$貿易條件系數 = \frac{出口價格指數}{進口價格指數} \times 100$$

如果某國此系數大於100，則表明出口價格比進口價格相對上漲，意味著每出口一單位商品能換回的進口商品數量比以往增加，貿易條件得到改善；如果該系數小於100，則意味著貿易條件惡化。

六、對外貿易依存度、出口貿易依存度、進口貿易依存度（Degree of Dependence on Foreign Trade, Export Trade & Import Trade）和外貿貢獻度

對外貿易依存度又稱對外貿易比率，是指一國進出口總額與其國內生產總值之比，即：

$$外貿依存度 = \frac{進出口總額}{國內生產總值}$$

它既表明了一國經濟依賴於外貿的程度，又在一定程度上反應了一國的經濟發展水準以及參與國際經濟的程度。隨著國際分工的擴大與深化，各國的外貿依存度均有不同程度的提高。但在總體上，經濟發達國家的外貿依存度高於發展中國家，小國高於大國。2001年部分國家貿易依存度比較見表 1-8。

表 1-8　　　　　　　　2001 年部分國家貿易依存度比較

國別	貿易額占 GDP 的比重（%）	貿易額占商品 GDP 的比重（%）
中國	44	66.3
美國	19	68.1
日本	18.2	61.7
德國	57.6	106.2
法國	49.4	148.9
英國	42.5	102.6
義大利	43.5	123.9
韓國	69.1	102.7
墨西哥	54.2	143.8
印度尼西亞	60.1	95.5

資料來源：參見《世界發展指標2003》。

出口貿易依存度是指一國出口總額與國內生產總值之比。

進口貿易依存度是指一國進口總額與國內生產總值之比。

外貿貢獻度是指一國通過外貿實現的國內生產總值占全部國內生產總值的比例。它反應了外貿對一國內生產總值的直接貢獻。

七、出口導向與進口替代（Export-Lead & Import Substitution）

出口導向是指一國通過引進外資和國外先進技術來發展本國工業，以製成品替代初級產品的出口，通過出口貿易的增長，帶動整個國家經濟的發展。在實施此項戰略的初期，替代行業宜於選擇投資少、見效快、技術要求低、勞動密集程度高的行業。

進口替代是指一國通過引進先進技術和設備，發展國內不能生產或質量不過關的產品的生產，實現國產化，以國產製成品替代進口製成品。實施進口替代戰略後，進口商品結構中製成品尤其是消費品的比例下降，但原材料、機器設備的進口會上升。同時，隨著替代工業的發展，對原材料、機器元件的需求擴大，對外匯的需求亦同比增長。

第三節　國際貿易方式

所謂貿易方式，指的是不同國家的當事人在不同的營業地進行貨物買賣所採取的方法和商品流通渠道。國際貿易方式除逐筆售定外，還有包銷、經銷與代理、招標與投標、拍賣、寄售與展賣、商品交易所與國際博覽會等傳統貿易方式和新興貿易方式等。

一、包銷、經銷與代理

（一）包銷（Exclusive Sales）
1. 包銷的含義
包銷指的是出口商通過包銷協議（Exclusive Sales Agreement），在一定期限和範圍內，將某種或某類出口商品的經營權單獨給予包銷商；包銷商在約定的期限和地區範圍內享有獨家經營權或專營權。包銷是一種特殊的買賣關係，買賣雙方都受專買權和專賣權的約束。前者指包銷商根據包銷協議購貨，不得採購或經營其他來源的該類商品；後者指出口商將指定的商品在規定期限和地區範圍內給予包銷商獨家銷售的權利，而不得向該區域內的消費者直接售貨。

2. 包銷協議
包銷協議是出口商與包銷商規定雙方的權利和義務，並確立雙方法律關係的契約。其主要內容包括：包銷商品的品種與地區、包銷協議有效期的起訖時間、包銷期間的最低銷售數量與金額、包銷雙方當事人的權利與義務、包銷商品的價格條件和付款方式、撤約和續約的辦法等。

3. 包銷的利弊
在國際貨物買賣中，採用包銷方式的優點在於：①在國際市場競爭日趨激烈的情況下，通過專營權的給予，可調動包銷商的積極性，充分利用其分銷渠道和行銷能力，提高出口產品的國際競爭力，鞏固、擴大市場份額；②可避免分散經營所造成的自相競爭的矛盾；③有助於出口商或賣方有計劃地安排生產，組織貨源，並可根據市場需要均衡供貨，穩定銷量和售價。其不足之處在於：①若包銷商選擇有誤，或市場行情有變，就有可能出現包而不銷或利用其獨家經營的優勢操縱市場、壓價銷售，給出口商帶來不利影響；②由於受專賣權的約束，出口商在一定期限和範圍內只能同包銷商進行交易，限制了與其他客戶發展業務往來，所以缺乏一定的靈活性；③包銷商需自己承擔貨款及其他行銷費用的支付，並自負盈虧和承擔風險。

（二）經銷（Distribution）
1. 經銷的含義
經銷指的是國外出口商授權經銷商（Distributor）或進口商在一定地區銷售指定商品。在經銷業務中，雙方當事人之間仍然是買賣合同所確定的買賣關係。在此方式下，經銷商可根據經銷協議在購貨方面享受一些優惠待遇。與包銷不同的是，雙

方不受專營權的約束，即出口商可以同時在同一地區內選擇多個經銷商，分別同他們簽訂經銷協議，授予其在一定地區銷售指定商品的權利。經銷商可以同時在同一地區內選擇多個出口商，簽訂經銷協議後銷售其指定商品。

2. 經銷協議

經銷協議是出口商同經銷商訂立的確立雙方法律關係的契約。其主要內容包括：經銷商品的範圍、經銷地區、經銷數量或金額、作價方法、經銷商的其他義務和經銷期限等。此外，還應規定不可抗力及仲裁條款等一般交易條件。

3. 經銷的利弊

採用經銷方式，出口商通常要在價格、支付條件等方面給予經銷商一定的優惠。這可以調動經銷商的積極性，利用其分銷渠道為推銷出口商品服務，有時，還可要求經銷商提供售後服務和開展市場行銷調研活動等。但如果經銷商選擇不當，其經營能力不佳或資信不好，則會使出口商作繭自縛，達不到穩固市場、擴大銷售的目的。

（三）代理（Agency）

1. 代理的含義與特點

代理是指出口商（即委託人，Principal）與國外進口商（即代理人，Agent）簽訂代理協議，委託後者在規定的時間和地區內代銷出口商品。代理不同於其他貿易方式，它具有下述特點：①出口商與代理人之間不是買賣關係，而是委託與被委託關係。貨物在代理人售出之前，其所有權始終屬於出口商。②代理人銷售商品所得貨款全部交歸出口商，代理人只按代理協議的有關規定向出口商索取佣金。③除非代理協議另有規定，否則代理人無權將代理權轉授給其他人，亦不能擅自對外簽約。代理人必須毫無保留地向委託人傳遞所掌握的商品信息，以便後者確定是否與有關買主簽訂合同。

2. 代理的種類

代理根據委託人授權的大小，可分為總代理（General Agent）、獨家代理（Exclusive Agent 或 Sole Agent）和一般代理（Agent）。總代理是委託人在指定地區的全權代表，他有權代表委託人從事一般商務活動和某些非商務性的活動。

獨家代理是在指定地區和期限內單獨代表委託人行為從事代理協議中規定的有關業務的代理人。委託人在該地區內，不能委託其他代理人。

一般代理又稱佣金代理（Commission Agent），是指在同一地區和期限內委託人可同時委託幾個代理人代表委託人行為，代理人不享有獨家經營權。代理人按協議規定的辦法向委託人計收佣金。

3. 代理協議

代理協議是載明委託人和代理人之間權利與義務的法律文件。其主要內容有：代理商品和地區、代理人的權利與義務、委託人的權利與義務、佣金的支付和代理費用的償付條款等。當然，不同種類的代理合同的具體內容存在差異。如一般代理協議中通常不規定擬銷商品的數量，也沒有專營權條款；獨家代理協議則必須對專營權的有關條件加以明確規定。

二、招標與投標

（一）招標（Invitation to Tender）與投標（Submission of Tender）的含義

招標與投標是一種貿易方式的兩個不可分離的方面，常用於大宗物資採購、工程項目興建、儀器設備引進、礦產能源開發、交通運輸投資、勞務的引進輸出等。它包括招標、投標和開標三個環節。

1. 招標

招標是指招標人發出招標通知，說明擬採購的商品名稱、品種、規格、數量、交貨期及其他條件，邀請投標人在規定的時間、地點按照一定的程序進行投標的行為。招標的形式有：

（1）公開招標，即完全競爭式招標，是指招標人通過國內外報紙、電視、電臺以及有關媒體刊登招標廣告，讓所有合法的投標者都有機會參加投標，招標人擇優選擇投標者。這是目前國際承包工程最主要的成交方式。

（2）邀請招標，即有限競爭式招標，是指招標人有選擇地邀請一些他認為資信最佳、經驗最豐富的較大承包商參加投標。其優點是可保證合同有效履行，但容易失去在技術上和報價上有競爭力的投標者。

（3）議標，又稱談判標、協商標、委託信任標和議價標，即非競爭式招標，是指招標人不公開發布招標公告，只根據以往的業務關係和信息資料，向少數客戶發出招標通知。它大多被用於購買技術要求高的專業性設備或成套設備。應邀參加投標的企業通常是經驗豐富，技術裝備優良，在該行業中享有一定聲譽的企業。

2. 投標

投標是指投標人應招標人的邀請，按照招標的要求和條件，在規定的時間內向招標人遞價，爭取中標的行為。

3. 開標（Opening of Tender）

開標是指招標人開啓各投標人寄交的投標文件並加以比較，選擇出最佳交易條件的投標人作為交易對象。一般來說，招標人總是選擇報價最優者作為交易對象，即在招標購買商品時，選擇報價最低的投標人；反之，則選擇報價最高的投標人。可有時候招標人出於非經濟因素的考慮，也可能選擇報價不是最優的投標人作為交易夥伴。

（二）招標與投標的利弊

招標與投標是一種對招標人較有利對投標人較不利的貿易方式。這是因為：

（1）一家招標、數家投標，使招標人在選擇交易條件和交易夥伴方面有較大的回旋餘地。

（2）從性質上講，招標相當於一個無約束力的詢盤，而投標則相當於一個有約束力的發盤，即招標人不因招標而承擔必須選定投標人成交的義務，而投標人在中標之後，就必須與招標人成交。

（3）成交與否以招標人是否滿意收到的投標為準，並由他單方面確定，投標人沒有討價還價的機會。

（4）數名投標人競爭同一筆交易，因不瞭解競爭對手所報價格等條件，往往將價格報得過高（在招標銷售中）或過低（在招標採購中），有利於招標人優價買賣有關貨物。

三、拍賣、寄售與展賣

(一) 拍賣（Auction）

1. 拍賣的含義與特點

拍賣是由專營拍賣業務的拍賣行接受貨主的委託，在規定的時間和場所，按照一定的章程和規則，以公開叫價競購或「密封出價」的方法，把貨物賣給出價最高的買主的一種現貨交易方式。國際貨物的拍賣方式有以下特點：①拍賣一般都是在拍賣中心或拍賣行的統一組織下進行；②拍賣具有自己獨特的法規；③拍賣是一種公開競買的現貨交易。

國際上用拍賣方式進行買賣的商品大多數是一些品質不易標準化、易腐壞且不宜久存的商品，或歷史上有拍賣習慣的商品，如菸草、茶葉、皮毛、藝術品、古董等。

2. 拍賣的種類

根據出價方式的不同，可將拍賣分為以下三種：

（1）增價拍賣，是指由拍賣人宣布預定的最低售價，然後由買主競相加價，直到出價最高時，由拍賣人接受並以擊槌動作宣告達成交易。

（2）減價拍賣，又稱荷蘭式拍賣（Dutch Auction），是指拍賣人宣布商品的最高售價，無人接受就逐步降低叫價，直到有買主認購為止。

（3）密封遞價拍賣（Sealed Bid），又稱招標式拍賣，是指拍賣人事先公布自己或有關專家對拍賣商品的估價，購買人用密封信件把出價郵寄給拍賣人。拍賣人定期開封，選擇出價最高者成交。

(二) 寄售（Consignment）

1. 寄售的含義

寄售指的是出口商或寄售人（委託人）先將擬銷售的貨物運往國外寄售地，委託當地代銷人（被委託人）按照雙方議定的條件代為銷售的方式。在此方式下，雙方當事人的關係是一種委託與被委託的關係，而不是買賣關係。其最大的特點是商品先出運後出售，而其他貿易方式則相反。

2. 寄售協議

寄售協議是寄售人和代銷人之間為了開展寄售業務就雙方的權利、義務和有關寄售的條件和辦法簽訂的書面協議。其主要內容包括：①寄售商品的作價方法。方法大致有四種，即規定最低限價、隨行就市、銷售前徵得寄售人同意和規定結算價格。②佣金。佣金率直接關係到雙方的利益，佣金多以匯付方式支付。③貨款的收付。一般由代銷商扣除佣金及代墊費用後付給寄售人。

3. 寄售方式的利弊

寄售方式的優點表現在：對寄售人來說，有利於開拓市場和擴大銷路，掌握有利的推銷時機；對代銷人來講，不需墊付資金，也不承擔風險，可調動那些有推銷能力、經營作風好、資金不足的客戶的積極性；對買主來講，是看貨成交，大大節

省交易時間，減少了風險和費用，十分便利。

其不足之處是：寄售人承擔的貿易風險大，資金週轉期長，收匯不安全。因此，只有對滯銷貨、試銷商品或貨款總額較小的商品，才適宜採用寄售方式；而對於金額較大的暢銷貨，則應選用其他貿易方式成交。

（三）展賣（Fairs and Sales）

展賣是最古老的交易方式之一，也是國際貿易中一種行之有效的習慣做法。它是利用展覽會和博覽會以及其他交易會形式，對商品實行展銷結合，以銷為主的貿易方式。

展賣的方式主要有兩種：一種是將貨物通過簽約方式買斷給國外客戶，雙方是買賣關係，由客戶在國外舉辦或參加展覽會，貨價有所優惠，貨款可在展賣後或定期結算；另一種是由雙方合作，展賣時貨物所有權不變，價格由貨物所有者決定，國外客戶承擔運輸、保險、勞務及其他費用，貨物出售後收取一定手續費作為補償。

四、商品交易所與國際博覽會

（一）商品交易所（Commodity Exchange）

1. 商品交易所的含義

商品交易所是設在世界主要商業中心進行大宗商品買賣的固定場所。它是一種有組織的國際市場，只限於其正式會員或經紀人在場內進行交易。商品交易所交易的商品主要是初級產品，其中最主要的是有色金屬、糧食、油料、食品和紡織原料等。目前世界上最著名的商品交易所主要有：芝加哥商品交易所、紐約商品交易所、倫敦金屬交易所、香港期貨交易所、東京工業品交易所等。

2. 商品交易所的交易種類

按照貨物或合同交割的時間劃分，商品交易所的交易分為現貨交易和期貨交易。

（1）現貨交易（Spot Trading），即交易者通過交易所實買實賣，交易達成後立即進行商品的交割。交易所對交易提供場所、標準合同、解決糾紛等方面的服務。

（2）期貨交易（Futures Trading），是指在商品（期貨）交易所內，按一定規章制度進行的期貨合同的買賣。它具有轉移價格風險、形成權威性價格、調控價格水準和提高行銷效率、穩定經濟效益等功能。

期貨交易的種類十分繁雜，按其目的不同，可分為以轉移價格風險為目的的套期保值交易（又稱對沖交易，Hedging）和以獲取盈利為目的的投機交易。前者是指利用現貨市場與期貨市場同時進行兩個數量相等而方向相反的買賣；後者則是指在期貨市場通過買進期貨合約（買空）或賣出期貨合約（賣空），以賺取差價利潤的行為。

目前世界上最活躍的期貨交易主要包括農產品期貨交易、金屬期貨交易、金融期貨中的外匯期貨交易、股票價格指數期貨交易和利率期貨交易等。

（二）國際博覽會（International Fairs）

國際博覽會是指在一定地點定期舉辦、由一國或多國聯合組辦、邀請各國商人參加交易的國際集市。它不僅為買賣雙方提供了交易方便，而且越來越多地作為產品介紹和廣告宣傳借以打開銷路，以及作為新產品、新工藝介紹借以進行技術交流的一種重要方式被廣泛運用。

國際博覽會按展銷商品的類別可分為綜合性博覽會和專業性博覽會。前者如米蘭、萊比錫、巴黎等地舉辦的國際博覽會，各種商品均可參加展出和交易；後者如科隆博覽會等只限某種專業性商品參展和交易。

中國於 1985 年 1 月建立了隸屬於中國國際貿易促進委員會的中國國際貿易中心，同年 11 月，亞太地區第四屆國際貿易博覽會在該中心舉行。

五、加工裝配貿易

（一）加工裝配貿易（Processing with Customer's Materials）的含義與特點

加工裝配貿易是指利用國外客戶提供的原材料、零部件，或按照國外客戶提供的圖紙或樣品進行加工裝配生產，產品一般用於外銷的貿易方式。

加工裝配貿易又稱對外加工貿易，包括來料加工和來件裝配。它具有以下特點：①與進出口緊密結合。加工裝配貿易主要是進口原料、零部件，出口勞務。而勞務出口的貨幣表現是工繳費。②加工方無須承擔成品銷售的風險，也不用籌措外匯資金。委託人接受所有加工裝配合格的成品，並支付給加工方約定的工繳費。③加工方對來料、來件不擁有所有權，只有使用權。若對來料、來件使用不當、管理不善，或在加工裝配時超過正常損耗，加工方要承擔責任。

（二）加工裝配貿易協議

委託人與加工方所簽訂的載明雙方權利、責任與義務的加工裝配貿易協議的主要內容包括：規定委託人來料、來件的時間、地點和數量，確定工繳費的計算方法，規定原料消耗定量和合理次廢品率，加工成品的質量、交貨時間和數量的規定，工繳費的支付方式等。

加工裝配貿易對雙方當事人都有利有弊。但對廣大的發展中國家來講，該貿易方式仍是其走向國際市場的一條行之有效的途徑。1998 年，中國加工裝配貿易出口 1,044.7 億美元，比 1997 年增長 4.9%，在 1,837.6 億美元出口總額中所占比重達 56.9%。加工裝配貿易增長是拉動當年出口增長的主要力量。

六、補償貿易

補償貿易指的是進口商不使用現匯，而是使用買賣雙方議定的某種商品或勞務償還全部或部分進口貨款的貿易方式。根據償還貨款產品性質的不同，可將補償貿易分為三種：

（1）直接產品補償（Direct Product Compensation），又稱產品返銷（Product Buy Back）或有關產品補償（Resultant Products Compensation），即一方進口國外的設備和技術後，用這些設備和技術生產的產品來分期償還價款。

（2）間接產品補償（Indirect Product Compensation），又稱產品互購（Counter Purchase）或非有關產品補償（Non-resultant Product Compensation），即一方進口國外的設備和技術後，不使用這些設備和技術生產的產品，而是使用其他產品或勞務償還價款。

（3）混合補償（Mixed Compensation），這是上述兩種補償方式的綜合利用，指進口方同時使用直接產品和間接產品償付同一筆進口價款。兩者的比例由雙方議定。

第二章
關稅及非關稅壁壘

世界上沒有絕對「自由」的貿易。為了實現國內經濟增長目標，達到保護國內幼稚工業等目的，幾乎所有的國家和地區要採取各種措施對進口進行管制。這些措施都會使進口商品成本上升、價格提高、競爭力削弱，從而起到阻礙商品進口的作用。進口管制的措施可分為兩類：一類是關稅措施，另一類是非關稅措施。非關稅措施又可分為兩大類：一類是進口國直接對進口商品的金額和數量做出規定；另一類是進口國未直接規定進口商品的金額和數量，而是對進口商品制定種種嚴格的條例，間接地影響和限制商品的進口。

第一節　關稅及其分類

一、關稅概況

(一) 關稅、海關與關境

關稅（Customs Duties 或 Tariff）是指進出口商品經過一國關境時，由政府設置的海關（Customs House）向其進出口商所徵的稅收。進出口商品徵稅後，成本和價格上升，競爭力削弱。因此，關稅實際上起到了阻礙商品進入的作用，所以，人們又把關稅叫作關稅壁壘（Tariff Barrier 或 Tariff Wall）。

關稅的徵收很早就出現了。古希臘在愛琴海、黑海兩岸一帶的屬地對來往的進口貨物按值徵收 1%~5% 的稅收；古羅馬時代對通過其海港、橋樑等的貨物徵收 2.5% 的稅收；在古代中國，統治者也設立「關卡」，對過往的貨物徵稅。

真正意義上的關稅是在資本主義產生後形成的。英國在 1640 年建立了統一的國境關稅，成為近代關稅制度的開端。法國在 1660 年開始廢除內地關稅，到 1791 年完成。隨後，比利時、荷蘭都相繼設立統一的國境關稅，這種制度一直沿用至今。

關稅的徵收是由海關執行的。海關是一個國家設立在其國境上的行政管理機構，其任務是根據國家有關政策和規章對進出口貨物、貨幣等進行監督管理。其具體職責是：對進出口貨物徵收關稅、查禁走私、臨時保管通關貨物、統計進出口商品等。

海關徵收關稅的領域叫關境。一般說來，關境和國境是一致的。隨著各國經濟開放度的提高和經濟一體化程度的加深，關境和國境也出現了相背離的情況：有些國家在其國境內設有自由貿易區、自由港、出口加工區等經濟特區，商品進出這些

區域是免稅的，此時關境小於國境；有些國家相互結成關稅同盟（Customs Union），對內取消關稅，對外實行統一關稅，此時關境大於國境。

(二) 關稅的特徵

(1) 強制性、無償性和預定性。關稅是國家稅收的一種，與其他稅收一樣，具有強制性、無償性和預定性。強制性是指稅收是憑藉法律的規定，由國家的管理部門強制徵收，而不是自願繳納。無償性是指徵收的關稅無償作為國家財政收入，國家無須付出任何代價，無須給予任何補償。預定性是指國家事先明確規定徵稅的稅率、方法等有關事項，在一定時期內保持穩定，不得隨意更改。

(2) 關稅是一種間接稅。關稅是海關對進出口貨物所徵的稅，其稅負的直接負擔者是進出口商，但進出口商把這部分稅額作為成本加在貨價上，然後在出售商品時就轉嫁給了購買者。所以，關稅屬於間接稅。

(3) 關稅的徵收主體是進出口商人，即由本國進出口商支付關稅稅額。

(4) 關稅的徵收客體是進出口貨物，不管貨主是誰，也不管該貨物售後是否獲利，凡進出關境均需納稅。

(三) 關稅的作用與影響

關稅政策是一國對外經貿政策的重要體現，對一國的對外貿易和國民經濟都會產生重大影響。

1. 增加國家財政收入

關稅設立的最初目的是獲得財政收入，所以又稱為財政關稅（Revenue Tariff）。隨著社會經濟的發展，財政關稅的意義已大為降低，現在各國已把關稅作為限制外國商品進口、保護國內產業和國內市場的一種手段。但對經濟落後的國家來說，財政關稅仍是其財政收入的一個重要來源。

2. 保護國內產業與市場

重商主義者最早認識到關稅的保護作用。他們強調採用高的進口關稅來阻礙外國商品的進口，以達到保護國內幼稚工業的目的。與財政關稅相對應，這種以保護為主、收入為輔的關稅又稱為保護關稅（Protective Tariff）。保護關稅限制了外國商品的進入，尤其是高關稅可以大大減少有關商品的進口數量，減少競爭，從而達到保護國內同類產業或相關產業的生產與市場。

3. 調節作用

一個國家可以通過調整關稅結構來調整進出口商品結構。在海關稅則中，國家可以通過調高某項產品的進口稅率達到減少進口數量的目的，或是通過調低某項產品的進口稅率來達到擴大進口數量的目的。國家還可以通過調整關稅稅率來調節貿易差額。在貿易出現逆差時，國家提高關稅稅率可以減少進口，進而減小貿易逆差。

當然，關稅也有消極作用。由於對進出口商品徵收關稅，提高了價格，國內消費者受到了損失；從整個世界來看，由於徵稅，減少了進出口流量，不利於國際貿易的開展；關稅雖然有保護本國生產的作用，但如果徵稅過高，保護過度，會使國內有關企業養成依賴性，產品缺乏國際競爭能力。

二、關稅的分類

關稅的種類繁多，按不同的標準可以把關稅分為許多不同類別。

（一）按徵收的對象分類

1. 進口稅（Import Duties）

進口稅是進口國家的海關在外國商品輸入時，根據海關稅則向本國進口商所徵收的關稅。進口稅是最主要的關稅稅種，我們所說的關稅就是針對進口稅而言的。它一般是在外國貨物直接進入本國關境或國境時徵收，或者外國貨物由自由港、自由貿易區或海關保稅倉庫等提出運往進口國的國內市場銷售，在辦理海關手續時根據海關稅則徵收。進口稅在限制外國商品進口、保護國內生產和市場方面具有很明顯的作用。一般而言，稅率越高，其保護程度越強。但進口國家並不對所有的商品都一律徵收高關稅，通常對工業製成品的進口徵收較高的關稅，對半製成品的進口稅率次之，而對原材料的進口稅率最低甚至免稅。現在，徵收進口稅還常常被用作與貿易對手談判的籌碼。

2. 出口稅（Export Duties）

出口稅是出口國家的海關對本國商品輸往外國時對出口商所徵收的關稅。本國商品在徵收出口稅以後，會造成價格上升，在世界市場上競爭能力減弱，所以大部分國家一般對絕大多數商品都不徵收出口稅，只有一些發展中國家對少數商品徵稅。徵收出口稅主要有下列目的：①增加財政收入，這主要適用於某些出口競爭力特別強的商品，稅率一般不高，比如泰國對大米的出口徵收較低的出口稅；②保護本國稀有資源，限制跨國公司大量收購；③保證國內生產正常進行；④保證國內正常供應，滿足國內市場需求。

3. 過境稅（Transit Duties）

過境稅是一國對通過其關境的外國貨物所徵收的關稅。過境稅是資本主義發展初期，交通運輸業不很發達的產物。隨著交通運輸競爭的日趨激烈和財政關稅意義的降低，各國都相繼取消了過境稅。1947年簽署的《關稅與貿易總協定》規定：「締約國對通過其領土的過境運輸可以要求在適當的海關報關。但是，除了遵守應適用的海關法令條例以外，這種來自或前往其他締約國領土的過境運輸，不應受到不必要的耽延或限制，並應對它免徵關稅、過境稅或有關過境的其他費用。但運輸費用以及相當於因過境而支出的行政費用或提供服務成本的費用，不在此限。」

（二）按照徵稅的計算方法分類

1. 從量稅（Specific Duty）

從量稅是以貨物的計量單位如重量、數件、長度、體積等為標準計徵的關稅。用公式表示如下：

$$從量稅額 = 商品數量 \times 每單位從量稅$$

各國在徵收從量稅時以重量為單位最為常見。各國對於重量的計算方法各有不同，常見的有以下三種：

（1）毛重（Gross Weight）法，即以包括商品內外包裝在內的全部重量作為計

稅依據進行徵稅的方法。

(2) 半毛重（Semi-gross Weight）法，即以商品總重量減去外包裝後的重量作為計稅依據進行徵稅的方法。這種方法又可分為兩種：一種是實際半毛重法，即從商品總重量中扣除外包裝的實際重量後再計算徵稅的方法；一種是法定半毛重法，即從商品總重量中扣除外包裝的法定重量後再計算徵稅的方法。

(3) 淨重（Net Weight）法，即以商品總重量扣除內外包裝後的重量作為計稅依據進行徵稅的方法。這種方法也可分為兩種：一種是實際淨重法，即從商品總重量中扣除內外包裝的實際重量後再計算徵稅的方法；一種是法定淨重法，即從商品總重量中扣除內外包裝的法定重量後再計算徵稅的方法。

由於從量稅只與商品的量有關，而與商品的價格和品質無關，因而其既可以避免繁雜的手續，節約徵稅成本，還可以防止進口商謊報價格。但從量稅也有明顯的缺點：對等級、品質及價格有差異的貨物，按同一稅率徵收，稅負不合理；而且稅率固定，當物價下跌時，保護作用增大，當物價上漲時，保護作用減小，失去了市場的價格功用。所以當今世界大多數國家都不採用從量稅，而採用從價稅。

2. 從價稅（Ad Valorem Duty）

從價稅是按照進口商品的價格標準計徵一定比例的關稅。其稅率表現為貨物價格的百分率，用公式表示如下：

$$從價稅額 = 商品總值 \times 從價稅率$$

從價稅與商品價格有直接關係。它與商品價格高低成正比關係，其稅額隨著商品價格的變動而變化。如商品價格下跌而稅率不變，則稅額相應減少，關稅保護作用會有所下降；商品價格上漲而稅率不變，則稅額相應增加，關稅保護作用會有所上升。

一般說來，從價稅有以下幾個優點：①合理性。從價稅跟商品價格密切相關，商品價格主要跟商品的品質、價值相關。價值高的貨物多交稅，價值低的貨物少交稅。②公平性。稅額與價格成正比，隨價格漲落而變化。③可比性。從價稅便於各國間進行關稅稅率高低的比較。

從價稅有一個主要的問題，就是進口商品完稅價格（Duty Paid Value）怎樣確定。完稅價格是經海關審定後作為計徵關稅依據的貨物價格。完稅價格的認定稱為海關估價（Customs Value），是進口貨物的價格經貨主或申報人向海關申報後，海關按本國關稅法令規定的內容審查，估定其完稅價格。

由於完稅價格的確定對貨物納稅額有直接關係，而估價方法各國又不相同，所以有些國家可以採用高估完稅價格的方法來限制商品進口。為了統一各國的海關估價方法，世界貿易組織《海關估價協議》確立了以下六種海關估價方法：

(1) 貨物本身的成交價格。

這是海關估價的最主要方法。成交價格是貨物出口到進口方時實際支付或應付的價格（如發票價格）。根據《海關估價協議》第 8 條規定，下列費用可加到進口商為進口貨物實際支付或應付的價格中：除購貨佣金之外的佣金和經濟費；包裝和集裝箱的成本和收費；各種輔助工作，如由買方以免費或減價形式提供用於進口貨

物生產的商品（材料、部件、工具、燃料等）及服務（設計、計劃等）；專利費和許可費；由於轉售或使用進口商品給賣方帶來的收益；假如以到岸價進行海關估價，運輸、保險及進口地點有關的收費。《海關估價協議》也明確規定，能夠從實際支付價格或應付價格中區分出來的費用或成本，不得加入海關估價。

(2) 相同貨物的成交價格。

如果不能按照上述成交價格確定進口貨物的完稅價格，則應以相同貨物的成交價格作為完稅價格。

(3) 類似貨物的成交價格。

如不能以上述（1）或（2）的方法確定完稅價格，則應以類似貨物的成交價格來確定完稅價格。《海關估價協議》第 15 條第 2 款確立了「判斷相同貨物或類似貨物的規則」，規定如下：

相同貨物：在所有方面包括相同的物理特點、質量和信譽都一樣的貨物，被認為是相同貨物。

類似貨物：在構成、材料和特點方面與被估價貨物極為相似的貨物，與被估價貨物具備同樣效用、在商品上可以互換的貨物。

此外，某貨物要被認為是被估價貨物的相同或類似產品，該貨物必須與被估價貨物在同一國家生產，而且由同一生產商生產。

(4) 扣除法價格。

扣除法價格是指應稅的進口商品在其國內市場的單位銷售價格，或與其相同或類似商品在其國內市場的單位銷售價格，扣除相關的利潤、關稅和國內稅、運輸費和保險費，以及在進口時生產的其他費用後的價格。

(5) 推算法價格。

推算法價格是指被估價貨物的生產成本，加上「利潤和相當於反應在該出口國生產者向進口方出口與被估價貨物同等級和同品種貨物的銷售環節中的大致費用」後的價格。

(6) 符合關貿總協定有關規定的其他方法。

可見，海關估價應按（1）~（6）順次進行，其中第（4）種和第（5）種可以調換。

3. 混合稅（Mixed or Compound Duties）

混合稅是對同一種商品同時徵收從量稅和從價稅的一種方法。混合稅常常用於耗用原材料較多的工業製成品。例如美國對提琴徵收混合稅，每把琴徵收 21 美元的從量稅外加 6.7% 的從價稅；對男式開司米羊絨衫每磅徵收從量稅 37.5 美分，外加 15.5 % 從價稅。

4. 選擇稅（Alternative Duties）

選擇稅是對一種商品同時規定了從量稅和從價稅兩種，在實際徵收時由海關選擇其中一種徵收的方法。海關通常按稅率較高的一種徵收，但有時為了鼓勵進口，也選擇稅率較低的一種徵收。

(三) 按照差別待遇和等級分類

1. 進口附加稅（Import Surtax）

進口附加稅是指對進口商品徵收正常關稅以外再徵收某種特定目的的稅。進口附加稅設立的目的有多種：維持國際收支基本平衡，保護國內市場，防止國外商品低價傾銷，對某個國家實施報復等。根據這些不同目的，進口附加稅可分為反補貼稅、反傾銷稅、報復關稅等。

（1）反補貼稅（Counter-vailing Duty）。反補貼稅又稱為抵消稅或補償稅。它是對直接或間接接受補貼的外國商品的進口所徵收的一種附加稅。凡進口商品在生產、製造、加工、買賣、輸出過程中所接受的直接或間接的任何獎金和補貼都構成徵收反補貼稅的條件，不管這種獎金和補貼是來自政府還是同業工會。反補貼稅的稅額一般按其所享受的獎金和補貼稅款徵收。徵收的目的在於提高進口商品的價格，抵消其所享受的補貼金額，削弱其競爭能力，使它不能在進口國的國內市場上進行低價競爭和傾銷。

（2）反傾銷稅（Anti-dumping Duty）。反傾銷稅是對於實行商品傾銷的進口貨物所徵收的一種進口附加稅。所謂傾銷是指一國的商品以低於本國國內價格或低於正常價格在其他國家進行商品銷售的行為。傾銷的目的大多在於打擊對手，占領外國市場，這樣會使進口國廠商面臨不平等的競爭地位而受到衝擊。為了抵制商品傾銷，保護本國產品的國內市場，很多國家都對傾銷的商品徵收反傾銷稅。

（3）報復關稅（Retaliatory Duties）。報復關稅是指對特定國家的不公平貿易行為採取報復行為而臨時加徵的進口附加稅。加徵報復關稅大致有以下幾種情況：對本國輸出的物品課以不合理的高關稅或差別稅率，對本國物品輸出設置障礙，貿易夥伴違反某種協定等。美國《1988年綜合貿易和競爭力法案》的「超級301」條款，就是關於針對「不公平」貿易夥伴實施報復的條款，其報復手段之一就是加徵臨時性報復關稅。

2. 差價稅（Variable Levy）

差價稅也稱差額稅，其稅額等於國內價格與進口價格之間的差額。差價稅是當某種國內生產的產品的國內價格高於同類進口商品的價格時，為了削弱進口商品的競爭能力，保護國內工業和市場而徵收的一種附加關稅。由於差價稅是隨著國內外市場價格差異的變動而變動的，因此它是一種滑動關稅（Sliding Duty）。對於徵收差價稅的商品，有的規定按價格差額徵收，有的規定在徵收一般關稅以外另外徵收，歐盟國家和地區為保護本國和地區農產品價格，就採用了差價稅。具體講，就是先指定一個入門價格或叫門檻價格（Threshold Price），然後減去進口價格，其差額便是差價稅。有了這種差價稅，便可保證進口農產品價格與內部市場價格一致。

3. 普通稅（Common Duty）

普通稅適用於從與本國沒有任何貿易協定的國家進口的商品。當今世界各國的經濟相互更加依賴，聯繫更加緊密，絕大多數國家之間都有各式各樣的貿易協定，適用於普通稅的情況並不多見，所以實際上普通稅是一種相對較高的關稅。

4. 最惠國待遇稅（MFNT Duty）

最惠國待遇稅適用於簽訂有最惠國待遇（Most-Favoured-Nation Treatment）條款

的貿易協定國家之間的商品貿易的進口稅。所謂最惠國待遇又稱「非歧視待遇」，是指締約國之間在通商、房產、關稅、公民法律地位等方面相互給予的不低於現實和將來給任何第三國的優惠、特權和豁免待遇。其中在進口關稅方面，締約國之間適用的稅率比普通稅率要低得多。由於所有世界貿易組織成員都是多邊地享有最惠國待遇，所以最惠國待遇稅適用面很廣。

5. 普惠制稅（GSP Duty）

普惠制稅是發達國家給予發展中國家的比最惠國待遇更優惠的關稅待遇。1968年，第二屆聯合國貿易與發展會議通過了建立普遍優惠制（Generalized System of Preferences）的決議，發達國家承諾對從發展中國家和地區進口工業製成品、半製成品以及部分農產品給予普遍的、非歧視的和非互惠的關稅待遇。這是廣大發展中國家長期積極鬥爭的結果。1976年，在第四屆聯合國貿易與發展會議上，南北國家達成協議，決定由每個發達國家分別制訂和執行各自的普惠制方案。

普惠制的主要原則是普遍的、非歧視的和非互惠的。其目的是增加發展中國家或地區的外匯收入，加速發展中國家和地區的經濟增長。實行普惠制的國家在提供其普惠制待遇時，都做了種種規定。在已有的16個普惠制方案中，主要的規定如下：

（1）對受惠國家和地區的規定。普惠制在原則上應對所有發展中國家和地區提供優惠待遇。但給惠國從各自的政治利益出發，對受惠國或地區進行限制。如美國公布的受惠國名單中，不包括某些發展中的社會主義國家、石油輸出國組織的成員國。

（2）對受惠商品範圍的規定。普惠制原應對受惠國或地區的製成品和半製成品普遍實行關稅減免，實際上許多給惠國沒有這樣做。在公布的受惠商品名單中，工業品受惠較多，而農產品較少。一些敏感性商品，如紡織品、鞋類等，都被排除在受惠商品之外。

（3）對受惠商品減稅幅度的規定。因為大多數國家之間的商品進出口適用於最惠國待遇稅，所以，普惠制受惠商品的減稅幅度大小，取決於最惠國稅率和普惠制稅率的差額的大小。有些商品減稅多一些，有些商品減稅少一些。一般說來，農產品減稅幅度小，而工業製成品的減稅幅度大。

（4）對給惠國保護措施的規定。給惠國一般都規定保護措施，以保護本國某些產品生產和銷售。主要有這樣三種規定：①免責條款（Escape Clause）。當給惠國商品的進口量增加到對其本國同類商品或有競爭關係的商品的生產者造成或即將造成嚴重損害時，給惠國有保留完全取消或部分取消關稅優惠待遇的權利。②預定限額（Prior Limitation）。對受惠商品預先規定限額，超過限額的進口按規定徵收最惠國稅率。③競爭需要標準（Competitive Need Criteria）。對來自受惠國的某一種進口商品規定一定的進口標準，如超過當年規定的進口額度，則取消下年度該種商品的關稅優惠待遇。

（5）對原產地的規定。根據原產地標準的規定，產品必須全部產自受惠國家或地區，或者規定產品所包含的進口原料或部件經過深加工，發生了實質性變化後，

才能享受關稅優惠待遇。所謂實質性變化有兩種標準：①加工標準（Process Criterion）。它規定進口原料或零件經過加工以後的商品稅目發生了變化，就可以認為已經發生了實質性變化。西歐共同市場及日本、挪威、瑞典等國家採用這種標準。②增值標準（Value-added Criterion）。它規定，只有進口原料或零件的價值沒有超過出口商品價值一定的百分比，這種變化才能作為實質性變化而享受關稅優惠待遇。澳大利亞、加拿大、美國、波蘭、新西蘭等國家採用這種標準。例如，加拿大規定進口原料和零件的價值不得超過出口商品價值的40%；澳大利亞、新西蘭、波蘭規定不得超過50%；美國規定不得超過65%。

在原產地規定中，除了原產地標準，還有直接運輸規則（Rule of Direct Consignment），即受惠商品必須由受惠國直接運到給惠國。當然，由於地理原因或運輸需要，各給惠國也允許貨物經過受惠國以外的第三國領土，以及在過境國家或地區轉換運輸工具和暫存貨棧。此外，受惠國必須向給惠國提交原產地和托運的書面證書，才能享受普惠制關稅待遇。

6. 特惠稅（Preferential Duty）

特惠稅又稱優惠稅，是指對某個國家或地區進口的全部商品或部分商品，給予特別優惠的低關稅或免稅待遇。它不適用於從非優惠國家或地區進口商品。特惠稅有的是互惠的，有的是非互惠的。特惠稅有兩種情況：

（1）宗主國和殖民地附屬國之間的特惠稅。第二次世界大戰以前主要是這一種情況，目的在於保證宗主國在殖民地、附屬國市場上的優勢。如英聯邦國家1932年在渥太華會議上建立的英聯邦特惠稅，就是英國為了確保獲取廉價原料、食品和銷售其工業品，壟斷其殖民地、附屬國市場而建立的。

（2）洛美協定（Lome Convention）國家之間的特惠稅。它是西歐共同市場向參加協定的非洲、加勒比海地區和太平洋地區的發展中國家單方面提供的特惠稅。它主要有以下三方面內容：①西歐共同市場國家在免稅、不限量的條件下，接受這些發展中國家的全部工業品和96%的農產品進入西歐共同市場，而不要求這些發展中國家提供反向優惠（Reverse Preference）。②西歐共同市場對這些國家上述96%的農產品以外的一些農產品，如牛肉、甜酒和香蕉等做了特殊安排，對這些商品的進口每年給予一定數量的免稅進口配額，超過配額的進口徵收關稅。③在原產地規定中，確定了「充分累積」制度（Full Cumulation），即來源於這些發展中國家或西歐共同市場國家的產品，如在這些發展中國家中的任何其他國家內進一步加工時，將被看作原產地產品，仍可享受特惠稅待遇。

同時，洛美協定也規定，如果大量的進口在西歐共同市場的某個經濟區域或某個成員國內引起混亂，西歐共同市場將保留採取保護措施的權利。

（四）按照關稅保護程度和有效性分類

1. 名義關稅（Nominal Tariff）

名義關稅是指某種進口商品進入該國關境時根據海關稅則規定的稅率所徵收的關稅。此稅率叫作名義關稅稅率，又叫名義保護稅率。用公式表示為：

$$名義保護稅率 = \frac{進口商品國內售價 - 自國外進口價格}{自外國進口價格} \times 100\%$$

2. 有效關稅（Effective Tariff）

有效關稅是指整個關稅制度與其他保護措施對某種產品在其生產過程中給予的淨增值的影響。此稅率叫作有效關稅稅率，又叫實際保護稅率。它代表著關稅對本國同類產品的真正有效的保護程度。用公式表示為：

$$實際保護稅率 = \frac{國內加工增值 - 國外加工增值}{國外加工增值} \times 100\%$$

例如，某企業進口成品徵稅10%，原材料不徵稅，原材料占成品價值比重為75%，每千克成品價格為30美元。則：

國外加工增值 = 30 − 22.5 = 7.5（美元/千克）
國內加工增值 = 30 × (1+10%) − 22.5 = 10.5（美元/千克）

$$實際保護稅率 = \frac{10.5 - 7.5}{7.5} \times 100\% = 40\%$$

如對原材料徵收5%的關稅，則：

原材料費用 = 22.5 × (1+5%) = 23.625（美元/千克）
國內加工增值 = 33 − 23.625 = 9.375（美元/千克）

$$實際保護率 = \frac{9.375 - 7.5}{7.5} \times 100\% = 25\%$$

可以看出，有效保護不僅注意到關稅對成品價格的影響，還注意到原材料因徵收關稅而增加的價格。通過對成品名義稅率和原材料名義稅率的比較，我們可以得出這樣的結論：①若成品名義稅率和原材料名義稅率相等，則對成品的有效保護率等於其名義稅率；②若成品名義稅率高於原材料名義稅率，則對成品的有效保護率高於其名義稅率；③若成品名義稅率低於原材料名義稅率，則對成品的有效保護低於其名義稅率，甚至可能是一個負值。現在發達國家對進口商品普遍採用累進的關稅結構，其結果使這些國家所製造的最新產品的有效關稅保護率大大超過名義保護率，這實際上進一步起到了限制商品進口的作用。

三、關稅稅則

關稅稅則（Tariff Schedule）又稱海關稅則（Customs Tariff），是一個國家按一定立法程序頒布的，對該國進出口商品計徵關稅的規章和對進出口的應稅與免稅商品加以系統分類的一覽表。關稅稅則是海關徵稅的依據，也是一國關稅政策的具體體現。關稅稅則一般包括兩個部分：一部分是海關徵收關稅的規章條例及說明，另一部分是關稅稅率表。

關稅稅率表主要包括三個部分：稅則號列（Tariff No. 或 Heading No.），簡稱稅號；貨物分類目錄（Description of Goods）；稅率（Rate of Duty）。

(一) 關稅稅則的貨物分類

關稅稅則的貨物分類主要是根據進出口貨物的構成情況，對不同商品使用不同的稅率以及便於貿易統計而進行的系統分類。各國海關稅則對商品的分類不盡相同，主要有以下幾種：

(1) 按貨物的自然屬性分類，例如動物、植物、礦物等；

(2) 按貨物的加工程度或製造階段分類，例如原料、半製成品和製成品等；

(3) 按貨物的成分分類或按工業部門的產品分類，例如鋼鐵製品、塑料製品、化工產品等；

(4) 按貨物的用途分類，例如食品、藥品、染料、儀器、樂器等。

各國在實際分類時一般先按自然屬性分成大類，再按其他方法分成不同層次的章或組、項目、子目、分目等。各國的稅則分類不同，給國際貿易的發展帶來了諸多不便。為了統一各國的商品分類，協調稅則分類的矛盾，歐洲關稅同盟研究小組等組織先後制定了三部稅則目錄。下面我們對此進行一一介紹。

1. 《布魯塞爾稅則目錄》

《布魯塞爾稅則目錄》（*Brussels Tariff Nomenclature*，BTN）即《關稅合作理事會稅則目錄》（*Customs Co-operation Council Nomenclature*，CCCN），是歐洲關稅同盟研究小組於1952年12月在布魯塞爾制定的，除了美國、加拿大外，已有100多個國家和地區採用。《布魯塞爾稅則目錄》的商品分類的劃分原則是以商品的自然屬性為主，結合加工程度等來劃分的。它將全部商品分為21類（Section）、99章（Chapter）、1,015項稅目號（Heading No.）。第1~24章為農畜產品，第25~99章為工業製成品。每一項稅目號都用4位數表示，中間用圓點隔開，前兩位數表示商品所屬的章號，後兩位數表示該商品在這一章中的稅目號。例如61.01（男用外衣）表示該商品屬於第61章第1項。會員國一般不得隨意變動稅則目錄中的類、章、項這三級的稅目號排列及編製，而對項下的細目（以A、B、C……排列），各會員國有一定的機動權。

《布魯塞爾稅則目錄》由五部分組成。第一部分是稅則目錄。第二部分為正文，共分為三欄：第一欄為稅目號，第二欄為國際貿易標準分類號，第三欄為商品名稱。第三部分是項目分類註釋說明。第四部分是稅目及註釋說明字母排序索引。第五部分是分類意見提綱。它是匯集關稅合作理事會歷次會議上關於稅目分類問題的意見的文件。

2. 《國際貿易標準分類》（見第一章第一節相關內容）

3. 《協調商品名稱和編碼制度》（見第一章第一節相關內容）

(二) 關稅稅則的分類

1. 單式稅則（Single Tariff）

單式稅則又稱一欄稅則，是指對每一種應稅商品不論產自什麼國家，所適用的稅率只有一個，即每個稅則號下都只有一個稅率。單一稅則的一個重要特點是無歧視性，即對任何國家的任何商品沒有歧視待遇。這種單式稅則曾流行於壟斷資本主義時期，但由於它功能單一，國家無法利用關稅制度對外進行差別待遇和爭取關稅

優惠，所以現在絕大多數國家都放棄單式稅則而採用復式稅則，只有少數發展中國家如巴拿馬、岡比亞、加納等仍沿用單式稅則。

2. 復式稅則（Complex Tariff）

復式稅則又稱多欄稅則，是指一個稅目下有兩個或兩個以上的稅率，以便對來自不同國家或地區的進口商品，適用不同的稅率。為了體現國家對外貿易政策的差別，對不同國家的同種商品實行區別對待，當前世界大多數國家都實行復式稅則。復式稅則有二欄至五欄不等，一般有普通稅率、最惠國稅率、普惠制稅率、特惠稅率四欄。

第二節　關稅的經濟效應

一、價格效應

徵收進口關稅後的一個顯著變化就是進口商品的價格上升，那麼價格上升的幅度是不是就一定等於關稅稅額呢？或者說徵收關稅後出口國是否也要負擔一部分關稅呢？這就要看進口國在徵收關稅後是否會改變進口商品的國際價格。於是我們區別了兩種情況：進口大國和進口小國。進口大國對某一商品徵收關稅後，對該商品的需求量顯著減小，從而使該商品的國際價格降低；而進口小國對進口商品價格幾乎沒有什麼影響。

（一）進口大國的價格效應

進口大國是指進口需求變動會影響國際市場價格的國家。我們假定日本是大米的進口大國，泰國是出口國。在圖2-1中，OP_0是不徵稅前的價格，也就是大米的國際價格，日本進口量為Q_1Q_2。徵收關稅以後，由於大米在日本國內市場上的價格提高，則日本對大米的進口需求會減少，國際市場價格便不會再是OP_0，而要發生變化。我們假設下跌至OP_1，日本徵收的關稅額為P_1P_2，進口量減少為Q_3Q_4，則關稅總額等於$P_1P_2 \times Q_3Q_4 = c+f$。

我們可以看出徵收關稅以後，價格上升的幅度小於關稅額，即關稅額不是由日本消費者單獨承擔，也不是由泰國出口商承擔，而是由兩國共同承擔。具體來看，日本承擔了圖中的c部分，泰國承擔了圖中的f部分。至於c和f誰大誰小，即誰承擔得更多，則取決於日本的進口需求價格彈性與泰國出口供給價格彈性的大小關係。兩種極端的情況分別見圖2-1和圖2-2。

圖2-1顯示了日本對大米的需求價格彈性為零，即需求量不隨價格變化而變化，則不會影響大米的國際市場價格，關稅額全由日本消費者負擔。

圖2-2顯示了泰國的大米供給價格彈性為零，即大米供給量不變，只好大幅減價，則關稅額全由泰國出口商負擔。

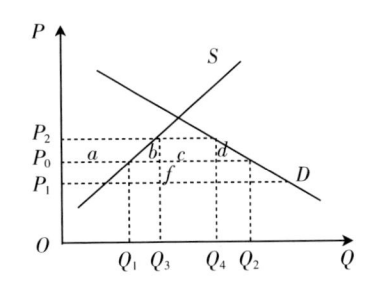

圖 2-1　日本對大米的需求價格彈性為零 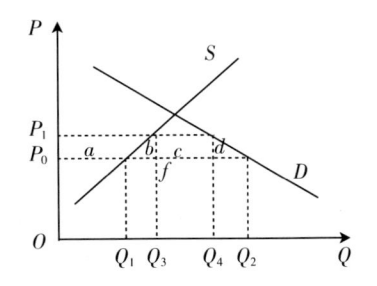　　　圖 2-2　泰國的大米供給價格彈性為零

（二）進口小國的價格效應

進口小國是指進口需求變化對國際市場價格沒有影響的國家。它的價格效應有點類似於進口大國在極端情況下，即在進口需求彈性為零的情況下的效應，關稅將全部由進口國的消費者負擔，如圖 2-2。假定新加坡是大米的進口小國，徵稅前的進口價格即國際市場價格為 OP_0，收 P_0P_1 的關稅後，國際市場價格仍為 OP_0，則 P_0P_1 的關稅額由新加坡的消費者全部承擔，即圖中 $P_0P_1 \times Q_3Q_4 = c$ 部分。

二、國內經濟效應

國內經濟效應是指徵收進口關稅後對國內經濟各方面的影響。

（一）大國的國內經濟效應

由圖 2-1 可知，進口大國日本在徵稅前的進口價格為 OP_0，進口量為 Q_1Q_2，因為是進口大國，所以徵稅後進口價格為 OP_1，國內售價為 OP_2，進口量減為 Q_3Q_4。這對進口國帶來的國內經濟效應是：

（1）消費者效應。

由西方經濟學消費者理論可知，因為國內價格的上升，國內消費者受到損失，消費者剩餘減少的面積為 $a+b+c+d$。

（2）稅收效應。

因為徵稅而使政府獲得了財政收入，這一部分收入在圖中面積為 $c+f$。因為徵稅後進口量為 Q_3Q_4，單位稅額為 P_1P_2，則關稅總額為 $Q_3Q_4 \times P_1P_2 = c+f$。

（3）生產者效應。

徵收關稅提高了進口商品的國內價格，也提高了本國生產者所生產的商品的價格，這樣，本國生產者可以在徵稅後獲得好處。由西方經濟學生產者理論可知，本國生產者剩餘增加了面積 a。

（4）保護效應。

因徵收關稅提高了進口商品的國內銷售價格，使國內同類競爭商品得以在價格升高的基礎上組織生產和銷售，從而受到保護。可見，稅率越高，關稅的保護作用越大。當關稅提高到使進口完全停止時，就產生了徹底的保護作用。

（5）其他效應。

國家為了較好地開展徵稅工作，勢必設置海關、雇傭工作人員等，這些都應該

看作稅收帶來的成本增加，會造成國家淨福利的減少。另外，稅收一方面可以保護國內的幼稚工業，另一方面也可阻礙先進技術、設備的引進，這對一國的長期發展未必有利。由上可以看出，關稅的國內經濟效應對國內各利益集團的利益影響互有消長。綜合起來，對一國總的福利影響在圖中的面積為：$-(a+b+c+d)+a+(c+f)=-(b+d)+f$。

（二）小國的國內經濟效應

由圖 2-2 可知，進口小國新加坡在徵稅前的進口價格和國內售價均為 OP_0，進口量為 Q_1Q_2。徵收 P_0P_1 的關稅後，因為是小國，進口價格不變，仍為 OP_0，但國內售價變為 OP_1，進口量減為 Q_3Q_4，這對進口國帶來的國內經濟效應是：

(1) 消費者剩餘減少的面積為 $a+b+c+d$；
(2) 生產者剩餘增加的面積為 a；
(3) 政府的稅收收入增加的面積為 c。

綜合起來，進口國總的福利損失為 $b+d$。由此可見，進口小國的損失比進口大國大。那麼這個福利損失到底有多大呢？哈里·G.約翰遜用了一個公式對關稅帶來的損失（公式中的 S）對國民經濟的影響進行了簡單的估算：

$$\frac{S}{GNP}=\frac{1}{2}\times 關稅稅率\times 因徵稅使進口數量減少的百分比\times \frac{進口值}{GNP}$$

設一國徵收平均稅率為 10% 的稅收，該稅率使進口量減少 20%，所有進口商品占 GNP 的比重為 10%，則：

$$\frac{S}{GNP}=\frac{1}{2}\times 10\% \times 20\% \times 10\% = 0.1\%$$

三、貿易條件效應

貿易條件效應是指徵收進口關稅對進口國貿易條件的影響。

（一）進口大國的貿易條件效應

貿易條件是指一國出口商品價格與進口商品價格的比例。用公式表示為：

$$N=\frac{P_x}{P_m}$$

N 值越大表示貿易條件越好。由於出口商品價格與進口關稅無關，我們假定出口價格不變。從前面的關稅效應的討論中得知，對進口大國來說，進口商品價格因為徵收關稅而降低，即 P_m 降低，N 增大，貿易條件改善。如果僅從改善貿易條件考慮，關稅在一定範圍內越高越好，但同時高關稅會使國內消費者剩餘減少。於是存在一個最優關稅問題，使得進口國家貿易條件改善的同時淨收益最大化。從圖 2-1 來看，即要使 $\frac{b+d}{f}$ 最小。

1. 最優關稅

最優關稅是指使一國的國內淨福利達到最大值的關稅。我們知道，徵收關稅一

方面能改善貿易條件，另一方面也會縮小進口量。當關稅水準達到禁止性關稅時，進口量為0，所以禁止性關稅不是最優關稅。最優關稅介於禁止性關稅與無關稅之間。最優關稅稅率只與外國供給彈性有關，而與進口國的進口需求彈性無關。用公式表示為：

$$最優關稅稅率 = \frac{1}{S_m}$$

最優關稅稅率等於外國向進口國供應進口品的供給彈性的倒數。

2. 報復關稅

從上述討論可知，一國徵收最優關稅可使本國獲得福利最大化，而這個最大化福利的獲取是從外國出口商那裡獲得的。這就很容易遭到外國政府的報復，即出口國對該國出口商品也徵收最優關稅，那麼世界貿易量就會大大減少，使兩國都蒙受損失。

(二) 進口小國的貿易條件效應

因為貿易條件等於商品的進出口價格之比，而小國徵稅後進口價格不變，所以貿易條件不變。

第三節　數量限制措施

一、進口配額制

(一) 進口配額制的含義和種類

1. 進口配額制的含義

進口配額制（Import Quotas），是指一國政府在一定時期以內，對於某些商品的進口數量或金額加以直接限制的一種非關稅措施。在規定的時期內，配額以內的商品可以進口，超過配額則不許進口，或者需被徵收較高的關稅或罰款才能進口。

2. 進口配額的種類

進口配額可分為絕對配額和關稅配額兩類。

(1) 絕對配額（Absolute Quotas）。

絕對配額是指在一定時期內，對某些商品的進口數量或金額規定一個最高數額，達到這個數額後則不準進口。這種配額在實施中，可分為以下兩種方式：

①全球配額（Global Quotas）屬於世界範圍內的絕對配額，對於來自任何國家或地區的商品一律適用。主管當局通常按進口商申請的先後次序和過去某一時期的進口實績批給一定的額度，直至總配額發放完畢為止，超過總配額就不準進口。

由於全球配額不限制進口國別和地區，在配額公布後，進口商競相爭取配額，這就使鄰近國家或地區因地理位置接近關係，到貨較快，比較有利，而較遠的國家或地區就處於不利的地位。因此，在配額的分配和利用上，難以貫徹國別政策。為了避免或減少這些不足，故一些國家採用了國別配額。

②國別配額（Country Quotas）又稱選擇配額，是指在總配額內按國別和地區分配，超過規定的配額便不準進口。為了區分不同國家和地區的商品，在進口商品時進口商必須提交原產地證明書。實行國別配額，可以使進口國根據它與有關國家或地區的政治經濟關係來分配不同的額度。一般來說，國別配額又可以分為自主配額和協議配額。

自主配額（Autonomous Quotas）又稱單方面配額，是由進口國完全自主的、單方面強制規定的在一定時期內從某個國家或地區進口某種商品的配額。這種配額不需徵求輸出國的同意。自主配額由於是進口國單方面制定的，往往由於分配額度的差異容易引起某些出口國家或地區的不滿或報復。因而，有些國家就採用協議配額，以緩和彼此的矛盾。

協議配額（Agreement Quotas）又稱雙邊配額，是由進口國和出口國政府或民間團體之間協商確定的配額。如果協議配額是通過雙方政府的協議簽訂的，一般需在進口商或出口商中進行分配；如果配額是雙邊的民間團體達成的，應事先獲得政府許可，方可執行。由於協議配額是經雙方協商確定，通常不會引起出口方的反感和報復，並可使出口國對於配額的實施有所諒解與配合，較易執行。

（2）關稅配額（Tariff Quotas）。

關稅配額是指對商品進口的絕對數額不加限制，而對在一定時期及規定數額內的進口商品，給予低稅、減稅或免稅待遇；對超過配額的進口商品則徵收較高的關稅，或者徵收附加稅或罰款。關稅配額與絕對配額最大的不同在於：絕對配額規定的最高數額是不得超過的；而關稅配額在額度內可享受減免待遇，超過額度仍可進口，只不過超額部分所徵收的關稅較高而已。

（二）進口配額的經濟效應

進口配額和關稅一樣，能起到限制進口的作用，同樣也會產生價格效應、國內經濟效應和貿易條件效應。我們在討論其經濟效應時也把其分為大國和小國兩種情況：

1. 進口配額的大國經濟效應

我們假設美國是白酒的進口大國並對白酒的進口實行進口配額，每年只允許 Q_3Q_4 的白酒進口（見圖2-3）。在實行進口配額前，白酒的國內市場價格和國際市場為 OP_0，國內供給量為 OQ_1，進口量為 Q_1Q_2；實行進口配額後，進口量減為 Q_3Q_4，國際市場價變為 OP_1，總供給則應為國內供給量 OQ_1 加上進口量 Q_3Q_4，相當於供給曲線向右平移了 Q_3Q_4 的距離。此時總供給與總需求相交於點 E'，對應的國內市場價格變為 OP_2。由圖2-3可知，因進口配額造成的國內價格上升，相當於徵收了 P_1P_2 的進口關稅。同進口關稅的經濟效應一樣：

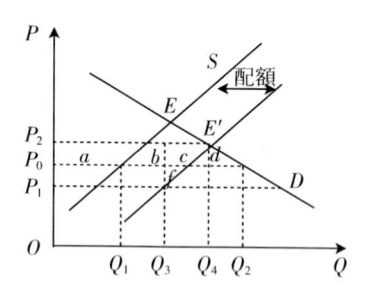

圖2-3 進口配額的大國效應

①消費者剩餘減少的面積為 $a+b+c+d$；

②生產者剩餘增加的面積為 a；
③政府和配額的持有者增加的面積為 $c+f$。
④總的來說，進口配額造成經濟效應的總面積為 $-(b+d)+f$。

2. 進口配額的小國經濟效應

我們假設法國是白酒的進口小國並對白酒的進口實行進口配額，每年只允許 Q_3Q_4 的白酒進口（見圖 2-4）。在實行進口配額前，白酒的國內市場價格和國際市場價格為 OP_0，國內供給量為 OQ_1，進口量為 Q_1Q_2；實行進口配額後，進口量減為 Q_3Q_4，總供給則應為國內供給量 OQ_1 加上進口量 Q_3Q_4，相當於供給線向右平移了 Q_3Q_4 的距離。此時總供給與總需求相交於點 E'，對應的國內市場價格變為 OP_1。

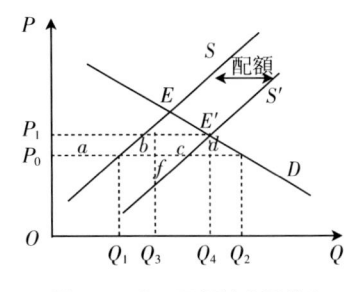

圖 2-4 進口配額的小國效應

可見，進口配額的小國經濟效應相當於徵收了 P_0P_1 的進口關稅。

（三）進口配額與關稅的經濟效應的比較

雖然從經濟效應的數量上看，進口配額與關稅對消費者、生產者和整個國家的效果都是一樣的，但是它們也存著區別。下面我們對此進行分析：

（1）因保護而造成國內市場價格上漲帶來收入的歸屬不同。我們在前面已經提到，在徵收關稅後，關稅收入歸政府所有；而實行配額後這部分收入的歸屬是由配額的分配辦法決定的。如果政府採用公開拍賣配額的辦法，即在完全自由競爭條件下，這部分收入全部歸政府所有；如果政府將配額無償發放給進口商，則得到配額的進口商將是收入的獲得者。這裡就有一個問題，即哪些進口商將獲得配額呢？這就容易造成進口商利用各種手段包括賄賂等來爭取配額，不僅浪費人力物力，還會導致官僚腐敗，這都是因為配額造成的額外損失。

（2）價格上漲幅度的不同。在進口國國內需求不變時，進口配額和關稅使國內商品上漲的幅度是一樣的。但如果進口國的需求發生變化，需求量上升，那在關稅條件下，增加的需求會由增加的供給來滿足，國內商品價格不會發生變化。而在配額條件下，進口數量是一定的，使供需平衡的唯一市場機制是漲價。

（3）對國內產品生產企業壟斷程度影響不同。由於徵收進口關稅並不絕對禁止進口的繼續擴大，消費者只要願意支付一個包含關稅的價格，市場就能無限量地供應進口商品，所以國內企業即使只有一家也無法獲得壟斷地位。而實行進口配額，進口數量給定，排斥了新的進口量與國內同類產品的競爭，當國內需求增加時，國內生產企業可提高售價，取得壟斷。

（4）保護的效果不同。關稅對生產者提供的保護是不很確定的。外國出口商為了維持出口，可能負擔全部或一部分關稅，這樣，關稅的保護作用大大削弱。此外，本國生產者無法確定關稅到底使進口量減少多少，因此很難確定其生產目標。而在進口配額情況下，生產者確切知道進口數量，易於確定生產計劃，獲得最大利潤，保護效果是確定的。

由此可見，對整個國家來說，實施進口配額對消費者主權、生產效率、社會淨福利、市場取向的影響比關稅大得多，但那些生產與進口同類產品的廠商卻常歡迎進口配額制。

二、「自動」出口配額制

「自動」出口配額制（「Voluntary」Export Quotas），是指出口國家或地區在進口國的要求或壓力下，「自動」規定某一時期內某些商品對該國的出口限制的一種制度，即在限定的額度內自行控制出口，超過限額即禁止進口。

「自動」出口配額與絕對進口配額雖然作用一樣，都起到限制商品進口的作用，但在形式上略有不同：絕對進口配額是由進口國直接控制進口來限制商品的進口；而「自動」出口配額是由出口國直接控制這些商品對指定進口國的出口。但這種「自動」並非出口國真正的自願，它往往帶有明顯的強制性，即進口國往往以商品大量進口使其有關工業部門受到嚴重損害或造成所謂「市場混亂」為理由，要求有關國家對出口實行「自動」限制，否則就單方面予以制裁。在這種情況下，一些國家被迫實行「自動」出口限制。「自動」出口限制主要有以下兩種形式：

（1）非協定的「自動」出口限制，即不受國際協定的約束，而是由出口國迫於來自進口國方面壓力，單方面自行規定出口額度，限制商品出口。

（2）協定的「自動」出口限制，即進出口雙方通過談判，簽訂「自限協定」或「有秩序銷售協定」。協定中規定了有效期內某些商品的出口配額，出口國應據此配額實行出口許可證或出口配額簽證制，自行限制這些商品的出口。「自動」出口配額大多數屬於這一種形式。

三、進口許可證制

進口許可證制（Import Licence System），是指進口國規定某些商品進口必須事先領取許可證才可進口，否則一律不準進口的一種限制進口的措施。進口許可證經常和進口配額、外匯控制結合起來使用。實行進口許可證制，不僅可以在數量、金額以及商品性質上加以限制，而且可以控制來源國國別或地區。

根據是否有配額，進口許可證可以分為以下兩種：

（1）有定額的進口許可證。這種許可證一般與配額結合使用。政府有關部門預先規定有關商品的進口配額，然後在配額的限度內，根據進口商申請，逐筆發放具有一定數量或金額的許可證，配額用完即停止發放。

（2）無定額的進口許可證。政府有關部門發放有關商品的進口許可證只是在個別考慮的基礎上進行，預先不公開配額數量依據。由於此種許可證沒有公開的標準，在執行上具有很大的靈活性，能發揮更大的限製作用。根據對來源國有無限制，進口許可證還可分為以下兩種：①一般進口許可證，是指對國別或地區沒有限制的許可證。凡列明屬於一般許可證的商品，進口商只要填寫一般許可證後，即可獲準進口。因此屬於這類許可證的商品實際上是「自由進口」的商品。②特種許可證，即進口商必須向有關當局提出申請，獲準後才能進口。這種許可證用於特殊商品以及特定目的的申請。

第四節　其他非關稅壁壘措施

根據對世界貿易組織成員貿易壁壘調查的實踐，其他非關稅壁壘主要表現為以下多種形式：

一、通關環節壁壘

通關環節壁壘通常表現在：進口國有關當局在進口商辦理通關手續時，要求其提供非常複雜或難以獲得的資料，甚至商業秘密資料，從而增加進口產品的成本，影響其順利進入進口國市場；通關程序耗時冗長，使得應季的進口產品（如應季服裝、農產品等）失去貿易機會；對進口產品徵收不合理的海關稅費。例如：某國對進口產品發票的要求遠遠超過了正常通關的需要；對進口紡織品、服裝和鞋類要求提供大量特別詳細的資料，有時甚至要求提供保密的工藝流程（如後處理工藝類型、染色工藝流程等），事實上阻礙了該類產品的進口；某國違反有關國際條約的規定，對進口產品歧視性徵收港口維護費。

二、對進口產品歧視性地徵收國內稅費

國內稅費是指產品進入一國國內市場後，在流通領域發生的稅費。若專門針對進口產品徵收國內稅費或對進口產品徵收高於國內產品的國內稅費，則構成對進口產品的限制。例如：某國對進口蒸餾酒徵收的國內稅費高於本國釀造的同類酒；某國對進口汽車除徵收8%的進口稅和18%的增值稅外，對超過一定價格水準的，還要按到岸價格徵收85%的「奢侈品稅」。

三、進口禁令

進口禁令是指超出世界貿易組織協定規則中相關例外條款（如《關稅及貿易總協定》第20條規定的一般例外、第21條規定的安全例外等）規定而實施的限制或禁止進口的措施。例如：某國貿易法規定，該國產業可申請以安全為由對來自別國的進口產品實施限制，該保護措施可以無限期使用。這一規定雖為該國國內製造商提供了一個以國家安全為由的尋求保護的機會，但在實踐中極易產生抑制外國產品競爭的效果。又如：某國以另一國的捕蝦拖網漁船沒有安裝海龜逃生裝置為由，禁止進口來自該國的蝦類產品。

四、技術性貿易壁壘

根據世界貿易組織協定中《技術性貿易壁壘協議》（以下簡稱《TBT協議》）的有關規定，世界貿易組織成員有權制定和實施旨在保護國家或地區安全利益、保障人類、動物或植物的生命或健康、保護環境、防止詐欺行為、保證出口產品質量等的技術法規、標準以及確定產品是否符合這些技術法規和標準的合格評定程序。

上述措施總稱為「TBT 措施」，具體可分為三類，即技術法規、技術標準和合格評定程序。

技術法規是指規定強制執行的產品特性或其相關工藝和生產方法（包括適用的管理規定）的文件，以及規定適用於產品、工藝或生產方法的專門術語、符號、包裝、標誌或標籤要求的文件。這些文件可以是國家法律、法規、規章，也可以是其他的規範性文件，以及經政府授權由非政府組織制定的技術規範、指南、準則等。技術法規具有強制性特徵，即只有滿足技術法規要求的產品方能銷售或進出口。例如：某國頒布技術法規，要求低於某一價格的打火機必須安裝防止兒童開啟的裝置。這種將商品價格和技術標準聯繫起來的做法缺乏科學性和合理性，從而構成了貿易壁壘。

技術標準是指經公認機構批准的、非強制執行的、供通用或重複使用的產品或相關工藝和生產方法的規則、指南或特性的文件。該文件還可包括專門適用於產品、工藝或生產方法的專門術語、符號、包裝、標誌或標籤要求。按照《TBT 協議》的規定，標準是自願性的。但需要注意的是，實踐中有些國家將標準分為強制標準和推薦標準兩種，其強制標準具有技術法規的性質。目前，一些國家特別是某些發達國家，利用其經濟和科技優勢，將標準作為構築貿易壁壘的重要手段，以限制其他貿易夥伴，尤其是發展中國家的產品進口。例如：有的國家制定了進口產品很難達到的苛刻標準，並以此影響消費者偏好，事實上對進口產品構成了障礙。

合格評定程序是指任何直接或間接用以確定是否滿足技術法規或標準的相關要求的程序。《TBT 協議》規定的合格評定程序包括：抽樣、檢測和檢驗程序，符合性評估、驗證和合格保證程序，註冊、認可和批准以及它們的組合。實踐中，不透明、歧視性的合格評定程序往往對進口產品構成障礙。例如，根據《TBT 協議》，成員在頒布沒有國際標準或與國際標準不一致且可能對其他成員的貿易產生重大影響的技術法規或合格評定程序前，需向世界貿易組織的技術性貿易壁壘委員會提前通報，給予其他成員一定的評議時間並盡可能考慮它們的合理意見。但有的成員在未徵求其他成員意見的情況下即發布和實施有關技術法規、標準或合格評定程序，從而使其他成員在不知情的情況下，因其出口產品不符合進口國相關規定而被退回、扣留、降價處理或銷毀。這種做法違反了《TBT 協議》的透明度原則，嚴重影響了其他成員的出口貿易，構成了貿易壁壘。還有，有的成員在抽樣、檢測和檢驗等具體程序中，無故拖延時間，對進口產品構成不合理的限制。

《TBT 協議》要求世界貿易組織各成員在制定和實施技術法規、標準和合格評定程序等「TBT 措施」時必須遵循以下原則：避免對貿易造成不必要障礙的原則（對貿易影響最小原則）、非歧視性原則（最惠國待遇和國民待遇原則）、與國際標準協調一致原則、技術法規等效性原則、合格評定程序的相互認可原則和透明度原則等。但在實踐中，一些國家（地區）並未嚴格遵守上述原則，制定複雜、苛刻、多變的「TBT 措施」，限制其他國家（地區）的產品進入其市場。例如，某國對進口產品的技術要求高於本國產品，或對從某一特定國家進口的產品的技術要求高於從其他國家進口的同類產品，違反了《TBT 協議》的非歧視原則。因此，凡是違反

《TBT協議》有關原則所制定和實施的技術法規、標準和合格評定程序均構成技術性貿易壁壘。

五、衛生與植物衛生措施

根據世界貿易組織協定中《實施衛生與植物衛生措施協議》（簡稱《SPS協議》）的有關規定，世界貿易組織成員有權採取如下措施，保護人類、動植物的生命和健康：

（1）保護世界貿易組織成員領土內的動物或植物的生命或健康免受蟲害或病害、帶病有機體或致病有機體的傳入、繁殖或傳播所產生的風險；

（2）保護世界貿易組織成員領土內的人類或動物的生命或健康免受食品、飲料或飼料中添加劑、污染物、毒素或致病有機體所產生的風險；

（3）保護世界貿易組織成員領土內人類的生命或健康免受動物、植物或動植物產品攜帶的病害或蟲害的傳入、繁殖或傳播所產生的風險；

（4）防止或控制世界貿易組織成員領土內有害生物的傳入、繁殖或傳播所產生的其他損害。

上述措施總稱為「SPS措施」，具體包括：所有相關的法律、法令、法規、要求和程序，特別是最終產品標準；工序和生產方法；檢驗、檢查、出證和批准程序；各種檢疫處理，包括與動物或植物運輸有關的或與在運輸過程中為維持動植物生存所需物質有關的要求；有關統計方法、抽樣程序和風險評估方法的規定；與食品安全直接有關的包裝和標籤要求等。

根據《SPS協議》，世界貿易組織成員制定和實施「SPS措施」必須遵循科學性原則、等效性原則、與國際標準協調一致原則、透明度原則、「SPS措施」的一致性原則、對貿易影響最小原則、動植物疫情區域化原則等。因此，缺乏科學依據，不符合上述原則的「SPS措施」均構成貿易壁壘。例如：某國僅以從來自另一國的個別批次產品中檢測出不符合《SPS協議》的污染物為由，全面禁止從該國進口該類產品，違反了《SPS協議》關於「SPS措施」的實施基於必要且對貿易影響最小的原則，構成了貿易壁壘；某國以另一國的個別農場或地區發生動植物疫情為由，全面禁止從該國進口所有的動植物及其產品，違反了《SPS協議》的區域化原則，構成了對貿易的變相限制；某國對進口的三文魚的檢疫要求嚴於對本國產品的檢疫要求，或嚴於進口的可能感染了與三文魚相同疾病的其他魚類的檢疫要求，從而限制或禁止三文魚的進口，違反了《SPS協議》的一致性原則，構成了貿易壁壘。

六、貿易救濟措施

貿易救濟措施包括對進口產品實施的反傾銷、反補貼和保障措施。如果不合理地使用或者濫用這些救濟措施，就會對進口產品形成貿易壁壘。目前，中國是世界上出口產品被反傾銷最多的國家，國外針對我出口產品採取的保障措施數量也呈不斷上升的勢頭。實踐中，一些世界貿易組織成員濫用反傾銷、反補貼和保障措施，嚴重阻礙了中國出口貿易的發展。如在反傾銷、反補貼調查中，一些國家在傾銷和

補貼的調查及認定中，往往以所謂「非市場經濟」問題歧視中國產品，進而在標準採用、替代國選擇上採取不合理的做法。例如：某些國家在反傾銷調查中對是否給予中國應訴企業市場經濟地位時，適用標準非常苛刻且不合理，使中國企業無法獲得市場經濟地位；採用嚴重不利於中國的「替代國」價格；不給予中國企業分別稅率等。

在反傾銷調查中，進口國還可採取反規避和反吸收措施，如果這些措施被濫用，也會對進口產品構成不合理的障礙。

（1）反規避。所謂規避，是指一種出口產品被另一國實施反傾銷措施的情況下，出口商通過各種形式減少或避免出口產品被徵收反傾銷稅或被適用其他形式的反傾銷措施的行為。例如，出口商通過改變商品的生產地、組裝地或產品形態，將產品轉移到第三國或進口國國內進行裝配，從而改變其產品的原產地，以規避反傾銷稅。反規避是指進口國為防止國外出口商規避反傾銷措施的行為而採取的措施。

（2）反吸收。所謂吸收，是指在進口國已對某一進口產品徵收反傾銷稅的情況下，出口商採取低報出口價格的方法減輕進口商因承擔反傾銷稅產生的負擔，從而降低反傾銷稅對其產品在進口國市場份額的影響。此種情況下，進口國可以進行反吸收調查，即如進口國發現反傾銷措施對傾銷產品的售價未能產生預期影響，可通過重新調查確定新的傾銷幅度，並最終提高反傾銷稅率。

一國在採取反規避、反吸收調查時，如果在進口產品原產地、出口價格的認定等方面採取的標準不夠客觀、公正，導致不適當或不合理地採取反規避、反吸收的措施，限制產品的進口，反規避、反吸收措施就可能起到貿易壁壘的作用。如某世界貿易組織成員曾對原產於中國的草柑橘進行過不合理的反傾銷、反規避和反吸收調查，在反傾銷調查中裁定徵收24%的反傾銷稅，繼而又在反吸收調查中將該稅率提高到48%，迫使我產品退出該成員市場。

在保障措施調查中，一些國家往往在進口增長、產業損害等問題的認定方面帶有較大的隨意性，並根據這種隨意性的認定對我出口產品採取不合理的保障措施。

七、政府採購中對進口產品的歧視

政府採購中對進口產品的歧視可分為兩種情況：

（1）世界貿易組織協定中《政府採購協議》的簽署方所採取的對進口產品的歧視措施。《政府採購協議》是一個諸邊協議，即只有簽署了該協議的成員方受協議規則的約束。該協議規定，協議的簽署方必須保持政府採購的透明度，並給其他成員在參與政府採購方面同等的待遇。實踐中，一些世界貿易組織成員往往以不太透明的採購程序阻礙外國產品公平地參與採購。例如：某國有大量的法律規定在政府採購中實施國內優先原則；對採購本國產品予以某些特殊優惠；制定複雜的採購程序，使國外產品無法公平地參與採購競標；以「國家安全」為由武斷地剝奪外國產品參與採購的機會。

目前，共有28個成員簽署了《政府採購協議》。中國雖不是該協議的簽署方，但鑒於中國將於2005年啓動加入該協議的談判，所以我們應關注《政府採購協議》

簽署方所採取的歧視措施。

（2）非世界貿易組織中《政府採購協議》的簽署方採取的對進口產品的歧視措施。在各國自願對外國開放本國政府採購的領域中，也會存在對進口產品的歧視。這些歧視措施在實踐中主要表現為違反最惠國待遇，對不同國家的產品採取差別待遇，從而構成對某一特定國家產品的歧視。

八、服務貿易方面的壁壘

世界貿易組織參照《聯合國中心產品分類系統》，將服務貿易劃分為 12 個部門，並在此基礎上又進一步細分出了 160 多個分部門或獨立的服務活動。12 個大的服務貿易部門是：商業服務（包括專業服務和計算機服務）、通信服務、建築和相關工程服務、分銷服務、教育服務、環境服務、金融服務（包括銀行和保險服務）、與健康相關的服務和社會服務、娛樂、文化和體育服務、運輸服務、其他未包括的服務。

由於每個世界貿易組織成員服務貿易市場的開放均是以其在服務貿易減讓表中的具體承諾為基礎的，因此各成員服務貿易市場的開放程度並不一致。即便是在承諾開放的服務部門，也可能存在經談判達成的各種准入、經營條件等方面的限制。因此，服務貿易方面的壁壘主要是指世界貿易組織成員方未能履行其在服務貿易減讓表中的具體承諾，以及不符合《服務貿易總協定》（GATS）有關規定的各種做法或措施。實踐中，造成阻礙國外服務或服務供應商進入本國市場的壁壘措施可能有：

（1）准入條件過於嚴格或缺乏透明度。例如：某國規定通常情況下不允許由外國建築公司承建公共工程項目，除非本國公司不能承擔；外國公司只能通過與本國公司合資的形式參與建築設計；外國建築師不得在該國獲得從業執照。

（2）冗長的審批程序。例如，某國制定了極為繁雜的審批條件和程序，要求國外服務供應商提供過於複雜的資質證明和其他文件，並以其他各種理由拖延審批時間。

（3）對服務供應商服務經營設置各種形式的限制，或增加其經營負擔。例如：根據某國規定，在申請各種基礎電信設施的使用許可（如廣播和通用波段電臺的許可證）時，外資電信營運商的申請條件比國內電信營運商更加嚴格；某國關於濕租（即全機租賃，包括機組人員、維修和保險）的規定禁止本國航空公司租賃任何未在該國註冊的飛機，從而使在外國註冊的飛機不能進入濕租市場。

（4）外國服務供應商所面臨的不公平競爭。例如：某國禁止外國旅遊服務經營商在該國做境外旅遊的廣告，外國旅遊服務經營商還可能受到意料不到的稅收調查。

九、與貿易有關的知識產權措施

世界貿易組織協定中《與貿易有關的知識產權協定》（以下簡稱《TRIPs 協定》）對知識產權保護做了比較全面的規定。知識產權保護所涉及的內容涵蓋版權、商標、專利、工業設計、地理標示、集成電路外觀設計、未披露的信息等，與貿易有關的知識產權措施涉及立法、行政、司法等多個層面。

實踐中，一些世界貿易組織成員在與貿易有關的知識產權措施方面不符合《TRIPs協定》並構成貿易壁壘的做法主要表現在以下方面：

（1）立法不完善，對《TRIPs協定》要求保護的某些知識產權缺乏法律規定，或其規定違反《TRIPs協定》的基本原則。例如：根據某國的法律，如進口產品侵犯了知識產權，則適用的處罰要高於對本國產品的處罰，這種措施違反了《TRIPs協定》關於知識產權保護的國民待遇原則。

（2）行政執法程序繁瑣、拖沓或費用高昂。例如：某國專利權審批過程過於漫長且效率低下，並不合理地要求申請者提供各種資料和文件，導致專利權的批准被無端遲延。

（3）司法救濟措施不力，或剝奪當事方司法復審的請求權，未能給知識產權提供充分的保護。例如：某國雖然承諾採取有效措施制止對電視節目的盜版，但事實上卻難以保證通過司法程序處理有關案件，對侵權者的懲罰措施也不符合《TRIPs協定》；該國在實施對軟件版權的保護措施時，要麼非常緩慢，要麼只採取基本沒有任何效果的罰款措施，使得該國銷售的軟件中約有73%是盜版產品。還有一些國家關於知識產權保護的民事和刑事訴訟程序很緩慢，削弱了執法措施的救濟效果。

十、其他壁壘

實踐中，還存在著種種難以歸於以上各類貿易壁壘的其他壁壘。例如：某國醫療保險局將藥品區分為普通藥品和新發明藥品，新發明藥品可以參考較高的國際價格報銷。然而，醫療保險局經常錯誤地將外國公司的一些新發明、新上市藥品歸類為「普通」藥品，使該藥品的報銷率低於被劃分為「新發明」類的同類藥品，從而限制了外國藥品的進入。再如：有的國家犯罪和腐敗問題十分嚴重，阻礙了外國企業的經營活動，構成了對該國出口產品的貿易壁壘。

第三章
管理出口貿易的政策與措施

出口貿易是一國對外經濟關係的重要組成部分，它直接構成並服務於一國的對外交往。在現代社會中，從不對外出口的國家是不存在的。對出口貿易進行管理是一個國家行使其經濟管理職能的重要方式。一套好的出口貿易政策措施不但能促進國內就業，提高國內資源的利用效率，使一國經濟在超越自身要素禀賦局限性基礎之上超速發展，而且能較好地緩衝國際經濟波動對本國經濟的衝擊。從作用的效果來看，管理出口貿易的政策措施總體上可以分為兩類：鼓勵出口的政策措施和管制出口的政策措施。就前者而言，主要有補貼措施、稅收優惠、金融和保險支持、傾銷、經濟特區政策以及各種促進出口的服務措施等；而後者主要有許可證、配額、出口關稅以及特許經營等。就性質而言，促進出口或管制出口都是貿易保護主義的做法，因為在自由貿易政策下，國家對貿易行為應該不加任何干預，既不鼓勵或限制出口，也不鼓勵或限制進口，但是在現實生活中，即使是一個公開宣稱奉行貿易自由的國家，管理出口貿易的政策措施仍然在該國經濟政策中占據著重要地位。

第一節 鼓勵出口的政策與措施

在各種管理出口的政策措施中，鼓勵出口的政策占了相當大一部分。出口是進口的基礎，它對一國從外國獲得緊缺的原材料、高科技設備和生活必需品都具有重要意義。它還可以促進出口部門的繁榮，並帶動一系列相關產業的發展，從而最終使一國國民收入數倍於出口收入。對於國際收支赤字的國家，擴大出口還是平衡國際收支赤字的根本辦法之一。在世界貿易日益趨向自由化的進程中，限制進口受到的壓力越來越大，迫使各國紛紛將對外貿易政策措施的重點從限制進口轉為鼓勵出口。同是貿易保護政策，鼓勵出口的政策措施可以擴大對外貿易的規模，從而使政府的政策意圖變得更加隱蔽。

一、生產補貼（Product Subsidies）

生產補貼是指政府對予以支持的某些或某類商品在生產環節給予的多種形式的資助。它實際上就是政府掏錢給生產企業，是國民收入轉移支付的一種方式。生產補貼可以使生產企業在商品價格低於生產成本時仍能因有補貼而獲得利潤，有利於

擴大該商品的生產規模或者使生產企業降低相當於所獲得的補貼那麼多的生產成本，從而降低商品價格。若獲得生產補貼的商品用於出口，則可以提高這些商品的國際競爭能力，起到鼓勵出口的作用。

生產補貼的主要形式有：

(1) 財政撥款。在國家選定予以支持的某些或某類商品的生產過程中，國家撥出部分財政資金歸生產企業無償使用，以財政資金為企業的生產創造條件或以財政資金來彌補企業的生產虧損。

(2) 優惠貸款。銀行對予以支持的生產企業提供低利率貸款，增加對這些企業的信用放貸規模，延長貸款期限等。這些措施可以減少生產企業的利息負擔，省去抵押貸款和重複籌款中的手續費用，使企業可以把精力更多地放在生產中去，從而提高企業的生產效率，擴大生產規模。

(3) 稅收減免。國家免收支持對象的各種稅收，減少稅收種類，降低企業的徵稅標準，或者提高企業各項稅收的起徵點等。其最終目的都是向予以支持的生產企業讓渡一部分稅收收入。

除了這些直接資助形式外，國家還可以通過對某些出口工業生產集中的地區，採取財政收入轉移或稅收讓渡等間接資助形式促進出口。

生產補貼可以使獲得補貼的企業生產成本降低，利潤水準上升，從而促進生產規模的擴大，增加出口。但由於補貼是在生產環節進行的，只要商品生產出來，就可享受補貼。因而這些商品生產出來以後，或多或少總有一部分要用於國內消費。如果該種商品的外國消費者需求價格彈性較小而本國消費者的需求價格彈性較大，則出口收入增加額很可能大大小於補貼的支出。因此，只有當享受補貼的商品有相當大的一部分甚至絕大部分用於出口，而且國際市場能夠吸納增加的出口時，生產補貼才能成為促進出口的政策措施，否則生產補貼將只可能作為國內產業政策使用而不以促進出口為主要目的。當然，即使作為國內產業政策使用，由於它使國內商品有能力在一個更低的價位水準上與進口的同類商品競爭，因而仍然能夠改善國際收支赤字。這時生產補貼的作用與進口關稅類似。

二、出口補貼 (Export Subsidies)

出口補貼又稱出口津貼。它是一國政府在商品出口時給予出口商的各種資助。如同生產補貼一樣，出口補貼也分為直接補貼和間接補貼。直接補貼是政府財政收入的轉移，如財政撥款、優惠收購等，即無償給予；而間接補貼是國家財政收入的讓渡，如各種優惠，即應當收而減收、免收的各種國內稅。出口補貼可以增加出口商的利潤，激勵出口商出口的積極性，或在保持相同利潤的情況下，出口商可以把所獲得的補貼作為價格折讓的幅度來與其他國家的同類商品競爭，擴大出口規模。由於只有出口商品才可能享受到補貼，因此就享受補貼的商品規模而言，它顯然比前面的生產補貼要小一些，但從促進出口的效果來說，二者卻都是一樣的。那麼就政府而言，如果它只是為了追求以最小的政策代價促進出口的最大化，它當然應該選擇出口補貼這種更專門的形式。但是對出口國國民而言，卻不能直接享受到因出

口補貼所帶來的好處，因為出口補貼只是使出口的商品價格降低，而國內的價格卻並不會下降。更可能出現的情況是如果國內該種商品的供給彈性很小，出口補貼使商品的出口規模擴大後，反而會引起國內該種商品價格的上漲，使本國消費者在消費同樣多的該種商品時付出更多，並抵消一部分補貼對出口的促進作用。

出口補貼是當今國際貿易中使用最廣泛的一種促進出口的政策措施。實踐中，出口補貼的形式很多。事實上，絕大多數生產補貼所使用的形式都可以使用在出口補貼中。主要的出口補貼形式有以下這些：

（1）虧損補貼。出口商在出口過程中，由於商品的原因、市場的原因、甚至是自身管理不善等方面的原因造成的虧損由政府加以彌補，使出口商在出口過程中不再有虧損方面的顧慮。在「虧了是國家的，賺了是自己的」的心理驅使下，出口商的出口積極性被極大調動起來，不顧一切地出口。因此，它是效果特別明顯的促進出口的方式。但這種方式容易造成各出口商在國內爭搶貨源，在國外低價競銷，導致本國貿易條件急遽惡化，並容易受到國外的貿易報復。

（2）優惠收購或價格支持。它是指政府以高於國際市場的價格將出口商品收購後，再以國際市場價格水準出口，所造成的差價損失由政府承擔的一種出口補貼方式。這種形式和上一種形式本質上都是由國家承擔出口損失，但在這種方式下，出口商是國家，因而沒有哄搶貨源或惡性競銷現象。第二次世界大戰後，美國和法國等一些西方發達國家就經常採用此方法來促進國內的農產品對外出口。

（3）稅收優惠。政府對作為出口商品投入要素的進口原材料的進口稅給予返還，並對出口商的營業稅或增值稅及所得稅以低於國內水準的稅率徵收，甚至在一定年限內免稅。稅收優惠降低了出口商品成本，提高了出口商品的價格競爭能力。

（4）提供廉價的資源。在出口廠商的出口商品生產過程中，政府以低廉的價格供給各種原材料以及電力、用水等。這些資源是出口產品成本的構成要素，廉價的投入形成極富競爭力的低成本，從而促進商品的出口。

（5）金融和保險優惠。在出口商品生產和出口過程中，由國家專門的政策性銀行或國家支持的商業銀行，向生產廠家和出口商提供低利息的貸款，增加信貸額度、期限或提供信用貸款等，以節省出口商品生產廠家和出口商的利息及各項手續費，提高出口商品競爭力。另外，針對在出口過程中，出口廠家所面臨的風險，由政府建立出口保險或出口擔保制度，以較低的保險費率甚至免費為其承保，減少出口廠商的出口費用，促進出口。

（6）外匯優惠。在一些實行差別匯率制度或外匯管制的國家，對於有出口業績的廠商，政府以較優惠的匯率兌換其出口收入的外匯，或允許其將出口收入的外匯按一定比例留歸出口廠商自主支配。其最終後果或者是增加了出口廠商的出口本幣收入，或者是節省了出口廠商的原材料和設備進口的本幣支出，增加了出口商品的競爭能力。

出口補貼通過降低出口廠商成本或彌補其虧損的方式，使出口商品在國際市場上具有一定的價格競爭優勢。但一國是否有能力實行出口補貼政策以及這一優勢能否促進出口，還會受到以下這些因素的限制：

（1）本國的財政狀況。無論出口補貼採用什麼形式，其最終的方式都是將財政收入無償地轉移一部分給出口產品的生產商或出口商，或者放棄部分本應作為財政收入的資金的徵收權力。當一國財政收支狀況良好而出口補貼額又不大時，這樣做自然不會有什麼困難。但在一國財政收支出現大量赤字而出口補貼額又較大時，出口補貼只會使政府顯得心有餘而力不足，更不用說以此種方式促進出口了。

　　（2）出口商品的生產潛力。出口在宏觀經濟學中是一國收入的注入，但對於商品而言，出口卻是一國商品的漏出。出口規模從本質上來說是由一國的生產能力決定的，要擴大出口必須要有本國的生產能力做保證。當一國某種商品的生產能力已經達到最大可能時，再以出口補貼的方式促進出口，其後果只會引起國內該種商品物價水準的上漲。在這種情況下，即使可以從國內該種商品的消費中擠出一塊用於出口，其增長幅度也是有限的。

　　（3）出口商品的國內供給價格彈性和國際需求價格彈性。如果一種商品在國內市場上的供給價格彈性很小，那麼出口補貼在增加了商品的出口收益時，並不能顯著提高出口商品的供給量，此時出口規模自然無從擴大。當某種出口商品在國際市場上的需求價格彈性很小時，出口補貼所形成的該商品的價格競爭優勢並不能引起進口國對該種商品需求的顯著提高。沒有市場容量的擴大，出口補貼促進出口的目的自然也就無從實現。事實上，無論是供給缺乏價格彈性還是需求缺乏價格彈性，對這類商品進行出口補貼無異於出口國政府幫進口國消費者減少了消費支出。因為在這時，出口補貼降低了出口商品的價格卻沒有為出口國帶來出口額增加的好處。

　　（4）進口國家對出口補貼的態度。根據關貿總協定（GATT）及後來的世貿組織（WTO）的規則，出口補貼是一種「不公平的競爭」行為。當進口國的產業因享受出口補貼的同類商品大量進口而造成重大損害時，進口國可以對該種類商品的進口徵收與補貼額同等程度的反貼補稅，以此來抵消出口國的出口補貼影響，從而使市場恢復到自由競爭狀態。當進口國對享受出口補貼的商品進行反補貼制裁時，出口國不但不能達到鼓勵出口的目的，反而將相當於出口補貼額的本國財富拱手轉移給了徵收反貼補稅的進口國。

　　正是由於以上這些限制因素，出口補貼雖然是一種運用很廣泛的國家鼓勵出口貿易政策，但各國補貼額占該國出口額的比例並不大，一般不超過1%。

三、出口退稅（Export Drawback）

　　出口退稅是指在本國商品出口時政府將徵收的該商品的國內稅收返還給出口廠商，及對加工出口的商品在出口時退還其投入物的進口稅的一種出口鼓勵政策。出口退稅可以降低商品的出口成本，增強其國際競爭力。由於出口商品在國內被徵稅以後，並沒有在本國消費，在其出口到進口國以後，又將普遍面臨著被再次徵稅。另外，各國原料進口稅率高低不等，使得使用進口原料的出口商品的比較利益因關稅不同而發生扭曲。為了避免重複徵稅和消除這種比較利益的扭曲，各國對於出口退稅這種出口鼓勵措施都持一種認可的態度。在關貿總協定附件9《註釋和補充規定》的第16條規定：「免徵某項出口的關稅，免徵相同產品供內銷時必須交納的國

內稅，或退還與所繳納數量相當的關稅或國內稅，不能視為一種補貼。」這就明確地將出口退稅排除在進口國課徵「反傾銷稅」或「反貼補稅」的範圍之外。在反不正當競爭越來越嚴厲的國際貿易環境中，出口退稅的這種合法性使其在許多國家都受到歡迎。在二戰後的貿易保護政策中，出口退稅政策佔有相當重要的地位。

中國在鼓勵出口時，也積極地使用這種政策，特別是在1994年價稅分離後，新實行的增值稅暫行條例規定，出口貨物的增值稅稅率為零。也就是說，原《出口貨物退（免）稅管理辦法》規定的退稅率，就是出口貨物按增值稅條例規定徵收的稅率，從而使中國的出口退稅政策與國際慣例接軌。出口退稅政策對促進中國商品出口曾起到重要作用。但從1995年7月起，國家分兩次調低了出口退稅率，使其在中國商品出口中的促進作用受到削弱。1997年，一向欣欣向榮的東南亞各國突發金融危機，各國貨幣大幅度貶值，各種金融資產價值狂瀉，國內居民購買力嚴重萎縮。隨後，這一衝擊迅速蔓延到韓國、日本以及俄羅斯等國。中國雖躲過這一場浩劫，但人民幣的相對升值和世界市場的絕對萎縮給中國的出口也造成了很大的壓力。雖然通過採取改善出口商品結構，提高商品的科技含量，提高商品的內在質量和外觀設計，以及改善市場的出口結構等措施可以保證和擴大中國商品出口，但這些措施在短期內難以達到目的。在這種情況下，中國及時對當時的出口退稅政策進行了調整。一方面，針對1998年中國出口增速的急遽回落，中國及時提高了出口退稅率。如從1998年1月1日起，提高部分紡織品出口退稅率；從6月1日起提高煤類、鋼類、水泥、船舶的出口退稅率；從8月1日起提高紡織機械出口退稅率；從9月1日起又提高了鋁、鋅、鉛的出口退稅率。另一方面，中國擴大了享受出口退稅的商品範圍。如從8月1日起，中國恢復對食糖的出口退稅。另外，根據中國不同出口商品所遇到的不同競爭態勢以及國家的出口商品導向，規定高低不等的出口退稅率，形成合理的稅率結構，從而在提高出口商品競爭力的同時，還改善了出口商品的結構。這些及時靈活的出口退稅政策，對避免中國商品出口在1998年比1997年出現絕對萎縮方面發揮了重要作用。

出口退稅政策具有促進出口的功能是不容懷疑的，但能在多大程度上適用出口退稅政策及其功能發揮的程度卻還有賴於以下這些因素：

（1）政府的財政狀況。出口退稅率的高低從國家財政收支來看，實際上就是財政支出規模的高低。出口退稅率越高，雖然對出口的促進作用越大，但政府的財政支出也越大。因此，用提高出口退稅率來促進出口必須要以國家財政有能力兌現退稅額為前提。

（2）退稅效率的高低。出口退稅使稅收的徵、納雙方在完成通常的徵、納稅後又多了一道申請退稅以及返還稅款的程序，增加了雙方的工作量，並且在這一過程中需涉及供貨方、出口方、海關和稅務機關等多方當事人。如果各方不能很好協調，需要的手續又繁雜多變，就會造成退稅進程緩慢、錯誤百出，使大量不法廠商借機搞假出口真退稅，冒領稅款，影響出口退稅政策效果的發揮，並對正常的出口秩序造成衝擊。

（3）退稅利益的分配問題。任何一件出口商品都不可能從投入物的生產到成品

的形成一直到最終出口都由一家廠商完成，因此，每一出口商品都包括了一部分上游關聯產業的稅務。但出口退稅的利益卻只有出口廠商享有，這就容易造成上下游產業發展的不協調，出現出口工業快速發展而為出口工業提供支持的基礎工業發展緩慢的狀況，造成整個社會產業結構畸形。從長遠來看，出口退稅反而會不利於本國產品國際競爭力的提高。因此，從這一點來看，出口退稅只能作為促進出口的短期戰略而不能作為長期戰略。正是基於這樣的認識，一些國家紛紛制訂了「逐年取消退稅方案」。

四、出口信貸與出口信貸國家擔保制

（一）出口信貸（Export Credit）

由國家銀行或專門金融機構為出口廠商出口所需資金給予信貸支持，是當今世界各國常用的促進出口的一種政策措施，此即出口信貸。出口信貸對於促進一國大型設備出口以及促進其他一些需要長期占用資金或需巨額週轉資金的出口項目顯得尤為必要。因為這類出口的規模往往超出了很多出口廠商本身的資金實力，如果沒有外部資金的支持就只好眼睜睜地看著這些出口機會流失。於是，國家便成立專門的金融機構，或由該國的銀行系統為這類出口項目向出口廠商提供資金資助，以解決其資金週轉的困難，或向外國進口商提供貸款，讓其以即期付款的形式購買本國商品，從而間接地向本國出口廠商進行資金支持。出口信貸按期限可分為三種：

（1）短期信貸（Short-term Credit），是指貸款期限在 1 年以下的出口信貸。其主要用於資助對原材料、消費品以及小型機器設備等的出口。

（2）中期信貸（Medium-term Credit），其貸款期限為 1～5 年。其主要用於中型船舶、中型船舶設備等生產週期在 5 年以內的商品的出口。

（3）長期信貸（Long-term Credit），其貸款期限一般為 5～10 年甚至更長時期。一些大型機器設備，如船舶及海上平臺等產品的生產週期往往都在 5 年以上，生產中資金占壓規模巨大，這些商品的出口就需要長期出口信貸的支持。

出口信貸按貸款涉及的當事人的不同，又分為賣方信貸和買方信貸。

賣方信貸（Supplier's Credit）。賣方信貸是出口國銀行或金融機構向本國出口廠商提供的出口信貸。賣方信貸促進出口的過程是：出口廠商與進口廠商簽訂買賣合同，約定由進口方以延期付款的方式進口一定數量或金額的商品；出口廠商與信貸銀行或金融機構簽訂貸款協議，約定由貸款方向借款方提供一定數額和期限的貸款，用於借款方對出口商品的採購、生產和出口；賒銷期滿後由進口商償還出口商貨款；出口商按貸款協議的規定償還銀行的貸款。在賣方信貸方式下，本國出口商以延期付款方式向國外賒銷商品，有利於調動國外進口商的採購積極性，促進了一些資金週轉暫時困難的進口商做出進口決定，從而擴大出口規模。但是賣方信貸也有缺點。因為在此種方式下的成交價格既包含了出口商的銷售成本和商業利潤，又包含了利息和手續費。因此，出口報價往往較現匯交易高，也不利於進口商瞭解商品的真正價格。

買方信貸（Buyer's Credit）。買方信貸是出口國銀行或專門金融機構向進口廠商

或進口國銀行提供的貸款,以資助進口國廠商進口貸款國商品。買方信貸促進出口的過程是:出口方銀行或專門金融機構與進口國銀行或進口廠商簽訂協議,約定由貸款方向對方提供一定金額和期限的貸款,並規定該筆貸款只能用以購買貸款國商品;在直接貸款給進口商的情況下,進口商先以自有資金以限期付款方式支付訂金後,再以所獲得的貸款以即期付款的方式向出口商支付剩餘貨款,然後按貸款協議的規定分期或在約定日期內歸還貸款和利息。若買方信貸的借款方是進口國銀行,那麼還存在一個進口國銀行與進口商之間的貸款協議,進口商先以自有資金向出口商繳納占合同金額 15%～20%的定金後,其餘貸款由進口國銀行用買方信貸項下的資金作即期支付。在一定時期後,進口國銀行按貸款協議歸還買方信貸借款。至於進口國銀行與進口商之間的債權債務清償,屬於國內借款的性質,應按它們之間簽訂的貸款協議進行。

買方信貸中的對外貸款是資本輸出的一種方式,但從達到的效果來看,卻促進了等額的本國商品的出口。因為在以買方信貸方式輸出資本時,貸款國通常會在貸款協議中明確規定該貸款只能用於購買貸款國的商品。因此,它是一種約束性貸款(Tied Credit),是一種典型的以資本輸出帶動商品輸出的對外擴張政策。

買方信貸可以使出口商盡快地得到貸款,從而加快資金週轉並減少了風險。商品的對外報價只包含了銷售成本和商業利潤,能較真實地反應商品價格,報價也較低。對進口商而言,買方信貸使其對價外費用做到心中有數,有助於交易的選擇和決定。因此,在出口信貸方式中,買方信貸較賣方信貸更受歡迎。

(二) 出口信貸國家擔保制 (Export Credit Guarantee System)

在促進出口的過程中,政府不但可以直接貸款給本國出口商或外國銀行、進口商,還可以通過向出口商或出口國銀行保證,若其向進口商或進口國銀行提供的出口商業信用和銀行信用出現風險時,由政府負責賠償。這種促進出口的方式稱為出口信貸國家擔保制。出口信貸國家擔保制度規定,由政府有關機構對本國出口商或商業銀行向外國進口商或銀行提供的信貸負責擔保。在出口信貸國家擔保制下,當國外債務人到期不能履行債務時,就由國家擔保機構按承保的數額向債權人做出補償。

出口信貸國家擔保制的主要內容有:

(1) 承保範圍和擔保金額。出口信貸與國內信貸相比,其安全性要差得多。它不但包括國內信貸所涉及的所有風險,還增加了涉外風險因素,如因涉及幣種轉換而增加了匯率風險、外匯管制風險;因涉及不同的主權國家而增加的貨物禁運、資金凍結以及政變、戰爭等風險。這其中的很多風險,商業保險公司通常是不承保的,因而使出口信貸缺乏充分的避險手段。於是,政府成立專門的保險機構,對那些商業保險公司不承保的出口信貸風險由國家進行擔保,打消出口商或銀行對外提供出口信貸的顧慮。政府對出口信貸的承保金額一般規定為:若承保的是政治風險,為合同金額的 85%～95%;若是經濟風險,為合同金額的 70%～80%。但是,政府為了鼓勵某些商品的出口,對某些項目的出口信貸提供 100%的擔保也是有的。

(2) 承保對象。出口信貸國家擔保制的承保對象既可以是對外賒銷商品的出口

廠商，也可以是提供了出口信貸的本國銀行。

(3) 承保的期限和保險費用。出口信貸國家擔保制的期限取決於出口信貸期限的長短。因此承保的期限也分為短期、中期和長期。短期承保的有效期限在1年以下，一般為6個月左右。由於這類信貸一般金額不大，但業務量卻占整個信貸擔保的很大部分，於是有的國家對這類出口信貸採取綜合擔保的方式，以減少業務量，簡化手續。出口商或銀行只要一年辦理一次投保，即可對這期間發生的一切信貸享受擔保。中期承保的有效期限通常為1~5年，長期承保的有效期則大多在5年以上。中長期出口信貸承保由於金額大、時間長，因而一般採取逐筆申請的方式。

出口信貸擔保是國家為了促進出口、支持出口商或銀行通過提供出口信貸的方式來增強本國商品的國際競爭力的一種政策措施，目的並不是盈利。因此，出口信貸擔保的保險費率通常都很低。隨著保險市場的激烈競爭，一大批商業保險公司也逐漸涉足出口信貸保險領域，保險費率被進一步壓低。目前，出口信貸的保險費率一般只占被保險金額的 0.4%~0.6%。

五、商品傾銷（Dumping）

商品傾銷是指同種商品國外銷售價低於國內銷售價甚至低於成本價的一種在國外市場拋售商品、打擊競爭對手、擴大出口的行為。按定義，傾銷可以用兩種標準來衡量：一是同種商品國外市場售價低於國內市場售價，二是某種商品的國外市場售價低於該商品的生產成本。由於要準確確定某一商品的生產成本在實際操作中有很多不便之處，而市場售價卻是一目了然的，因此，只要消費者或競爭對手將某一商品的國內外售價一對比便知是否存在傾銷行為。所以，在國際貿易中對傾銷的指責主要是以第一個標準來衡量的。商品傾銷按目的或時間的不同，可做如下劃分：

(一) 季節性或偶然性傾銷（Seasonal or Sporadic Dumping）

這種傾銷不以打擊競爭對手為目的，主要是在銷售旺季過後處理庫存積壓商品，公司破產清算時作為破產財產的變賣，公司改作其他業務時出清以前的存貨等而在國外市場上拋售商品。這種傾銷的持續時間都很短暫，對傾銷國市場的衝擊不大，因而很少被傾銷國採取反傾銷措施。

(二) 間歇性或掠奪性傾銷（Intermittent or Predatory Dumping）

這種傾銷的目的是在國外市場上打垮大部分甚至全部競爭對手，獨占或至少在傾銷國市場上居於支配地位從而占領、壟斷和掠奪國外市場。其手法是在一段時期內以低於出口國國內價格的價位甚至以低於生產成本的價位拋售商品，等到傾銷國市場上大部分競爭對手甚至全部競爭對手都被迫退出競爭後，再憑著對該商品的壟斷地位抬高售價。其策略是以暫時的傾銷損失換來長久的超額壟斷利潤。這種傾銷不但對進口國競爭產業造成毀滅性打擊，還會對該國消費者進行掠奪。進口國對於這樣的傾銷當然是不歡迎的，因此，許多國家都採取反傾銷措施來加以抵制。

(三) 長期性傾銷（Long-run Dumping）

這種傾銷主要以擴大出口、消化國內過多的生產能力或賺取外匯為目的。當一國某種商品的供給價格彈性很低，或國家出於某種目的人為地保持甚至超過某商品

供求均衡所確定的生產規模，以及為獲得穩定的外匯收入時，往往會採取這種傾銷方式。但這種傾銷方式除非能長期獲得某種外來的補貼，否則傾銷價至少應不低於在該產量下商品的平均成本。

傾銷要能獲得成功，必須具備以下幾個條件：

（1）出口商品生產企業在本國市場上必須有一定的壟斷力量，出口商品的國內銷售價是一種壟斷價格而不是競爭價格。因為假如國內市場價格也是通過競爭形成的，那麼其價格必然位於該商品的平均成本點上，已絕無再降價的可能。國際市場總是要比國內市場競爭更激烈一些。但從企業追求利潤最大化的本性來看，長期內出口商品仍然必須在不低於該商品的平均成本點上銷售，因而談不上傾銷。另外，傾銷過程總是會對傾銷者造成一些損失的，特別是在掠奪性傾銷中，必須有雄厚的資金勢力做後盾。如果傾銷者不是在本國市場具有相當實力的大企業，它很難忍受傾銷過程中的這種巨大損失，傾銷也很難獲得成功。

（2）出口商品國內需求價格彈性低於進口國對該商品的需求價格彈性。在國內市場商品的需求價格彈性低，替代品較少，從而能維持較高的價位。而在進口國市場上，該商品的需求價格彈性高，替代品較多，使得該出口品只能處於一個較低價位。

（3）出口國市場和進口國市場能夠隔離開來，不存在出口商品回流國內的可能性。要使傾銷獲得成功，這一條件必須得到滿足的原因是顯而易見的。若出口國市場和進口國市場不能隔離開來，那麼由於該商品的國外售價低於國內售價，國外該種低價商品就會回流到售價較高的國內市場。只要這種差價存在就必然會有套利活動，倒買倒賣所引起的商品回流就不會停止，直至國內外商品售價一致為止。

（4）進口國不採取反傾銷措施。在當今世界貿易領域，各國對國際貿易作用的關注點逐漸從獲得比較利益轉向促進國內經濟發展、社會穩定和科技進步上。雖然商品傾銷使進口國消費者能享受到低價商品所帶來的好處，但它對進口國經濟形成的衝擊，損害了該國與之競爭的產業的發展。因此近年來，各國對傾銷的認定標準變得越來越嚴格，各國對傾銷進行指控的案例也越來越多。一旦進口國對傾銷商品徵收反傾銷稅，出口商品的國內外差價就會消失，傾銷自然就無法獲得成功。中國到目前為止已經遭受了320多起傾銷指控。與此同時，中國也建立了自己的反傾銷制度，並對中國首例反傾銷指控——國內新聞紙生產企業起訴加拿大等國家進行新聞紙傾銷一案，進行了反傾銷立案調查和初步裁定。

六、各種促進出口的服務措施

對一個開放的經濟體而言，對外經濟關係是該國國民經濟的重要組成部分，國外經濟與國內經濟存在著強烈的互動關係。一方面對外進出口可以對國民經濟的方方面面產生直接或間接的影響；另一方面國民經濟的各種因素也會對進出口產生抑制或促進的作用。如前所述，一國的價格、稅收、財政、金融和保險政策等都可以起到促進出口的作用。除此而外，國家還可以通過組織建立各種專門機構，借以為出口商提供各種服務的方式促進出口。各國這樣的機構和名稱千差萬別，如日本早

在1954年就成立了「最高出口會議」，韓國從1965年起建立了「出口擴大會議」，英國在1972年設立了「海外貿易委員會」，美國在1979年成立有「總統貿易委員會」和「貿易政策委員會」，中國也成立有「中國國際貿易委員會」等。除了這些官方的機構以外，許多國家還成立了半官方的機構或政府支持的民間機構。這些機構為促進國家出口提供多種服務。綜合起來看，主要有以下這些服務：

（1）提供涉及出口的各種政策、措施的協調服務以及各出口商之間的協調服務。擴大出口是一項涉及許多方面的綜合性系統工程。國家各部門、各產業都有一些涉及出口的政策、措施。由於這些政策與措施出自不同部門、不同經濟領域，有著不同的側重點，其具體的政策條文難免有相互不協調、甚至相互抵觸的地方，在執行時寬嚴標準也很難一致。由於這些內部政策的不統一弄得出口商無所適從，嚴重影響了出口的效率和效益。同時，各出口商作為追求各自利益最大化的經濟主體，其出口行為往往從局部利益角度進行考慮。各出口企業間的競爭在缺乏協調的情況下，很容易發生在出口過程中相互詆毀，在國內哄搶貨源，在國外惡性壓價競爭，造成出口秩序混亂，並招致進口國的報復，從而阻礙出口的發展。另外，如果制定某項政策的社會經濟環境一旦發生改變，而該項政策沒有及時加以修訂，就可能阻礙現實經濟的發展。因此，政府要想給出口商創造一個適合其開展出口業務的政策環境，就需要不斷對一些不再適應出口現狀的過時的出口政策加以調整。在以上這些矛盾面前，政府有關服務機構應適時協調各方面的矛盾和問題，修訂過時的出口政策，以減少內耗，達到一致對外，增強出口競爭力。這類服務成本不大，卻可以改革出口體制，優化出口秩序，極大地促進出口的發展。並且，這樣的出口發展主要是一種效率提高基礎上的集約型發展，因而具有強烈的外部性正效應。

（2）聯結進出口商，提供仲介服務。仲介服務的內容主要包括：組織承辦貿易展覽會或組織本國出口商參加貿易展覽會，建立貿易中心，組織貿易代表團互訪，以及其他一些幫助建立出口商與國外進口商聯繫的活動。這樣的服務，有利於出口商建立一個廣泛的客戶網絡，增加進入國際市場的渠道。

（3）提供信息和諮詢服務。國際市場遠離本土，有著不同於國內市場的法律規範、風俗習慣和市場規模。對國際市場狀況瞭解得越深越有利於增強本國商品的應變能力，提高本國商品在國際市場上的競爭力。為出口商提供信息和諮詢服務正是出於這樣一個目的。為此，政府成立專門的機構對國際市場進行市場調查和分析，並向出口商提供諸如國際市場消費需求狀況、商品價格和潛在競爭對手的狀況、進口商目錄、地址和資信背景等信息，幫助出口商擴大出口。

（4）質量管理和控制服務。該服務適用於多種目的。就促進出口而言，它主要的作用是通過幫助出口商實行出口商品的質量管理，提高出口商品的檔次，樹立和維護出國商品在進口國的良好聲譽。世界各國都為加強本國商品的質量管理和控制做了不少努力，許多國家建立了出口商品檢驗局、質量標準局或者類似的機構。它們為幫助本國出口商在國際市場上以質取勝，擴大出口起著重要的推動作用。

（5）組織評獎活動，表彰出口有功企業和個人。為了推動出口，一些國家定期對出口成績顯著的廠商和個人授予獎章、獎狀，並通過授獎活動推廣經驗。英國早

在1919年就開始實「女王陛下表彰出口有功企業的制度」，受表彰的企業可以在5年之內使用帶有女王名字的獎狀來宣傳自己的產品。美國則設計有總統「優良」勳章和「優良」星字勳章，受獎廠商可用獎章來進行促銷。中國也有不少這類似的評獎活動。國家通過組織評獎和表彰活動，有助於形成出口光榮的社會風氣，增強出口商擴大出口的精神動力。

第二節　促進出口的經濟特區政策

經濟特區政策是一種特殊的促進出口的政策。經濟特區（Special Economic Zone）是指一個國家或地區在其關境以外劃出的一定區域。在這一區域內實行各種特殊的優惠政策，促進加工貿易和轉口貿易等，從而帶動該地區和鄰近地區經濟貿易的發展。以建立經濟特區來促進貿易發展由來已久，早在1228年，法國地中海沿岸港口就在港區內開闢了自由貿易區，以便讓外國貨物在不徵收任何捐稅的情況下進入港口特定區域，然後再向外輸出。這種特定區域已開始具備經濟特區的一些基本功能。到了15世紀，歐洲著名的「漢薩同盟」則標誌著自由港和自由貿易區雛形的形成。但是經濟特區真正得到發展，還是在資本主義生產方式確立以後，特別是第二次世界大戰後。目前，經濟特區不但遍布世界各地，而且其功能也逐步多樣化。最初的經濟特區，還僅僅是一塊方便轉口貿易的區域。後來，經濟特區被賦予了出口加工、發展當地加工工業並「以工促貿」的功能。近年來，經濟特區在引進先進技術知識以及先進的管理經驗，把握世界市場脈搏從而全面提高一國經濟發展和出口能力方面的作用越來越大，已成為許多國家建立經濟特區的重要原因。1979年後，中國也先後興建了七個經濟特區。這七個經濟特區在吸引外商投資、引進先進技術和管理經驗、擴大對外經濟、發展技術合作、促進出口方面發揮了巨大的作用，成為中國促進出口的重要措施之一。

世界上的經濟特區按其功能的不同區分如下：

一、自由港與自由貿易區

自由港（Free Port）又稱自由口岸，是一塊處於一國關境以外的區域。區內商品的輸出和國外商品進入區內可免徵關稅，不必辦理海關手續或僅對少數特殊商品（如菸、酒等）徵收關稅。商品在該區域內可以裝卸、改裝、加工、展覽、買賣、銷毀和儲存等。就區位而言，自由港必須是港口或港口的一部分。

自由貿易區（Free Trade Zone）是指劃在關境以外，准許外國商品免徵關稅、自由進出口的地區。它實際上是採取自由港政策的關稅隔離區，是自由港形式的進一步發展，因而一般設在一個港口的港區或鄰近口岸的地區。自由貿易區與受關稅管轄的其他地區多憑山、河等天然屏障或柵欄等障礙物相隔離。

自由港和自由貿易區的功能主要是為了發展轉口貿易。它所提供的優惠和便利主要有：

（1）關稅優惠和海關手續減免。關稅優惠包括免除絕大部分外國商品進入區內的關稅。對某些特殊商品如菸、酒等徵收較低的關稅或一律免徵關稅。海關手續減免包括免除通關手續，免除大部分進出口統計申報。這些優惠和減免，使貨物在區內的銷售成本大大下降。另外，區內的經濟活動不受國內部分貿易政策和法律的制約，如國內的許可證和配額限制、外匯管制、貿易經營資格限制等，從而促進出口貿易的發展。

（2）良好的貨物集散條件。自由港和自由貿易區都設置在港口或港口附近地區。交通便利，貨物週轉迅速，有利於減少貨物積壓，降低運輸費用。另外，自由港和自由貿易區都有良好而完整的貨物倉儲服務，有利於減少貨損貨差。

（3）作為商品展示窗口。由於自由港和自由貿易區實行對外國商品的進出口無關稅政策和免除大部分海關手續的羈絆，外國商品可以先免稅進入區內進行商品展示，在找到買主後再通過關境進入進口市場；若無買主，則免稅運回出口國。這樣，除了商品資金占壓和運費外，並無更大的損失，減少了促銷成本。通過真實商品展示進行買賣，還有助於買主打消有關商品質量方面的顧慮，省卻了對商品質量描述方面的麻煩，減少了買賣雙方因對商品質量描述的理解不同而引起的糾紛，加深了信任，有利於商業關係的長期穩定。另外，自由港和自由貿易區是多地區市場的聯結點，多樣化的需求在這裡匯聚融合，並與多樣化的商品供給相配合，有利於商品的成交。

（4）允許對商品進行簡單再加工。進入自由港或自由貿易區內的商品一般可以在區內自由地拆散、分類、改裝、重新包裝、清洗、整理以及與外國或國內的原料混合再出口。在這一過程中，海關不予監督或控制，省去了不少稅費負擔。區內完善的服務設施和優良的區位條件又減少了運費、廠房租金、工資及保險費等支出，降低了成本。

自由港和自由貿易區允許外國商品自由出入，但自由出入並不等於放任自流，對於一些特殊物品如武器、毒品等一般是禁止出入的。外國船舶、飛機等的出入也需要遵守主權國家的衛生、移民、治安等政策和法規。

二、出口加工區（Export Processing Zone）

出口加工區是一國專門為加工、製造和裝配出口產品而開闢的特定區域，是自由貿易區商業貿易功能弱化、出口加工功能強化的產物，一般位於港口、機場及其附近等交通便利的地區。政府通過優惠措施引進外資、先進技術和設備，在這一特定區域內發展在國際市場上有競爭力的出口加工工業，促進出口，帶動本國經濟發展。

出口加工區是在自由港和自由貿易區的基礎上發展起來的。1959年，在愛爾蘭香農國際機場附近出現的以出口加工工業為主的自由貿易區就是出口加工區的雛形。20世紀60年代以來，出口加工區在亞洲的發展中國家和地區獲得巨大發展。這裡面有傳統的鼓勵出口的政策措施繁瑣費時的原因，也有20世紀60年代以來發達國家產業轉移的原因，但是根本的原因還在於發展中國家外貿戰略的改變。在一戰和

二戰後，世界各地誕生了一大批主權國家。這些國家經濟結構單一，生產力水準低下，許多生活必需品需要從國外進口。為了擺脫對國際市場的依賴，發展本國的經濟，這些國家紛紛實行進口替代戰略，以本國生產的商品來替代從國外進口的同類商品。但是經過十幾年的實踐，它們發現這種方法代價很高，對內保護落後，對外因限制進口，還要受到其他國家的批評甚至報復。於是這些國家將對外貿易戰略從進口替代型轉為出口導向型，或兩者兼而有之。出口導向型發展戰略改原材料等初級產品的出口為製成品出口，提高了出口產品的加工增值幅度，促進了本國製造業的發展並帶動整個經濟的發展。在戰略轉變過程中，為了提高勞動生產率，增加製成品的國際市場競爭能力，需要引進外國資本以及先進的技術和管理經驗，但是又擔心受外國資本的控制，於是就在本國國土上劃出一定的區域，實行對外開放、對內隔離的措施。出口加工區之所以能吸引外資，引進先進技術和管理經驗，是因為出口加工區具有以下一些優越條件：

（1）有發展加工工業的基礎設施。出口加工區一般位於交通便利的地方，運輸方便快捷，且區內的動力、供水、通信能力等能滿足工業生產的需要。

（2）有足以吸引外商投資辦廠的優惠措施。出口加工區要能卓有成效地擴大設區國的出口貿易，增加勞動就業和外匯收入，帶動設區國工業和整個經濟的發展，僅有硬環境是不夠的，還需有軟環境的支持。設區國為改善區內的軟環境，採取了各種各樣的優惠措施。其中包括：①加工出口產品所需進口的設備、原材料免徵進口稅；②減免區內外商投資企業的部分國內稅收；③降低區內公用事業設施和基礎設施的使用費和服務費，提供廉價的工業用地；④區內企業經營所需外匯及經營所得的外匯收入不受設區國外匯管制的限制；⑤優先保證出口加工所需國內的原材料，提供工資水準和技術熟練程度相適應的勞動力；⑥精簡高效的行政管理機構和穩定透明的政策、法律等。

出口加工區雖是從自由港和自由貿易區發展而來，但它們有著很大的區別。首先，二者功能不同。出口加工區以出口加工工業的發展促進出口，而自由港和自由貿易區主要是通過提供商品流通的便利促進出口，縱然有加工，也只是分裝、混合或更換包裝等簡單加工，並不改變加工對象的根本性質和功能。其次，二者的受惠範圍不同。在出口加工區內，享受優惠的主要是經過加工後使產品能增值並最終使產品銷往國外的廠商，而在自由港和自由貿易區內，享受優惠的是除禁止進入區內的物品以外的所有外國商品。

出口加工區還包括一些限制措施。如對外商投資項目的限制，規定對技術含量低或對外環境污染嚴重的項目不准投資，對國家專營或限制外商涉足的產業不准投資等；對企業用工及工人的工資和福利待遇的規定，要求投資企業必須錄用一定比例的本國人員，外國人在企業內不得超過一定比例，甚至對企業中某些崗位是否由本國人占據都有規定；對產品的內銷和外銷比例的規定，要求投資企業生產的產品外銷至少應達到一定比例等。

三、保稅區（Boned Area）

保稅區是指由**國家海關設置或經海關批准設置的**，准許外國商品在不徵收進出口關稅的情況下，在區內長時間存儲的特殊經濟區域。保稅區按規模的大小可分為保稅倉庫、保稅工廠和保稅區。它與自由港和自由貿易區的區別有以下幾點：

（1）海關監管方式不同。進入保稅區的貨物雖然免徵進口稅，但貨物入區前必須在海關登記，所有區內貨物都處於欠帳狀態，直到它們被再出口或履行進口手續後進入國內市場，**因此**，保稅區一般採用保證或帳冊管理方式。而貨物在進入自由港和自由貿易區時，**不需要進行海關登記**，區內的貨物不處於欠帳狀態。為了保證區內外貨物的順暢**流通**，自由港和自由貿易區多採用門崗式的管理方式。

（2）進入區內的**貨物種類不同**。保稅區不允許國內貨物進入，而自由港和自由貿易區不但**允許國內貨**物進入，還允許在內加工、重裝、和外國商品混合等。

（3）貨物在區內的存儲期限不同。保稅區內的貨物一般只能存放 2~5 年（各國對此規定不一），而自由港和自由貿易區對貨物存儲期限沒有限制。

從以上的幾個不同點可以看出，雖然保稅區和自由港及自由貿易區的功能都是便利開展轉口貿易，**促進出口**，但保稅區在運作中顯得手續繁瑣，適用性不廣。另外，由於**保稅**區對區內的貨物實行的是保證或帳冊管理，這就決定了它的規模不可能很大，因而也影響了它對區域經濟的拉動作用。不過從另一個側面看，保稅區的這些特點也為當局的**管理**帶來了方便，不至於因某方面管理失誤而造成大範圍的經濟衝擊，對**失誤的調整**也比較容易。因此，保稅區還是有存在的必要的。

在一些沒有設立自由港和自由貿易區的國家，保稅區就發揮著自由港和自由貿易區的作用，並將**保稅**區政策規定得更加詳細具體。如日本就將保稅區具體分為指定保稅區**和保稅棚**、**保稅倉庫**、保稅工廠、保稅陳列場等。各種類型的保稅區儘管職能上有差異，但**都能**促進出口的發展。中國的保稅區建設也很普遍，目前在全國許多機場、港口及其附近地區都設立了保稅區，如蛇口保稅區、上海外高橋保稅區等。這些**保稅**區在促進對外交流，擴大出口方面發揮著積極的作用。

四、自由邊境區（Free Perimeter）

自由**邊境區嚴格地**說來，已不以促進出口為首要目的，而是以開發邊區經濟為目的。它**是**指在本國的邊遠地區或幾個省的邊境地區，按照自由貿易區或出口加工區的優惠**措施**以吸引**國**內外廠商投資，發展當地經濟為目的而設立的特殊區域。它使用與出口加工區**基本**一致的優惠措施，如在該區域內使用的外國設備、原材料等物品，免徵關稅或**減徵關稅**，實行優惠的國內稅收，外匯的收入和使用不受國家外匯管制的**限制**等。但與出口加工區相比，生產的商品只有少數用於出口。不過這些商品內銷時，一旦從自由區跨過海關管轄區，就適用從國外進口同樣商品的規定，必須照章**納稅**，受許可證和配額的限制。如果這些商品用於出口，由於所使用的進口投入要素**免稅或減稅**，因而在世界市場上有較強的價格競爭優勢，從關境的跨入障礙和出口的低成本而言，自由邊境區也有較強的促進出口的作用。

自由邊境區主要是少數美洲國家使用的一種鼓勵經濟發展和出口的措施。其中墨西哥是設置邊境自由區最多的國家，它對促進該國邊境地區經濟的繁榮做出了重要貢獻。

五、科學工業園區（Science-based Industrial Park）

科學工業園區通常也叫作科學城、工業科學園、新產業開發區、高技術園區等。科學工業園區是為了加速新技術研製及其成果利用，加速本國工業現代化並開拓國際市場而設置的將智力、資金高度集中，專門從事高新技術研究、試驗和生產的特殊區域。

科學工業園區一般位於大學或研究所附近以及信息渠道通暢、交通網絡發達的大城市附近。園區內聚集了大批具有高科技素質的工作人員、研究人員，並具有完備、先進的科研教育設施。區內企業知識和技術密集度高，設施先進，生產專業化，產品具有高、精、尖特點。這種類型的經濟特區對於提高設區國的科技進步和工業現代化具有很強的輻射和帶動作用，所生產的產品可以較高的知識技術密集度和專業性不斷開拓和占領國際市場，從而改善出口商品結構，擴大出口規模。

科學工業園區所實行的優惠政策措施是多方面的。除了提供與出口加工區類似的優惠政策措施，如必要的發展工業的基礎設施和關稅減免、公用事業收費低廉、簡單高效的行政機構、穩定透明的法令規章等外，科學工業園區的優惠政策措施主要以注重形成創新和創業的環境為特色。在基礎設施方面，建設完備通暢的通信和信息網絡，以及綜合性或專業性的圖書館等公共教育設施。在管理和企業經營方面，建立風險基金，提供低息的創業貸款；建立信息諮詢和服務機構，為企業創業和營運提供技術支持和生產服務；建立完備的福利保障設施，保障和促進人員的自由流動；建立促進高新技術產品研究和生產的激勵機制；組織或協助開展學術活動；等等。總之，為了建設和發展科學工業園區，各國都採用了更加完備、更加系統的優惠措施。

幾十年來，在這些優惠政策措施的激勵下，世界各國已經形成了許多具有相當影響的科學工業園區，如美國的「斯坦福科研工業區」即後來的「硅谷」，日本的「築波研究學園都市」，英國的「劍橋科學公園」，加拿大渥太華、卡爾頓地區的「北硅谷」，新加坡的「肯特崗科學工業園區」等。目前，世界各國建立科學工業園區的浪潮方興未艾，不僅西方發達國家熱衷於以此促進本國從工業經濟社會向知識經濟社會轉化，在廣大發展中國家，各種類型的科學工業園區也如雨後春筍般冒了出來。科學工業園區為未來世界經濟特區發展確立了一個方向。

六、綜合經濟特區

綜合經濟特區的特點就在於它的綜合性。一方面，綜合經濟特區同時享受著自由港和自由貿易區的某些優惠政策以及出口加工區才具有的某些優惠政策和條件。另一方面，綜合經濟特區不但提供自由港和自由貿易區的轉口貿易職能，而且提供出口加工區「以工促貿」的職能。不但如此，綜合經濟特區還具有金融、旅遊、教

育甚至農牧業種植等功能。因此，綜合經濟特區既是自由港、自由貿易區和出口加工區的融合，又不僅僅是它們的融合。在綜合經濟特區內，經濟門類齊全，各個產業銜接緊密，充分發揮了現代經濟既分工細緻又密切聯繫的優勢，因而具有顯著的規模經濟效應。反觀自由港、出口加工區、保稅區等專業性經濟特區，由於這些經濟特區的產業門類不齊，功能單一，不容易形成規模經濟效應，不但自身發展受到局限，所提供的出口競爭力也是不很強的。總之，綜合經濟特區並不僅僅是各個專門經濟特區的簡單相加，在這裡，發揮了「1+1>2」的作用。

中國的這七個經濟特區都是綜合經濟特區。以深圳為例，它不僅擁有轉口貿易的海港，還有轉口香港的鐵路和公路口岸。深圳同時還是個工業區，僅1998年，區內工業總產值就達1,660.24億元，加工出口值為232.54億美元。除此之外，深圳還建有「世界樂園」等著名的旅遊景觀，每年吸引著數百萬遊客來此遊覽觀光。深圳還是中國的一個重要金融中心，區內的深圳證券交易所為全國各地的企業籌資，並為全國乃至國際投資者的投資提供了方便。許多外國銀行也紛紛落戶深圳。

第三節　出口管制政策

出口管制政策是指出口國政府通過各種經濟和行政的手段對本國出口實行控制的各種政策的總稱。它是一國出口管理政策措施的重要組成部分。一般而言，各國對於出口都持積極鼓勵的態度，因為出口可以增加就業並為國內經濟帶來諸多好處。然而，鼓勵出口也不是無條件的，同樣是出於增加就業，發展國內經濟的目的，也必須對某些商品的出口加以限制。另外，為了配合一國的對外政治、軍事政策或履行一國的對外承諾，也有必要限制某些商品的出口。如果說鼓勵出口的政策措施主要是為一國的經濟發展服務的話，那麼各國管制出口的政策措施則體現出一定的意識形態上的取向。這在發達國家的出口管制中體現得尤為明顯。

一、出口管制的目的

從前面的敘述我們知道，出口管制除了服務於增加就業、繁榮國內經濟的目的外，還具有一定的政治、軍事目的。因此，出口管制的目的可以分為以下兩大類：

（一）就業和經濟目的

（1）一國經濟要處於全面均衡是很困難的。在現實生活中，不是這種商品供不應求，就是那種商品頻頻告急，國內通貨膨脹上升，或者相反。對於供過於求的商品，採取鼓勵出口的政策能穩定就業，保持經濟持續發展。對於供不應求的商品，如果仍採取鼓勵出口的政策將使供需缺口進一步加大，使社會再生產不能順利進行，從而造成失業，以致放慢社會經濟發展速度。因此，國家就對這類商品進行出口管制。由於這方面的原因而受到出口管制的商品主要有國內生產所需要的各種原材料、半成品及國內市場供應不足的生活必需品，如某些藥品、糧食、化學品等。

（2）為了穩定出口秩序，避免同類商品大量湧向國際市場，造成出口國的貿易條件急遽惡化，或者為了避免受到進口國的報複製裁，有關商品的出口國也會採取出口管制措施。受到這方面原因而被管制出口的商品主要有大宗出口商品和實行「自動」出口限制的商品，如中國輸出到美國、歐洲的紡織品和服裝，日本輸出到美國的汽車、鋼鐵等。

（3）為了保護國內的一些珍貴文物、非再生資源或保持國內生物資源的多樣性，需要對這類商品的出口進行管制。由於這方面原因受到出口管制的商品主要有歷史文物、藝術珍品、黃金、白銀等貴重金屬；珍稀動、植物及其製品以及其他一些特殊商品。如中國對歷史文物有級別的區分，規定文物達到一定級別後就不準用於出口。英國也規定，古董或藝術品只要其生產或製作年代比出口日期早一百年以上者，其出口必須申領出口許可證。

（4）為了維護出口商品在國際市場上的壟斷地位，以便長期獲得超額壟斷利潤，也需要出口管制。由於這方面原因而被出口管制的商品只能是出口國能對國際市場形成壟斷的商品。在現實生活中，最典型的莫過於OPEC國家對石油出口的管制了。事實上，幾十年來的石油出口管制也確實為石油輸出國組織國家帶來巨大的經濟利益。另外，一些擁有某項獨創技術的國家為了防止技術的對外擴散，也對其採取出口管制措施。如美國長期對高速計算機及其技術的出口實行管制。

（二）政治和軍事目的

如同一個人離不開社會一樣，一個國家也不能脫離與其他國家的交往而獨善其身。一個國家不管是採取開放政策還是封閉政策，它的對外政策都是該國總的方針政策的重要組成部分。由於受不同的意識形態的支配，各國的對外政策必然有親疏之別。這種「親疏」，不但在外交辭令上體現出來，而且還要靠其他政策特別是對外經濟政策來貫徹。

（1）當出口國為了干涉和控制進口國的政治局勢，在外交活動中保持主動地位時，出口國就往往通過出口管制來破壞或干擾對方國家正常的經濟秩序，遏制其經濟發展，或通過出口管制來對進口國家施加壓力，強迫其在政治上屈從就範。例如，美國為了迫使利比亞交出「洛克比」空難的犯罪嫌疑人，十幾年來，一直對該國實行貿易禁運；為了迫使伊朗和伊拉克放棄對美國的敵對政策，維護美國在海灣的利益，美國也以貿易禁運來施加壓力；對於美國的近鄰古巴，美國更是數十年來斷絕與它的經濟關係。貿易禁運的政策措施，是出口管制中的重要組成部分。美國還曾經通過對蘇聯實行糧食出口控制的方式來對蘇聯進行遏制。

（2）在一國進行對外交往時，軍事安全往往是一國需要首先考慮的內容，特別是在與敵對國家的交往中，這一點顯得尤為重要。為了在軍事領域保持領先地位，出口國往往在向敵對國家出口時，對於可能增強對方國家軍事實力的戰略物資和高技術產品及其資料實行出口管制。二戰後，以美國為首的西方發達國家長期對社會主義國家採取敵對態度，在對社會主義國家的出口中，一直將戰略物資和可用於軍事的高技術產品採取出口管制措施。在美國商務部出版的《美國出口管制規章摘要》中就明確指出：管制戰略物資是「針對共產黨國家出口」。不但單個出口國對

戰略物資和高技術產品會實行出口管制，有時多個國家還會聯合對某些國家的出口實行管制。這種出口管制比較典型的就是「巴黎統籌委員會」（Coordinating Committee）。出於軍事目的而受到出口管制的商品主要有武器、飛機、軍艦、先進的電子設備以及核技術、生物武器和化學武器及其技術等。高速電子計算機由於能運用於軍事領域，因此，也可因軍事安全方面的理由而受到出口管制。

二、出口管制的形式

出口管制存在著兩種形式：單邊出口管制和多邊出口管制。

（1）單邊出口管制，即一國根據本國的經濟、政治和軍事等的需要，制定本國的出口管制法案，成立專門的出口管制機構，選擇出口管制的商品和管制措施，實施出口管制。單邊出口管制從管制法案的制定到管制措施的貫徹都完全由一國自己決定，不受其他國家或國際組織的影響，也不強行要求其他國家或國際組織接受管制法案或實施其管制措施，它完全是一國國內的事務。單邊出口管制是出口管制中最普遍的一種形式。世界上幾乎各個國家都或多或少對國內的某些或某類商品的出口存在著管制現象，對一切商品的出口都持鼓勵或中立態度的國家是不存在的。如美國就制定有專門的出口管制法，在美國的商務部設立有貿易管制局，專門辦理出口管制事務。其他一些國家儘管管制措施可能沒有美國等西方發達國家那樣完善並法制化，但管制的事實並不因此而有半點不同。即使一國存在著多邊出口管制形式，但其整個出口管制政策的重點仍然主要是單邊出口管制。

（2）多邊出口管制，即兩個或兩個以上的國家，通過一定的方式建立國際性的多邊出口管制機構或協調機制，商討和編製多邊出口管制貨單和受出口管制的國別，規定管制措施，共同進行出口管制。多邊出口管制的基礎是共同的經濟、政治和軍事等目的。在二戰後，以美國為首的西方發達資本主義國家為了共同遏制社會主義國家政治、經濟和軍事實力的發展，於1949年年底成立了一個國際性的多邊出口管制機構——巴黎統籌委員會（簡稱「巴統」）。這個委員會的決策機構由參加國政府派高級官員組成，共同商討參加國對社會主義國家的出口管制問題。其主要工作是編製和增減禁運貨單，規定受禁運的國家和地區，確定禁運審批程序，加強轉口管制，討論例外程序和交換情報等。巴統的管制方式是直接管制特定產品和技術出口到特定國家或地區。不過它只負責編製、修訂和審批多邊出口管制貨單，而對管制出口的商品的具體管理和出口手續仍然由各參加國自行辦理。隨著1991年蘇聯的解體，西方發達資本主義國家眼中的「社會主義陣營」已不再對其構成威脅，「巴統」失去了存在的意義，加之「巴統」的參加國違規事件不斷，各國對管制的態度也難以統一，終於在1994年4月，成立了45年的巴黎統籌委員會被宣告解散。多邊出口管制需要有共同的管制目的作為基礎，因而它不可能成為出口管制中的普遍形式。在實踐中，典型的多邊出口管制機構也只有巴黎統籌委員會存在過。但較單邊出口管制而言，多邊出口管制對受管制國的壓力更大，遏製作用更強。目前，雖然巴黎統籌委員會不存在了，但是在《不擴散核武器條約》《禁止使用生物武器條約》《禁止使用化學武器條約》等多邊國際條約中，仍有大量的條款要求各參加國

對核武器、生物化學武器以及相關技術的出口實行共同管制。多邊出口管制現象在現實生活中仍然大量存在。

中國的出口管制曾經都是以單邊出口管制的形式完成的。在加入了《不擴散核武器條約》等多邊國際條約後，中國為了履行這些多邊國際條約規定的義務，也開始對條約中所規定的某些商品的出口進行共同管制。因此，目前中國的出口管制既存在單邊出口管制形式，又存在多邊出口管制形式。

三、出口管制的措施

出口管制政策必須要有具體的措施來貫徹。一般而言，有了政策後要成立相應的出口管制機構。出口管制機構根據管制政策的精神制定管制貨單和受管制的國別和地區，然後再以一定的措施來具體對管制貨單範圍內的貨物出口進行管制。出口管制的措施主要有國家專營、出口稅、許可證、配額和禁運等。

（1）出口國家專營。這種措施要求對受到出口管制的商品的出口由國家指定專門機構經營。獲得指定的機構在經營專營商品出口時，既要受到市場規律作用的影響，在有利的價位下盡可能多出口，以獲得較好的經濟效益，又要受到出口管制政策的直接約束。出口管制政策的變化，乃至管制貨單和受管制的國別和地區的變化都將直接引起專營機構出口行為的變化。國家專營使出口管制政策精神的貫徹具有直接性和徹底性。但是在出口國家專營情況下，專營機構往往把主要精力放在如何正確理解和有效貫徹出口管制政策上去了，對於專營商品的出口效益卻重視不夠。另外，專營是一種事實上的壟斷，在缺少競爭的情況下，專營機構的出口效率也不容易得到提高。出口國家專營還使得政府必須隨時瞭解專營機構是否按政府的意圖行事，是否有必要授權新的專營機構或撤銷原有的專營機構等，增加了政府行政管理難度。因此，目前在實行出口國家專營的國家，專營出口的商品範圍都很小，僅限於一些敏感性商品的出口，如石油及石油製品、糧食、武器等。

（2）徵收出口稅。政府對出口管制範圍內的商品，根據管制程度徵收高低不等的出口稅，增加該種商品的出口成本，削弱其在國際市場上的競爭力，從而迫使出口商減少出口甚至不出口該種商品。出於出口管制目的徵收的出口稅往往較出於財政目的徵收的出口關稅高，否則就達不到控制出口的效果。徵收出口稅是一種間接的出口管制措施。當受管制的出口商品的國內供給價格彈性或國外需求價格彈性很小時，即使出口稅率定得很高也不容易達到控制出口的目的。因此，在使用出口稅來作為出口管制的措施時，要求出口管制的商品供給價格彈性或需求價格彈性充足，否則就應當採用其他措施來管制出口。

（3）實行出口許可證制度。國家規定對屬於出口管制的商品的出口必須徵得政府的許可，在申請領到出口許可證後海關才予以放行。出口許可證是一種直接管制措施，管制效果快速、明顯，是目前使用最廣泛的出口管制措施之一。例如，美國對出口商品的管制就採用出口許可證制。當美國出口商出口受管制的商品時，必須向商務部貿易管理局申請辦理出口許可證。美國還將出口許可證具體分為一般許可證和有效許可證，前者適用於出口管制程度較低的出口商品，後者適用於管制程度

較高的出口商品。

（4）實行出口配額制。為了控制商品的出口，出口國政府規定出口商品在一定時期內的最大出口量。在出口限額內，政府對出口商品發許可證或少徵甚至不徵出口稅，超過這一出口限額，政府就不再對該商品的出口發放許可證或徵收高額的出口關稅。同出口許可證一樣，配額也是一種直接的管制措施，並且往往和出口許可證同時使用，即先用配額確定管制商品出口的規模和方向，再用出口許可證進行具體控制。

（5）出口禁運。這是一種最嚴厲的出口管制措施。政府一般規定國內的珍貴歷史文物、珍稀動植物及其製品以及國內緊張的原材料和初級產品等物品禁止對外出口。當一國以貿易禁運的方式對他國進行制裁時，即使是普通商品向這些國家的出口也會被包括在禁運之列。

以上這些管制措施不但適用於單邊出口管制，也同樣適用於多邊出口管制。當然，對具體的一個國家而言，在實行出口管制時，以上的這些管制措施並非都會使用到。一些國家在出口管制時也可能使用到其他一些管制措施，如取消出口商品生產的原材料使用計劃，進行窗口指導、口頭規勸等。

第四章
世界貿易組織與中國

世界貿易組織（World Trade Organization，WTO）是處理國際貿易全球規則的唯一國際組織，其主要功能是保證國際貿易順利、可預見和自由地進行。世界貿易組織的最終目標是建立一個繁榮、安全和負責任的經濟世界。世界貿易組織的決議在全體成員國家一致同意的基礎上做出，並需經成員國國會的批准。世界貿易組織的爭端解決過程的核心是解釋協議和承諾，保證成員國的貿易政策與世界貿易組織的協議和成員國的承諾一致，由此減少貿易衝突演變成政治或軍事衝突的風險。被稱作多邊貿易體系的世界貿易組織體系的核心是經大多數貿易國家談判簽字並經各自國會批准的世界貿易組織協議。這些協議是國際商務的基本法律規則，它們約束各成員國政府為了共同的利益把各自的貿易政策限制在協議範圍之內。

第一節　世界貿易組織的宗旨、地位與職能

一、世界貿易組織及其宗旨

（一）世界貿易組織簡介

1994年4月15日在摩洛哥的馬拉喀什市舉行的關貿總協定烏拉圭回合部長會議決定成立更具全球性的世界貿易組織，以取代成立於1947年的關貿總協定（The General Agreement on Tariffs and Trade，GATT）。

世界貿易組織是一個獨立於聯合國的永久性國際組織。該組織的基本原則和宗旨是通過實施市場開放、非歧視和公平貿易等措施，實現世界貿易自由化。它於1995年1月1日正式開始運作，負責管理世界經濟和貿易秩序，總部設在日內瓦萊蒙湖畔的關貿總協定總部大樓內。1996年1月1日，它正式取代關貿總協定臨時機構。

與關貿總協定相比，世界貿易組織管轄的範圍除傳統的和「烏拉圭回合」新確定的貨物貿易外，還包括長期遊離於關貿總協定外的知識產權、投資措施和非貨物貿易（服務貿易）等領域。世界貿易組織具有法人地位，它在調解成員爭端方面具有更高的權威性和有效性。

建立世界貿易組織的設想是在1947年7月舉行的「布雷頓森林」會議上提出的，當時設想在成立世界銀行和國際貨幣基金組織的同時，成立一個國際性貿易組

織，從而使它們成為第二次世界大戰後左右世界經濟的「貨幣—金融—貿易」三位一體的機構。1947年聯合國貿易及就業會議簽署的《哈瓦那憲章》同意成立國際貿易組織，後來由於美國的反對，國際貿易組織未能成立。同年，美國發起擬訂了《關貿總協定》，作為推行貿易自由化的臨時契約。1986年關貿總協定烏拉圭回合談判啟動後，歐洲經濟共同體和加拿大於1990年分別正式提出成立世界貿易組織的議案，1994年4月在摩洛哥馬拉喀什舉行的關貿總協定部長級會議才正式決定成立世界貿易組織。

該組織作為正式的國際貿易組織在法律上與聯合國等國際組織處於平等地位。它的職責範圍除了關貿總協定原有的組織實施多邊貿易協議以及提供多邊貿易談判場所和作為一個論壇外，還負責定期審議其成員的貿易政策和統一處理成員之間產生的貿易爭端，並負責加強同國際貨幣基金組織和世界銀行的合作，以實現全球經濟決策的一致性。

世界貿易組織的最高決策權力機構是部長會議，至少每兩年召開一次。下設總理事會和秘書處，負責世界貿易組織日常會議和工作。總理事會設有貨物貿易、非貨物貿易（服務貿易）、知識產權三個理事會和貿易與發展、預算兩個委員會。總理事會還下設貿易政策審議機構，它監督著各個委員會並負責起草國家政策評估報告。其下設的上訴法庭負責對成員間發生的分歧進行仲裁。

世界貿易組織成員資格分為兩種，即創始成員和新加入成員。創始成員必須是關貿總協定的締約方。世界貿易組織在接納新成員時，須在部長級大會上由三分之二多數成員投票表決通過。

世界貿易組織成員分四類：發達成員、發展中成員、轉軌經濟體成員和最不發達成員。截至2016年7月29日，共有成員164個。

（二）世界貿易組織的宗旨

任何一個國際組織都有自己的宗旨，世界貿易組織也不例外，除《建立世界貿易組織協議》的序言有明文規定外，《關貿總協定》《哈瓦那憲章》《服務貿易總協議》等文件的序言也是世界貿易組織宗旨的重要內容。究其原因，一是世界貿易組織及其法律體系是在總協議的基礎上發展而來的，而總協定又原本是《哈瓦那憲章》的組成部分；二是世界貿易組織不僅標誌著一個新的國際組織的誕生，還意味著一個新的國際貿易法律體系的出現，各成員賦予世界貿易組織新的使命（如服務貿易領域的目標），而這些新的使命分別規定在相應的協議之中。

世界貿易組織的宗旨和關稅與貿易總協定的宗旨一樣，都是為了提高生活水準、保障充分就業、保證實際收入和有效需求的大幅度穩定增長，同時使世界資源得到最有效利用。在此基礎上，世界貿易組織又增加了擴大貨物、服務的生產和貿易以及可持續發展的目標。為了實現這些目標，世界貿易組織要做出積極努力，以保證發展中國家，特別是最不發達國家在國際貿易增長中獲得與其經濟發展需要相當的份額；同時，通過互惠互利安排，實質性削減關稅和其他貿易壁壘，消除國際貿易關係中的歧視待遇。

根據《建立世界貿易組織協定》的序言部分，世界貿易組織的宗旨如下：

第一，提高生活水準。世界貿易組織序言開宗明義地指出：「在貿易和經濟領域的各種關係中，應旨在努力提高生活水準……」

第二，保證充分就業，大幅度穩步地提高實際收入和有效需求。世界貿易組織的各項規則、規章和制度的確立，就是要創造一個寬鬆、有序的國際貿易環境，通過國際貿易的發展，來促進全球的就業機會增加，人民收入不斷增長和豐富國際商品和服務市場。

第三，擴大貨物、服務的生產和貿易。世界貿易組織章程的序言明確規定「擴大服務貿易」是該組織的主要目標之一，這是因為各成員「認識到服務貿易對世界經濟增長和發展具有日益增長的重要性」。為實現這一宗旨，「烏拉圭回合」專門達成一項《服務貿易總協定》和其他相關的文件。

第四，堅持走可持續發展之路，各成員應促進對世界資源的最優利用、保護和維護環境，並以符合不同經濟發展水準下各成員需要的方式，加強採取各種相應的措施。

第五，積極努力以確保發展中國家，尤其是最不發達國家，在國際貿易增長中獲得與其經濟發展水準相應的份額和利益。

第六，適宜地利用世界資源。在資源利用問題，世界貿易組織序言的表達與關貿總協議有很大的變化，關貿總協定序言規定「發展世界資源的充分利用」（developing the full use of the resources of the world），而世界貿易組織章程的措辭是「根據可承受發展之目標，最適宜地利用世界資源」（optimal use of the world's resources in accordance with the objective of sub stainable development）。因此世界貿易組織的這一表述更具有科學性，它同時考慮到資源利用與環境保護的合理關係和資源利用與不同經濟發展水準的適當關係。

第七，建立一體化的多邊貿易機制。世界貿易組織的經濟章程的序言表達了各成員的一個共同決心，即「開發一個一體化的、更為可行的和持久的多邊貿易制度」。

二、世界貿易組織的地位

(一) 世界貿易組織建立的背景及其法人資格

1986 年「烏拉圭回合」啟動時，談判議題沒有涉及建立世界貿易組織問題，只設立了一個關於完善關稅與貿易總協定體制職能的談判小組。在新議題的談判中，涉及服務貿易和與貿易有關的知識產權等非貨物貿易問題。這些重大議題的談判成果，很難在關稅與貿易總協定的框架內付諸實施，創立一個正式的國際貿易組織的必要性日益凸顯。因此，歐洲經濟共同體於 1990 年年初首先提出建立一個多邊貿易組織的倡議，這個倡議後來得到美國、加拿大等國的支持。1990 年 12 月，布魯塞爾貿易部長會議同意就建立多邊貿易組織進行協商。經過一年的緊張談判，1991 年 12 月形成了一份關於建立多邊貿易組織協定的草案。時任關稅與貿易總協定總干事阿瑟·鄧克爾將該草案和其他議題的案文匯總，形成「鄧克爾最後案文（草案）」，這一案文成為進一步談判的基礎。1993 年 12 月，根據美國的動議，「多邊貿易組

織」被改為「世界貿易組織」。1994年4月15日,「烏拉圭回合」參加方在摩洛哥馬拉喀什通過了《建立世界貿易組織馬拉喀什協定》,簡稱《建立世界貿易組織協定》。該協定規定,任何國家或地區在處理其對外貿易關係等事項方面擁有完全自主權的單獨關稅區,都可以加入世界貿易組織。

由此可見,因為「關貿總協定」只是一個臨時的多邊形式協定,不是一個正式的國際組織,所以不具有獨立的「法律人格」,不是「國際法人」。正因如此,「關貿總協定」在1986年「烏拉圭回合」的談判中遇到了很多難以在其框架內解決的問題。在這樣的背景之下,世界貿易組織應運而生。根據《維也納條約法公約》,世界貿易組織被正式批准成為具有獨立法人資格的國際性組織,具有國際法人的所有特點,即常設性和永久性。

(二) 世界貿易組織的法律地位

世界貿易組織具有了國際法人的主體資格後,其法律地位主要體現在以下三個方面:

第一,世界貿易組織具有法人資格,擁有自己的財產,具有權利能力和行為能力。它享有各成員方賦予它的權利,主要包括:可以訂立與其職能相關或履行職能所必需的合同、協議;可以擁有動產和不動產;可以提起訴訟,並以自己的名義享受權利、承擔義務;可以享有各成員方賦予它的特權和豁免等。當然,它享有的權利來自全體成員方的授權,其權利的行使應限定在一定的範圍內,一般來說,其權利和活動範圍不能超出各成員方通過協議規定的內容。

第二,根據成員方的授權,世界貿易組織及其官員、各成員方代表在履行職能時享有特權和豁免。這些特權和豁免應與1947年11月21日聯合國大會通過的《專門機構特權和豁免公約》所規定的特權與豁免相同,具體包括:任何形式的法律程序豁免(包括不受起訴、不被逮捕等)、財產豁免、所有的直接稅、關稅豁免以及公務用品和出版物的進出口限制豁免等。

第三,世界貿易組織可以訂立一個建立總部的協議,根據協議建立總部,負責日常業務的管理以及與其他國際組織進行協商與合作。

三、世界貿易組織的職能

為了有效地實現其宗旨和目標,世界貿易組織規定各成員應通過達成互惠互利的安排,大幅度削減關稅和其他貿易壁壘,在國際經貿競爭中,消除歧視性待遇,堅持非歧視貿易原則,對發展中國家給予特殊和差別待遇,提高市場准入程度及貿易政策和法規的透明度,以及實施通知與審議等原則,從而協調各成員間的貿易政策,共同管理全球貿易。世界貿易組織為其成員在處理有關世界貿易組織協定、協議而產生的貿易關係時,提供了一個統一的制度框架。歸納起來,世界貿易組織主要有六大職能:

1. 制定和規範國際多邊貿易規則

世界貿易組織制定和實施的一整套多邊貿易規則涵蓋面非常廣泛,幾乎觸及當

今世界經濟貿易的各個方面。隨著世界經濟和國際貿易的發展，世界貿易組織的涵蓋範圍已經從原先純粹的貨物貿易、在邊境採取的關稅和非關稅措施，進一步延伸到服務貿易、與貿易有關的知識產權、投資措施，包括即將在新一輪多邊貿易談判討論的一系列新議題，如競爭政策、貿易與勞工標準、環境政策和電子貿易等。

2. 組織多邊貿易談判

世界貿易組織及其前身關貿總協定通過八輪迴合的多邊談判，各成員大幅度削減了關稅和非關稅壁壘，極大地促進了國際貿易的發展。

3. 解決成員國之間的貿易爭端

世界貿易組織的爭端解決機制在保障世界貿易組織各協議實施以及解決成員間貿易爭端方面發揮了重要的作用，為國際貿易順利發展創造了穩定的環境。隨著該機制法律和程序的不斷完善，越來越多的世界貿易組織成員，特別是發展中國家成員也開始利用爭端解決機制。從 1995 年至 2003 年，世界貿易組織受理了 300 多起爭端投訴。

4. 審議各國的貿易政策

除了提供爭端解決機制之外，世界貿易組織還對成員貿易政策進行定期審議。這些審議具有雙重目的。首先，瞭解成員在多大程度上遵守和實施多邊協議（在可能的情況下，包括諸邊協議）的紀律和承諾。世界貿易組織作為監督者，通過定期審議，確保其規則的實施，避免貿易摩擦。其次，提供更大的透明度，更好地瞭解成員的貿易政策和實踐。

5. 通過技術援助和培訓項目幫助發展中國家制定貿易政策

世界貿易組織明確指出其目標是促進所有成員的經濟貿易發展。而發展中國家的經濟發展相對落後，為促進其發展，世界貿易組織專門設立了「貿易與發展委員會」等專門機構，以便為發展中國家提供服務。世界貿易組織通過對發展中國家提供技術援助和培訓，增強它們參與多邊貿易體制的能力，並因此而獲益。

世界貿易組織對發展國家成員提供的技術支持和培訓，主要有：

第一，技術援助方面。與發展中國家的研究教育機構合作，開展有關世界貿易組織的教育培訓，為發展中國家培訓有關師資力量，通過互聯網和電視開展遠程教育等。

第二，培訓方面。世界貿易組織在瑞士日內瓦歷年均舉辦有關貿易政策培訓班和其他短期培訓班，培訓對象主要是各國駐派世界貿易組織的外交官和發展中國家處理世界貿易組織事務的政府高級官員。

6. 與其他國際組織合作

作為一個國際組織，應以平等的地位發展與其他國際組織的關係，有些工作通過國際組織間的合作可節約經費、避免重複。為此，世界貿易組織負責與國際貨幣基金組織、世界銀行、聯合國貿易與發展委員會以及其他國際機構進行合作。

第二節　世界貿易組織的運作

為了實現世界貿易組織的目標，世界貿易組織建立了一套完整的組織結構和系統的運作機制。

一、世界貿易組織的組織結構

世界貿易組織是一個永久性的經濟組織，其組織機構主要包括：

1. 部長會議

部長會議是世界貿易組織的最高權力機構，至少每兩年舉行一次。部長會議履行世界貿易組織的職能，並採取必要的措施。部長會議有權對各種多邊貿易協議中的任何事項做出決定。如成員有要求，則應按照有關協議的具體規定做出決定。部長會議由各成員主管經貿事務的部長、副部長級官員或全權代表組成。

2. 總理事會

總理事會是一個包括所有成員代表的機構，它在適當的時候召開會議。在部長會議休會期間，總理事會執行部長會議的各項職能。另外，總理事會還應執行本協議指定各項職能，制定自己的程序規則，並審批各委員會的有關程序規則。總理事會應在適當時間召開會議，以行使爭端解決所規定的爭端解決機構的職責，行使貿易政策審議機制所規定的貿易政策機構的職責，並可以分別設立自己的主席，建立它認為必要的程序規則以行使職責。總理事會下設貨物貿易理事會、服務貿易理事會和與貿易有關的知識產權理事會，分別負責《1994年關貿總協定》事宜、《服務貿易總協定》及其附件、《與貿易有關的知識產權協議》及相關事項。這三個理事會可以視情況自行擬定議事規則，經總理事會批准後執行。世界貿易組織各成員均可參加各理事會。

3. 專門委員會

部長會議設立貿易與發展委員會，貿易與環境委員會，國際收支限制委員會，財務和行政管理委員會，以及預算、財政和行政委員會，負責相應的事務。另外，貨物貿易理事會下還設有若干其他委員會，負責有關貨物貿易的規則實施。

4. 爭端解決與上訴機構

爭端解決機構是常設的組織機構，負責成員間的貿易爭端解決。爭端解決機構可以通過爭端解決程序設立爭端解決專家小組。爭端解決機構具有司法裁決權。上訴機構也是一個常設機構，由7人組成，廣泛代表世界貿易組織各成員，任期4年，是國際貿易和法律方面的公認權威。

5. 秘書處和總干事

世界貿易組織成立秘書處，由總干事領導，負責處理世界貿易組織的日常事務。秘書處工作人員由總干事指派，並按照部長會議通過的規則決定他們的職責和服務條件。

二、世界貿易組織決策機制

世界貿易組織在進行決策時，主要遵循「協商一致」原則，只有在無法協商一致時才通過投票表決決定。

1. 協商一致

世界貿易組織以關稅與貿易總協定所遵循的決定、程序和慣例作為指導，在決策中繼續沿用關稅與貿易總協定所遵循的「經協商一致做出決定」的習慣做法。

關稅與貿易總協定的決策慣例是，討論一項提議或擬議中的決定時，應首先尋求協商一致。所有締約方都表示支持或者沒有締約方反對，即為協商一致通過。1995年11月，世界貿易組織總理事會議定了一項有關決策規則的重要說明，強調在討論有關義務豁免或加入請求時，總理事會應尋求以協商一致達成協議，只有在無法協商一致的情況下才進行投票表決。

2. 投票表決

在部長級會議或總理事會表決時，每一成員擁有一票。總的原則是，部長級會議和總理事會依據成員所投票數的多數做出決定，除非《建立世界貿易組織協定》或有關多邊貿易協定另有規定。

（1）關於條款解釋的投票表決。

部長級會議或總理事會擁有解釋《建立世界貿易組織協定》和多邊貿易協定的專有權。對多邊貿易協定條款的解釋，部長級會議或總理事會應根據監督實施協定的相應理事會的建議進行表決，並獲得成員的四分之三多數支持才能通過。

（2）關於義務豁免的投票表決。

按照《建立世界貿易組織協定》和多邊貿易協定的規定，任何成員既享受一定的權利，也要履行相應的義務。但在特殊情況下，對某一成員應承擔的某項義務，部長級會議可決定給予豁免。對成員提出的義務豁免請求，部長級會議應在不超過90天的期限內進行審議。首先應按照協商一致原則做出決定；如果在確定的期限內未能協商一致，則進行投票表決，需由成員的四分之三多數通過才能做出義務豁免決定。

成員提出的義務豁免請求，若與貨物貿易、服務貿易和與貿易有關的知識產權等多邊貿易協定及其附件有關，應首先分別提交給貨物貿易理事會、服務貿易理事會和知識產權理事會審議，審議期限不超過90天。審議期限結束時，相應理事會應將審議結果向部長級會議報告。

部長級會議做出的義務豁免決定有明確的適用期限。如義務豁免期限不超過1年，到期自動終止；如期限超過1年，部長級會議應在給予義務豁免後的1年內進行審議，並在此後每年審議一次，直至豁免終止。部長級會議根據年度審議情況，可延長、修改或終止該項義務豁免。

（3）關於修正案的投票表決。

世界貿易組織的任何成員，均可向部長級會議提出修正《建立世界貿易組織協定》和多邊貿易協定條款的提案。部長級會議應在90天或確定的更長期限內，首

先按照協商一致原則，做出關於將修正案提請各成員接受的決定。若在確定的期限內未能協商一致，則進行投票表決，需由成員的三分之二多數通過，才能做出關於將修正案提請各成員接受的決定。成員的接受書在部長級會議指定的期限內，交存世界貿易組織總干事。

對某些關鍵條款的修正，必須經所有成員接受方可生效。這些關鍵條款是：《建立世界貿易組織協定》第9條「決策」和第10條「修正」；《1994年關稅與貿易總協定》第1條「最惠國待遇」和第2條「減讓表」；《服務貿易總協定》第2條第1款「最惠國待遇」；《與貿易有關的知識產權協定》第4條「最惠國待遇」。

除上述關鍵條款的修正外，對《建立世界貿易組織協定》《貨物貿易多邊協定》和《與貿易有關的知識產權協定》所列其他條款的修正，如果不改變各成員的權利和義務，在成員的三分之二多數接受後，對所有成員生效；如果上述修正改變了各成員的權利和義務，在成員的三分之二多數接受後，對接受修正的成員自接受之日起生效。對《服務貿易總協定》第四部分「逐步自由化」、第五部分「機構條款」、第六部分「最後條款」及相應附件的修正，經成員的三分之二多數接受後，對所有成員生效。對第一部分「範圍和定義」、第二部分「一般義務和紀律」、第三部分「具體承諾」及相應附件的修正，經成員的三分之二多數接受後，對接受修正的成員生效，此後接受修正的成員自接受之日起生效。對未在部長級會議規定的期限內接受已生效修正的成員，部長級會議經成員的四分之三多數通過做出決定，任何未接受修正的成員可以退出世界貿易組織，或經部長級會議同意，仍為世界貿易組織成員。

此外，對《與貿易有關的知識產權協定》第71條第2款關於「修正」的要求做出的修正，可由部長級會議通過，無須進一步的正式接受程序。

對《建立世界貿易組織協定》附件2《關於爭端解決規則與程序的諒解》的修正，應經協商一致做出，經部長級會議批准後，對所有成員生效；對附件3《貿易政策審議機制》的修正，經部長級會議批准後，對所有成員生效；對附件4「諸邊貿易協定」的修正，按多邊貿易協定中的有關規定執行。

三、世界貿易組織貿易政策審議機制

對各國貿易政策的監督是世界貿易組織的一項貫徹始終的重要工作。這項工作的核心是貿易政策審議機制（TPRM），即對各成員的貿易政策、措施及其對多邊貿易體製作用的發揮所產生的影響進行經常性的審議。

（一）貿易政策審議機制的建立

如何在體制上增強多邊貿易體制的監督職能，確保有效地監督各締約方的貿易政策及其對多邊貿易體制規則和法律的遵守，一直是關貿總協定所追求的目的之一。建立貿易政策審議機制是「烏拉圭回合」談判最先建立的一個機制，也是烏拉圭回合談判最先取得的成果之一。在「烏拉圭回合」發起時，各參加方都希望關貿總協定體制能在監督方面發揮更大的作用，提出了應對各國貿易政策進行定期審議。1988年12月，在其他重要領域談判尚步履維艱，沒有取得實質性進展的時候，參

加「烏拉圭回合」談判的代表們便就建立定期審議貿易政策與措施的制度達成了協議，而且同意從1989年4月開始試行。這樣，在其他各項談判仍在進行的同時，對美國、日本、歐共體和加拿大等重要締約方的貿易政策審議便陸續開始。最初，審議是根據關貿總協定進行的，與關貿總協定一樣，集中在貨物貿易。隨著1995年世界貿易組織的成立，審議的範圍隨著世界貿易組織管轄範圍的擴大而擴大，覆蓋了服務貿易、與貿易有關的投資和與貿易有關的知識產權等新的領域，並最終達成了《貿易政策審議機制》。

(二) 貿易政策審議機制的內容

1. 審議目標

貿易政策審議機制的目標是雙重的，首先是通過經常性的監督，瞭解所有成員政府多大程度上遵守世界貿易組織規則和紀律，促進它們履行義務；其次是通過更多地瞭解各成員的貿易政策和實踐，增強各成員貿易政策及做法的透明度而使多邊貿易體制更加順利地運作。

2. 審議原則

世界貿易組織貿易政策審議機制強調各成員在貿易政策決策上的透明度對各成員經濟以及多邊貿易體制所共有的重要價值，要求各成員給予各自體制更大的透明度，同時承認國內透明度的執行必須以自願為基礎並應顧及各成員的法律和政治體制。

3. 審議結構

各成員對這一機制的重視程度反應在貿易政策審議機構的高級別上，即由總理事會擔任貿易政策審議機構（TPRB）的工作；TPRB每年確立一個審議計劃。每次審議以兩份文件為基礎：一份是接受審議的成員方提供的政策陳述文件，另一份是世界貿易組織秘書處獨立準備的一份詳細報告。這兩份報告，連同TPRB的審議記錄將在審議後不久予以公布。

4. 審議頻率

審議是在經常、定期的基礎上進行的。貿易政策審議的頻率取決於各成員在世界貿易中所占的份額。最大的4個貿易方（美國、歐盟、日本、加拿大）每2年審議一次，緊隨其後的16個成員每4年審議一次，其餘成員每6年審議一次，最不發達國家的間隔期限更長。

5. 審議內容

審議集中在成員各自的貿易政策和做法上，但也考慮各國更廣泛的經濟和發展需求、它們的政策和目標以及它們面臨的外部經濟環境。成員間的相互審議可以鼓勵各成員政府更加嚴格地遵守世界貿易組織的規則和紀律，並履行其承諾。當然，報告要按TPRB規定的統一格式撰寫。除了貿易政策審議機制以外，世界貿易組織還要求各成員政府必須通過經常性的「通知」程序，給世界貿易組織及其成員通知其新的或修改了的貿易措施、政策及法律。例如，任何新的反傾銷或反補貼立法的細節、影響貿易的新的技術標準、影響服務貿易的規章的變化、農產品義務的實施以及涉及與貿易有關的知識產權協議的法規與規章等，都必須向世界貿易組織的有

關機構通知。世界貿易組織建立了特別小組以檢查新的自由貿易安排以及加入國的貿易政策。

6. 保證透明度

在現實中，貿易政策完全符合多邊貿易體制規則的國家或地區幾乎是沒有的。即使那些完全實行市場經濟的西方發達國家，在某些領域、某些部門的貿易政策和措施都或多或少地與多邊貿易體制的規則有衝突。而一個國際組織若能積極地影響成員的貿易政策的發展，進而實現其確立的目標，可以說是這個組織有權威、有活力的具體體現。

（三）貿易政策審議機制的作用

國際貿易政策定期審議制度，可以隨時檢查各成員貿易政策與措施是否與世界貿易組織有關協議相一致，是否與它們各自承擔的多邊義務及其各自所做的承諾相符合。這不僅有助於世界貿易組織加強對各成員履行其義務與承諾的監督，也有助於各成員國之間的相互監督，保證了世界貿易組織規則的實施。在現行的世界貿易組織體制下，貿易政策審議機構的報告所闡述的意見尚不具有強制力，但它可以對受審議的成員產生一定的壓力，促進其盡快地對不符合多邊貿易體制的政策進行必要的修訂。如果某一成員所實行的貿易政策嚴重背離世界貿易組織的規則，以致對其他成員造成了損害，最終引發貿易爭端的話，世界貿易組織的另一重要機制——爭端解決機制就會啟動，並以某種強制力的形式，使該成員的貿易政策回到多邊貿易體制的軌道上來。對發展中國家來說，貿易政策審議機制一方面有助於自身瞭解其他成員乃至整個國際貿易政策發展趨勢，瞭解和把握各國市場及世界市場的發展動向，另一方面也有助於讓外界瞭解自己的貿易政策與市場環境，從而促進相互交流與合作。貿易政策審議機制還可以督促發展中國家提高國內貿易政策的透明度自審能力，改善市場准入條件，從而更進一步地融合到多邊貿易體制和世界經濟全球化的歷史進程中。

四、世界貿易組織爭端解決機制

（一）世界貿易組織爭端解決機制的作用與特點

世界貿易組織自1995年成立後，其爭端解決機制在處理國際經貿糾紛方面取得了顯著的成績，發揮著日益重要的作用。爭端解決機制是多邊貿易體制有效實施其自由化承諾的一個保障。它不僅為世界貿易組織各成員提供了一個公平公正地解決經貿糾紛的場所，而且通過其裁決的執行，減少了國際經貿領域中爆發貿易戰的可能性，維護了多邊貿易體制的穩定性。世界貿易組織爭端解決機制自啟動後已顯示出以下特點：

第一，解決成員方貿易爭端的數量和速度加快。在世界貿易組織運行後的9年間，世界貿易組織仲裁委員會處理了301起國際貿易糾紛，而關貿總協定在其存在的近50年中，受理的貿易爭端僅238起。[1]

---

[1] 參見2003年9月18日的《國際商報》相關內容。

第二，增大爭端各方在案件到達專家小組程序之前通過磋商解決的比例。從目前情況看，世界貿易組織解決爭端的最主要手段正是通過磋商，約有80%的爭端在建立專家小組之前是通過磋商使爭端雙方達成一致的。這表明爭端解決機制的權威性和效率有所提高。

第三，各成員利用爭端解決機制的積極性大大提高。不論是當今世界最強的經濟實體，還是一些弱小的發展中國家，都紛紛選擇將貿易糾紛提交給世界貿易組織爭端解決機制裁決。

第四，發展中國家利用爭端機制的數量明顯上漲。截至2003年9月11日，在世界貿易組織已處理的301起貿易爭端中，美國提交的案件最多，共有75件；其次是歐盟，共有62件。由發達國家成員提起的共有190起，只有111起是由發展中國家提起的。[①] 與關貿總協定時代相比，利用世界貿易組織爭端解決機制的發展中國家越來越多。這表明發展中國家迫切希望通過世界貿易組織多邊貿易框架來解決貿易摩擦。

如果沒有一個解決爭端的辦法，以規則為基礎的體制將因為其規則無法實施而變得毫無價值。從一定意義上說，爭端解決機制的存在和加強正是多邊貿易體制比許多其他國際組織能更有效地發揮作用的重要原因之一，也是國際社會之所以重視這一多邊貿易組織的重要原因之一。

（二）世界貿易組織統一有效的爭端解決機制

「烏拉圭回合」達成的《關於爭端解決規則與程序的諒解書》（以下簡稱DSU）由273條款和4個附錄組成，適用於《建立世界貿易組織協議》本身及其4個附錄中除貿易政策審議機制以外的所有協議。DSU指出，世界貿易組織的爭端解決制度是保障多邊貿易體制的可靠性和可預見性的核心因素。世界貿易組織成員承諾，不應採取單邊行動以對抗其發生的違反貿易規則的事件，而應在多邊爭端解決制度下尋求救濟，並遵守其規則和裁決。世界貿易組織總理事會可以以爭端解決機構（DSB）的名義召集會議，以處理因《烏拉圭回合最後文件》中的任何協議所引起的爭端。DSU對爭端解決的基本方法與程序做了極為詳細的規定。其基本程序包括：磋商，斡旋、調解與調停，專家小組，上訴審查，對爭端解決機構的正式建議或裁定的監督執行，補償與減讓的中止以及「交叉報復」等。

1. 磋商程序

磋商是關貿總協定一開始就已確立並長期奉行的解決成員之間貿易糾紛的首要原則。世界貿易組織的DSU對該程序最重要的改進是對磋商規定了較為詳細的時間表。一般情況下，各成員在接到磋商申請後10天內應對申請國做出答覆，並在接到申請後30天內展開善意磋商。磋商是秘密進行的，並不得妨礙任何成員在任何進一步程序中的各種權利。這一程序是給予爭端各方能夠自行解決問題的一個機會。

2. 斡旋、調解與調停程序

與磋商程序不同，這一程序是爭端當事方同意而非強制選擇。它也是秘密進行

---

① 參見2003年9月18日的《國際商報》相關內容。

的，既可以在任何時候開始，也可以在任何時候結束。世界貿易組織總干事可以依其職權開展斡旋、調解和調停。一旦斡旋、調解和調停被終止，投訴方即可請求建立專家小組。並且只要各方同意，在專家小組工作期間仍可繼續進行斡旋、調解和調停。

3. 專家小組程序

這是爭端解決機制的核心程序。從嚴格意義上來說，專家小組的建立才真正開始了多邊貿易體制爭端解決程序。專家小組一般由3位專家組成，除非爭端各方一致同意，否則爭端當事方的公民或在爭端中有實質利害關係的第三方公民都不得作為有關爭端的專家小組組員。專家小組原則上在6個月（最長不超過9個月）內提交最後報告。在專家小組提出報告以供各成員傳閱後的20天至60天，除非某爭端方提出上訴或爭端解決機構一致反對採納此報告，該報告即視為通過。

4. 上訴審查程序

這是一項新增加的程序。為受理專家小組案件的上訴，DSU設立了一個7人組成的「常設上訴機構」。只有爭端當事方可就專家小組報告提出上訴。上訴審理的範圍也僅限於專家小組報告中論及的法律問題及該小組所做的法律解釋。上訴案件審理期限原則上為60~90天。上訴機構可以維護、修正、撤銷專家小組的裁決結論。上訴機構的裁決為最後裁決，當事方應無條件接受，除非爭端解決機構一致反對。這就形成了世界貿易組織獨特的兩審終審制，增強了爭端解決機構的權威性和靈活性。

5. 對爭端解決機構的正式建議或裁定的監督執行

這是DSU確立的一項具體的監督措施。在專家小組及上訴機構的報告被採納後，該報告即成為爭端解決機構的正式建議或裁定。有關成員應向爭端解決機構通報其執行這些建議或裁定的意向，如果不能馬上執行，應當確立一個合理的期限。從專家小組建立之日起到爭端解決機構確立了上述執行期限為止，時間上不應超過15個月，最長不應超過18個月。

6. 補償與減讓的中止以及「交叉報復」

如果爭端解決機構的建議或裁定沒有在合理的時間內得到實施，申訴方可以申請採取補償和中止減讓或其他義務的措施，但必須遵守各項原則和嚴格的程序。一般是申訴方應首先中止相同部門的減讓或其他義務；在這種做法不奏效時，可以要求中止同一協定內其他部門的減讓和義務；如果這種行動仍不能使當事方執行裁決，則申訴方可以中止另一有關協議下的減讓或其他義務。這後兩項內容即所謂的「交叉報復」，無疑將提高制裁的力度。

一個案件經過全部程序直到做出首次裁決一般不應超過1年。如果上訴，則不應超過15個月。如果案件被認為是惡劣的（如涉及易腐商品），案件不應超過3個月。

世界貿易組織更自動、更有效的爭端解決機制，保障了各成員的權力與義務的大體平衡，任何一方不能將其不符合世界貿易組織的做法強加於另一方。有了這個機制，許多不能通過成員方之間雙邊磋商解決的糾紛與爭端便有了一條多邊的解決出路。

(三) 爭端解決機制對各國的影響

爭端解決機制做出裁決的法律依據是世界貿易組織協議及相關協定和各成員的相關義務。因此，要更好地運用該機制，就要求各成員需將本國現有的國內立法逐步向世界貿易組織各項協定靠攏，同時在制定新的法規時要以世界貿易組織有關規定為參照，從而促使世界各國經貿政策和做法與世界貿易組織規則保持一致。為此，發展中國家必將進行一系列任務艱鉅的調整與改革。

第三節　世界貿易組織的原則與規則

一、世界貿易組織的原則

世界貿易組織的基本原則主要有：

1. 非歧視原則（Principle of Non-discrimination）

它是世界貿易組織及其法律制度的一項首要的基本原則，也是現在國際貿易關係中最基本的準則。非歧視原則的基本含義是：任何締約國在實施某種限制或禁止措施、或實施某些貿易優惠或豁免時，必須適用於任何締約方，不得有歧視或區別對待。互惠互利原則、最惠國待遇原則和國民待遇原則正是這一基本原則的具體體現。

「烏拉圭回合」的有關協議將世界貿易組織關於非歧視原則的適用範圍進一步擴展。首先，在涉及貨物貿易的《保障措施協議》《裝運前檢驗協議》和貿易的《技術壁壘協議》等文件中均含有非歧視原則的規定。其次，在與貨物貿易相關領域的協議（如《與貿易有關的投資措施協議》《與貿易有關的知識產權協議》）中也規定了非歧視原則。最後，非歧視性原則還是服務貿易領域最基本的準則。

2. 關稅保護原則（Principle of Customs Duties as Means of Protection）

世界貿易組織之所以確立關稅保護原則，是因為與非關稅措施相比，關稅措施具有較高的透明度，便於其他國家和貿易經營者辨析保護的程度，同時關稅措施對貿易競爭不構成絕對的威脅。

3. 公平貿易原則（Principle of Fair Trade）

這個原則的基本含義是，各成員國和出口貿易經營者都不應採取不公正的貿易手段進行國際貿易競爭和扭曲國際貿易競爭。因此，無論是關貿總協定，還是世界貿易組織的有關文件，對於不同方式來自不同國家的補貼和傾銷分別規定了相應的規則和紀律。

4. 優惠待遇原則（Principle of Preferential Treatment）

該原則又稱為「非互惠待遇原則」。「烏拉圭回合」是優惠待遇原則進一步發展的重要標誌。首先，《建立世界貿易組織協議》的序言明確規定，應確保發展中國家與其經濟發展相適應的國際貿易增長的份額，從而將優惠待遇原則融入世界貿易組織的宗旨之中。其次，「烏拉圭回合」的一系列單獨文件不僅在各自的序言部分強調對發展中成員國優惠待遇的重要性和必要性，而且無一例外地在正文中用專門

條文加以規定。最後,《服務貿易總協議》和其他幾個與貿易相關領域的文件均確立了優惠待遇原則。這表明：世界貿易組織的這一原則不僅適用於傳統的貨物貿易,而且在新興的服務貿易和與貿易有關的其他領域也具有普遍的指導意義。

5. 透明度原則（Principle of Transparency）

透明度原則要求締約方對外公開貿易上的政策、措施和規則,非經正式公布不得實施。這一原則出自總協定第 10 條,該條以「貿易規章的公布和實施」為題,主要規定：各締約方應將其有效實施的關於海關對進出口商品的分類或估價,關於稅捐和其他費用徵收率,關於對進出口貨物及其支付轉帳的規定、限制和禁止,以及關於影響進出口商品的銷售、分配、運輸、保險、存倉、檢驗、加工、混合或使用的各種法律、規章、司法判決和行政裁決,均應迅速公布,以便各締約國政府和貿易經營者瞭解。

透明度原則經過「烏拉圭回合」又增添了新的適用領域,根據《烏拉圭回合最後文件》的有關附件規定,世界貿易組織的各成員涉及貿易有關的投資措施、與貿易有關的知識產權方面的措施以及服務貿易領域的法律、規章、政策和其他行政或司法措施,均應遵守透明度原則。

6. 協商與協商一致原則（Principle of Consultation and Consensus）

首先,無論是總協議及其實踐中產生的法律文件,還是世界貿易組織章程和其他「烏拉圭回合」協議,都是在各談判參與方多次、反覆、廣泛協商的基礎上形成。其次,無論是總協定第 22 條和第 23 條之外的條文,還是歷次多邊貿易談判達成的各項守則,或是「烏拉圭回合」《烏拉圭回合最後文件》所載的各項協議,都普遍規定了「協商」義務。可以說,協商原則貫穿於總協議及世界貿易組織調整的各個領域。最後,協商一致是總協定及世界貿易組織決策程序的一項基本準則,總協定幾十年的實踐表明,它的絕大多數決議都遵循了協商一致原則。世界貿易組織章程第 9 條更為明確地規定：「世界貿易組織應繼續依《1947 年關貿總協議》以協商一致進行決策的做法。」

二、關於貨物貿易的基本規則

（一）關稅減讓

關稅是世界貿易組織允許其成員使用的保護國內產業的重要政策工具。與眾多的非關稅措施相比,關稅具有較高的透明度,能夠清楚地反應出保護的水準,從而可以使貿易競爭建立在較明晰、較公平和可預見的基礎上。因此,世界貿易組織極力主張其成員將關稅作為唯一的保護手段。允許以關稅作為保護手段,並不意味著成員方可以隨心所欲地使用這一手段。相反,「通過互惠互利的安排,切實降低關稅和其他貿易壁壘」,是多邊貿易體制所確立的基本原則之一。從關貿總協定到世界貿易組織都一直致力於削減關稅。在關貿總協定的前五輪談判中,關稅減讓曾是談判的唯一議題；在以後的各輪談判中,關稅減讓也是始終被列在談判議題的首位。經過多邊貿易體制下的八輪談判,全球關稅水準逐步得到較大幅度的降低,從戰後初期平均 45% 左右降到了目前的 5% 左右,大大提高了市場准入程度。

(二) 非關稅措施規範

「烏拉圭回合」重新修訂和充實了關貿總協定體制下的有關協議，並制定了一些新的規則。世界貿易組織各成員將根據這一系列管理非關稅措施的協議來規範各自非關稅措施的使用。

1. 技術性貿易壁壘協議

各國都制定了名目繁多的技術法規、技術標準以及合格評定程序，這些都十分重要，但若隨意設置就可能成為貿易的障礙。「東京回合」曾制定了《技術性貿易壁壘守則》，在修改這一守則的基礎上「烏拉圭回合」達成了《技術性貿易壁壘協議》。新協議尋求確保技術法規、技術標準以及檢驗和認證程序不至於對貿易產生不必要的障礙。協議鼓勵各成員之間相互承認各自的技術規章、標準以及合格鑒定結果，這樣，通過在生產國進行檢驗，就可以決定某一產品是否符合進口國的標準。協議規定了更詳細的透明度要求。為保證全世界的出口商能夠方便地得到及瞭解到未來市場上有關信息的最新標準和全部必要信息，協議要求所有世界貿易組織成員方政府建立國家級諮詢點。

2. 進口許可程序協議

許可證制度是各國政府常用的管理貿易尤其是進口貿易的一種重要行政手段，具有簡便、有效的特點。「東京回合」時首次制定了專門的較為系統的《進口許可證程序守則》，「烏拉圭回合」進一步修訂了該守則，達成了真正多邊的《進口許可證程序協議》。新協議強化了使用許可程序的紀律和透明度要求，規定進口許可程序應簡單、透明和可預見。協議力圖最大限度地減輕進口商在申請許可證方面的負擔，以便使管理工作本身不對貿易形成限制或造成扭曲。

3. 海關估價協議

如果海關對產品完稅價格做出不合格估價，那將削弱甚至抵消稅率削減的成果。世界貿易組織海關估價協議的目標就是為產品的海關估價制定一個公平、統一和中性的體制，一個既符合商業現實又禁止使用隨意和虛假的海關估價的體制。《海關估價協議》是在對原關貿總協定關於海關估價的條款進行修訂和擴展的基礎上形成的，從而使之更加準確。此外，還要求海關估價的有關立法中應含有進口商的起訴權利，海關當局應對機密資料加以保密，有關海關估價方面的國內法規、行政規定和司法決定應按透明度原則予以公布。

4. 裝船前檢驗協議

裝船前檢驗是指雇備獨立的專業公司來檢驗從海外訂購的貨物的具體裝載情況，包括價格、數量和質量。這個做法被許多發展中國家採用，目的在於保護國家的財政利益（例如防止資本外流、商業詐欺及逃避關稅等）和彌補行政管理的不足。「烏拉圭回合」首次達成了這一新協議，旨在確保裝船前檢驗不會對貿易造成不必要的障礙。協議建立了一個獨立的審議程序，由一個代表裝船前檢驗機構的組織和一個代表出口商的組織共同管理，目的是解決出口商和裝船前檢驗機構之間的爭議。

5. 原產地規則協議

原產地規則是用於確定產品在哪裡製造的標準。原產地規則可以影響商業活動

的很多方面，諸如配額、優惠關稅、實施反傾銷和反補貼等貿易措施以及貿易統計等，因此，原產地規則是貿易規則的重要組成部分。「烏拉圭回合」所達成的《原產地規則協議》是有史以來第一個關於原產地規則的多邊協議。新協議要求世界貿易組織成員應保證其原產地規則明確和透明，不會對國際貿易產生限制、扭曲和干擾，並以統一、一貫、合理的方式施行和管理這些規則。此外，原產地規則要以「肯定標準」為基礎，即應明確列明什麼產品需要確認原產地。從更長遠的角度出發，協議的目的是在世界貿易組織成員中制定共同的原產地規則。

6. 動植物衛生檢疫措施協議

《動植物衛生檢疫措施協議》涉及食品以及動植物的衛生規定。協議承認政府有權採取動植物衛生檢疫措施，但所有的措施必須以科學為基礎，應該僅在保護人類、動植物的生命或健康的限度內實施，不應該在情況和條件相同或相似的成員之間實行武斷和不正當的歧視。該協議鼓勵各成員將它們的措施建立在現存相應的國際標準、指導方針和建議的基礎上。但是，如果有科學的理由或者適當風險評估符合要求的，各成員可以保持或引入更高標準的措施。協議加強了動植物衛生檢疫措施的透明度要求，各成員應及時公布和通報其限制貿易的有關動植物檢疫的規章與要求，應設立諮詢點提供有關信息。協議要求對發展中國家成員尤其是最不發達國家成員提供各種形式的技術援助，在制定和實施動植物衛生檢疫措施時也應考慮這些成員方的特殊需求。協議建立了動植物衛生檢疫措施委員會，負責協議的執行情況，審議有潛在貿易影響的動植物衛生檢疫措施，並保持同有關國際組織的密切聯繫與合作。

(三) 世界貿易組織對農產品、紡織品貿易的特殊規定

由於農產品和紡織品貿易的重要性和複雜性，以及各方之間錯綜複雜的矛盾和利益衝突，長期以來這兩大類產品的談判進展緩慢，一直遊離在關貿總協定的基本規則和貿易自由化的進程之外。因此，這兩大類產品曾經是貿易保護主義最盛行的領域，貿易摩擦不斷，爭端紛呈。「烏拉圭回合」的重要成果之一是終於把農產品、紡織品貿易納入多邊貿易體制之內。

1. 農產品協議

《農產品協議》主要涉及市場准入、國內支持和出口補貼三個領域，要求世界貿易組織各成員遵守這些新的規則和承諾。主要包括：

第一，削減農產品市場准入壁壘，維護公平競爭。

第二，進一步規範國內支持措施。

第三，逐漸削減農產品出口補貼。

2. 紡織品和服裝貿易協議 (ATC)

紡織品與農產品一樣，都是關貿總協定體制中爭議最激烈的問題之一。紡織品和服裝「10年貿易自由化」的方案是：分四個階段將其最終全部納入關貿總協定規則。協議規定，在前三個階段中每一階段取消配額限制的產品都必須包括毛線與紗線、纖維、紡織製成品和服裝這四類產品中的每一類。具體進程如下：

第一階段 (1995年1月1日至1997年12月31日)，以1990年為基期，不少於

1990 年總進口量 16% 的產品配額限制被取消；

第二階段（1998 年 1 月 1 日至 2001 年 12 月 31 日），不少於 1990 年進口總量 17% 的產品配額限制將被取消；

第三階段（2002 年 1 月 1 日至 2004 年 12 月 31 日），不少於 1990 年進口總量 18% 的產品配額限制將被取消；

第四階段（2005 年 1 月 1 日），取消餘下的所有進口的配額限制，使紡織品和服裝貿易完全融入關貿總協定。

在紡織品和服裝貿易逐步自由化過程中，隨著進口限制的減少和進口配額的逐步減少，某些長期受配額保護的市場可能會受到衝擊。為了使各成員（主要是進口方市場）在過渡期內紡織品貿易能夠較為平穩地發展，不至於造成嚴重的危害，《紡織品與服裝協議》規定了一個過渡期保障機制。根據規定，當某一產品確實已進入一國境內，且其增加的數量已造成對該國境內工業生產所直接競爭產品的嚴重損害或實質性威脅時，則可採取過渡期保障措施。保障措施既可以通過磋商後達成的協議實施，也可以單方面實施，但需要由紡織品監督機構（TMB）審議。1995 年起，世界貿易組織《紡織品與服裝協議》取代了《多種纖維協定》，到 2005 年，該部門將完全融入關貿總協定規則之中，特別是配額將最終被取消，進口國將再也不能對出口國實施歧視性待遇。在十年過渡期後，隨著《紡織品與服裝協定》配額限制的全部取消，不僅發展中國家、紡織品出口國可以從中獲得貿易收益，作為紡織品主要進口國的發達國家也可以從進口廉價紡織品中受益。屆時，《紡織品與服裝協議》本身也將不復存在，該協議也是世界貿易組織協議中唯一規定了自行廢止內容的協議。

（四）反傾銷與反傾銷措施（詳見第五章「國際貿易救濟措施」）
（五）反補貼與反補貼措施（詳見第五章「國際貿易救濟措施」）
（六）保障措施（詳見第五章「國際貿易救濟措施」）

三、關於服務貿易的基本規則（詳見第十一章「國際無形貿易」）

第四節　中國與世界貿易組織

一、中國與世界貿易組織

（一）中國與世界貿易組織的歷史回顧

中國與世界貿易組織相互關係的歷史演變經歷了一系列複雜的歷程。

1947 年 4 月，當時的中國南京政府參加了在日內瓦舉行的聯合國經濟社理事會召集的國際貿易與就業會議第二屆籌備委員會。會議期間到同年 10 月，中國同英、美、法、加等國舉行了關貿總協定第一輪談判。同年 10 月 30 日，各參加國簽署了《關稅與貿易總協定》。1947 年 10 月，在古巴哈瓦那聯合國貿易與就業會議上，審議通過了《國際貿易組織憲章》，即《哈瓦那憲章》，中國是該憲章的簽字

國，同時也是擬議的國際貿易組織臨時委員會委員。1948年3月24日，中國簽署了聯合國世界貿易與就業會議的最後文件，成為國際貿易組織臨時委員會委員。1948年4月21日，按《臨時適用議定書》的文件呈交給總協定存放，30日後即1948年5月21日，中國成為關貿總協定的創始締約國。

　　1949年4月至10月，中國參加了在法國安納西召開的關貿總協定第三屆締約國大會並同時進行了關貿總協定第二輪多邊貿易談判，與新加入總協定的丹麥、義大利等六國進行了關稅減讓談判。1949年10月1日，中華人民共和國成立。由於受當時的政治因素影響，中國在聯合國的合法席位被臺灣當局占據，中國在關貿總協定的位置也為臺灣當局所占。代表中國的唯一合法政府的中華人民共和國政府未能參加總協定活動，對總協定的情況和其實質性權利義務也不清楚，因此，中華人民共和國政府當時未能在總協定問題上做出明確表態。1950年3月，臺灣當局在未經中國政府授權的情況下，非法「退出」關貿總協定，使中國失去了創始締約國的席位，中國政府對此從未承認其合法性。捷克和其他一些國家的代表當時也對臺灣當局的「退出」表示異議，但限於當時的國際背景和歷史條件，這一問題長期被擱置。1965年1月，臺灣當局又非法取得總協定締約國大會觀察員席位。直至1971年10月，聯合國大會恢復了中華人民共和國在聯合國合法權利，才將臺灣當局驅逐出聯合國；同年11月，關貿總協定取消了臺灣當局的觀察員資格。

　　20世紀70年代中期起，中國先後成為聯合國貿發會議和總協定下屬機構國際貿易中心的成員，並逐步開始了與關貿總協定的接觸。1980年，應中國政府的要求，關貿總協定正式向中國常駐日內瓦聯合國代表團提供總協定的文件。同年8月，中國代表團出席了國際貿易組織理事會執行委員會會議，參加選舉了該委員會的執行秘書，即關貿總協定前任總干事鄧克爾先生。1980—1981年，中國三次派人參加了關貿總協定舉辦的商業政策講習班。1981年4月，中國列席總協定紡織品委員會會議，5月取得了紡織品委員會觀察員資格，列席了第三次國際紡織品貿易協議的談判會議。1984年1月，中國政府正式簽署了該協議並成為總協定紡織品委員會的成員，於1982年首次派代表團以觀察員的身分列席了關貿總協定第38屆締約國大會，並與總協定秘書處就中國恢復總協定締約國地位等問題交換了意見。以後，中國政府代表列席了歷屆締約國大會及特別會議，並於1984年11月申請並獲得了列席總協定理事會及其下屬機構會議的地位及參加有關活動的權利。

　　1986年7月，中國政府代表向關貿總協定總干事鄧克爾正式提交了關於恢復中國在關貿總協定創始國地位的申請，並闡明了中國對恢復總協定締約國地位的主要原則。此後，中國政府開始了「復關」的努力和艱鉅談判，直至1995年，隨著世界貿易組織取代關貿總協定，中國又轉向加入世界貿易組織的努力。

　　(二) 中國「復關」的原則和進程
　　1.「復關」的三大原則
　　鑑於中國恢復在總協定地位的特殊性，中國政府提出了中國「復關」必須堅持的三項原則：①中國進入關貿總協定是恢復席位，而不是加入或重新加入總協定；②中國政府不是以承擔進口具體義務為承諾條件，而是以關稅減讓為「復關」的基

礎；③中國作為發展中國家應以發展中國家的身分恢復關貿總協定締約國地位。這三項原則的提出為中國「復關」工作明確了行動的綱領。根據這三項原則，在「復關」談判問題上，中國政府還提出了三條具體要求：①按照關貿總協定原則，美國應給予中國多邊無條件最惠國待遇；②根據關貿總協定第四部分和「東京回合」授權條款所確立的法律基礎，中國應在締約國中享受發達國家給予的普惠制待遇；③依照總協定有關規定，歐共體應取消對中國的歧視待遇。

這三項原則和三條具體要求，完全是本著關貿總協定的原則和宗旨而制定的，目的在於維護、健全和發展國際多邊貿易體制。中國按照權利和義務平衡的基本原則重返關貿總協定，關貿總協定的原則和規則也將隨中國的重返得到更好的維持和進一步的發展。

2.「復關」的進程

在中國向關貿總協定正式提出恢復其在關貿總協定締約國地位的申請後，1986年9月，中國以正式代表身分參加了關貿總協定第八輪「烏拉圭回合」談判。隨後於1987年2月，中國政府向關貿總協定正式遞交了《中國對外貿易制度備忘錄》。1987年3月，關貿總協定成立中國締約地位工作組，其職責是：審議中國的外貿制度；起草關於中國恢復地位的議定書；提供進行關稅減讓談判的場所。從1987年10月—1990年9月，關貿總協定工作組共進行9次會談。這些會談就中國經濟體制、價格改革、貿易政策等方面提出了許多問題，中國代表團也就此通過口頭和書面方式做了回答和說明。至此，關貿總協定中國工作組初步完成了對中國外貿制度所進行的評估，並準備草擬中國重返關貿總協定議定書。在中國代表團的努力下，1992年重返關貿總協定談判進入實質性階段，即開始轉入涉及權利和義務的議定書實質性談判階段，並就關稅減讓舉行談判。1994年7月，中國工作組召開第18次工作組會議，中國代表團向這次會議提交了中方的議定書，受到各締約方的歡迎，這是一個積極的、將推動談判進程的重要步驟。

從1986年至1994年，中國正式提出恢復締約國地位申請的8年中，中國根據關貿總協定的原則和「烏拉圭回合」一攬子文件並結合中國的具體情況，做出了許多承諾，也取得了很大成績。但由於美國等一些西方國家提出一些不合理條件的重重阻礙，使中國恢復關貿總協定的願望一直未能實現。隨著世界貿易組織取代關貿總協定，自1996年1月起，中國恢復締約國地位的進程也就轉向加入世界貿易組織，簡稱「入世」。

（三）中國正式加入世界貿易組織

1999年11月10日至15日，中美兩國就中國加入世界貿易組織問題在北京舉行了談判。11月15日，雙方達成了協議。2000年5月15日至19日，中國與歐盟就中國加入世界貿易組織問題在北京舉行談判。5月19日雙方達成協議。2000年6月19日至23日，世界貿易組織中國工作組第10次會議在日內瓦舉行，談判重點轉移到在多邊起草中國加入世界貿易組織的法律文件——加入議定書和工作組報告書。2001年6月28日至7月4日，世界貿易組織中國工作組第17次會議在日內瓦舉行，此次會議完成了中國加入世界貿易組織多邊文件的起草工作。2001年9月19日，

中國與墨西哥結束了關於中國加入世界貿易組織的雙邊談判，至此中國全部完成了與世界貿易組織成員的雙邊市場准入談判。2001年9月12日至17日，世界貿易組中國工作組第18次會談在日內瓦舉行，此次會議通過了中國加入世界貿易組織多邊文件，提交部長級會議審議和批准。會議宣布結束中國工作組的工作，中國加入世界貿易組織談判工作全部結束。

2001年11月10日，在多哈召開的世界貿易組織第4次部長級會議上，審議並通過中國加入世界貿易組織。11日，中國政府代表遞交了江澤民簽署的中國加入世界貿易組織批准書。2001年12月11日，中國在經歷了長達15年的艱苦努力談判之後，終於正式成為世界貿易組織成員。

二、中國入世後面臨的機遇與挑戰

（一）加入世界貿易組織與中國的利益

加入世界貿易組織，客觀上要求按市場經濟一般規律，調整和完善社會主義市場經濟的行為規範和法律體系，消除生產方式中不適應時代要求和生產力發展的體制和機制障礙，依法辦事，轉變政府職能和工作作風，建立和完善全國統一、公平競爭、規範有序的市場體系，為經濟發展創造良好的體制環境。

加入世界貿易組織，擴大了中國的市場准入範圍，增加了貿易機會，改善了中國的貿易、投資條件，提高了服務業的開放程度。它可以使中國在更大的範圍、更廣闊的領域、更高的層次上參與國際經濟技術合作，增強對外資的吸引力，把國內市場與國外市場更加緊密地連成一體，實現資源優化配置，充分、有效地利用國內外兩種資源、兩個市場，把中國對外開放提高到一個新的水準。

加入世界貿易組織，有利於促進國內結構調整同正在進行的全球性經濟結構調整緊密結合，依據中國產業的比較優勢和全球產業發展趨勢，適應國際市場競爭的要求，加快科技進步和創新，不斷推進國民經濟結構的優化升級，提高產業和產品的競爭力，盡快實現經濟增長方式的根本性轉變，推動國民經濟在既有較高速度又有較好效益的軌道上運行。

在中國加入世界貿易組織後，臺灣作為中國單獨關稅區也成為世界貿易組織成員。

（二）中國入世後面臨的機遇

1. 拓展國際市場

世界貿易組織成員間實行最惠國待遇和國民待遇，增加了競爭的公平性；實行透明度原則，增加了貿易的可預見性；規定了在一定特殊條件下可以實施保障措施，避免成員經濟遭受不公平貿易的影響。加入世界貿易組織後，中國在國際貿易事務中享有更多的權利，獲得更加穩定的國際經貿環境，享受其他國家和地區貿易投資自由化的便利，這對於充分發揮中國的比較優勢、拓展國際市場、發展同各國和地區的經貿往來與合作必將起到積極的作用。

2. 改善投資環境

加入世界貿易組織後，隨著中國向世界貿易組織其他成員提供國民待遇，提高

貿易政策及法律、法規的透明度，擴大市場准入的範圍，逐漸減少對外商投資的限制，外商進入中國市場的門檻將大大降低，外商投資的空間也進一步擴大。中國投資環境的上述改善，使中國利用外資進入一個新的高潮。2002年和2003年連續兩年中國利用外國直接投資額排在各國首位。據商務部統計，2003年1月至12月，全國新批准外商投資企業41,081家，合同利用外資金額1,150.70億美元，實際使用外資金額535.05億美元。截至2003年12月底，全國累計批准外商投資企業465,277個，各國外資金額9,431.30億美元，實際使用外資金額5,014.71億美元。

3. 擴大對外投資

加入世界貿易組織後，中國企業可以利用其他成員開放市場、對世界貿易組織成員提供非歧視和互惠待遇的便利條件，在更大程度上走向國際市場，參與國際經濟競爭。

4. 提高資源配置效率

加入世界貿易組織為中國經濟發展開闢了新的、更大的空間。中國企業可以充分利用中國市場、勞動力、土地、自然資源等方面具有的優勢，在更廣闊的世界市場上開展合作與競爭，實現資源優化配置，提高國際競爭力。

5. 提高企業運行效率

加入世界貿易組織後，隨著市場開放的加大，進入中國的跨國公司越來越多，中國企業將不得不接受國際競爭的衝擊和考驗，只有通過改善自身素質，積極參與競爭，才能繼續生存和發展。加入世界貿易組織後，企業將會有更多機會吸收國外的先進技術，學習國外企業先進的運作方式、管理經驗，通過與外商的合資與合作，加快結構調整和產品升級換代，增強競爭能力。

(三) 中國入世後面臨的挑戰

中國加入世界貿易組織後，在帶來大好發展機遇的同時，也會給中國帶來嚴峻的挑戰。除了農業以外，中國在以下各行業都將面臨巨大的挑戰：

1. 銀行業

中國銀行業的主要業務是存貸款，占到整個業務的90％；而國外商業銀行普遍是混業經營，除主業外，還經營保險、證券、基金投資等，其中銀行的中間業務占主營業務的較大比例，存貸款業務只占較小的份額。二者相比較而言，外國銀行一是盈利水準高，二是可以為客戶提供較為全面的服務。例如，為儲戶投資理財，讓居民儲蓄有更大的升值機會，而中國的銀行就無法為居民進行投資，投資理財只能停留在「紙上談兵」，提供一些投資方案而已。就企業的吸引力而言，由於國際大牌銀行大都擁有全球網絡，國際業務精通，結算方便，提供的中間業務又多，對企業的走出去或外資企業走進來都十分有利。

2. 保險業

中國保險市場對外資保險公司開放後，中國保險業將面臨多方面的衝擊。原有的競爭格局將被打破，國內市場國際化，外資保險公司的市場份額將逐漸增加，中國保險公司的市場份額則相對下降。隨著外資保險公司的進入，中資保險公司經營管理水準、風險管理技能和服務水準的不足也會日漸暴露出來。加入世界貿易組織

後對現有保險法律、法規也提出了挑戰，因為目前相關的法律、法規對外資保險公司的經營並未做出細緻的規定，如不對其及時調整，那必然會造成執行上的衝突和矛盾。

3. 證券業

在中國各個行業對世界貿易組織做出的開放承諾中，有關證券業的內容顯得謹慎而富於彈性。國內券商擁有相對充分的時間為證券市場開放做準備。但券商們在此次市場大調整中暴露出來的普遍較弱的資本實力和較低的經營管理水準，不能不讓人們為「入世」後證券業的處境擔憂。在證券市場完全放開的條件下，國內券商如果不能有效利用三到五年的緩衝期飛躍式地發展壯大自己，憑現有資金、技術、人才、經營理念和業務範圍，是無法與國外老牌投資銀行競爭的。

4. 汽車業

在高關稅的保護下，中國汽車工業避免了過早與外國企業競爭，得到了相對寬鬆的發展空間，但加入世界貿易組織後進口汽車平均關稅將逐步降低，外國汽車將以比現在低得多的價格進入中國。屆時，目前國內轎車產品的性能、價格是沒有競爭力的。

失去關稅保護的中國汽車至少要降低40%以上的售價才能參與國際競爭。目前中國進口汽車零部件的關稅約17%，而進口轎車的關稅則在80%～100%。這一關稅水準與其他一些國家和國內的同類產品比都偏高。正是因為政府給了汽車工業最大限度的保護，才使它成為「入世」後受衝擊最大的行業。由於累計轎車產量不斷增加和價格遠高於國際市場價的兩方面原因，必然導致國內轎車價格持續下降。據預測，小型汽車製造商更是需要大規模地提升市場競爭力。

目前，中國汽車工業正處在巨大變革的時期，國外、國內的汽車生產廠家都面臨著同樣的難題，包括能源問題、環保問題和交通擁堵與事故的多發問題。由於中國的汽車工業在某種意義上仍接近一窮二白，所以在變革中背的包袱相對較輕，這同時也是國內汽車工業縮小與國際差距的最好時機。

5. 紡織業

「入世」後中國將大幅度削減關稅，逐步取消許可證，改革限制進口的非關稅措施。由於中國某些原料生產技術還達不到國際先進水準，出口服裝所需面料國內尚不能完全滿足，只能依賴進口。「入世」後國外原料的大量湧入必然會衝擊到國內的原料生產企業。還有一些新興的較為薄弱行業及產品，如20世紀70年代崛起的化纖行業，近幾年才較大規模開發生產的化纖仿真絲產品和高級印染整理產品等，在品種、質量方面很難與國外同類產品相比，無法在國際市場上參與競爭，「入世」後市場開放及關稅減讓，必將直接嚴重威脅到這些產品生產企業的生存與發展。

中國是紡織生產大國。2003年從業平均人數830萬人，全行業估計為1,800萬人。2003年規模以上實現工業總產值（不變價）12,149億元，實現銷售收入12,342億元，實現利潤443.9億元。紡織品是中國最具有比較競爭優勢的大宗出口商品。據海關統計，1984年到2003年的20年間，除1996年、1998年兩年外，中國紡織品、服裝出口基本保持高速度增長。2003年，中國紡織品、服裝出口788.5

億美元，同比增長27.6%。據世界貿易組織統計，2002年中國紡織品、服裝占全球同類產品貿易的17.5%，連續八年世界排名第一。據各國海關統計，中國紡織品、服裝已占美國、歐盟和日本進口的第一。世界銀行預測，中國2005年可能占世界紡織品市場份額的47.1%。由於各方普遍預測中國將成為紡織品一體化的最大贏家，中國紡織品將可能成為國際貿易保護主義重點打擊的目標。中國需從中央、地方、社會組織和企業四個層面全方位展開工作，切實貫徹落實科學發展觀，實現可持續發展。

6. 電信業

中國電信服務業的國際競爭對手實力強大。世界許多大型電信公司早已紛紛走出國門，建立競爭優勢相當明顯的國際電信戰略聯盟，「入世」後，中國電信服務市場全面開放，這些國際巨頭必然搶灘中國電信服務市場。而中國電信目前仍未習慣競爭，且市場競爭無序，限制多多。世界貿易組織要求其成員必須在市場經濟的共同基礎上，實現全球範圍的貿易自由化。而中國電信體制在這一方面卻相去甚遠，名為企業的中國電信，實質上仍是一個由管理部門控制的業務營運法人。這既不利於企業市場主體地位的確立，也不利於企業競爭意識的培養。

第五章
國際貿易救濟措施

為維護公平貿易和正常的競爭秩序,世界貿易組織允許成員方在進口產品傾銷、實施禁止性補貼和過激增長等給其國內產業造成損害的情況下,可以使用反傾銷、反補貼和保障措施手段,保護國內產業不受損害。反傾銷和反補貼措施針對的是價格歧視這種不公平貿易行為,保障措施針對的則是進口產品激增的情況。本章對「烏拉圭回合」中達成的《反傾銷協議》《補貼與反補貼措施協議》和《保障措施協議》等內容分別加以介紹。

第一節 反傾銷協議

傾銷一般是指一國出口商以低於產品正常價值的價格,將產品出口到另一國市場的不正當的商業競爭行為。由於傾銷在很大程度上破壞了一國的市場秩序,各國政府均採取針對措施即反傾銷來限制傾銷,以保護國內相關產業。反傾銷是世界貿易組織允許的、世界各國均可採用的維護公平貿易秩序,抵制不正當競爭的重要手段之一。但如果反傾銷措施的實施超過了合理範圍和合理程度,就會演變成為一種貿易保護主義措施,影響國際貿易的正常發展。為了保護公平競爭,阻止傾銷的產生和反傾銷措施的濫用,協調國與國之間的立法衝突,減少和消除貿易壁壘,推動國際貿易自由化,各國謀求把反傾銷措施納入多邊貿易體制,確立統一的標準。

為達到上述目的,在關貿總協定的多輪談判中,各參加方反覆就反傾銷問題進行談判。在《1947年關稅與貿易總協定》第 6 條「反傾銷與反補貼稅」中第一次將反傾銷納入多邊貿易規則的範圍。但是,第 6 條只是一些原則性規定,缺乏可操作性。在「肯尼迪回合」和「東京回合」中,各參加方仍將反傾銷列為重要議題,並最終在「烏拉圭回合」中達成了《關於執行〈1994 年關貿總協定〉第 6 條的協議》,簡稱《反傾銷協議》,適用於所有世界貿易組織成員。

《反傾銷協議》共包括 3 個部分和 2 個附件。第一部分包括原則、傾銷的確定、損害的確定、國內產業的定義、發起和隨後進行調查、證據、臨時措施、價格承諾、反傾銷稅的徵收和發展中國家等方面的規則,總共有 15 條。第二部分包括反傾銷措施委員會、磋商和爭端解決兩方面的規則,共有 2 條。第三部分只有 1 條,是最後條款。附件規定的是反傾銷的實地調查程序和反傾銷調查中最佳信息的獲得。下面

主要介紹第一部分的相關規則。

一、實施反傾銷措施的基本要件

實施反傾銷措施必須具備的三個基本要件是：傾銷、損害、傾銷與損害之間的因果關係。

(一) 傾銷的確定

《反傾銷協議》第 2 條第 1 款規定：「如一產品自一國出口至另一國的出口價格低於在正常貿易過程中出口國供消費的同類產品的可比價格，即以低於正常價值的價格進入另一國的商業，則該產品被視為傾銷。」可見，確定產品是否傾銷取決於產品的出口價格是否低於其正常價值。

1. 正常價值的確定

產品正常價值的確定有三種方法：第一，出口國國內正常貿易中用於消費的國內銷售價格；第二，第三國出口價格，即同類產品出口至適當第三國時的具有代表性的出口價格；第三，結構價格，即產品在原產國的生產成本加上合理的管理費用、銷售費用和一般費用及利潤後所形成的價格。

一般情況下，應優先採用出口國國內銷售價格。只有在沒有出口國國內銷售價格或該價格不能作為正常價值的情況下（出口國國內市場的市場情況特殊或銷售量較低），才採用第三國出口價格或結構價格。

2. 出口價格的確定

出口價格是指在正常貿易中一國向另一國出口某一產品的價格，也就是出口商將產品出售給進口商的價格。根據《反傾銷協議》第 2 條第 3 款，在特定情況下，如果不存在出口價格，或由於出口商與進口商或第三者之間有聯合或補償安排，使出口價格不可靠時，可在進口產品首次轉售給獨立購買者的價格的基礎上推定出口價格。如果該產品沒有轉售給獨立購買者或未按進口時的狀態轉售，則在合理基礎上推定出口價格。(具體方法可見《海關估價協議》。)

3. 傾銷幅度的確定

確定了正常價值和出口價格後，通過對兩者進行公平比較，就可以確定是否存在傾銷和傾銷的幅度。

正常價值和出口價格是兩個不同市場的銷售價格，不僅在貿易環節上存在差異，其交易水準和渠道也各不相同。因此，在比較這兩個數據之前必須進行必要的調整，使之具有可比性。調整主要考慮如下因素：相同的貿易水準，通常推至出廠前的價格水準；盡可能是在相同時間進行的銷售；影響價格可比性的差異，包括銷售條件和條款、稅收、銷售數量和產品的物理特徵等方面的差異；轉售的費用；匯率；產品的同類性等。

比較正常價值和出口價格的方法有三種：第一，加權平均的正常價值同全部可比出口交易的加權平均價格進行比較；第二，在逐筆交易的基礎上對正常價值與出口價格進行比較；第三，加權平均的正常價值與單筆出口交易的價格進行比較。其中，前兩種方法優先於第三種方法，只有當出口價格在不同購買者、地區或時間之

間差異很大,且不宜採用前兩種方法進行比較時才可使用第三種方法。如果產品不是直接從原產國進口而是從第三國進口,則該產品從出口國向進口成員銷售的價格通常應於出口國的可比價格進行比較,特殊情況下也可與原產國的價格進行比較。

(二)損害的確定

確定進口國「國內產業」遭到了損害是進口國對傾銷產品徵收反傾銷稅的另一個基本要件。

1. 國內產業的定義

《反傾銷協議》第4條規定,「國內產業」是指生產與傾銷產品同類產品的國內生產者的總稱,或其產品的總量構成國內同類產品總產量主要部分的國內生產者。此外,在已具有統一市場特徵的一體化水準的經濟聯盟,整個一體化領域的產業被視為國內產業,如歐盟。在這裡,「國內產業」排除了那些與被訴產品的進口商或出口商有關的生產商,或其本身就是被訴產品的進口商。

根據《反傾銷協議》第4條第1款第2項的規定,「國內產業」也可以由位於某一成員方境內的一個地區為範圍構成,只要該地區已形成一個相對獨立的競爭市場,並且符合下列條件,市場內生產商就可被視為一個獨立的產業。條件是:

第一,該地區生產商在該市場出售其生產的全部或幾乎全部的有關產品;

第二,該地區市場需求的產品在很大程度上不是由成員方境內其他地方的生產商所提供。

而根據《反傾銷協議》第4條第2款的規定,當一成員國內產業被解釋為某一地區的生產商時,反傾銷稅應僅對輸入該地區的用於最終消費的有關產品徵收,而不能對銷往該成員其他地區的產品徵收。

2. 損害的定義

《反傾銷協議》所指的「損害」有三類:①對進口方國內產業造成實質損害;②對國內產業構成實質性損害的威脅;③對此產業的建立形成實質性阻礙。

《反傾銷協議》對「實質性」沒有明確的定義。但它規定確定損害時必須客觀的審查進口產品的數量和進口產品對國內市場同類產品價格的影響,及進口產品對國內生產者的後續影響。為此,調查當局應依據肯定性證據,審查以下內容:

第一,進口產品的數量。包括調查期內被控產品的絕對進口量,或相對於進口方國內生產或消費的數量是否較此前有大幅度增加。

第二,進口產品的傾銷對國內市場同類產品價格的影響。包括進口產品與進口方同類產品的價格相比,是否存在大幅降價,或進口產品使進口方同類產品的價格大幅下降,或在很大程度上抑制了本應發生的價格增長。

第三,進口產品的傾銷對國內產業的影響。包括影響產業狀況的所有有關經濟因素和指標,如銷售、利潤、產量、市場份額、生產力、投資收益或設備利用率實際和潛在的下降,影響國內價格的因素,傾銷幅度的大小等。

3. 損害的累積評估

根據《反傾銷協議》第3條第3款的規定,「如來自一個以上的國家的同一產品同時接受反傾銷調查」,滿足以下條件時,調查當局可以採用累積評估的方法,

綜合考慮來自不同成員的傾銷產品對其造成的影響。

第一，從這些國家進口產品的傾銷幅度都大於 2%，即都超過了「最低傾銷幅度」。

第二，從每一個國家進口傾銷產品的數量被確定為占進口國同類產品進口總量的 3%以上，或者從一個國家進口的數量不足 3%，但從幾個國家進口的數量之和超過了總進口量的 7%。

第三，根據進口產品之間的競爭條件及進口品與國內同類產品之間的競爭條件，對進口產品所做的累積評估是適當的。

(三) 傾銷與損害之間因果關係的確定

《反傾銷協議》第 3 條第 5 款規定，必須有證據表明傾銷產品正在造成對國內產業的損害，即傾銷與損害之間存在因果關係。進口方主管機構應審查除進口傾銷產品以外的、正在損害國內產業的其他因素，如未以傾銷價格出售的進口產品的數量及價格，需求萎縮或消費模式的改變，外國於國內生產商之間的競爭與限制性貿易做法，技術發展、國內產業的出口實績及生產率等。進口方主管機構應分析這些因素對產業損害的影響，但不應把這些因素造成的產業損害歸因於傾銷產品。

二、實施反傾銷措施的基本程序

(一) 申請人申請

根據《反傾銷協議》第 5 條第 1 款規定，一般情況下，反傾銷調查在收到國內產業或產業代表的書面申請後發起。同時，第 2 款規定了申請應包括的主要內容：

(1) 申請人的身分，包括名稱、主要產品、地址、電話等表明申請人身分的基本資料。

(2) 對國內同類產品生產價值和數量的陳述。

(3) 對傾銷產品的一套完整的陳述，包括該產品所屬國家的名稱、每一個已知的出口商或外國生產商的身分以及已知的進口該產品的進口商的名單。

(4) 傾銷產品在原產地國或出口國國內市場上出售的價格資料，以及出口價格的資料，或在必要時提供該產品在進口國首次轉售給獨立購買人的價格資料。

(5) 傾銷進口產品的數量發展變化的資料，包括進口產品對國內市場同類產品價格的影響以及對國內有關產業造成衝擊的程度的資料。

(二) 進口國主管機構立案審查和公告

《反傾銷協議》第 5 條第 3 款規定，主管機構應審查申請書提供的證據的準確性和充分性以及申請企業的代表性，以確定是否有足夠的證據發起反傾銷調查。第 4 款規定，如果表示支持申請的同類產品國內生產商的集體產量達到了表示支持和反對的國內生產商產量之和的 50%以上，則該申請被視為「由國內產業或者產業代表提出」。但是，如果表示支持申請的國內生產商的產量不足國內產業生產的同類產品總產量的 25%，則不得發起調查。

同時，根據《反傾銷協議》第 12 條第 1 款的規定，當有充分證據證明發起反傾銷調查是正當的，主管機構應通知與調查有利害關係的當事方，並發布公告。

（三）反傾銷調查

一般情況下，反傾銷調查應在 1 年內結束，最長不得超過調查開始之後的 18 個月。在調查過程中，如果出現下列情況，主管機構應盡快終止調查：第一，無充分證據證明存在傾銷或產業損害，或者兩者之間沒有因果關係；第二，傾銷幅度，或傾銷產品的進口數量，或產業損害，是可忽略不計的。

公告發布後，被控產品的出口商、生產商或其他利害關係方，有權要求參與反傾銷調查，陳述自己的觀點和意見。在調查過程中，在必要的情況下，在相關國家和企業的允許和配合下，可以進行實地調查。

在調查過程中，主管機構若做出存在傾銷的最初裁決，並且確定採取臨時措施對防止調查期間發生產業損害是必需的，可採取臨時措施，或出口商以價格承諾方式主動承諾修改其價格或停止以傾銷價格出口。

（四）裁決

主管機構在調查之後，應當迅速裁決，決定是否存在傾銷、是否構成對國內產業的損害以及是否採取反傾銷措施。如果決定徵收反傾銷稅，還應公布各涉訴出口商、生產商因傾銷產品應徵收的反傾銷稅額或稅率。

（五）行政復審與司法審查

1. 行政復審

徵收反傾銷稅的最終目的是抵消傾銷所造成的損害。在徵收一段合理時間的最終反傾銷稅後，任何利害關係方可請求主管機構復審繼續徵收反傾銷稅的必要性。當然，主管機構也有權主動提起復審。

行政復審主要是就繼續徵收反傾銷稅的必要性進行審查，以及論證損害是否會因取消或變更反傾銷稅而重新發生。如經論證繼續徵收反傾銷稅或按照原稅率徵收反傾銷稅是不合理的，則應終止或減少徵收反傾銷稅。

2. 司法審查

為保證各成員方公正實施反傾銷措施，《反傾銷協議》第 13 條規定，各成員方在其國內立法中應包含司法審查機構及程序。對主管機構做出的最終裁定或復審決定等行政行為，利害關係方可以要求通過司法、仲裁或行政法庭按照程序進行審查。這類法庭及程序應獨立於做出裁決或復審決定的行政主管機構，保持其獨立性。採取何種形式的司法審查方式，由各成員方自行決定。

三、反傾銷措施

反傾銷措施包括臨時措施、價格承諾和徵收反傾銷稅。

（一）臨時措施

《反傾銷協議》第 7 條規定，只有在符合下列條件的情況下，主管機構才可以採取臨時措施：第一，調查已開始，已予以公告，且已給予利害關係方提供資料和提出意見的充分機會；第二，已做出傾銷存在和對國內相關產業造成損害的肯定性初步裁定；第三，有關主管機構認定採取臨時措施對防止在調查期間繼續發生損害是必需的。

臨時措施可採取徵收臨時反傾銷稅的形式，或採取現金保證金或保函等擔保形式，其數量相當於臨時估計的反傾銷稅金額，但不得高於臨時估計的傾銷幅度。

進口方主管機構應自反傾銷案件正式立案調查之日起 60 天後，才能採取臨時措施。這種措施的實施時間應盡可能短，一般不超過 4 個月；如果有關貿易的大部分進口商提出要求，由主管機構決定，該期限可延長至 6 個月。在調查過程中，如果主管機構審查低於傾銷幅度的稅額不足以消除損害，則上述時間可分別是 6 個月和 9 個月。

此外，採取臨時措施應遵守徵收反傾銷稅的有關規定。

(二) 價格承諾

價格承諾，指在初步裁定存在傾銷、產業損害以及兩者之間存在因果關係後，出口商承諾提高價格，或停止以傾銷價格出口，使主管機構感到滿意，終止或中止調查程序，而不採取臨時措施或徵收反傾銷稅。所以，做出價格承諾的前提是主管機構已經做出了傾銷存在和由傾銷造成國內相關產業的損害的肯定性初步裁定。出口商承諾的提價不得低於抵消傾銷幅度所必需的程度。如提價幅度小於傾銷幅度就足以抵消對國內產業的影響，則該提價幅度是可取的。

做出價格承諾的要求可以是主管機構提出的，也可以是出口商提出的，但無論是誰提出的，對方都沒有必須接受的義務。當出口商提出價格承諾的要求時，如果主管機構認為接受承諾是行不通的，例如實際或潛在的進口商數目太大，則可以不接受出口商的承諾；當進口方主管機構提出價格承諾的建議時，不得強迫出口商做出此類承諾，如果出口商拒絕當局的承諾邀請，其行為不應影響到該案件的最終裁決結果。

價格承諾一旦被接受，調查程序應當中止或終止，且不採取臨時措施或徵收反傾銷稅。若應出口商要求或主管機構決定，關於傾銷和損害的調查仍繼續進行。在這種情況下，如做出否定裁決，則承諾自動失效；如果否定裁決主要是由於承諾的存在而做出的，則主管機構可要求承諾維持一段合理的時期；如果做出肯定裁決，則承諾繼續有效。

在承諾程序期間，主管機構可要求出口商提供其執行承諾的有關資料，並對這些資料進行核實。如果發現違反承諾的情況，主管機構可採取相應行動，包括終止承諾協議的執行，重新啟動反傾銷調查程序，採取臨時措施。在此情況下，臨時措施可追溯到採取措施前 90 天，但這一追溯不適用於在違反承諾前已入境的進口產品。

(三) 反傾銷稅

反傾銷稅是最主要的一種反傾銷措施，它是主管機構在裁決中認定傾銷和損害存在時決定對傾銷產品徵收的一種附加稅。反傾銷稅的數額不得超過所裁定的傾銷幅度。

徵收反傾銷稅應遵循如下原則：第一，徵收額度應不高於傾銷幅度。第二，多退少不補。即如果最終確定的反傾銷稅高於已支付的臨時稅或為擔保目的而估計的數額，則差額部分不能要求出口商補交；反之，則應退還出口商多交的部分稅款。

第三，無歧視原則。即對所有構成傾銷和損害的進口產品按適當的數額進行徵收，並列明有關產品的供貨商的名稱和有關供貨國。

反傾銷稅應自徵收之日起 5 年內結束，但如果在此期間提出了復審要求，則按復審的結果判斷是否繼續徵收。

臨時和最終的反傾銷稅只有在裁定存在傾銷、損害和因果關係後才能徵收。然而，在調查期間可能已經發生了損害，或者出口商可能已經採取了規避反傾銷稅的措施。因此，《反傾銷協議》規定了在下列兩種特殊情況下可以追溯徵收反傾銷稅：

第一，如果在做出傾銷造成實質性損害的最終裁定之前沒有實施臨時措施，從而使傾銷產品在調查期間繼續對進口方國內產業造成損害，則最終確定的反傾銷稅可以追溯到能夠適用臨時措施時開始計徵。

第二，如果反傾銷調查最終認定所進口的傾銷商品有做出對進口方國內產業損害的傾銷歷史，或者進口商在知道或理應知道出口商在進行傾銷，並肯定會對進口方國內產業做出損害的情況下，仍然進口該產品，或者損害是在相當短的時間內因傾銷產品的大量增加而造成的，那麼，可以對那些在適用臨時措施前 90 天內進入消費領域的傾銷產品追溯徵收反傾銷稅。

四、證據的收集

根據《反傾銷協議》第 6 條的規定，主管機構對證據的收集主要包括：

（1）主管機構將按要求提供的信息資料通知反傾銷調查中的所有利害關係方，並給予充分的機會讓其用書面形式提出與調查有關的全部證據。出口商或外國生產者在收到調查表後，應有至少 30 天的答覆時間。一利害關係方提供的證據應迅速提供給其他利害關係方。

（2）在調查期間，所有利害關係方應有充分的機會為其利益進行辯護，主管機構應向所有利害關係方提供與其有相反利益的當事方見面並辯論的機會。利害關係方有權在有正當理由時以口頭方式陳述情況，但只有在事後以書面形式複製並向其他利害關係方提供時，主管機構才應予以考慮。

（3）主管機構應在保密可行的情況下，使所有利害關係方瞭解與案件陳述有關的、主管機構在反傾銷調查中使用的所有信息，使其在此基礎上準備陳述。

（4）對任何機密信息，主管機構應按機密信息處理，未經提供方特別允許不得披露。

（5）主管機構應對利害關係方提供的資料進行核實，必要時經有關企業和所涉成員方政府代表的同意，可在其他成員境內進行現場實地調查，並向有關企業披露調查結果。

（6）若任何利害關係方不允許使用其信息，或未在合理時間內提供必要的信息，或嚴重妨礙調查，則主管機構可在現有事實的基礎上做出裁決。

（7）在最終裁定做出之前，主管機構應將考慮中的、構成是否實施最終措施的決定所依據的基本事實通知所有利害關係方，並給它們充分的時間為其利益進行辯護。

（8）主管機構應對每一已知出口商或生產商的傾銷幅度單獨裁決，如果出口商、生產商、進口商很多，或所涉及的產品種類特別多，分別確定每一個涉案企業的傾銷幅度不現實，主管機構可採取抽樣調查的方法或根據所涉國家出口量的最大百分比確定合理的調查範圍。

（9）主管機構應為受影響的工業用戶及有代表性的消費者提供機會，使其能夠提供與有關傾銷、損害及因果關係的調查有關的信息。

上面提到的「利害關係方」包括：被調查產品的出口商、外國生產者、進口商或其大多數成員為該產品的生產者、出口商或進口商的同業公會或商會、出口成員的政府、進口成員中同類產品的生產商或大多數成員在進口成員領土內生產同類產品的同業公會或商會。

五、機構設置與爭端解決

（一）機構設置

《反傾銷協議》第 16 條規定，應成立一個由每一成員的代表組成的反傾銷措施委員會。委員會通過選舉產生主席，每年至少召開 2 次會議，或者應任何一成員方要求召開會議。世界貿易組織的秘書處擔任該委員會的秘書處。委員會還可設立適當的附屬機構。

委員會及其附屬機構在履行職權時，可以向有關成員方或其管轄範圍內的成員諮詢和尋求信息，但在此之前，應當通知有關的成員方並取得有關成員方和企業的同意。

各成員方應盡快通知委員會其採取的所有初步裁定或最終反傾銷行動，並每半年向委員會提供一次相關的行動報告。各成員方還應通知委員會由哪一個主管機構負責發起和進行反傾銷調查及國內關於反傾銷調查程序的法律規定。

（二）磋商和爭端解決

《反傾銷協議》第 17 條規定，任何成員方如果認為其他成員方損害其應從該協議獲得的利益或阻礙其目標的實現，可提出進行磋商的書面請求，其他成員方應給予積極考慮，並提供充分的磋商機會。

一成員方認為另一成員方採取的下述措施不符合《反傾銷協議》的相關規定，而又無法與該成員方經磋商達成雙方同意的解決方法，則可以將此事提交世界貿易組織的爭端解決機構：第一，進口成員方的主管機構已經採取最終反傾銷稅或接受價格承諾的最終行動；第二，進口成員方的主管機構採取了具有重大影響的臨時措施，且請求磋商的成員方認為該措施違反了《反傾銷協議》第 7 條第 1 款的規定。

應起訴方的請求，爭端解決機構應設立一個專家組對該事項進行審查。專家組在審查中應主要審查主管機構對事實的確定是否適當及它們對事實的評估是否客觀和公正，而不能根據自己已經調查查明的事實推翻主管機構的決定。

六、其他規定

（一）關於代表第三國的反傾銷行動的規定

《反傾銷協議》第 14 條規定，代表第三國實施反傾銷行動的申請應由請求採取

行動的第三國的主管機構提出。

第三國應向提起反傾銷調查的成員方提供有關傾銷產品的價格信息和第三國國內產業受傾銷行為損害的詳細資料，並向進口國主管機構提供一切必要的協助。而進口國應考慮傾銷產品對第三國國內產業的整體影響。當然，是否接受請求仍取決於進口國主管機構。

（二）關於發展中成員的規定

《反傾銷協議》第15條規定，在考慮實施反傾銷措施時，發達國家成員應對發展中國家成員的特殊情況給予特別注意。在實施會影響發展中國家成員根本利益的反傾銷稅之前，應探討該協議規定的其他建設性補救措施的可能性。

（三）關於可獲得的最佳信息的規定

《反傾銷協議》第6條第8款規定，如利害關係方不允許使用或未在合理時間內提供必要的信息，或嚴重妨礙調查，則主管機構可在現有事實的基礎上做出裁定。為了更好地維護出口國的利害關係方的合法權益，《反傾銷協議》附件2做出了有關最佳信息的規定：

（1）調查開始後，調查主管機構應盡快詳細列明要求任何利害關係方提供的信息及組織信息的方式。同時還應說明，如果信息未在合理時間內提供，調查機構有權以可獲得的事實為基礎做出裁定，包括申請書中提到的事實。

（2）主管機構可要求有關利害關係方以特殊介質（如計算機磁盤）或計算機語言提供信息，但不應給有關利害關係方增加不合理的額外負擔，否則不以特殊介質提供信息的行為不應被視為嚴重阻礙調查。

（3）在做出裁定時，主管機構應考慮所有可核實的、以適當形式及時提供的信息。

（4）如信息或證據未被接受，主管機構應將有關理由通知提供方，並給予對方在合理時間內進一步說明的機會。如主管機構認為說明不合理，則應在任何公布的裁定中列出拒絕該證據或信息的理由。

（5）在調查過程中，進口方主管機構應特別慎重處理二手信息。如有可能，應利用其他獨立的信息來源核查二手信息的準確性。

第二節 補貼與反補貼協議

補貼是各國政府為了支持國內某些產業部門的發展而提供的財政資助或其他形式的收入或價格的支持措施。補貼作為公共經濟政策的重要組成部分，有助於提高國內相關產業在國際貿易中的競爭力，因而被各國政府廣泛採用。反補貼是各國政府為了保障本國經濟發展而針對從其他國家進口的補貼產品採取的限制措施。關稅與貿易總協定和世界貿易組織並不否定補貼的作用，但補貼措施如果應用不當，就會成為貿易保護主義的工具，導致不公平競爭，對國際貿易的發展形成阻礙。

為了協調和規範各國的補貼與反補貼措施，防止補貼與反補貼措施對國際貿易

造成扭曲和損害，《1947年關稅與貿易總協定》在第6條、第16條和第23條對有關補貼與反補貼的問題做出了原則性的規定，其主要內容是有關反補貼稅的徵收。由於《1947年關稅與貿易總協定》對補貼的表述相當含混，對實際問題缺乏有力的處理措施，經各成員方共同努力，於1979年「東京回合」達成了《關於解釋與適用〈1947年關稅與貿易總協定〉第6條、第16條和第23條的協議》（簡稱《反補貼協議》）。該協議對有關補貼與反補貼措施的適用做了較詳細的規定，同時制定了補貼爭端解決規則，但其只是一個諸邊協議，僅有24個締約方，約束範圍有限。因此，在「烏拉圭回合」談判中，補貼與反補貼又成為關貿總協定各成員方討論的一個焦點議題。經過長達8年的艱苦談判，各成員方最終達成了《補貼與反補貼措施協議》。該協議作為「烏拉圭回合」一攬子協議的組成部分，對各成員方均適用。《補貼與反補貼措施協議》由11個部分和7個附件組成，主要包括：總則、禁止性補貼、可訴補貼、不可訴補貼、反補貼措施、機構、通知和監督、發展中國家成員、過渡性安排、爭端解決、最後條款等。

一、補貼的定義與形式

根據《補貼與反補貼措施協議》第1條的規定，補貼是指成員方政府或任何公共機構提供的財政資助或其他任何形式的收入或價格支持。根據該定義，補貼只有在滿足下列三個條件時才成立：第一，提供了財政資助，或任何形式的收入或價格支持；第二，補貼是由成員方領土內的政府或公共機構提供的；第三，補貼授予了一項利益。

《補貼與反補貼措施協議》第1條列舉了補貼的形式有以下兩大類：

（一）財政資助

（1）政府直接轉讓資金，指贈與、貸款、資產注入；潛在的直接轉讓資金或債務，指政府為企業提供貸款擔保；

（2）政府財政收入的放棄或不收繳；

（3）政府提供除一般基礎設施之外的商品或服務，或者購買商品；

（4）政府向資金備付機構如基金機構或信託機構提供支付，或者政府指定一個私人機構執行上述1~3項本應由政府執行的行為。

（二）收入支持或價格支持

《1994年關貿總協定》第16條所規定的任何形式的收入或價格支持，和由此而給予的某種優惠。這種支持可能是由法律限定某一種產品的最低價格，也可能表現為一種維持物價的物資儲備制度。

根據《補貼與反補貼措施協議》第2條的規定，上述所列補貼只有在符合下列「專向性」條件時，即屬於給予特定企業、產業或地區的補貼，才受該協議的各項規定約束。具體而言，補貼的「專向性」包括：

（1）企業專向性補貼，即政府對部分特定企業進行補貼。

（2）產業專向性補貼，即政府對部分特定產業進行補貼。

（3）地區專向性補貼，即政府對領土內的部分特定地區的某些企業進行補貼。

（4）禁止性補貼，即與出口實績或與使用進口替代相聯繫的補貼。

《補貼與反補貼措施協議》第2條還明確認定了專向性補貼的一些標準和條件。凡是有關法律、法規明確規定，或執行此項法律法規的主管機構明確表示，補貼只給予特定的企業或產業，則該種補貼即具有了法律上的專向性。但約束補貼的專向性並不意味著不能對補貼發放設定條件，關鍵是設定條件應符合下列要求：

第一，給予補貼及確定補貼金額的標準或條件必須是客觀和中性的，不得使某些特定企業享受的利益優於其他企業。標準或條件應屬經濟性質，並橫向適用，如按照員工人數或企業規模等授予補貼。

第二，這些標準或條件必須在法律、法規或其他官方文件中明確規定，並能夠被核查。

第三，這些標準或條件必須是自動的，即只要企業或產業達到規定的條件就應得到補貼，授予補貼的機構不得行使自由裁量權。

如果上述要求得不到滿足，補貼便可能被認為具有法律上的專向性。另外，如果僅是形式上滿足了上述要求，而事實上並沒有嚴格執行，則補貼可能被認為具有事實上的專向性。補貼只要在法律上或事實上具有專向性，便可被認定具有專向性。

二、補貼的分類

《補貼與反補貼措施協議》的目的並非旨在限制政府合理實施補貼的權利，而是禁止或不鼓勵政府使用那些對其他國家的貿易造成不利影響的專向性補貼。為此，協議將專向性補貼分為三類：禁止性補貼、可訴補貼和不可訴補貼。

（一）禁止性補貼

禁止性補貼又稱為「紅燈補貼」，是指不允許成員方政府實施或維持的補貼。一旦實施，任何受其影響的其他成員都可以直接採用反補貼措施。這種補貼實際上是很明確的專門用於影響貿易的補貼，因此最有可能對其他成員方的利益造成損害。《補貼與反補貼措施協議》明確地將出口補貼和進口替代補貼規定為禁止性補貼，任何成員方不得實施或維持此類補貼。

1. 出口補貼

出口補貼是指在法律上或事實上將補貼與出口相聯繫的補貼。如果法律上明確規定以出口實績作為給予補貼的條件，該種補貼則屬於出口補貼；如果法律上雖沒有明確規定以出口實績作為補貼條件，但補貼的給予事實上與出口聯繫在一起，則該補貼也屬於出口補貼。實施出口補貼的影響在於：它會刺激出口的增長，使其他未受補貼的同類產品在競爭中處於不利地位，並可能對進口方或第三方的相關產業構成威脅，造成實質損害。

《補貼與反補貼措施協議》附件1專門列出了一個禁止使用的出口補貼例示清單：

（1）政府根據出口完成情況給予某一產業或企業的直接補貼；

（2）外匯留成方案或類似的獎勵做法；

（3）政府或政府授權為出口貨物提供優於內銷貨物的國內運輸及運費；

（4）政府或其代理機構直接或間接的通過政府授權的方式，對於提供出口貨物生產所需的進口品或國產品以及所需的服務，其條件或條款優於對內銷生產的條件或條款；

（5）對工業企業或商業企業已繳或應繳與出口相關的直接稅或社會福利費實行全部或部分退稅、免稅或緩徵稅款；

（6）在計算直接稅稅基時，對直接涉及出口產品或出口實績的生產允許特殊扣減；

（7）對出口產品生產和分銷的間接稅的免除或減免程度超過對用於國內消費同類產品；

（8）對用於出口品生產的貨物或勞務減免或緩徵的前階段累進間接稅，或超過了用於同類內銷的貨物或勞務；

（9）對進口費用的減免和退還超過了對出口產品生產過程中進口投入物收取的進口費用（扣除正常耗損）；

（10）政府或由政府控制的機構提供的出口信貸擔保或保險計劃，以及針對出口產品成本增加或外匯風險的保險或擔保計劃，其利率或保險費率不足以彌補擔保或保險計劃的長期營業成本和虧損。

（11）政府或由政府控制或政府批准的專門機構提供的出口信貸利率低於實際用款應付利率，或由它們支付出口商或其他金融機構為取得出口信貸而產生的全部或部分費用；

（12）從成員公共帳戶中所支取任何其他費用，且該公共帳戶構成了1994年關貿總協定第16條意義上的出口補貼。

2. 進口替代補貼

進口替代補貼是指以使用國產貨物為條件而給予的補貼。與出口補貼給予出口產品的出口商不同，進口替代補貼給予的是國產品的生產者或消費者。這種補貼的影響在於：它使進口產品在與受補貼的國產品的競爭中處於劣勢，從而抑制相關產品的進口，因而成為被禁止的補貼。

進口替代補貼可以是給予進口替代產業優惠貸款，或為此類企業提供比其他企業更優惠的貨物或服務，或在外匯的使用上提供更多的優惠條件，或減免此類企業所得稅等直接稅。

（二）可訴補貼

可訴補貼又稱為「黃燈補貼」，指在一定範圍內允許實施，但如果在實施過程中對其他成員的經濟貿易利益造成不利影響或嚴重損害，則受損害方可對其補貼措施提出申訴的補貼。

《補貼與反補貼措施協議》第5條，對可訴補貼規定了總體原則，即成員方不得通過使用該協議第1條所規定的專向性補貼而對其他成員的利益造成不利影響。這裡的「不利影響」主要是指：

（1）損害其他成員的國內產業；

（2）使其他成員根據《1994年關貿總協定》享有的直接或間接利益喪失或受

到損害，尤其是對關稅減讓利益的損害；

(3) 嚴重侵害其他成員的利益，包括嚴重侵害威脅在內。

「嚴重侵害」是一個範圍比較廣的概念。根據《補貼與反補貼措施協議》的規定，嚴重侵害現象包括：

(1) 一項產品的從價補貼總額超過 5%；

(2) 對某一產業的經營虧損進行彌補性補貼；

(3) 對某一企業的經營虧損進行彌補性補貼，且非一次性的措施；

(4) 直接免除債務，即由政府免除債務，實施補貼以抵消應付債務。

如果實施補貼的成員能夠證明其雖然有上述情況，但並未產生不利後果，則可以視為不存在嚴重侵害。

《補貼與反補貼措施協議》第 6 條還規定了嚴重損害的一些推定標準，即只要補貼符合以下情形，便可視為對另一成員的利益造成了嚴重侵害：

(1) 取代或阻礙另一成員同類產品向第三國市場出口；

(2) 取代或阻礙另一成員同類產品進入實施補貼的成員的市場；

(3) 在同一市場上，與其他成員方同類產品的價格相比，該補貼產品的價格明顯下降，或對同類產品造成了嚴重的抑價、壓價或銷售損失；

(4) 實施補貼成員的初級產品或商品占世界市場份額與前 3 年的平均市場份額相比有所增長，而且該增長在實施補貼後呈持續上升的趨勢。

(三) 不可訴補貼

不可訴補貼又稱「綠燈補貼」。《補貼與反補貼措施協議》第四部分規定了兩大類不可訴補貼，一是具有專向性的僅限於特定產業或企業的補貼，包括：

(1) 只要滿足某些條件，為與企業相關的研發活動所提供的補貼；

(2) 為使現有設施適用法律、法規規定的新的環境要求所提供的補貼，只要這一補貼屬於一次性的措施和補貼額限於適用調整費的 20%；

(3) 為扶持落後地區發展所提供的補貼，只要這一扶持不是針對該地區內的某一特定產業或企業，即在該地區內此種補貼不具有專向性。

另一類是不具有專向性的補貼，它不局限於某一特定產業或企業，具有普遍適用性。各成員方在實施這類補貼時，一般不會受到其他成員方的反對和因此而採取反補貼措施。如政府對中小型企業的普遍性補貼一般是不可訴的。

三、政府對補貼的救濟方法

根據《補貼與反補貼措施協議》的規定，當進口國認為其他成員國的補貼對其利益產生不利影響時，可採取兩類反補貼措施：一是投訴於世界貿易組織爭端解決機構；二是根據受影響產業的申訴進行反補貼調查，以確定補貼進口產品是否對國內相關產業造成了損害，並徵收反補貼稅或要求價格承諾。

(一) 磋商與爭端解決

協議對三種類型的專向性補貼行為分別規定了嚴格、明確的磋商與爭端解決程序。

1. 禁止性補貼的爭端解決

(1) 磋商。一成員方認為另一成員方在給予或維持某項被禁止的補貼時可邀請其進行磋商，指出有關補貼措施的存在和性質，並提出相關證據。磋商的目的在於澄清事實，達成雙方都能接受的解決辦法。

(2) 提交爭端解決機構。在提出磋商請求後 30 天內未能達成雙方都能接受的解決辦法，任何一方均有權將爭議提交爭端解決機構，該機構應當盡量早設立專家組審查有關爭議。專家組應當自設立之日起 90 天內，向爭議各方提出最終報告，並發送給世界貿易組織其他所有成員。在專家組提交最終報告 30 天內，如果爭議任何一方對此報告不上訴，而且爭端解決機構沒有一致否決該報告，報告即得到爭端解決機構的通過。

(3) 上訴。如果爭議一方對專家組的報告提出上訴，則上訴機構應在 30 天內做出裁決，例外情況下不得超過 60 天。除非爭端解決機構在收到上訴機構裁決報告之日起 20 天內一致否決該報告，否則爭端解決機構以及爭端各方都應立即無條件的採取或執行該報告。

(4) 執行。如果爭端解決機構的建議未在專家組規定的時間內得到執行，爭端解決機構可以授權申訴成員採取相應適當的報復措施。

(5) 仲裁。如果爭議一方不服另一方所採取的報復措施，可就報復措施的適當性提請仲裁，仲裁人應當對其適當性做出裁決。

2. 可訴補貼的爭端解決

(1) 磋商。一成員方如果認為另一成員方所實施的可訴補貼對其利益造成不良影響，可要求其進行磋商。提出磋商要求的成員所提供的證據不僅要說明有關補貼的存在和性質，而且要說明該補貼對提出磋商要求的成員的國內產業造成的損害，或對其利益造成的喪失、減損或嚴重侵害。

(2) 提交爭端解決機構。與上述禁止性補貼不同的是，爭端方的協商時間為 60 天，若不能達成一致意見則提交爭端解決機構並由其成立專家小組。專家組應當自設立之日起 120 天內，向爭議各方提出最終報告。在專家組提交最終報告 30 天內，如果爭議任何一方對此報告不上訴，而且爭端解決機構沒有一致否決該報告，報告即得到爭端解決機構的通過。

(3) 上訴。與禁止性補貼不同的是，上訴機構在接到上訴後應在 60 天內做出裁決，最遲不得超過 90 天。

(4) 執行。如果爭端解決機構通過的專家組報告或上訴機構報告認定可訴補貼應予撤銷，則實施補貼的成員方應自報告通過之日起的 6 個月內採取適當措施，消除補貼所造成的不利影響或取消該項補貼。與此同時，爭端當事方還可就補償問題進行談判。如果爭端解決機構的建議未在專家組規定的時間內得到執行，也未與其他爭議方達成補償協議，爭端解決機構可以授權申訴成員採取相應適當的報復措施，除非爭端解決機構一致拒絕了申訴成員的請求。

(5) 仲裁。如果爭議一方不服另一方所採取的報復措施，可就報復措施的適當性提請仲裁，仲裁人應當對其適當性做出裁決。

3. 不可訴補貼的爭端解決

(1) 通報。《補貼與反補貼措施協議》第 8 條第 3 款規定，成員方在實施上述不可訴補貼計劃之前，應通知世界貿易組織補貼與反補貼措施委員會，其通報內容應當具體明確，足以使其他成員方能夠評價該補貼是否與《補貼與反補貼措施協議》所規定的不可訴補貼的條件與標準相一致。

(2) 秘書處的審議。《補貼與反補貼措施協議》第 8 條第 4 款規定，應一個成員方的請求，世界貿易組織秘書處可以向上述通報採取補貼措施的成員方要求提供更多的信息，以便對此事予以審查。秘書處審查後的結果應向委員會報告，委員會經過對該審議結果的審查，做出某項補貼是否與《補貼與反補貼措施協議》所規定的不可訴補貼的條件與標準相一致的決定。

(3) 磋商。如果一成員有理由相信另一成員所實施的補貼項目在事實上不符合《補貼與反補貼措施協議》規定的標準和條件，並且對其國內產業產生嚴重不利影響，該成員方可要求實施補貼的成員與其進行磋商。

(4) 提交補貼與反補貼委員會。如果在提交磋商請求後 60 天內未達成解決辦法，那麼提出磋商請求的成員可將該問題提交補貼與反補貼措施委員會處理，該委員會應在 120 天內做出結論。如果補貼與反補貼措施委員會認定確實存在嚴重不利影響，則可建議實施補貼的成員以消除此種影響的方式修改其補貼計劃。

(5) 採取反措施。如果補貼與反補貼措施委員會的建議在 6 個月內未得到執行，該委員會可以授權提出要求的成員，採取與確定存在的影響和性質相當的反措施。

(二) 反補貼措施的確定與實施

反補貼措施的確定與實施包括反補貼調查、產業損害的確認和採取的補救、徵收反補貼稅措施等。

1. 反補貼調查的發起

對某項進口產品進行正式的反補貼調查，應基於受到有關補貼措施不利影響的進口成員國內產業或其代表所提交的書面請求而發起。反補貼調查申請書的內容包括補貼的數量、損害狀況、補貼進口與受損害的因果聯繫。該書面請求必須充分證明某種已大量進口的產品享有某種補貼和申訴產業受到的損害及兩者之間的因果關係。

當局在對申請書的證據的準確性和充分性予以審查後，如果確認，可開始進行調查；如發現證據不足，應盡快拒絕調查申請和終止調查。

2. 反補貼調查的程序

在反補貼調查中，有關利益成員方和全部利益方以書面形式提出其認為與調查有關的情況和意見，並盡快通知所有有利害關係的各當事者。出口商、外國生產商或有利害關係的成員方在受到問卷調查後的 30 天內予以答覆，必要時可再延長 30 天。在調查中，調查當局對屬於機密性質的資料、信息，如未經同意，不得洩露。在徵得企業、當事成員方的同意後，可到其他成員方境內進行調查。若利益成員方或利益各方在合理的時間內拒絕接受或不提供必要的信息，或嚴重阻礙調查，則肯

定的或否定的、初步的或最終的裁決，可在已有的事實的基礎上做出。

3. 對反補貼損害和實質性損害威脅的確認

反補貼調查的目的是確認相同產品的產業是否因補貼受到損害。

（1）構成損害的依據有兩點：一是受補貼產品的進口量及補貼產品對國內相同產品的價格影響，二是受補貼產品的進口對國內同類產品的生產者的後續衝擊。

在衡量受補貼產品的進口量時，要考慮按絕對量或與在進口成員方的生產或消費相比，是否一直有重大的增長；在受補貼進口產品對價格的影響方面，要考慮與國內同類產品相比，它是否有重大的削價，或大幅度的壓低價格或阻止價格提高。

（2）實質性損害威脅的確定。確定是否存在實質性損害威脅，調查當局應考慮以下因素：補貼的性質或受補貼對貿易的影響、受補貼產品進口國國內市場的高增長率表明進口實質增長的可能性、受補貼產品的巨大增長、出口商有自由處置能力的巨大增長表明補貼產品對進口成員方市場出口實質增長的可能性、補貼產品進口後對國內價格重大壓低或抑製作用的可能性及使進口需求增加的可能性、被調查產品的庫存情況。

受補貼的進口產品造成的損害和實質性損害威脅被認定後，可做出採取反補貼措施的決定。

4. 反補貼調查與裁定的透明度

為使反補貼調查與裁定公正有效，《補貼與反補貼措施協議》主要通過以下辦法保持其透明度：

（1）公告反補貼調查的發起。進口成員政府當局在發起調查時，應向利害關係成員方發出通知並公開通告。

（2）對於任何初步的或最終的或肯定的或否定的裁定，或接受價格承諾的決定，承諾終止以及反補貼稅的終止，都應向利害關係成員方發出通知並予以公開通告。

5. 反補貼措施的種類與實施

（1）採取臨時措施。如果反補貼調查政府當局初步肯定存在補貼，且對進口成員方國內產業已造成實質性損害或嚴重威脅，為防止在調查期間繼續造成損害，可採取臨時措施。臨時措施可採用臨時反補貼稅的形式。臨時反補貼稅由與初步確定的補貼額等值的現金存款或債券來擔保。臨時措施不得早於自發起調查之日起後的60天，實施臨時措施應限定在盡量短的時間內，不得超過4個月。

如果最終確定了損害，或在認定損害威脅的同時又認定若不採取臨時措施，其影響肯定會導致損害時，對於本應實施臨時措施的那一段時期可以追溯徵收反補貼稅。若最終認定的反補貼稅額高於原現金存款或債券所擔保的金額，超出部分不應再徵收；如低於原現金存款或債券所擔保的金額，對於多收部分應盡快退回。若反補貼調查的最終結論是否定的，則在執行臨時措施期間所提交的現金存款或債券擔保都應盡快收回。

（2）補救承諾。如果在反補貼調查期間出現下述情況，反補貼調查可停止或中止。第一，出口成員方政府同意取消補貼，或採取其他措施；第二，出口商同意修

正其價格，使調查當局滿意地認為補貼所造成的損害影響已消失。這樣就算達成了「補救承諾」。補救承諾達成後，則反補貼調查應停止或中止。如果以後的情況表明不存在產業損害或損害威脅，補救承諾應自動取消。補救承諾可以由出口成員方提出要求，也可以由反補貼調查當局提出建議，但不能強迫出口商執行這一承諾。補救承諾的期限不得長於反補貼稅所執行的期限。

（3）反補貼稅。如果反補貼調查最終裁定存在補貼和產業損害，進口成員方當局便可決定對受補貼進口產品徵收反補貼稅，但它不得超過經確認而存在的補貼額，且應無歧視的徵收。但對於已撤銷的補貼或已按《補貼與反補貼措施協議》規定做出承諾的供應國的進口應給予例外。

反補貼稅的執行期限只能以抵消補貼所造成的損害所必需的時間為準，執行期限不得長於 5 年。如調查當局通過調查確認反補貼稅的終止有可能導致補貼的繼續和再度發生，可適當延長期限。

四、機構與監督

（一）補貼與反補貼措施委員會

根據《補貼與反補貼措施協議》第六部分規定，世界貿易組織設立了補貼與反補貼措施委員會。委員會由每個成員方的代表組成，選舉自己的主席，至少每兩年召開一次會議。委員會履行《補貼與反補貼措施協議》和各成員方賦予的各項職責，為各成員方提供有關補貼與反補貼爭議問題的磋商機會。委員會下設一個常設專家小組，由 5 名在補貼與貿易關係領域資深的專家組成，專家由委員會選舉，並每年輪換其中一名專家。

（二）通知義務

《補貼與反補貼措施協議》第七部分對成員方就補貼進行通知的義務做了詳細規定。各成員方在下列方面負有通知義務：

（1）將在其境內實施的明確的補貼通知補貼與反補貼措施委員會，通知應於每年的 6 月 30 日前提交。此類通知應包括以下內容：①補貼的形式；②補貼的數額（可以是單位補貼額，也可以是該補貼的年度總數額）；③補貼的目的；④補貼的期限；⑤該補貼可能對貿易產生的影響的評估數據。

（2）當成員方認為在其境內不存在《1994 年關貿總協定》第 16 條第 1 款及上述規定要求通知的補貼措施，該成員方應以書面形式將此情況通知秘書處。

（3）任何成員方在任何時候可以書面形式要求有關另一成員方提供其實施補貼措施的信息，或要求其陳述未就某項措施予以通知的原因。被要求的成員方應盡可能快的提供上述信息。如果要求未得到滿足，該成員方可將此問題提請委員會注意。

（4）各成員方應及時向委員會報告所採取的臨時反補貼措施和最終反補貼措施。各成員方還應每半年報告一次其前 6 個月採取的全部反補貼行動，此類報告應以統一的標準形式提交。

（5）各成員方應通知委員會其境內負責反補貼調查的機構及國內法律、法規有關調查程序的規定。

委員會應每三年舉行一次特別會議，就各成員方所通知的實施補貼措施的新的全部情況進行審查。

五、發展中國家的優惠待遇

世界貿易組織所有成員均承認，補貼可在發展中成員的經濟發展中發揮重要作用。因此，《補貼與反補貼措施協議》第八部分詳細規定了各類發展中成員的特殊和差別待遇。

發展中國家成員可以在《補貼與反補貼措施協議》生效後的 8 年內，以漸進的方式消除出口補貼，但不能提高現有的補貼水準。如在 8 年後，仍要實施時，應提前 1 年與補貼與反補貼措施委員會磋商，在獲得批准後方可繼續；否則，應在 8 年期滿後的兩年內取消所遺留的出口補貼。如果發展中國家成員的受補貼產品連續兩年在世界貿易中所占的比重在 3.25% 以上，則出口補貼應予取消。

對發展中國家成員進行的反補貼，在下述情況出現時，應立即終止：第一，對有關產品的全部補貼水準未超過其單位價值的 2%；第二，有關受補貼的進口產品占進口成員方該產品的進口總量未超過 4%。

此外，正在實施由中央計劃經濟向市場、自由企業經濟過渡的成員方，可以在《補貼與反補貼措施協議》生效後的 3 年內繼續實施某些被禁止使用的補貼措施而不受反對，若有必要還可以向補貼和反補貼措施委員會要求適當延長免責期限。

第三節　保障措施協議

保障措施是在國際貿易自由化基礎上，為保護進口國的國內產業而規定的一項保障制度。世界貿易組織允許採取這一制度以避免因進口產品在一段時期數量不斷增加或同進口國的生產數量相比相對增加給進口國工業造成損害或損害威脅。在上述緊急情況下，允許進口國政府對於進口產品的全部或部分暫停實施其根據《關稅與貿易總協定》所應承擔的義務，或撤銷或修改其關稅減讓。

保障措施性質上完全不同於反傾銷措施和反補貼措施。保障措施針對的是公平貿易條件下的進口產品，反傾銷措施和反補貼措施針對的是不公平貿易。

《保障措施協議》最早是指《1947 年關稅與貿易總協定》第 19 條的保障條款，即「對某種產品進口的緊急措施」。但《1947 年關稅與貿易總協定》第 19 條的實施狀況並不理想，這主要是條款本身的缺陷造成的。例如：缺乏對重要概念的定義，可操作性差；沒有界定「增加的進口」與「損害」之間的因果關係；程序規則不明確等。在實踐中，諸如「自願出口限制」之類的「灰色區域」措施泛濫，多邊規則形同虛設。因此，在「烏拉圭回合」中仍把保障措施列為 15 個談判議題之一。經過各締約方艱苦的談判，終於達成了《保障措施協議》，適用於所有成員方。

《保障措施協議》的目的是，進一步澄清《1994 年關稅與貿易總協定》第 19 條的原則，強化保障措施的多邊控制，消除規避保障措施控制的不當做法，促進國際

貿易體制的穩定和完善。該協議由 14 個條款和 1 個附件組成。

一、保障措施的定義

這裡的國際貿易保障措施主要是指根據《關貿總協定》第 19 條「保障條款」（Safeguard Clause）所採取的措施。根據這一條款，某一成員國如果因為不能預見的情況或因承擔總協定的義務而使某一產品的進口數量急遽增加，對國內生產的相似產品或與進口產品直接競爭的國內產業造成嚴重損害或嚴重損害威脅時，則可以背離總協定規則，在必需的程序和時間內，對進口產品的全部或部分暫停實施義務，或撤銷或修改關稅減讓義務。此條規定也被稱為免責條款（Escape Clause）或例外條款。保障措施的形式很多，包括增加關稅，實施關稅配額，實施數量限制等。

二、實施的前提條件

《保障措施協議》規定，保障措施的實施必須滿足下列條件：
（1）作為進口國的成員採取保障措施，要證明進口產品的數量在一定時期內在絕對數或相對數上急遽增加；
（2）進口激增是由於不可預見的情況或成員履行世界貿易組織關稅減讓和削減非關稅壁壘等義務的結果；
（3）該產品進口數量急遽增加，對國內生產同類產品或與其直接競爭產品的產業造成嚴重損害或嚴重損害威脅；
（4）對某一產品實施保障措施不考慮其來源。

這裡需要闡述一些標準的確定：
（1）進口激增。《保障措施協議》規定的進口激增，是指產品進口數量的急遽增長，包括絕對增長和相對增長兩種情況。前者是指產品實際進口數量的增長，後者則是進口產品所占市場份額上升。進口產品出現相對增長時，實際進口數量不一定發生變化。
（2）進口激增的原因。進口激增是由於不可預見的情況或成員方履行世界貿易組織義務的結果。成員方實施保障措施，必須證明進口激增是由上述兩種原因造成的。
（3）進口激增的後果。進口激增對國內生產同類產品或與其直接競爭產品的產業造成了嚴重損害或嚴重損害威脅。擬實施保障措施的成員方必須證明進口激增與產業損害或損害威脅間存在因果關係。這種證明必須有客觀證據的支持。
（4）嚴重損害和嚴重損害威脅。嚴重損害是對國內某一產業的狀態總體上造成顯著重大的損害，即損害程度足以使進口國相關產業處於非臨時性的、極為困難或瀕臨破產的境地。嚴重損害威脅是指明顯逼近的嚴重損害。是否存在嚴重損害威脅，要根據事實而不能單憑申訴、推測或者極小的可能性做出。

三、保障措施的規則程序

為保證充分的透明度和公正性，《保障措施協議》對保障措施的實施規定了比

較詳細的程序。該程序主要包括調查、通知和磋商等環節。

（一）調查

《保障措施協議》第3條（a）款規定：作為進口國的成員方採取保障措施之前必須符合《關貿總協定》第10條的要求，按照公開的程序，由主管當局進行調查。調查要合理地通告有利害關係的成員方，還要舉行聽證會或採用其他適當措施以使進口商、出口商及其他有利害關係方提供證據或發表意見，以使它們有機會與其他當事方聯繫或交換意見，特別要考慮讓有利害關係者對保障措施是否符合公共利益發表意見。主管當局還應公布一份結論性報告，包括對事實與法律等有關問題的認定以及認定的理由。

（二）認定

根據調查結果，主管當局應按前述條件確定有關產品的進口增加是否對國內相關產業造成嚴重損害或嚴重損害威脅，並迅速公布被調查案件的詳細分析和對已審查因素相關性的確定。同時，向保障措施委員會提供報告，內容包括：①發起調查的決定及理由；②對進口增長造成嚴重損害或損害威脅的調查結果；③就實施或延長保障措施做出的決定。

（三）實施

進口國成員方應在防止或補救嚴重損害容易調整的必要程度內實施保障措施。如果使用數量限制，則該措施不能使進口量少於最近時期的水準（根據可以獲得的統計數據，這個水準必須是最近3個代表性年份的平均進口值）。如果有正當理由說明防止或救濟重大損害進口量必須有不同的水準，可以做例外處理。為了達到防止或救濟重大損害的目的，可以選擇最適當的措施，如採取配額限制。作為實施限制措施的成員方要與有利害關係的供應國就配額的分配、有關產品的供給達成協議。如果不能達成協議，實施限制措施的成員方對產品供給有利害關係的成員方，應適當考慮對該產品貿易有影響的各種因素，根據有利害關係的成員方在過去代表性年份中的進口總數量和總價格，把配額分配給各供給方。

四、保障措施的具體實施

（一）臨時保障措施

《保障措施協議》第6條規定，如果存在延緩將會造成難以恢復的損害這樣的危急情況，成員方根據進口增加引起的重大損害，或者是重大損害威脅的確實證據做出初步決定時，可以採取臨時保障措施。這種臨時措施即採取增加關稅稅率的方式，期限不得超過200天，並且此期限計入保障措施總的期限。如果最終決定否認輸入增加引起的重大損害或重大損害威脅，臨時措施期間提高關稅稅率的部分必須迅速返還。

（二）期限

成員方的保障措施只能在防止或補救嚴重損害以便進行國內產業調整的必要期限內實施，適用期限不得超過4年。如果仍需防止或補救嚴重損害，且國內產業的調整也需要延長實施保障措施，成員方根據確實的證據以及其他相關條件可以做出

延長的決定。保障措施的全部適用期限，包括臨時措施的適用期、最初的適用期以及延長的適用期在內，不得超過8年。

如果保障措施的預定適用期在1年以上，為了便於調整，採取保障措施的成員方在實施保障措施期間要逐步緩和保障措施。如果預定適用期超過3年，在實施中途要重新審查適用情況，適當的時候要撤銷保障措施或加快緩和保障措施的速度。延長適用期的保障措施，不能比最初適用期結束時的保障措施更加嚴格，而要逐步繼續緩和。

在世界貿易組織協定生效後採取保障措施的進口產品，在保障措施結束後要間隔相等的時間才能再次對其採取保障措施，即實施保障措施1年結束後要再間隔1年才可以再次實施保障措施。實施保障措施的期限少於或等於180天的，在1年後可以再次採取保障措施，但採取保障措施前5年內對此產品的實施不能超過2次。

（三）必要補償

由於保障措施針對的是公平貿易條件下的產品進口，其實施必然影響出口方的正當利益。為此，《保障措施協議》第8條規定，有關成員方可就保障措施對貿易產生的不利影響，協商貿易補償的適當方式。

經過協商，在30天內不能就補償方法達成協議，受到保障措施影響的出口國成員方在保障措施實施後的90天內，或在貨物貿易理事會收到停止的書面通報的30天以後，對採取保障措施的成員方停止適用《1994年關貿總協定》的減讓及其他義務。如果進口方採取保障措施是因為產品進口絕對量的增加，並且該措施符合協議的規定，則出口方自保障措施實施之日起的3年內不得行使停止適用的權利。

（四）發展中國家的優惠待遇

在輸入國成員方的產品中，源自發展中國家成員方的產品比例不超過3%，則不得針對該發展中國家產品實施保障措施。但當比例均不超過3%的幾個發展中國家成員的合計比例超過9%時，保障措施則可適用。

發展中國家成員採取的保障措施，適用期限可以延長2年，即最多可至10年。世界貿易組織協定生效後採取保障措施的進口產品，在採取保障措施相等期間的1/2期間內不再次採取保障措施，即只要實施保障措施1年結束後只要間隔半年就可以再次實施保障措施，但不適用期至少要在2年以上。

（五）禁止灰色區域措施

灰色區域措施指有關國家根據雙邊達成的非正式協議，實施的與世界貿易組織規則不符的進口限制措施。因這些協議的透明度很低，故被稱為「灰色區域」措施。

灰色區域措施很多，包括輸出自動限制、維持市場秩序及其他輸出或輸入方面的同樣措施，如出口價格或進口價格監督制度、強制性「卡特爾」、任意輸出或輸入許可制度等。

鑒於灰色區域措施削弱了保障措施的作用，《保障措施協議》明確規定到1999年12月31日，取消所有的灰色區域措施。

（六）通知與磋商

為了增加採取保障措施的透明度，《保障措施協議》第12條規定，一個成員方

在採取保障措施時，應當立即將下列事項通知保障措施委員會：
（1）發起一項與嚴重損害或嚴重損害威脅有關的調查程序及其原因；
（2）對由於增加的進口所造成的嚴重損害或嚴重損害威脅所做出的裁決；
（3）就適用或延長一項保障措施所做出的決定。

在做出上述第 2 和第 3 項的通知時，採取保障措施的成員方應當提供所有有關的信息，包括由於進口增加造成了嚴重損害或損害威脅的證據、有關產品與準備採取的措施的準確說明、實施日期、期限及其逐步取消的時間表。如果要延長適用某一保障措施，還應提供有關產業正在調整的情況。

《保障措施協議》第 12 條第 4 款規定，一個成員方在採取臨時保障措施前，應當通知保障措施委員會。《保障措施協議》第 12 條第 5 款規定，各成員方應將下列事項通過保障措施委員會通知貨物貿易理事會：①採取保障措施的成員方與有利害關係方的磋商結果；②調查當局的中期審查結果；③成員方採取保障措施的具體內容。《保障措施協議》第 12 條第 6 款規定，各成員方應將本國有關實施保障措施的法律、法規與行政程序及其任何修改及時通知保障措施委員會。

五、管理機構

《保障措施協議》第 13 條規定，為了監督各國實施保障措施的行為，特在貨物貿易理事會之下設立保障措施委員會。委員會主要履行以下職責：
（1）管理協議的實施並每年向貨物貿易理事會報告實施情況，就協議的改進提出建議。
（2）經受影響的成員方的請求，判斷成員方所採取的保障措施行為是否與協議規定的程序一致，並向貨物貿易理事會報告其審查結果。
（3）應成員方要求，幫助它們進行有關的磋商。
（4）檢查成員方分階段取消保障措施的執行情況，並向貨物貿易理事會進行匯報告。
（5）應採取保障措施的成員方要求，審查其措施是否與損害程度相一致，並向貨物貿易理事會報告。
（6）接受各成員方按協議規定提交的各項通知，並向貨物貿易理事會報告。
（7）執行貨物貿易理事會決定的與協議有關的其他事項。

第六章
國際貿易術語

在國際貿易中，由於買賣雙方地處不同的國家和地區，受不同法律、法規的約束，因此有不同的交易習慣，從而有關貿易環節和買賣雙方責任風險的磋商，需要耗費大量的時間和費用。在國際貿易的長期實踐中，逐漸形成了約定俗成、共同遵守的各種不同的貿易術語。貿易術語是簡短的英文字母縮寫，明確規定了賣方的交貨地點、買賣雙方分別承擔的費用、義務、風險和費用。在一筆出口或進口貿易中，通過使用貿易術語，明確買賣雙方在手續、費用和風險方面的責任劃分，以促進交易的達成。

第一節 貿易術語的含義與作用

一、貿易術語的含義

在國際貿易當中，由於買賣雙方屬於不同的國家，商品在從出口地轉移到進口地的過程中會涉及較長的時間、較多的環節和較大的風險。買賣雙方必須就某些問題進行磋商，例如，具體的交貨地點，貨物的運輸費、保險費、裝卸費、進出口稅的承擔，貨物風險劃分的依據等等問題。這些問題是買賣雙方必須明確規定的，它們也決定了買賣雙方的責任和風險分配，最終也影響了商品的價格。例如，如果賣方承擔了較多的費用和風險，則商品的出口價格就較高；反之，則商品的出口價格較低。但是，如果採用合同條款來逐項規定說明買賣雙方的責任和義務，一方面，無疑會使國際貿易從交易磋商到簽訂合同、履行合同以及以後可能發生的爭議裁決非常繁瑣；另一方面，如果在每一筆交易中買賣雙方都要就這些問題反覆磋商，事無鉅細，則將耗費大量的時間和金錢，最終增加了國際貿易的額外交易費用。在長期的國際貿易實踐當中，為了減少交易費用，提高交易效率，各種貿易術語（Trade Terms）應運而生。貿易術語，就是指在國際貿易中，規定賣方的交貨地點、買賣雙方分別承擔的責任、義務、風險和費用的簡短術語或英文字母縮寫。

二、貿易術語的作用

最早的貿易術語是 FOB 和 CIF，相繼出現於 19 世紀初期和中葉。隨後出現了其他貿易術語，以滿足不同性質和內容的貿易需要。由於每種貿易術語都有其特定的

含義，因此，只要買賣雙方在合同中商定按照某種貿易術語成交，即可明確彼此在貿易當中所應承擔的責任、費用和風險。

貿易術語在國際貿易中的作用，主要體現在以下幾個方面：

（1）有利於買賣雙方洽商交易和訂立合同。

由於每種貿易術語都有其特定的含義，因此，買賣雙方只要商定按何種貿易術語成交，即可明確彼此在交接貨物方面所應承擔的責任、費用和風險。這就簡化了交易手續，縮短了洽商交易的時間，從而有利於買賣雙方迅速達成交易和訂立合同。

（2）有利於買賣雙方核算價格和成本。

由於貿易術語表示價格構成因素，所以，買賣雙方確定成交價格時，必然要考慮採用的貿易術語中包含哪些從屬費用，這就有利於買賣雙方進行比價和加強成本核算。

（3）有利於解決履約當中的爭議。

買賣雙方商訂合同時，如對合同條款考慮欠周，使某些事項規定不明確或不完備，致使履約當中產生的爭議不能依據合同的規定解決，在此情況下，可以援引有關貿易術語的一般解釋來處理。因為，貿易術語的一般解釋已成為國際慣例，它是大家所遵循的一種類似行為規範的準則。

（4）有利於其他有關機構開展業務。

在國際貿易中，離不開輪船公司、保險公司和銀行等機構，而貿易術語及有關解釋貿易術語的國際慣例的相繼出現，為這些機構開展業務活動和處理業務實踐中的問題提供了客觀依據和有利條件。

三、有關貿易術語的國際貿易慣例

儘管貿易術語在國際貿易中的使用已經超過 200 年，但是在相當長的時間裡，各種術語都缺乏統一的解釋。為了解決不同國家和地區對貿易術語理解的分歧，國際商會、國際法協會等一些國際組織分別制定了有關貿易術語的解釋和規則。隨著有些解釋和規則在國際貿易當中被廣泛應用，有關貿易術語的國際貿易慣例就形成了。在性質上看，國際貿易慣例既不是任何一個國家的國內法，也不是世界各國的共同立法，不具備強制當事人使用該慣例並受其約束的效力。但是，如果雙方當事人自願使用慣例，並在買賣合同中將此意願明確表示出來，則慣例對當事人產生約束力。因此，我們需要瞭解國際貿易中有關貿易術語的主要國際貿易慣例。

目前主要有三種有關貿易術語的國際貿易慣例：

1. 《1932 年華沙—牛津規則》（*Warsaw-Oxford Rules* 1932）

19 世紀中葉，CIF 貿易術語已在國際貿易中被廣泛採用，但由於各國對其解釋不一，從而影響到 CIF 買賣合同的順利履行。為了對 CIF 合同雙方的權利和義務做出統一的規定和解釋，國際法協會於 1928 年在波蘭華沙制定了 CIF 買賣合同的統一規則，共計 22 條，稱為《1928 年華沙規則》。此後，在 1930 年紐約會議、1931 年巴黎會議和 1932 年牛津會議上，又相繼將此規則修訂為 21 條，稱之為《1932 年華沙—牛津規則》。

《1932華沙—牛津規則》對CIF合同的性質、特點及買賣雙方的權利和義務都做了具體的規定和說明，為那些按CIF貿易術語成交的買賣雙方提供了一套可在CIF合同中易於使用的統一規則，供買賣雙方自願採用，在缺乏標準合同格式或共同交易條件的情況下，買賣雙方可約定採用此項通則。凡在CIF合同中訂明採用《1932華沙—牛津規則》者，則合同當事人的權利和義務，即應按此規則的規定辦理。由於現代國際貿易慣例是建立在當事人「意思自治」的基礎上，具有任意法的性質，因此，買賣雙方在CIF合同中也可變更，修改規則中的任何條款或增添其他條款，當此規則的規定與CIF合同內容相抵觸時，仍以合同規定為準。

《1932華沙—牛津規則》自1932年公布後，一直沿用至今，並成為國際貿易中頗有影響的國際貿易慣例，這是因為此項規則在一定程度上反應了各國對CIF合同的一般解釋，不僅如此，其中某些規定的原則還可適用於其他合同。例如《1932華沙—牛津規則》規定，在CIF合同中，貨物所有權轉於買方的時間，應當是賣方把裝運單據（提單）交給買方的時刻，即以交單時間作為所有權轉移的時間。此項原則，雖然是針對CIF合同的特點制定的，但一般認為也可適用於賣方有提供提單義務的其他合同。可見《1932華沙—牛津規則》的制定和公布，不僅有利於買賣雙方訂立CIF合同而且也利於解決CIF合同履行當中出現的爭議，當合同當事人發生爭議時，一般都參照或引用此項規則的規定與解釋來處理。

2. 《1941年美國對外貿易定義修訂本》（Revised American Foreign Trade Definitions 1941）

《1941年美國對外貿易定義修訂本》也是國際貿易中具有一定影響的國際貿易慣例，它不僅在美國使用，而且也為加拿大和一些拉丁美洲國家所採用。該定義對EX、FAS、FOB、C&F、CIF和Ex Dock六種貿易術語做瞭解釋。值得注意的是，此修訂本把FOB分為六種類型，其中只有第五種，即裝運港船上交貨（FOB Vessel），才同國際貿易中一般通用的FOB的含義大體相同，而其餘五種FOB的含義則完全不同。為了具體說明買賣雙方在各種貿易術語下各自承擔的義務，在此修訂本所列各種貿易術語之後，一般附有註釋。這些註釋，實際上是貿易術語定義不可分割的組成部分。

3. 《2000年國際貿易術語解釋通則》（International Rules for the Interpretation of Trade Terms 2000, INCOTERMS 2000）（以下簡稱《2000年通則》）

《國際貿易術語解釋通則》（以下簡稱INCOTERMS）的宗旨是為國際貿易中最普遍使用的貿易術語提供一套解釋的國際規則，以避免因各國不同解釋而出現的不確定性，或至少在相當程度上減少這種不確定性。合同雙方當事人之間互不瞭解對方國家的貿易習慣的情況時常出現，這就會引起誤解、爭議和訴訟，從而浪費時間和費用。為了解決這些問題，國際商會（以下簡稱ICC）於1936年首次公布了一套解釋貿易術語的國際規則，名為INCOTERMS 1936，以後又於1953年、1967年、1976年、1980年和1990年加以修訂，現在則是在2000年版本中做出補充和修訂，以便使這些規則適應當前國際貿易實踐的發展。

在為期兩年的修訂過程中，ICC盡其最大努力通過ICC各國家委員會吸取了各

行業國際貿易從業者的意見和建議，完成了修訂稿的多次修改。在修訂過程中，ICC 盡量保證 INCOTERMS 2000 中的語言清楚、準確地反應出國際貿易實務。新的版本在下面兩個方面做出了實質性改變：在 FAS 和 DEQ 術語下，辦理清關手續和交納關稅的義務；在 FCA 術語下裝貨和卸貨的義務。無論是實質變化還是形式變化都是在對 INCOTERMS 的使用者廣泛調查的基礎上做出的，而且對 1990 年以來 IN-COTERMS 專家小組（專門為 INCOTERMS 使用者提供額外服務的機構）收到的諮詢意見給予了充分考慮。鑒於 INCOTERMS 不時修訂，所以，如果合同當事方意圖在銷售合同中訂入 INCOTERMS 時，清楚地指明所引用的 INCOTERMS 版本是很重要的。為了便於理解，INCOTERMS 2000 將所有的術語分為 4 個基本不同的類型。第一組為「E」組（EX works），指賣方僅在自己的地點為買方備妥貨物；第二組「F」組（FCA、FAS 和 FOB），指賣方需將貨物交至買方指定的承運人；第三組「C」組（CFR、CIF、CPT 和 CIP），指賣方須訂立運輸合同，但對裝船和啓運後貨物滅失或損壞的風險以及所產生的額外費用，賣方不承擔責任；第四組「D」組（DAF、DES、DEQ、DDU 和 DDP），指賣方須承擔把貨物交至目的地國所需的全部費用和風險（見表6-1）。

表 6-1　　　　INCOTERMS 2000 的術語縮寫、中英文全稱

組別	術語縮寫	術語英文名稱	術語中文名稱
E 組發貨	EXW	EX Works	工廠交貨（……指定地點）
F 組主要運費未付	FCA	Free Carrier	交至承運人（……指定地點）
	FAS	Free Alongside Ship	船邊交貨（……指定裝運港）
	FOB	Free On Board	船上交貨（……指定裝運港）
C 組主要運費已付	CFR	Cost and Freight	成本加運費（……指定目的港）
	CIF	Cost, Insurance and Freight	成本、保險加運費付至（……指定目的港）
	CPT	Carriage Paid To	運費付至（……指定目的地）
	CIP	Carriage and Insurance Paid To	運費、保險費付至（……指定目的地）
D 組貨到	DAF	Delivered At Frontier	邊境交貨（……指定地點）
	DES	Delivered Ex Ship	目的港船上交貨（……指定目的港）
	DEQ	Delivered Ex Quay	目的港碼頭交貨（……指定目的港）
	DDU	Delivered Duty Unpaid	未完稅交貨（……指定目的地）
	DDP	Delivered Duty Paid	完稅後交貨（……指定目的地）

資料來源：《2000 年國際貿易術語解釋通則》（1999 年 7 月國際商會第六次修訂，2000 年 1 月 1 日生效）。

在 INCOTERMS 1990 中，還採取標準化的、相互對應的規定辦法，將買賣雙方各自承擔的義務分別用 10 個項目列出，從而極大地便利了雙方當事人對通則的使用，尤其便於交易雙方相互比較和對照檢查。現將各種貿易術語所規定的買賣雙方

相互對應的 10 項義務，分別列表（表 6-2）如下：

表 6-2　　各種貿易術語所規定的買賣雙方相互對應的 10 項義務

賣　方	買　方
A1. 提供符合合同規定的貨物	B1. 支付貨款
A2. 許可證、批准文件及海關手續	B2. 許可證、批准文件及海關手續
A3. 運輸合同與保險合同	B3. 運輸合同
A4. 交貨	B4. 受領貨物
A5. 風險轉移	B5. 風險轉移
A6. 費用劃分	B6. 費用劃分
A7. 通知買方	B7. 通知賣方
A8. 交貨憑證、運輸單證或相應的電子信息	B8. 交貨憑證、運輸單證或相應的電子信息
A9. 核查、包裝及標記	B9. 貨物檢驗
A10. 其他義務	B10. 其他義務

資料來源：《2000 年國際貿易術語解釋通則》（1999 年 7 月國際商會第六次修訂，2000 年 1 月 1 日生效）。

通過上表，我們可以看出買賣雙方義務的劃分標準比較明確，這有利於合同當事人分別履行各自承擔的義務。

第二節　六種常用的貿易術語

一、FOB

Free On Board（… named port of shipment），即裝運港船上交貨（……指定裝運港）。此術語是指賣方在約定的裝運港將貨物交到買方指定的船上。按照《2000 年通則》規定，此術語只能適用於海運和內河航運。但是，如合同當事人不採用越過船舷交貨，則採用 FCA 術語更為適宜。

（一）買賣雙方基本義務的劃分

按國際商會對 FOB 的解釋，買賣雙方各自承擔的基本義務，概括起來，可做如下劃分：

1. 賣方義務

（1）在合同規定的時間或期限內，在裝運港，按照習慣方式將貨物交到買方指派的船上，並及時通知買方。

（2）自負風險和費用，取得出口許可證或其他官方批准證件。在需要辦理海關手續時，辦理貨物出口所需的一切海關手續。

（3）負擔貨物在裝運港越過船舷為止的一切費用和風險。

（4）自付費用提供證明貨物已交至船上的通常單據。如果買賣雙方約定採用電子通信，則所有單據均可被具有同等效力的電子數據交換（EDI）信息代替。

2. 買方義務

（1）自負風險和費用取得進口許可證或其他官方批准的證件。在需要辦理海關手續時，辦理貨物進口以及經由他國過境的一切海關手續，並支付有關費用及過境費；

（2）負責租船或訂艙，支付運費，並給予賣方關於船名、裝船地點和要求交貨時間的充分的通知；

（3）負擔貨物在裝運港越過船舷後的一切費用和風險；

（4）接受賣方提供的有關單據，受領貨物，並按合同規定支付貨款。

（二）《1941年美國對外貿易定義修訂本》對FOB的解釋

《1941年美國對外貿易定義修訂本》對FOB的解釋分為六種，其中只有「指定裝運港船上交貨」（FOB Vessel，「named port of shipment」）與《2000年通則》對FOB術語的解釋相近。所以，《1941年美國對外貿易定義修訂本》對FOB的解釋與運用，同國際上的一般解釋與運用有明顯的差異，這主要表現在下列幾方面：

第一，美國慣例把FOB籠統地解釋為在某處某種運輸工具上交貨，其適用範圍很廣，因此，在同美國、加拿大等國的商人按FOB訂立合同時，除必須標明裝運港名稱外，還必須在FOB後加上「船舶」（Vessel）字樣。如果只有「FOB SanFrancisco」而漏寫「Vessel」字樣，則賣方只負責把貨物運到舊金山城內的任何處所，不負責把貨物運到舊金山港口並交到船上。

第二，在風險劃分上，不是以裝運港船舷為界，而是以船艙為界，即賣方負擔貨物裝到船艙為止所發生的一切丟失與損壞。

第三，在費用負擔上，規定買方要支付賣方協助提供出口單證的費用以及出口稅和因出口而產生的其他費用。

（三）FOB的變形

在按FOB條件成交時，賣方要負責支付貨物裝上船之前的一切費用。但各國對於「裝船」的概念沒有統一的解釋，有關裝船的各項費用由誰負擔，各國的慣例或習慣做法也不完全一致。如果採用班輪運輸，船方管裝管卸，裝卸費計入班輪運費之中，自然由負責租船的買方承擔；而採用程租船運輸，船方一般不負擔裝卸費用，這就必須明確裝船的各項費用應由誰負擔。為了說明裝船費用的負擔問題，雙方往往在FOB術語後加列附加條件，這就形成了FOB的變形。主要包括以下幾種：

1. FOB Liner Terms（FOB班輪條件）

這一變形是指裝船費用按照班輪的做法處理，即由船方或買方承擔。所以，採用這一變形，賣方不負擔裝船的有關費用。

2. FOB Under Tackle（FOB吊鈎下交貨）

這是指賣方負擔費用將貨物交到買方指定船只的吊鈎所及之處，而吊裝入艙以及其他各項費用，概由買方負擔。

3. FOB Stowed（FOB理艙費在內）

這是指賣方負責將貨物裝入船艙並承擔包括理艙費在內的裝船費用。理艙費是指貨物入艙後進行安置和整理的費用。

4. FOB Trimmed（FOB 平艙費在內）

這是指賣方負責將貨物裝入船艙並承擔包括平艙費在內的裝船費用。平艙費是指對裝入船艙的散裝貨物進行平整所需的費用。

在許多標準合同中，為表明由賣方承擔包括理艙費和平艙費在內的各項裝船費用，常採用 FOBST（FOB Stowed and Trimmed）方式。

FOB 的上述變形，只是為了表明裝船費用由誰負擔而產生的，並不改變 FOB 的交貨地點以及風險劃分的界限。《2000 年通則》指出，通則對這些術語後的添加詞句不提供任何指導規定，建議買賣雙方應在合同中加以明確。

二、CIF

Cost Insurance and Freight（… named port of destination），即成本、保險費加運費（……指定目的港）。按《2000 年通則》的規定，CIF 術語只適用於海運和內河航運。如合同雙方不採用越過船舷交貨，則使用 CIP 術語更為適宜。

（一）買賣雙方基本義務的劃分

按 CIF 術語成交，是指賣方必須在合同規定的日期或期間內在裝運港將貨物交至運往指定目的港的船上，負擔貨物越過船舷為止的一切費用和貨物滅失或損壞的風險，負責租船訂艙，支付從裝運港到目的港的正常運費，並負責辦理貨運保險，支付保險費。由此可以看出，CIF 術語除具有 CFR 術語相同的義務外，賣方還應負責辦理貨運保險和支付保險費。

（二）使用 CIF 術語應注意的事項

1. CIF 合同屬於「裝運合同」

在 CIF 術語下，賣方在裝運港將貨物裝上船，即完成了交貨義務。因此，採用 CIF 術語訂立的合同屬於「裝運合同」。但是，由於在 CIF 術語後所註明的是目的港（例如「CIF 倫敦」），在中國曾將 CIF 術語譯作「到岸價」，所以 CIF 合同的法律性質常被誤解為「到貨合同」。為此必須明確指出，CIF 以及其他 C 組術語（CFR、CPT、CIP）與「F」組術語（FCA、FAS、FOB）一樣，賣方在裝運地完成交貨義務，採用這些術語訂立的買賣合同均屬「裝運合同」性質。按此類術語成交的合同，賣方在裝運地（港）將貨物交付裝運後，對貨物可能發生的任何風險不再承擔責任。

2. 賣方辦理保險的責任

在 CIF 合同中，賣方是為了買方的利益辦理貨運保險的，因為此項保險主要是為了保障貨物裝船後在運輸途中的風險。《2000 年通則》對賣方的保險責任規定：「如無相反的明示協議，賣方只需按《協會貨物保險條款》或其他類似的保險條款中最低責任的保險險別投保。如買方有要求，並由買方負擔費用，賣方應在可能情況下投保戰爭、罷工、暴動和民變險。最低保險金額應為合同規定的價款加 10%，並以合同貨幣投保。」

在實際業務中，為明確責任，外貿企業在與國外客戶洽談交易並採用 CIF 術語時，一般應在合同中具體規定保險金額、保險險別和適用的保險條款。

3. 象徵性交貨問題

從交貨方式來看，CIF 是一種典型的象徵性交貨（Symbolic Delivery）。所謂象徵性交貨，是針對實際交貨（Physical Delivery）而言。前者指賣方只要按期在約定地點完成裝運，並向買方提交合同規定的包括物權憑證在內的有關單證，就算完成了交貨義務，而無須保證到貨。後者則是指賣方要在規定的時間和地點，將符合合同規定的貨物提交給買方或其指定人，而不能以交單代替交貨。在象徵性交貨方式下，賣方是憑單交貨，買方是憑單付款，只要賣方按時向買方提交了符合合同規定的全套單據，即使貨物在運輸途中損壞或滅失，買方也必須履行付款義務；反之，如果賣方提交的單據不符合要求，即使貨物完好無損地運達目的地，買方仍有權拒付貨款。由此可見，CIF 交易實際上是一種單據的買賣，所以，裝運單據在 CIF 交易中具有特別重要的意義。但是，必須指出，按 CIF 術語成交，賣方履行其交單義務，只是得到買方付款的前提條件，除此之外，他還必須履行交貨義務。如果賣方提交的貨物不符合要求，買方即使已經付款，仍然可以根據合同的規定向賣方提出索賠。

（三）CIF 的變形

在國際貿易中，大宗商品的交易通常採用程租船運輸，在多數情況下，船公司一般是不負擔裝卸費的。因此，在 CIF 條件下，買賣雙方容易在卸貨費由何方負擔的問題上引起爭議。為了明確責任，買賣雙方應在合同中對卸貨費由誰負擔的問題做出明確具體的規定。如買方不願負擔卸貨費，在商訂合同時，可要求在 CIF 術語後加列「Liner Terms」（班輪條件）或「Landed」（卸到岸上）或「Ex Tackle」（吊鉤下交貨）字樣。如賣方不願負擔卸貨費，在商訂合同時，可要求在 CIF 術語後加列「Ex Ship's Hold」（艙底交貨）字樣。

上述 CIF 術語後加列各種附加條件，如同 FOB 術語後加列各種附加條件一樣，只是為了明確卸貨費由誰負擔，並不影響交貨地點和風險轉移的界限。

三、CFR

Cost and Freight（... named port of destination），即成本加運費（……指定目的港）。此術語是指賣方必須負擔貨物運至約定目的港所需的成本和運費。這裡所指的成本相當於 FOB 價，故 CFR 術語是在 FOB 價的基礎上加上裝運港至目的港的通常運費。

《2000 年通則》指出，CFR 是全球廣泛接受的「成本加運費」術語的唯一的標準代碼，不應再使用 C&F（或 C and F，C+F）這種傳統的術語。在《2000 年通則》中，明確規定 CFR 術語只適用於海運和內河航運。如合同當事人不採用越過船舷交貨，則應使用 CPT 術語。

（一）買賣雙方基本義務的劃分

按國際商會對 CFR 的解釋，買賣雙方各自承擔的基本義務，概括起來，可做如下劃分：

1. 賣方義務

（1）自負風險和費用，取得出口許可證或其他官方批准的證件，在需要辦理海

關手續時,辦理貨物出口所需的一切海關手續。

(2) 簽訂從指定裝運港將貨物運往指定目的港的運輸合同;在買賣合同規定的時間和港口,將貨物裝船並支付至目的港的運費;裝船後及時通知買方。

(3) 承擔貨物在裝運港越過船舷為止的一切風險。

(4) 向買方提供通常的運輸單據,如買賣雙方約定採用電子通信,則所有單據均可被具有同等效力的電子數據交換(EDI)信息代替。

2. 買方義務

(1) 自負風險和費用,取得進口許可證或其他官方批准的證件,在需要辦理海關手續時,辦理貨物進口以及必要時經由另一國過境的一切海關手續,並支付有關費用及過境費。

(2) 承擔貨物在裝運港越過船舷以後的一切風險。

(3) 接受賣方提供的有關單據,受領貨物,並按合同規定支付貨款。

(4) 支付除通常運費以外的有關貨物在運輸途中所產生的各項費用以及包括駁運費和碼頭費在內的卸貨費。

(二) 使用 CFR 的注意事項

1. 賣方應及時發出裝船通知

按 CFR 條件成交時,由賣方安排運輸,由買方辦理貨運保險。如賣方不及時發出裝船通知,則買方就無法及時辦理貨運保險,甚至有可能出現漏保貨運險的情況。因此,賣方裝船後務必及時向買方發出裝船通知,否則,賣方應承擔貨物在運輸途中的風險和損失。

2. 按 CFR 進口應慎重行事

在進口業務中,按 CFR 條件成交時,鑒於由外商安排裝運,由我方負責保險,故應選擇資信好的國外客戶成交,並對船舶提出適當要求,以防外商與船方勾結,出具假提單,或租用不適航的船舶,或偽造品質證書與產地證明。若出現這類情況,會使我方蒙受不應有的損失。

(三) CFR 的變形

按 CFR 術語成交,如貨物是使用班輪運輸,運費由 CFR 合同的賣方支付,在目的港的卸貨費實際上由賣方負擔。而如採用租船運輸,船方按不負擔裝卸費條件出租船舶,卸貨費究竟由何方負擔,就應在合同中訂明。為了明確責任,可在 CFR 術語後加列表明卸貨費由誰負擔的具體條件:

1. CFR Liner Terms (CFR 班輪條件)

這是指卸貨費按班輪辦法處理,即買方不負擔卸貨費。

2. CFR Landed (CFR 卸到岸上)

這是指由賣方負擔卸貨費,其中包括駁運費在內。

3. CFR Ex Tackle (CFR 吊鈎下交貨)

這是指賣方負責將貨物從船艙吊起卸到船舶吊鈎所及之處(碼頭上或駁船上)的費用。在船舶不能靠岸的情況下,租用駁船的費用和貨物從駁船卸到岸上的費用,概由買方負擔。

4. CFR Ex Ship's Hold（CFR 艙底交貨）

這是指貨物運到目的港後，由買方自行啟艙，並負擔貨物從艙底卸到碼頭的費用。

應當指出，在 CFR 術語的附加條件，只是為了明確卸貨費由何方負擔，其交貨地點和風險劃分的界限，並無任何改變。《2000 年通則》對術語後加列的附加條件不提供公認的解釋，建議買賣雙方通過合同條款加以規定。

四、FCA

Free Carrier（… named place），即貨交承運人（……指定地點）。此術語是指賣方在指定地點將貨物交給買方指定的承運人。當賣方將貨物交給承運人照管，並辦理了出口結關手續，就算履行了其交貨義務。FCA 術語適用於各種運輸方式，包括多式聯運。

（一）買賣雙方基本義務的劃分

1. 賣方義務

（1）自負風險和費用，取得出口許可證或其他官方批准證件，在需要辦理海關手續時，辦理貨物出口所需的一切海關手續。

（2）在合同規定的時間、地點，將符合合同規定的貨物置於買方指定的承運人控制下，並及時通知買方。

（3）承擔將貨物交給承運人之前的一切費用和風險。

（4）自負費用向買方提供交貨的通常單據，如買賣雙方約定採用電子通信，則所有單據均可被具有同等效力的電子數據交換（EDI）信息代替。

2. 買方義務

（1）自負風險和費用，取得進口許可證或其他官方證件，在辦理海關手續時，辦理貨物進口和經由他國過境的一切海關手續，並支付有關費用及過境費。

（2）簽訂從指定地點承運貨物的合同，支付有關的運費，並將承運人名稱及有關情況及時通知賣方。

（3）承擔貨物交給承運人之後所發生的一切費用和風險。

（4）根據買賣合同的規定受領貨物並支付貨款。

（二）使用 FCA 術語應注意的事項

1. 關於交貨問題

《2000 年通則》規定，在 FCA 術語下，賣方交貨的指定地點如是在賣方貨物所在地，則當貨物被裝上買方指定的承運人的運輸工具時，交貨即算完成；如指定的地點是在任何其他地點，當貨物在賣方運輸工具上，尚未卸貨而交給買方指定的承運人處置時，交貨即算完成。

2. 關於運輸合同

《2000 年通則》中的 FCA 術語，應由買方自付費用訂立從指定地點承運貨物的運輸合同，並指定承運人。但《2000 年通則》又規定，當賣方被要求協助與承運人訂立合同時，只要買方承擔費用和風險，賣方也可以辦理。當然，賣方也可以拒絕

訂立運輸合同，如若拒絕，則應立即通知買方，以便買方另作安排。

3. FCA 與 FOB 的異同點

FCA 與 FOB 兩種術語均屬「F」組術語，按這兩種術語成交的合同均屬裝運合同。買賣雙方責任劃分的基本原則是相同的。

FCA 與 FOB 的主要不同在於適用的運輸方式、交貨和風險轉移的地點不同。FCA 術語適用於各種運輸方式，交貨地點視不同運輸方式的不同約定而定，其風險劃分是賣方將貨物交至承運人時轉移；FOB 術語僅用於海運和內河運輸，交貨地點為裝運港，風險劃分以裝運港船舷為界。此外，在裝卸費的負擔和運輸單據的使用上也有所不同。

五、CPT

Carriage Paid To（... named place of destination），即運費付至（……指定目的地）。按此術語成交賣方應向其指定的承運人交貨，支付將貨物運至目的地的運費，辦理出口清關手續。買方承擔交貨之後的一切風險和其他費用。CPT 術語適用於各種運輸方式，包括多式聯運。

（一）買賣雙方基本義務的劃分

1. 賣方義務

（1）自負風險和費用，取得出口許可證或其他官方批准證件，在需要辦理海關手續時，辦理貨物出口所需的一切海關手續。

（2）訂立將貨物運往指定目的地的運輸合同，並支付有關運費。在合同規定的時間、地點，將合同規定的貨物交給承運人，並及時通知買方。

（3）承擔將貨物交給承運人之前的一切風險。

（4）自付費用向買方提供交貨的通常單據，如買賣雙方約定採用電子通信，則所有單據可被同等效力的電子數據交換（EDI）信息代替。

2. 買方義務

（1）自負風險和費用，取得進口許可證或其他官方證件，在需要辦理海關手續時，辦理貨物進口所需的海關手續，支付有關關稅及從他國過境的費用。

（2）承擔自貨物在約定交貨地點交給承運人之後的風險。

（3）接受賣方提供的有關單據，受領貨物，並按合同規定支付貨款。

（4）支付除通常運費外的有關貨物在運輸中所產生的各項費用和卸貨費。

（二）使用 CPT 術語應注意的事項

1. 風險劃分的界限問題

按照 CPT 術語成交，雖然賣方要負責訂立從啓運地到指定目的地的運輸契約，並支付運費，但是賣方承擔的風險並沒有延伸至目的地。按照《2000 年通則》的解釋，貨物自交貨地點至目的地的運輸途中的風險由買方承擔，賣方只承擔貨物交給承運人控制之前的風險。在多式聯運情況下，賣方承擔的風險自貨物交給第一承運人控制時即轉移給買方。

2. 責任和費用的劃分問題

採用 CPT 術語時，由賣方指定承運人，自費訂立運輸合同，將貨物運往指定的

目的地，並支付正常運費。正常運費之外的其他有關費用，一般由買方負擔。賣方將貨物交給承運人之後，應向買方發出貨物已交付的通知，以便於買方在目的地辦理貨運保險和受領貨物。如果雙方未能確定買方受領貨物的具體地點，賣方可以在目的地選擇最適合其要求的地點。

（三）CPT 與 CFR 的異同點

CPT 與 CFR 同屬「C」組術語，按這兩種術語成交，賣方承擔的風險都是在交貨地點隨著交貨義務的完成而轉移，賣方都要負責安排自交貨地至目的地的運輸事項，並承擔其費用。另外，按這兩種術語訂立的合同，都屬於裝運合同，賣方無須保證按時交貨。

CPT 與 CFR 的主要區別在於適用的運輸方式、交貨地點和風險劃分界限的不同。CPT 術語適用於各種運輸方式，交貨地點因運輸方式的不同由雙方約定，風險劃分以貨交承運人為界；CFR 術語適用於水上運輸方式，交貨地點在裝運港，風險劃分以船舷為界。除此之外，賣方承擔的費用以及需提交的單據等方面也有區別。

六、CIP

Carriage and Insurance Paid To（… named place of destination），即運費、保險費付至（……指定目的地）。按《2000 年通則》規定，CIP 術語適用於各種運輸方式包括多式聯運。

（一）買賣雙方基本義務的劃分

按 CIP 術語成交，賣方除負有與 CPT 術語相同的義務外，還須辦理貨物在運輸途中的保險，即賣方除應訂立運輸合同和支付通常的運費，還應負責訂立保險合同並支付保險費。賣方將貨物交給指定的承運人，即完成交貨。

（二）使用 CIP 術語應注意的事項

1. 風險和保險問題

按 CIP 術語成交的合同，賣方要負責辦理貨運保險，並支付保險費，但貨物從交貨地點運往目的地的運輸途中的風險由買方承擔。所以，賣方的投保仍屬於代辦性質。根據《2000 年通則》的解釋，一般情況下，賣方要按雙方協商確定的險別投保，如果雙方未在合同中規定應投保的險別，則由賣方按慣例投保最低的險別，保險金額一般是在合同價格的基礎上加上 10%，即 CIF 合同價款的 110%，並以合同貨幣投保。

2. 應合理確定價格

與 FCA 相比，CIP 條件下賣方要承擔較多的責任和費用。要負責辦理從交貨地至目的地的運輸，承擔有關運費；辦理貨運保險，並支付保險費。這些都反應在貨價之中。所以，賣方對外報價時，要認真核算成本和價格。在核算時，應考慮運輸距離、保險險別、各種運輸方式和各類保險的收費情況，並要預計運價和保險費的變動趨勢等方面問題。

3. CIP 與 CIF 的區別

CIP 與 CIF 有相似之處，它們的價格構成中都包括了通常的運費和約定的保險

費，而且按這兩種術語成交的合同均屬於裝運合同。但 CIP 和 CIF 術語在交貨地點、風險劃分界限以及賣方承擔的責任和費用方面又有其明顯的區別，主要表現在：CIF 適用於水上運輸，交貨地點在裝運港，風險劃分以裝運港船舷為界，賣方負責租船訂艙、支付從裝運港到目的港的運費，並且辦理水上運輸保險，支付保險費。而 CIP 術語則適用於各種運輸方式，交貨地點要根據運輸方式的不同由雙方約定，風險是在承運人控制貨物時轉移，賣方辦理的保險，也不僅是水上運輸險，還包括各種運輸險。

七、FCA、CPT、CIP 與 FOB、CFR、CIF 的比較

FCA、CPT 和 CIP 三種術語與 FOB、CFR 和 CIF 三種術語買賣雙方責任劃分的基本原則是相同的，但又有不同，主要表現在以下幾方面：

第一，適用的運輸方式不同。

FOB、CFR、CIF 三種術語僅適用於海運和內河運輸，其承運人一般只限於船公司；而 FCA、CPT、CIP 三種術語適用各種運輸方式，包括多式聯運，其承運人可以是船公司、鐵路局、航空公司，也可以是安排多式聯運的聯合運輸經營人。

第二，交貨和風險轉移的地點不同。

FOB、CFR、CIF 的交貨地點均為裝運港，風險均以在裝運港越過船舷時從賣方轉移至買方。而 FCA、CPT、CIP 的交貨地點，需視不同的運輸方式和不同的約定而定，它可以是在賣方處所由承運人提供的運輸工具上，也可以是在鐵路、公路、航空、內河、海洋運輸承運人或多式聯運承運人的運輸站或其他收貨點。至於貨物滅失或損壞的風險，則於賣方將貨物交由承運人保管時，自賣方轉移至買方。

第三，裝卸費用負擔不同。

按 FOB、CFR、CIF 術語交易時，賣方承擔貨物在裝運港越過船舷為止的一切費用。但由於貨物裝船是一個連續作業，各港口的習慣做法又不盡一致，所以，在使用程租船運輸的 FOB 合同中，應明確裝船費由何方負擔；在 CFR 和 CIF 合同中，則應明確卸貨費由何方負擔。而在 FCA、CPT、CIP 術語下，如涉及海洋運輸，並使用程租船裝運，賣方將貨物交給承運人時所支付的運費（CPT、CIP 術語），或由買方支付的運費（FCA 術語），已包含了承運人接管貨物後在裝運港的裝船費和目的港的卸貨費。這樣，在 FCA 合同中的裝貨費的負擔和在 CPT、CIP 合同中的卸貨費的負擔問題均已明確。

第四，運輸單據不同。

在 FOB、CFR、CIF 術語下，賣方一般應向買方提交已裝船清潔提單。而在 FCA、CPT、CIP 術語下，賣方提交的運輸單則視不同的運輸方式而定。如在海運和內河運輸方式下，賣方可提供可轉讓的提單，有時也可提供不可轉讓的海運單和內河運單；如在鐵路、公路、航空運輸或多式聯運方式下，則應分別提供鐵路運單、公路運單、航空運單或多式聯運單據。

第三節　其他幾種貿易術語

《2000年通則》包括的13種貿易術語，除第二節所述的六種常用貿易術語外，現將其他七種貿易術語簡要介紹如下：

一、EXW

EX Works（... named place），即工廠交貨（……指定地點），是指賣方在其所在地（如工場、工廠或倉庫等）將備妥的貨物交付買方，以履行其交貨義務。按此貿易術語成交，賣方既不承擔將貨物裝上買方備妥的運輸工具，也不負責辦理貨物出口清關手續。除另有約定外，買方應承擔自賣方的所在地受領貨物的全部費用和風險。因此，EXW術語是賣方承擔責任、費用和風險最小的一種貿易術語。EXW術語適用於各種運輸方式。

使用EXW術語時，如雙方同意在起運時賣方負責裝載貨物並承擔裝載貨物的全部費用和風險，則應在合同中訂明。如買方不能直接或間接地辦理出口手續，不應使用該術語，而應使用FCA術語。

二、FAS

Free Alongside Ship（... named port of shipment），即裝運港船邊交貨（……指定裝運港）。這是指賣方把貨物運到指定的裝運港船邊，即履行其交貨義務。買賣雙方負擔的風險和費用均以船邊為界。該術語僅適用於海運或內河運輸。

關於辦理出口清關手續，《2000年通則》與INCOTERMS 1990的規定相反，有了實質性的變化，即應由賣方自負費用和風險，取得出口許可或其他官方證件，在需要辦理海關手續時，辦理貨物出口的一切海關手續，並交納出口關稅及其他費用。但是，《2000年通則》又規定，雙方當事人如希望買方辦理出口清關手續，應在合同中訂明。

三、DAF

Delivered at Frontier（... named place），中譯名為邊境交貨（……指定地點），是指賣方須在邊境指定具體交貨地點，在毗鄰國家海關邊界前，將仍處於交貨的運輸工具上尚未卸下的貨物交給買方處置，辦妥貨物出口清關手續，即完成交貨。賣方承擔貨物交給買方處置前的風險和費用。DAF術語適用於陸地邊界交貨的各種運輸方式。

根據《2000年通則》的規定，買賣雙方按邊境交貨條件成交時，「邊境」一詞可用於任何邊境，包括出口國邊境。為了明確交貨責任和避免履約當中引起爭議，買賣雙方事先準確地規定邊境交貨的具體地點是非常重要的。假如交貨的具體地點未約定或習慣上未確定的話，則賣方可選擇最適合其要求的具體地點交貨。

四、DES

Delivered Ex Ship（... named port of destination），即目的港船上交貨（……指定目的港），是賣方應將貨物運至指定的目的港，在目的港船上交給買方處置，即完成交貨。賣方承擔在目的港卸貨之前的一切費用和風險，買方則承擔船上貨物交由其處置時起的一切費用和風險，其中包括卸貨費和辦理貨物進口的清關手續。DES術語適用於海運、內河運輸或多式聯運。如果雙方當事人希望賣方負擔卸貨的風險和費用，則應使用DEQ術語。

採用DES術語時，賣方雖無訂立保險合同的義務，但因貨物在運輸途中的風險由賣方承擔，故賣方必須通過向保險公司投保來轉嫁這方面的風險。可見，賣方及時辦理貨運保險是關係到其自身利益的一項不可缺少的重要工作。賣方投保時，應根據船舶所駛航線的風險程度和貨物特性，投保適當的險別。

上述內容表明，DES術語同CIF術語存在原則差別，具體表現在下列幾個方面：第一，交貨地點不同。CIF是裝運港船上交貨，而DES是目的港船上交貨。第二，風險劃分不同。在CIF條件下，運輸途中的風險由買方負責，而在DES條件下，運輸途中的風險由賣方負擔。第三，交貨方式不同，CIF屬象徵性交貨，而DES屬實際交貨。第四，費用負擔不同。在CIF條件下，賣方只負擔正常的運費和約定的保險費，而在DES條件下，賣方則須負擔貨物運抵目的港交貨前的一切費用。

五、DEQ

Delivered Ex Quay（... named port of destination），即目的港碼頭交貨（……指定目的港），是指賣方在指定的目的港碼頭將貨物交給買方處置，即完成交貨。賣方應承擔將貨物運至指定的目的港並卸至碼頭的一切風險和費用，但不負責辦理進口清關手續。《2000年通則》規定，只有當貨物經由海運、內河運輸或多式聯運且在目的港碼頭卸貨時，才能使用DEQ術語。如果當事人希望賣方負擔將貨物從碼頭運至港口以內或以外的其他地點（倉庫、終點站、運輸站等）時，則應使用DDU或DDP術語。

關於辦理進口清關手續，《2000年通則》規定，DEQ術語要求買方辦理進口清關手續，並支付一切辦理海關手續的費用、關稅、稅款和其他費用。但如果當事人希望賣方負擔全部或部分進口時交納的費用，則應在合同中訂明。

六、DDU

Delivered Duty Unpaid（... named place of destination），即未完稅交貨（……指定目的地），是指在指定的目的地將貨物交給買方處置，不辦理進口手續，也不從交貨的運輸工具上將貨卸下，即完成交貨。賣方應承擔將貨物運至指定的目的地的一切風險和費用，不包括在需要辦理海關手續時在目的地因進口應交納的任何「稅費」（包括辦理海關手續的責任和風險，以及交納手續費、關稅、稅款和其他費用）。買方必須承擔此項「稅費」和因其未能及時運輸貨物進口清關手續而引起的

費用和風險。但是，如果雙方希望賣方辦理海關手續並承擔此由發生的費用和風險，以及在貨物進口時應支付的一切費用，則應在銷售合同中明確寫明。該術語適用於各種運輸方式，但當貨物在目的港船上或碼頭交貨時，應使用 DES 或 DEQ 術語。

七、DDP

Delivered Duty Paid（… named place of destination），即完稅後交貨（……指定目的地），是指賣方在指定的目的地，辦理進口清關手續，將在運輸工具上尚未卸下的貨物交給買方，即完成交貨。賣方須承擔將貨物運至目的地的一切風險和費用，辦理進口清關手續，交納進口「稅費」。所以，DDP 術語是賣方承擔責任、費用和風險最大的一種術語。DDP 術語適用於所有運輸方式。

《2000 年通則》還規定，辦理進口清關手續時，賣方也可要求買方予以協助，買方應給予賣方一切協助取得進口所需的證件，但費用和風險仍由賣方負擔。如果當事人希望買方承擔貨物進口的風險和費用，則應使用 DDU 術語。

第四節　合同中的價格條款

合同中的價格條款，一般包括貨物的單價（Unit Price）和總值（Total Amount）兩項基本內容。單價由四個部分構成，即單位價格金額、計量單位、計價貨幣和貿易術語。例如：「每打 400 美元 FOB 香港」（US $400 Per Dozen FOB Hongkong）。總值是單價和數量的乘積，即該筆交易的貨款總金額。

在訂立價格條款時，應當注意：

（一）合理確定貨物的單位價格金額

確定貨物的單位價格金額，必須考慮下列因素：

1. 貿易術語

採用不同的貿易術語成交，買賣雙方各自承擔的責任、費用和風險也就不同。這種區別要在貨物的單位價格金額上體現出來。

2. 貨款支付方式

同一批貨物在其他交易條件相同的情況下，採用不同的貨款支付方式，其價格應當有所區別。貨款支付方式如果對買方較為有利，價格應高些；如果對買方較為不利，價格可適當降低。

3. 計價貨幣

選擇的計價貨幣如果對賣方較為有利（如使用硬貨幣），價格應低些；如果對賣方較為不利（使用軟貨幣），應把匯率變動的風險考慮到價格中去。

4. 貨物品質

貨物質量的優劣，檔次的高低，包裝的好壞，商標、品牌的知名度，都影響貨物的價格。

5. 成交數量

成交數量大時，價格可適當降低，或者採用數量折扣的辦法。

6. 季節性需求變化

同一類貨物在銷售淡季時,價格應低些;在銷售旺季時,價格應高些。

7. 市場條件

同一類貨物在不同市場上,由於供求關係、市場競爭狀況、運輸條件等因素,價格也應有所差別。

(二) 選擇適當的貿易術語

考慮船源、貨源、交貨時間、裝卸港口情況、運費、海上風險程度、進出口報關等因素,選擇適當的貿易術語。

(三) 選擇有利的計價貨幣 (Money of Account)

用於計價的貨幣,可以是出口國貨幣,也可以是進口國貨幣或第三國貨幣,由買賣雙方協商確定。一般說來,出口交易採用硬貨幣計價比較有利,進口交易採用軟貨幣計價比較有利。

如果賣方為達成交易而不得不採用不利的計價貨幣,可採用兩種辦法補救:①調整價格;②訂立保值條款,即規定計價貨幣與另一種貨幣的匯率,付款時如該匯率有所變動,則按比例調整貨物價格。

(四) 靈活採用各種作價辦法

國際上常用的作價辦法是固定價格法,即合同成立後,任何一方都不得調整價格。除另有規定外,合同價格都是固定不變的。

為減少價格風險,促成交易,提高合同履行率,也可採用其他作價辦法:

(1) 在合同中只規定作價時間與作價標準,具體價格待日後確定。例如:「按提單日期的國際市場價格計算」。

(2) 在合同中先訂立一個初步價格,作為買方開立信用證和初步付款的依據,待雙方最後確定價格後再行清算,多退少補。

(3) 部分固定價格,部分非固定價格。對交貨期近的部分貨物價格在訂約時固定下來,餘者在交貨前一定期限內作價。

如果合同中規定交貨品質、數量有機動幅度,其機動部分的作價辦法應明確規定。包裝費用如果另行計算,也應訂明計價的方法。

(五) 注意佣金或折扣的合理運用

(1) 佣金 (Commission),是中間商介紹交易或代買代賣而取得的報酬。進出口交易中,如交易一方是中間商,往往就會涉及佣金問題。在價格條款中,佣金的規定辦法有以下幾種:

①用文字明示佣金率。

例如:「每噸 500 美元 CIF 香港包括 3% 佣金」(US $500 Per Ton CIF Hongkong, Including 3% Commission)。

②在價格術語後加註「佣金」的英文縮寫字母「C」和佣金率。

例如:「每噸 500 美元 CIF C3% 香港」(US $500 Per Ton CIF C3% Hongkong)。

③用絕對數表示。

例如:「每噸付佣金 15 美元」(Including a Commission of US $15 Per Ton)。

④不在價格條款中列明，即「暗佣」。

關於佣金的計算，最常見的是以合同總值直接乘佣金率。

（2）折扣（Discount, Rebate, Allowance），是賣方按原價給予買方的一定百分比的減讓，一般可由買方在付款時扣除。

折扣一般用文字說明。例如：「每噸450美元CFR香港減2%折扣」（US＄450 Per Ton CFR Hongkong, Less 2% Discount）。

凡價格中不包括佣金或折扣的，稱為淨價（Net Price）。有時為了明確成交價格是淨價，可在價格術語後註明「淨價」（net）字樣。例如：「每臺3,000美元FOB淨價香港」（US＄3,000 Per Set FOB Hongkong Net）。

第七章
國際貿易合同的商訂與履行

進出口貿易是以進出口合同，即國際貨物買賣合同為中心進行的。其間，要經歷交易磋商、訂立合同和履行合同等階段。因此，熟悉國際貨物買賣合同訂立和履行的基本環節，瞭解有關的國際慣例和法律規則，對於當事人雙方的權益利害關係重大。本章主要以國際貿易合同為對象，闡述國際貿易合同的磋商、訂立和履行，同時以國際貿易慣例和法律規則為依據，聯繫中國外貿實際，介紹國際貨物買賣合同的內容以及合同訂立、履行的基本環節和一般做法。

第一節　國際貿易合同概述

一、國際貿易合同的含義與形式

合同是社會經濟活動得以正常進行的一種重要保證。在對外經濟活動中，與有關方訂立的合同很多，如購貨合同、供貨合同、運輸合同、保險合同等。其中與外商訂立的出口或進口合同，即國際貨物買賣合同是最基本、也是最重要的合同。國際貨物買賣合同是指營業地在不同國家或地區的當事人之間訂立的合同，亦稱國際貨物銷售合同。它是當事人雙方各自履行約定義務的依據，也是一旦發生違約行為時，進行補救、處理爭議的法律文件。

在國際上，對貨物買賣合同的形式沒有特定的限制。《聯合國國際貨物銷售合同公約》第 11 條規定：「銷售合同無須以書面形式或書面證明。在形式方面不受任何其他條件的限制，銷售合同可以用包括人證在內的任何方法證明。」國外的法律對貨物買賣合同的形式大都也沒有作特別的規定。因此，買賣合同可以是書面形式，也可以是信件、電報、電傳、傳真等形式，甚至可以是口頭形式，只要能證明這種形式的存在就行。此外，隨著電子商務的推廣應用，合同也可以採用電子形式。

二、國際貿易合同有效成立的條件

國際貨物買賣合同對當事人構成的約束力是建立在法律基礎上的。因此，買賣合同必須符合法律規範才能得到法律的承認和保護。對於合同有效成立的條件，許多國家的法律都有專門的規定。《聯合國國際貨物銷售合同公約》對合同成立的規則做了具體規定。歸納起來，構成一項有效的國際貨物買賣合同的必要條件有以下

幾個方面：

1. 合同當事人意思表示要一致

這種意思表示一致是通過要約（Offer）和承諾（Acceptance）而達成的。即是說，一方向另一方提出要約（發盤），另一方對該項要約表示承諾（接受），雙方的意思表示達成了一致，合同即告成立，對雙方均產生法律約束力。如果有要約，而沒有承諾，即使雙方互相要約，意思表示正好一致，也不能構成合同的成立。

2. 當事人必須在自願和真實的基礎上訂立合同

各國法律認為，合同當事人的意思必須是真實的意思，才能成為一項有約束力的合同，否則這種合同無效或可以撤銷。同時，合同必須是雙方當事人在自願的基礎上簽訂，任何一方不得把自己的意志強加給對方，不得採取詐欺或脅迫的手段。

3. 當事人必須具有訂立合同的行為能力

訂立買賣合同的當事人主要是自然人和法人。各國法律一般規定，作為自然人，未成年人和精神病患者沒有訂立合同的行為能力，其所簽訂的合同不具備法律約束力，不能成立。對於法人訂立合同的行為能力，規定必須通過其代理人，在法人的經營範圍內簽訂合同，越權的合同無效。根據中國法律規定，除對未成年人、精神病人訂立合同的能力以限制外，對某些合同的簽約主體還做了一定的限定。例如，規定只有取得對外貿易經營權的企業或其他經濟組織，才能簽訂對外貿易合同；沒有取得對外貿易經營權的企業或經濟組織，如要簽訂對外貿易合同，必須委託有對外貿易經營權的企業代理進行。

4. 合同必須有對價或約因

對價（Consideration）是英美法系中有關合同成立所必須具備的一個要素，是指當事人之間所提供的相互給付（Counterpart），即雙方互為有償。例如，在貨物買賣合同中，買方付款是為了獲得賣方的貨物；而賣方交貨是為了取得買方的貨款。所謂約因（Cause），是指當事人簽訂合同所追求的直接目的，這是大陸法系中提出的合同成立要素之一。例如，在貨物買賣合同中，買賣雙方簽訂合同都要有約因，買方的約因是獲得貨物，賣方的約因是獲得貨款。

在國際貿易合同中，要有對價或約因，法律才承認合同的有效性，否則合同得不到法律的保障。

5. 合同的標的和內容必須合法

合同標的，是指合同項下貨物與貨款。交易貨物的種類、數量、包裝等內容，貨款的收付，必須符合有關國家的法規。同時，合同的內容也必須合法。

6. 合同的形式必須符合法律規定的要求

《聯合國國際貨物銷售合同公約》對於國際貨物買賣合同的形式，原則上不加以任何限制，但公約允許締約國對此提出聲明予以保留。中國在參加《聯合國國際貨物銷售合同公約》時，對公約中關於銷售合同可以採用任何形式訂立的規定提出了保留條件，堅持必須採用書面方式作為合同生效的條件，其中包括電報、電傳和傳真。

三、國際貿易合同適用的法律與慣例

國際貨物買賣合同如同所有其他的經濟合同，體現了當事人之間的經濟關係，國際貨物買賣合同運用法律調整營業地在不同國家當事人之間的關係。因此，要得到法律的承認，當事人的權利和義務要得到法律的保護並受法律的監督和約束，它必須是符合法律規範的合同。

國際貨物買賣合同適用的法律，概括起來有以下三種：

1. 國內法

國內法是指由**國家**制定或認可並在本國主權管轄範圍內生效的法律。國際貨物買賣合同必須符合**國內法**，即符合某個國家制定或認可的法律。但由於國際貿易的當事人不在同一個國家（地區），受不同的法律的約束。而不同國家的法律規定往往不同，因而一旦發生爭議引起訴訟時，就會產生究竟應適用何國法律，即以何國法律處理爭議的問題。為了解決這種「法律衝突」，許多國家的法律都對買賣合同應當適用的法律加以規定。《中華人民共和國合同法》第 126 條規定：「涉外合同的當事人可以**選擇處理合**同爭議所適用的法律，但法律另有規定的除外。涉外合同的當事人沒有選擇的，**適用與合同有最密切聯繫的國家法律**。」這裡，「與合同有最密切聯繫的**國家**」通常是合同的締約地與履約地所在的國家，或由法院或仲裁機構根據交易的具**體情況確定**。

2. 國際貿易慣例

在國際貨物買賣活動中，當事人的行為規範性並非僅限於合法。除此之外，它們往往還**要顧及有關**國家貿易慣例問題。國際貿易慣例（International Trade Practice），**或稱國際商業慣例**，它是指在國際貿易長期實踐中逐漸形成的一些習慣做法，它們**往往被當事人認可並形成文字加以規範**。國際貿易慣例不是法律，它對當事人沒**有普遍的強制性**，只有當事人在合同中規定加以採用時，才對當事人有法律約束力。**國際貿易慣例**可以彌補法律的空缺和立法的不足，起到穩定當事人的經濟關係和法律關係的作用。因此，在買賣合同對慣例的適用問題上，許多國家的法律與有關**國際公約都**持肯定態度。例如，《中華人民共和國民法通則》第 142 條明確規定，**中華人民共和國法律和中華人民共和國締結或者參加的國際條約沒有規定的涉外民事關係，可以適用國際慣例**。《聯合國國際貨物銷售合同公約》也規定：「除非另**有規定，雙方當事人應視為已默示地同意它們的合同或合同的訂立適用雙方當事人已知道或理應知道的慣例**。」但是必須指明的一點是，如果在國際貨物買賣合同中做了與**國際貿易慣例**不同的規定，在處理合同爭議時，應以合同規定為準。

3. 國際公約

國際貨物買賣合同的訂立和履行還要適用雙方當事人所在國所締結或參加的與買賣合同**有關的雙邊或多邊的國際條約**。這些條約的主要形式包括公約、憲章、協定、議定書等。目前，與中國對外貿易有關的國際公約，主要是中國與其他國家締結或簽訂的**雙邊**或**多邊**貿易協定、支付協定、貿易議定書等，以及中國締結或參加的有關國際貿易、**海運**、陸運、空運、商標、工業產權、知識產權、仲裁等方面的

協定或公約。而其中《聯合國國際貨物銷售合同公約》是目前國際上關於買賣合同的最重要的公約，也是與中國對外貿易活動關係最大的一個國際公約。

《聯合國國際貨物銷售合同公約》於 1980 年聯合國國際貿易法委員會在維也納召開的會議上討論通過，並於 1988 年 1 月 1 日生效。截至 1999 年 5 月，締約國已達 55 個國家，並且還將繼續增加。隨著加入該公約國家的增多，公約的影響也將會更大。該公約共分為四個部分 101 條，包括：①適用範圍和總則；②合同的訂立；③貨物銷售；④最後條款。中國於 1986 年 12 月 11 日正式核准和加入公約，但是，中國政府在交存核准書時，提出了以下兩項保留：

第一，關於公約適用範圍的保留。《聯合國國際貨物銷售合同公約》第 1 條第 1 款（b）規定，只要雙方當事人的營業地分處於不同國家，即使它們的所在國均非締約國，但如按照國際私法規則導致適用某一締約國法律，則該公約也將適用於這些當事人之間訂立的國際貨物買賣合同。此規定主要是為擴大該公約的適用範圍。中國對此提出保留，也就是說僅同意中國與締約國之間簽訂的書面合同適用該公約。

第二，關於合同形式的保留。《聯合國國際貨物銷售合同公約》第 11 條、第 29 條及有關的條款規定，訂立、更改或終止國際貨物買賣合同不一定用書面形式或以書面證明，在形式方面不受任何其他條件的限制。中國對此規定提出保留，即堅持認為訂立、更改或終止國際貨物買賣合同必須採取書面形式。《中華人民共和國民法通則》第 142 條又明確規定：「中華人民共和國締結或者參加的國際條約同中華人民共和國的民事法律有不同規定的，適用國際條約的規定。但中華人民共和國聲明保留的條款除外。」由此可見，根據「條約必須遵守」的原則，在法律適用的問題上，國家締結或參加的有關國際條約，除國家在締結或參加時聲明保留的條款以外，優先於國內法。

四、書面合同的形式與內容

（一）書面合同的意義

在國際貿易中，訂立合同的形式有書面形式、口頭形式或以行為表示。根據中國法律規定和國際貿易的一般習慣做法，交易雙方通過口頭或來往函電磋商達成協議後，還必須簽訂一定格式的正式書面合同。簽訂書面合同的意義主要包括以下三個方面：

第一，作為合同成立的證據。

通過簽訂書面合同「立字為據」，是證明買賣雙方之間存在合同關係的最為有效的方法，它為解決將來雙方履行合同時產生爭議提供了一種法律依據。

第二，作為合同履行的依據。

在國際貿易中，貨物買賣合同的履行涉及企業內外的眾多部門和單位，過程也很複雜。口頭合同，如不形成書面，幾乎無法履行。因此，為了給履行合同提供方便，使履行合同準確及時地進行，無論通過什麼方式達成的協議，最好把雙方協商一致的條件用文字歸納記錄，並由雙方簽字確認，作為履行合同的依據。

第三，作為合同生效的條件。

在進出口業務中，有時買賣雙方約定以書面合同的最終形成作為合同生效的條

件。而在此之前，即使雙方對各項成交條件全部協商一致，但書面合同未簽字生效，在法律上仍不能作為有效合同。

(二) 書面合同的形式

在國際貿易中，書面合同一般採用的是合同、確認書、協議、備忘錄、訂單等形式，在中國進出口業務中，主要採用合同和銷售確認書兩種形式。

第一，合同和確認書。在進出口業務中，中國外貿企業所採用的書面合同的形式主要是合同（銷售合同 Sales Contract 和購貨合同 Purchase Contract）和確認書（銷售確認書 Sales Confirmation 和購貨確認書 Purchase Confirmation）。合同和確認書雖然在格式、條款項目和內容繁簡上有所不同，但在法律上具有同等效力，對買賣雙方都有約束力。

第二，協議（Agreement）。在法律上，協議與合同具有相同的含義。書面文件冠以「協議」或「協議書」的名稱，只要其內容對買賣雙方的權利和義務都做了明確、具體和肯定的規定，它就與合同一樣對買賣雙方有法律約束力。但是，如果交易洽商的內容比較複雜，雙方商定了一部分條件，還有一部分條件有待進一步洽商，於是先簽訂了一個「初步協議」，在協議中也做了協議書初步性質的說明，這種協議就不具有合同的性質。

第三，備忘錄（Memorandum）。備忘錄，也可以作為書面合同的形式之一。它是在進行交易洽商時用來記錄洽商的內容，以備今後核查的文件。如果當事人把洽商的交易條件完整、明確、具體地記入備忘錄，並經雙方簽字，那麼這種備忘錄的性質和作用與合同無異。如果雙方洽商後，只是對某些事項達成一致或一定程度的理解和諒解，並記入備忘錄，同時冠以「理解備忘錄」的名稱，它在法律上不具有約束力。

第四，訂單和委託訂購單。訂單（Order）是指由進口商或實際買主擬制的貨物訂購單。委託訂購單（Indent）是指由代理商或佣金商擬制的代客購買貨物的訂購單。在中國對外貿易實踐中，有的客戶往往發出訂單，要求我方簽回，這種經洽商成交後發出的訂單或委託訂購單，實際上是國外客戶的購貨確認書。

(三) 書面合同的內容

書面合同的內容一般包括三部分：約首、本文和約尾。

約首，即合同的序言部分，包括合同的名稱、編號、訂約雙方當事人的名稱和詳細地址等。此外，還常常寫明雙方訂立合同的意思和執行合同的保證。

本文是合同的主體部分，是對各項交易條件的具體規定，如品名和品質條款、數量條款、包裝條款、價格條款、交貨條款、支付條款，以及商檢、索賠、仲裁和不可抗力條款等，用以明確雙方當事人的權利和義務。

約尾，即是合同的結尾部分，通常載明合同使用的文字及其效力、合同正本的份數、附件及其效力，以及有正當權限的雙方當事人代表的簽字。

書面合同的內容必須符合政策，並做到內容完備、條款明確、文字嚴密、前後一貫以及與交易磋商的內容相一致。書面合同一經簽訂即成為約束雙方當事人的法律文件。

第二節　交易磋商

交易磋商（Business Negotiation），是指進出口雙方就商品的交易條件，按照一定的程序進行協商，以期達成交易的過程。在業務中，又被稱作貿易談判。交易磋商是國際貨物買賣過程中不可缺少的一個重要環節，成敗與否，直接關係到買賣雙方能否達成交易，以及達成的交易在性質上是否符合公平合理、平等互利的貿易原則，在內容上是否符合國家的法律與商貿慣例，在經濟上能否達到應有的經濟效益。

一、交易磋商的內容

磋商的內容包括商品名稱、品質、規格、數量、包裝、價格、裝運、保險、支付、商檢、索賠、不可抗力、仲裁等。買賣雙方對交易的內容達成協議以後，就形成了買賣雙方合同的正式條款。但在實際業務中，並不是每筆交易業務都要逐條議定全部交易條件。如果買賣雙方能夠通過一定的方法確定一部分交易條件，這部分交易條件就可以不納入磋商，買賣雙方只需要就其他尚未確定的交易條件進行協商。

為了簡化交易磋商內容，節省磋商的時間和費用，有些進出口商往往在正式進行磋商之前，先與對方就「一般交易條件」達成協議。「一般交易條件」（General Terms and Conditions）是指進口商或出口商為簡化磋商內容和方便合同的製作而事先擬定的交易條件。這些交易條件具有適用於特定行業所有交易的特性，或單獨印製成文，或打印在進出口商製作的標準合同上。一般交易條件的內容雖各有不同，但就中國出口企業所擬定的一般交易條件而言，通常包括以下幾方面：有關預防和處理爭議的條件（如關於貨物檢驗、索賠、不可抗力和仲裁的規定），有關主要交易條件的補充說明（如品質機動幅度、數量機動幅度、允許分批/轉運、保險金額、險別和適用的保險條款、信用證開立的時間和到期日、到期地點的規定），個別的主要交易條件（如通常採用的包裝方法、憑不可撤銷即期信用證支付的規定）等。

二、交易磋商的方式

在外貿業務中，交易磋商的方式有很多種，買賣雙方可以通過雙方面談，也可以通過往來信函、電傳、傳真、電話或通信衛星等進行。一般來講，交易磋商的方式主要有四種：①口頭形式。口頭磋商是指交易雙方在談判桌上，面對面的談判，如參加各種交易會、洽談會、展銷會、拍賣會、邀請外商來訪、組織貿易團體或貿易小組出訪等。此外，還包括雙方通過國際長途電話進行的交易磋商。口頭磋商有利於及時瞭解交易雙方的態度和誠意，尤其適合於談判內容複雜、涉及問題多的交易。②書面形式。書面磋商是指交易雙方通過信件、電報、電傳等通信方式來洽談交易。隨著現代通信技術的發展，書面磋商也越來越簡便易行，且費用較低，因此是日常業務中通常採用的做法。③無紙貿易，即通過電子數據交換，也就是按照協議，通過具有一定結構的標準信息系統在計算機網絡中進行交易。目前，無紙貿易

在國際貿易中已獲得廣泛使用。④以行為表示方式。如在拍賣市場進行拍賣式購進等。

三、交易磋商的一般程序

在國際貿易實務中，交易磋商可以分為四個環節：詢盤、發盤、還盤、接受。其中發盤和接受是達成交易、合同成立的不可缺少的兩個基本環節和必要條件。

1. 詢盤

詢盤（Inquiry），是指交易的一方向另一方詢問有關某商品的交易條件。詢盤既可以由買方發出，也可以由賣方發出。詢盤的內容可以只詢問商品價格（詢價），也可以詢問其他若干項交易條件，目的在於邀請對方發盤，以便考慮是否接受。這種詢盤習慣上稱之為「索盤」。

詢盤對於詢盤人和被詢盤人來說，都無法律上的約束力。進口方詢盤後，沒有必須購買的義務，出口方也沒有必須出售的責任。但在商業習慣上，被詢盤的一方接到詢盤後應盡快給予答覆。

詢盤不是每筆交易洽談所必經的步驟，有時可未經對方詢盤而直接向對方發盤。但在一般情況下，一方面詢盤往往是交易的起點，且是進行調查研究、試探市場動態的一般手段，故不應忽視；另一方面在實際業務中對詢盤的運用也要有所注意，不能濫發詢盤，以免引起不良後果，影響企業的信譽。

發詢盤時一般不直接用「詢盤」這個詞標明，詢盤的通常用語是：

請告……（Please advise…）；

請電傳告……（Please advise by telex…）；

對××有興趣，請……（Interested in … please…）；

請報價……（Please quote…）；

請發盤……（Please offer…）。

2. 發盤

發盤（Offer），又稱發價，在法律上稱為「邀約」，是買方或賣方向對方提出交易條件，並願按此條件達成交易、訂立合同的一種表示。《聯合國國際貨物買賣合同公約》規定：「凡向一個或一個以上的特定的人提出的訂立合同的建議，如果其內容十分確定並且表明發盤人有在其發盤一旦得到接受就受其約束的意思，即構成發盤。」發盤既可由賣方提出，也可由買方提出。因此有賣方發盤（Selling Offer）和買方發盤（Buying Offer）之分，後者習慣稱為「遞盤」。

發盤一般採用以下術語和語句：

發盤（Offer）；

發實盤（Offer Firm, Firm Offer）；

報價（Quote）；

訂購（Book, Booking）；

訂貨（Order, Ordering）。

在實際業務中，發盤通常是一方在收到對方詢盤之後提出的，但也可以不經對

方詢盤而直接發盤。發盤具有法律效力，在發盤有效期內，發盤人不能任意撤銷或修改其內容。若受盤人在有效期內對該發盤表示無條件接受，發盤人就必須按發盤條件與其成交、簽訂合同，否則為違約，要承擔相應的法律責任。

（1）有效發盤的要件。

第一，發盤必須向一個或一個以上特定的人提出。所謂「特定的人」，是指在發盤中指明個人姓名或企業名稱的受盤人。這項規定的目的是把發盤與發廣告、商品目錄、價目單等區別開來。在發盤中必須指定一個或多個可以對發盤表示接受的人，只有這些特定的人才可以對發盤表示接受並與發盤人簽訂合同。若發盤人沒有指定受盤人，它便不能構成有法律約束力的發盤，而只能被視為邀請發盤，如出口企業向國外廣泛寄發價目單而未規定價目單的有效性。

第二，必須表明發盤人對其發盤一旦被受盤人接受即受約束的意思。發盤人應表明責任在受盤人對發盤做出有效接受時與其訂立合同。發盤人是否在發盤中表明了這種意旨，並不應只看發盤中是否有「實盤」之類的字樣，更重要的是取決於發盤的整個內容是否確定。如果發盤中沒有表明訂約意旨，或表示了發盤人不受其發盤的約束，該項發盤就不是真正的發盤，而只能被看作是發盤的邀請。

第三，發盤的內容必須十分確定。根據《聯合國國際貨物銷售合同公約》規定，發盤的內容必須十分確定。所謂十分確定，即指在提出的訂約建議中只要列明貨物品名、質量和數量、價格三項條件，即可被認為其內容「十分確定」，而構成一項有效的發盤。如該發盤被對方接受，買賣合同即告成立。

發盤內容的確定表現為發盤中的交易條件必須是完整的、確定的和無保留性的。所謂「完整的」是指主要交易條件必須是完整的，包括商品的名稱、品質、規格、數量、價格、交貨期、支付方式等內容。一旦這些條件為受盤人所接受，便足以構成一項有效的合同。所謂「明確性」，是指主要交易條件內容清楚確定，沒有含糊和模棱兩可詞句，如「約」「參考價」等。所謂「無保留性」，是指發盤人願意按他提出的各項交易條件同受盤人訂立合同。除此之外，沒有任何其他保留條件或限制條件，如「以我方確認為準」。

第四，必須傳達到受盤人。發盤於送達受盤人時才生效，在此之前，即使受盤人已通過其他途徑知道了發盤的內容，也不能在收到發盤前主動對該發盤表示接受。

（2）發盤的有效期。

在通常情況下，發盤都具體地規定一個有效期。發盤的有效期是指可供受盤人對發盤做出接盤的期限，如果受盤人在此期間表示接受，交易即告達成。同時它也是發盤人承受約束的期限，在此期限內不得任意撤銷發盤，如果是超過有效期，接受則為無效，發盤人即不受約束。發盤人對發盤有效期可作明確的規定，也可不做明確的規定。明確規定有效期，並不是構成發盤不可缺少的條件。明確規定有效期的發盤，從發盤被傳達到受盤人開始生效，到規定的有效期屆滿為止。不明確規定有效期的發盤，按法律在合理時間內有效。對發盤有效期的規定有以下兩種：

第一，規定最遲接受的期限。發盤人在發盤中明確規定受盤人表示接受的最遲期限。例如，限6月5日復，或者限6月5日復到此地。

第二，規定一段接受的期限。發盤人也可規定發盤在一段期間內有效。例如，發盤有效期為 5 天，或發盤限 5 天內復。

《聯合國國際貨物銷售合同公約》第 18 條第 2 款還規定：「對口頭發價必須立即接受，但情況有別者不在此限。」所謂「立即接受」，可理解為：在雙方口頭磋商時當場有效，受盤人不在磋商當場表示接受，發盤隨即失效。對「情況有別者」，則可理解為：發盤人在口頭發盤時，明確規定了有效期，例如「有效三天」，則該發盤不在「立即接受」之列。

(3) 發盤的撤回或撤銷。

發盤的撤回是指發盤人將尚未為受盤人收到的發盤予以取消的行為。對於發盤能否撤回，不同的法律和慣例有不同的解釋。《聯合國國際貨物銷售合同公約》第 15 條第 2 款的規定是：「一項發盤，即使是不可撤銷的，也可以撤回，如果撤回的通知在發盤到達受盤人之前或同時到受盤人。」這種規定是建立在發盤尚未生效的基礎上的。因此，如果發盤人發現內容有誤或其他原因想取消發盤，則他可以在發盤生效前將其撤回，但撤回發盤的通知應在發盤送達受盤人之前、或與發盤同時到達受盤人。

發盤的**撤銷**與**撤回**不同，它是指發盤人在發盤生效後，通知受盤人取消發盤，解除自己在發盤項下所應承擔的責任的行為。不同的國家對發盤能否撤銷有不同的規定。英美法認為，**在發盤被接受之前**，發盤人可以隨時撤銷發盤或變更其內容。大陸法系國家對此問題的看法相反，認為發盤人原則上應受發盤的約束，不得隨意將其發盤撤銷。對此，《聯合國國際貨物銷售合同公約》採取了折中的辦法。該公約規定，**在發盤已送達受盤人，即發盤已經生效，但受盤人尚未表示接受之前這一段時間內，只要發盤人及時將撤銷通知送達受盤人，仍可將其發盤撤銷**。如一旦受盤人發出**接受通知，則發盤人就無權撤銷發盤**。但是在下列兩種情況下發盤不得撤銷：一是**發盤**中明確規定了有效期或以其他方式表示發盤不可撤銷的，二是受盤人有理由信賴**發盤**是不可撤銷的並且已本著對該項發盤的信賴行事。

(4) **發盤**的終止。

發盤的**終止是指發**盤法律效力的消失。發盤人不再受發盤的約束，受盤人也失去了接受該**發盤的權利**。關於發盤效力終止的原因，一般有下列幾方面：

第一，**在發盤規定的有效期內未被接受，或雖未規定有效期，但在合理時間內未被接受，則發盤的效力即告終止**。

第二，**被受盤人拒絕或還盤之後**，即拒絕或還盤通知送達發盤人時，發盤的效力即告終止。

第三，**發盤被發盤**人依法撤回或撤銷。

第四，**發盤人發盤**之後，發生了不可抗力事件，如所在國政府對發盤中的商品或所需外匯**發**布禁令等，在此情況下，按出現不可抗力可免除責任的一般原則，發盤的效力即告終止。

第五，**發盤人或受盤**人在發盤被接受前喪失行為能力，如得精神病等，則該發盤的效力也可終止。

3. 還盤

還盤（Counter-offer）又稱還價，是受盤人對發盤條件不能完全同意而對原發盤提出相應的修改或變更的意見。還盤是受盤人對原發盤的拒絕，同時也是受盤人對原發盤人做出的一項新的發盤。因此一經還盤，原發盤即告失效。此外，還盤也同樣具有發盤的法律效力，即如果原發盤人對還盤表示接受，那麼合同即告成立，還盤人受其還盤內容的約束。

還盤不是交易磋商的必經階段。有時交易雙方無須還盤即可成交，有時則要經過多次還盤才能對各項交易條件達成一致，還有時雖經反覆還盤，但終因雙方分歧太大而不能成交。

還盤不僅可以對商品價格提出意見，也可以對交易的其他條件提出意見。在還盤中沒有被提到的其他交易條件，則意味著還盤人提出的與這些相同，而不再重複。

4. 接受

接受（Acceptance）是交易一方無條件地同意對方在發盤或還盤中所提出的交易條件，並以聲明或行為表示願按這些條件與對方成交、簽訂合同。一般情況下，發盤一經接受，合同即告成立，對買賣雙方都將產生約束力。

（1）構成一項有效接受的條件。

第一，接受必須由特定的受盤人做出。這個條件實際上是與構成發盤的第一個條件相對應的。只有發盤中指定的受盤人才能對發盤表示接受，任何第三者對發盤的接受對發盤人都沒有約束力，只能被認為是第三方對原發盤人做出了一項新發盤。

第二，接受必須表示出來。接受必須由特定的受盤人表示出來，緘默或不採取任何行動不能構成接受。一般來說，接受可以採取口頭或書面方式來表示，也可以用交易雙方習慣採用的方法。

第三，接受必須在發盤的有效期內表示並送達發盤人。當發盤規定了接受的時限時，受盤人必須在發盤規定的時限內做出接受，方能有效。若接受通知未能在發盤有效期或合理時間內送達發盤人，則該接受成為一項逾期接受，原則上對發盤人沒有約束力，只是受盤人對原發盤人做出的一項新的發盤。

第四，接受必須與發盤相符。如要達成交易，成立合同，根據傳統的法律規則，受盤人必須無條件地、全部同意發盤的條件，也就是說，接受必須是絕對的、無保留的，必須與發盤人所做出的發盤的條件完全相符。如果受盤人在對發盤表示同意的同時對發盤的內容進行了修改或提出了某些附加條件，只能認為他拒絕了原發盤並構成一項還盤。然而在實際業務中，受盤人往往需要對發盤做某些添加、限制或修改。為促進成交，《聯合國國際貨物銷售合同公約》將接受中對發盤內容的修改分為實質性變更與非實質性變更，前者構成還盤，而後者除非由發盤人及時提出反對，不改變接受的效力。根據《聯合國國際貨物銷售合同公約》的規定：「有關貨物價格、付款、貨物質量和數量、交貨地點和時間、一方當事人對另一方當事人的賠償責任範圍或解決爭端等等的添加或不同條件，均視為在實質上變更發盤的條件。」除此之外，對發盤內容的變更，如要求提供某種單據、要求增加單據的份數、要求將貨物分兩批裝運等，均屬於非實質性變更。

（2）接受生效的時間。

接受是一種法律行為，這種法律行為何時生效，各國法律有不同的規定。在接受生效時間問題上，英美法與大陸法存在著嚴重的分歧。英美法採用投郵生效的時間，即接受通知一經投郵或交給電報局發出，就立即生效；大陸法則採用到達生效的原則，即接受通知必須送達發盤人時才能生效。《聯合國國際貨物銷售合同公約》對這個問題基本上是採取大陸法的立場。該公約明確規定，接受送達發盤人時生效。如接受通知未在發盤規定的時限內送達發盤人，或者發盤沒有規定，而在合理時間內未曾送達發盤人，則該項接受稱作逾期接受（Late Acceptance）。按各國法律規定，逾期接受不是有效的接受。由此可見，接受時間對雙方當事人都很重要。

（3）接受的撤回。

接受於表示同意的通知送達發盤人時生效。因此，在接受通知送達發盤人之前，受盤人可隨時撤回接受，即阻止接受生效，但以撤回通知先於接受或與接受通知同時到達發盤人為限。接受通知一經到達發盤人即不能撤回。因為，接受一經生效，合同即告成立，如要撤回接受，在實質上已屬毀約行為。

第三節　出口合同的履行

出口貨物買賣合同的履行，是指賣方按照合同的規定履行交貨等一系列責任，直至收回貨款的整個過程。中國出口買賣合同，多以 CFR 或 CIF 價格條件成交，以信用證方式收取貨款。這類合同履行時，一般包括備貨、收受信用證、租船訂艙、報驗、保險、裝船、報關、製單結匯等諸多環節。這些環節之間是相互聯繫、相互依存的，因此只有把這些環節緊密聯結起來，嚴格按照合同規定，根據法律和慣例的要求，做好每一環節的工作，才能確保貨、款對流的順利進行，使合同得以圓滿履行。

一、備貨

備貨是指出口人根據合同規定的品質、規格、數量、包裝等條件準備好貨物，以便按質、按量、按時地完成交貨任務。備貨工作的主要內容是向生產部門、供貨部門或倉儲部門安排或催交貨物，核實應交貨物的品質、規格、數量，進行必要的加工整理、包裝、刷嘜以及辦理申報檢驗和領證等工作。在備貨工作中，應注意以下幾個問題：

（1）貨物的品質必須與出口合同的規定相一致。貨物的品質、規格及花色搭配應與合同規定完全一致，對不符合規定的商品應立即更換，避免造成經濟上的損失。

（2）貨物的數量必須符合合同的規定。交貨數量原則上應與合同規定完全一致。但在信用證支付方式下，按《跟單信用證統一慣例》的規定：「除非信用證規定所列的貨物數量不得增減，在支取金額不超過信用證金額的條件下，即使不準分批裝運，貨物數量允許有 5% 的增減幅度，但信用證規定貨物數量按包裝單位或個

數計數時，此項增減幅度則不適用。」如果交貨數量用「約」表示，應按雙方約定的慣例處理。

（3）貨物的包裝必須符合出口合同的規定。對貨物的包裝應進行認真的檢查和核對，看是否出現破漏、水漬等不良情況，以及是否符合合同規定的運輸方式。如果合同採用「習慣包裝」「適合海運包裝」等籠統規定，應按買賣雙方形成的習慣、海運的要求和共同理解辦理；如果合同對包裝未做具體規定，則按同類貨物通用的方式包裝，若無通用方式，則按足以保全和保護貨物的方式包裝。一旦發現包裝不妥，應立即修整或更換。

（4）貨物備妥時間應與合同與信用證裝運期限相適應。貨物備妥的時間，必須適應出口合同與信用證規定的交貨時間和裝運期限，盡可能做到船貨銜接，以避免船等貨或貨等船的現象，從而節約費用。為防止意外，一般還應適當留有餘地。

（5）凡合同規定收到買方信用證後若干天內交付貨物的，為保證按時履約，防止被動，應催促買方按合同規定的期限開來信用證，我方收到信用證後應及時審核，審核無誤後及時安排生產或加工。

（6）貨物必須是任何第三方不能根據工業產權或其他知識產權提出任何權利或請求的。

二、收受信用證

在憑信用證支付的交易中，信用證的收受是不可缺少的一個重要環節，一般包括催證、審證、改證三項內容。

1. 催證（Urge Establishment of L/C）

催證即催促買方迅速辦理開立信用證的手續。買方按約定時間開具信用證，對賣方而言，是備貨和按時交貨的前提條件，因為，如果買方不開出信用證，賣方即使備了貨、裝了船也不能結匯。但在實際業務中，由於種種原因，買方不按合同規定開證的情況時有發生，對此，為保證按時履行合同，提高履約率，賣方有必要在適當的時候，提醒和催促買方按合同規定開立信用證。

2. 審證（Examination of L/C）

收到信用證後，賣方應根據合同內容及《跟單信用證統一慣例》（第500號出版物）對信用證進行認真審核。審證是賣方和銀行的共同責任，但兩者各有側重。銀行審查主要是看開證銀行的政治背景、資信能力、付款責任和索匯途徑方面的內容。出口方則側重審核信用證的內容與合同規定是否一致。審核信用證的要點如下：

第一，對開證行的審核。開證行的政治背景和資信情況，不僅與賣方安全收匯有密切的關係，而且還涉及政策問題。凡是政策規定與中國不進行經濟貿易往來的國家銀行開來的信用證，均應拒絕接受，或請客戶另委託其他中國允許與之往來的銀行開證。如果開證行資信較差，賣方可採取另找銀行對原證加以保兌，或另找銀行對原證進行代開，或在信用證索匯條件中增加電報索償條款等措施，確保收匯的安全。

第二，對信用證性質的審核和開證行付款責任的審核。信用證必須是不可撤銷

的，對列有「可撤銷」字樣的信用證絕不能接受，同時，信用證內應載有開證行保證付款的字句。但有的來證雖然註明「不可撤銷」字樣，卻增加了一些限制性或保留性條件，如「待獲得有關當局簽發的進口許可證後方能生效」，「信用證項下的款項要在貨物清關後才支付」，或電報來證註明「另函詳」等類似文句。這些條件改變了信用證的性質和開證行的付款責任，受益人對此必須考慮清楚。

第三，對信用證金額與幣種的審核。信用證金額以及幣種應與合同金額和幣種相一致。如果合同內訂有商品數量的溢短裝條款時，信用證金額也應規定相應的機動條款。如果貨物溢裝，原證由於進口國的外匯管制無法預先給予金額幅度，則賣方可以在確定溢裝數量後，立即要求買方增加信用證金額；或者賣方將出口押匯的發票以及匯票等單據作成兩套，一套根據信用證要求議付，另一套註明溢裝數量和金額，以信用證申請人作為付款人的即期匯票托收。

第四，對信用證有關貨物情況的審核。信用證中有關商品的名稱、品質、規格、數量、包裝等內容應與合同規定一致，特別是有無附加特殊條款。若發現信用證與合同規定不符，應酌情做出是否接受或修改的決策。

第五，對信用證的有效期、到期地點、交單議付期和裝運期的審核。按《跟單信用證統一慣例》規定，一切信用證均須規定一個有效期，即交單付款、承兌或議付到期日。信用證的有效期應與裝運期有一個合理的時間間隔，以便出口人在裝運貨物後有足夠的時間來辦理製單結匯工作。對於有效期早於裝運期到期或與裝運期同時到期（即雙到期）的信用證，一般應拒絕接受。對於信用證的到期地點有三種，即出口地、進口地或第三國地。在中國出口業務中一般要求在中國到期，因為後兩種到期地點因出口方難以控制，容易造成收匯不安全。此外，信用證還應規定一個運輸單據出後受益人向信用證指定的銀行提交單據要求付款、承兌或議付的期限，即交單期。如果信用證無此期限的規定，按照慣例，銀行有權拒受遲於運輸單據日期 21 天後提交的單據，但無論如何，單據必不遲於信用證的到期日提交。

第六，對信用證裝運條款的審核。信用證中對裝運港、目的港以及對轉運與分批裝運的規定應與合同相符，除非合同中明確規定，出口方要求信用證允許轉運和分批裝運，或對此不做禁止性規定。此外，還應注意信用證中是否對分批裝運有特殊要求，如果信用證上只註明允許分批裝運，但未註明每批的數量，即視為賣方既可一次裝運也可以分批裝運，每批數量不限。但如果信用證在規定分批裝運期限的同時，也規定了各批裝運的具體數量，這時只要分批裝運中有一期未能按時、按量運出，則信用證對該期及以後各期都是無效的。

第七，對單據的審核。信用證中對單據的種類、份數及內容的規定應與合同保持一致，如發現特殊規定，例如商業發票或產地證明須由國外第三者簽證，或者提單上的目的港後面加上指定碼頭等，都應慎重對待。此外，還應注意審核所需單據是否全套，如有的要求 1/3 套提單送開證申請人、2/3 套提單轉交銀行等是否能接受。

第八，對信用證保險條款的審核。信用證保險條款的規定也應與合同相符，投保險別或投保金額都不得超出合同規定，除非信用證上表明由此產生的超保費由買

方負擔並允許在信用證項下支取。

3. 改證（Amendment of L/C）

在審核信用證時，如果發現不能接受的條款，就需要進行改證。由於修改信用證的條款涉及各當事人的權利和義務，因而不可撤銷的信用證在其有效期內的任何修改，都必須徵得各有關當事人的同意，方可生效。修改信用證可由開證申請人主動提出，也可由受益人主動提出。如由開證申請人提出修改，在經開證銀行同意後，由開證銀行發出修改通知書以信件、電報等電信工具通過原通知行轉告受益人，經各方接受修改書後，修改方為有效。如由受益人提出要求修改，則應首先徵得開證申請人同意，再由開證申請人按上述程序辦理修改。當信用證需要修改的地方有不止一處時，出口方應盡量將修改要求一次提出，以節約時間和費用。對對方銀行開來的修改通知，出口方只能選擇全部接受或全部拒絕，不能接受其中一部分內容而拒絕另一部分內容。因此，一旦出口企業發現修改通知中仍有不能接受的內容，就要立即通知開證申請人繼續修改。

三、租船訂艙

凡是以 CFR 或 CIF 價格條件成交的出口商品，要由中國有關公司、企業負責安排運輸。中國出口企業通常委託中國對外貿易運輸公司（外運公司）代辦托運，為數量大、需整船運輸的貨物辦理租船手續，同時為數量不夠整船的貨物洽訂班輪艙位或租訂部分班輪艙位。外貿公司在洽訂艙位時，需要填寫托運單（又稱訂艙委託書），是托運人根據合同和信用證條款內容填寫的、向船運公司或其代理人辦理貨物托運的單證。該托運單一式數份，分別用於外輪代理公司留存、運費通知、裝貨單、收貨單、外運機構留底、配艙回單、繳納出口貨物港務費申請書等。

船方根據貨物的性質與數量、船舶配載情況、裝運港、目的港與船期等內容安排船只和艙位，然後對出口企業簽發裝貨單，作為通知出口企業備貨裝船與載貨船舶收貨裝運的憑證。待載貨船舶到港後，由出口企業或外運公司將貨物送到指定碼頭，經海關查驗放行後，憑裝貨單裝船。

四、出口報驗

凡按約定條件和國家規定必須法定檢驗的出口貨物，在備妥貨物後，應向中國進出口商品檢驗局申請檢驗，只有經檢驗出具商檢局簽發的檢驗合格證書，海關才放行，凡檢驗不合格的貨物，一律不得出口。

申請報驗時，應填製出口報驗申請單，向商檢局辦理申請報驗手續，該申請單的內容，一般包括品名、規格、數量或重量、包裝、產地等項，在提交申請單時，應隨附合同和信用證副本等有關文件，供商檢局檢驗和發證時參考。

當貨物經檢驗合格，商檢局發給檢驗合格證書，或在「出口貨物報關單」上加蓋檢驗章。若檢驗不合格，由商檢機構簽發「不合格通知書」，報驗單位可重新加工後申請復驗。外貿公司應在檢驗證規定的有效期內將貨物裝運出口，如在規定的有效期內不能裝運出口，應向商檢局申請延期，並由商檢局進行復驗，復驗合格後，

才準予出口。

五、投買保險

凡按 CIF 條件成交的出口貨物，在裝船前均須按合同和信用證規定向保險公司辦理投保手續。出口貨物投保都是逐筆辦理，投保人應填製投保單，將貨物名稱、保險金額、運輸路線、運輸工具、開航日期、投保險別等一一列明，為了簡化投保手續，也可利用出口貨物明細單或貨物出運分析單來代替投保單，保險公司接受投保後，即簽發保險單或保險憑證。

六、貨物付運

貨物裝運時，船方理貨人員憑裝貨單驗收貨物，待貨物裝船完畢後，即由船長或大副根據裝貨實際情況簽發「大副收據」。大副收據，又稱收貨單，是船方簽發給托運人的，表明貨物已裝妥的臨時收據，載明收到貨物的詳細情況。外貿企業或外運機構可憑此單據向船公司或其代理換取海運正式提單。

另外，出口企業在貨物裝船後，應向對方發出通知，以便其做好收貨、付款、贖單、辦理進口報關和接貨手續。在 CFR 合同下，由於保險是由買方辦理，所以裝船通知顯得特別重要。如果出口方沒有及時發出裝船通知，買方就不能及時辦理保險，由此造成的損失將由出口方承擔。

七、出口報關

出口貨物裝運出口前必須向海關申報，未經海關查驗的貨物，一律不得擅自裝運出口。出口報關是指出口人向海關如實申報出口，交驗有關單據和證件，接受海關對貨物的查驗。在出口貨物的發貨人繳清稅款或提供擔保後，經海關簽印放行稱為清關或通關。出口報關通常要經過申報、徵稅、查驗、放行四個環節。

1. 出口申報

出口報關時出口貨物的發貨人（通常為出口人）或其代理人應向海關申報交驗有關單據、證件，申請驗關並辦理貨物通關出境的手續。海關在接受申報時，要對進出口報關單位申報的內容及遞交的隨附申報單證，依據國家對進出口貨物的有關政策、法令、規章進行認真審核。通過審核有關單證，確定進出口貨物的合法性、申報的內容是否正確以及申報的單證是否齊全、有效等。

出口企業在貨物裝運前必須填寫出口貨物報關單，出口貨物報關單是海關憑以進行監管、查驗、徵稅、統計的基本單據。報關單上的項目，申報人必須如實正確地填寫清楚，並在報關單上簽字蓋章。出口貨物報關單通常一式二份。此外，出口企業在申報出口時，還應提供出口許可證、商檢證書、裝貨單、發票、裝箱單或重量單等必要證件及單據。

2. 徵稅

准許出口但按規定應當繳納出口稅的貨物，由海關根據《中華人民共和國進出口關稅條例》和《中華人民共和國海關進出口稅則》規定的稅率，徵收出口稅。出

口貨物經海關查驗情況正常，在繳清稅款或提供擔保後，海關方可簽章放行。

3. 查驗

查驗是指海關在接受報關單位的申報並以已經審核的單證為依據，在海關監管區域內對出口貨物進行實際的檢查和核對。在查驗過程中，海關檢查出口貨物是否與出口報關單和其他證件的內容相符，以防止非法出口、走私及偷漏關稅等。海關查驗貨物一般在海關監管區的進出口口岸碼頭、車站、機場、郵局或海關的其他監管場所進行。對出口的大宗散貨、危險品，經申請可在作業現場予以查驗。在特殊情況下，經申請和海關審核同意，也可派員去發貨人倉庫查驗。

4. 放行

出口貨物在申報人按照海關規定辦妥申報手續後，經海關審核單證和查驗有關貨物、辦理納稅手續後，海關解除貨物監管準予出境。在放行前，海關派專人負責審查該批貨物的全部報關單證及查驗貨物記錄，並簽署認可，然後在裝貨單或裝運單上蓋章，出口方方可裝運出境。

八、製單結匯

出口貨物裝運後，出口企業應立即按照信用證的規定，備齊各種單據，並在信用證規定的有效期和交單期內，將各種單據和必要的憑證送交指定的銀行辦理要求付款、承兌或議付手續，並向銀行進行結匯。

（一）中國出口結匯的方法

目前中國出口結匯主要有三種方法，即出口押匯、收妥結匯與定期結匯。

1. 出口押匯

出口押匯又稱買單結匯，即議付行對外貿企業提交的單據審單無誤後，按信用證條款買入出口人的匯票和貨運單據。但需扣除從議付之日到開證行或其他付款行償付票款之日的利息，然後將餘額按當日外匯牌價折算成人民幣，墊付給出口企業。若日後議付行遭拒付，它有權處理單據或向出口企業索回票款。出口押匯的做法實際上是出口地銀行對出口企業的一種資金融通，有利於出口企業資金的週轉。

2. 收妥結匯

議付行審核出口企業交來的單據無誤後，立即將匯票及貨運單據寄往國外開證行或付款行，後者審單無誤後，向議付行發出已將票款計入議付行帳戶的貸記通知書，議付行即按當日外匯牌價，折成人民幣付給出口企業。在這種做法下，銀行不承擔風險，不墊付資金，但出口企業的收匯較慢。

3. 定期結匯

定期結匯是指議付行根據向國外付款行索匯所需時間，預先確定一個固定的結匯期限，到期後主動將票款付給出口企業。在這種方式下，出口企業收匯的時間是可以事先確定的，而議付行則需要承擔在未收妥貨款前先行墊款議付的風險。

（二）對出口單據的基本要求

在信用證方式下，出口結匯的關鍵是出口企業提交的各種單據必須與信用證的規定一致。因此，在出口業務中做好單據工作，對及時安全收匯，有特別重要的意

義。對於出口單據，應做到正確、完整、及時、簡明、整潔。

正確是出口單據的前提和核心，在信用證支付方式下，開證行只有在審單無誤的情況下，才承擔付款責任。因此，出口企業必須嚴格做到「單證相符」和「單單相符」，即單據與信用證一致，單據與單據之間一致。此外，應注意單據與貨物的一致。

單據的完整是指信用證規定的各項單據必須齊全，不能短缺，單據的種類、每種單據的份數和單據本身的必要項目內容都必須完整。

及時是指應在信用證的有效期和交單期內，將各種單據送交指定的銀行辦理議付、付款或承兌手續。此外，在貨物裝運前，最好先將有關單據送交銀行預審，以便有足夠的時間來檢查單據，早日發現問題，及時予以修正，避免在貨物出口後，因單據不符而被拒付。

簡明是指單據的內容應按信用證規定、國際貿易慣例與《跟單信用證統一慣例》條文規定的國際標準進行填寫，力求簡單明了，切勿添加不必要的內容，以免弄巧成拙。

整潔是指單據的佈局要美觀大方，格式設計應標準化，繕制或打印的字跡應清楚醒目，不宜輕易更改，尤其是對金額、數量和重量等內容更不宜改動。

在實際業務中，仍會出現單證不符的情況。如果在信用證規定的交單議付期內無法將這些不符合之處加以更正，則出口企業可以考慮採用「憑保議付」或「跟證托收」的方式來收取貨款。憑保議付是出口企業因單證不符而遭國內銀行拒付時，向銀行出具保函，要求銀行給予融通議付，並保證在國外付款行拒付時退還議付行的墊款。如果單據不符情況嚴重，無法採用「憑保議付」時，出口企業可以將信用證下存在不符的單據交國內銀行，並通過銀行向國外買方進行托收，這種方式叫作跟證托收。在這種情況下，開證行已不再承擔保證付款的責任。這兩種方式實際上都已經失去了信用證的銀行保證付款的作用，銀行信用變成了商業信用，風險增大，所以一般情況下應避免這種情況的出現。

（三）常用的出口單據

出口單據的種類很多，具體要視不同的交易和信用證規定而定。以下是幾種主要的出口單據：

1. 商業發票（Commercial Invoice）

商業發票，又稱發票（Invoice）是出口人向進口人開立的發貨價目清單，用於描述貨物的名稱、數量、單價、總值等情況。它既是買賣雙方進行記帳、收貨、付款等工作的重要依據，也是進出口雙方報關納稅的依據。在即期信用證或即期托收業務中不要求提供匯票的交易中，發票還可以代替匯票作為收款憑證。

在繕制發票時應注意以下幾點：

第一，發票的開立日期不得遲於信用證的有效期，發票由合同中的出口方開立，一般情況下，發票無須簽名。

第二，發票抬頭人就是收貨人，應按信用證的規定進行填寫。如果信用證中沒有規定的，應以信用證的開證申請人為抬頭人。

第三，發票中對商品名稱、規格、數量、包裝、嘜頭、有關港口的規定必須與信用證中的規定一致，如果要求列出載貨船舶名稱的，應與提單上的記載相一致。

第四，發票中所列明的價格術語，應與信用證中的規定一致。

第五，發票金額通常不能超過信用證金額，除非信用證中規定買方要在信用證下支付貿易中發生的某些費用。

第六，有些來證中要求出口方在發票上附加一些特別的說明性文句，如「證明所列內容真實無誤」或「貨款已收訖」等，只要符合國家政策、法規有關規定的，出口企業可以照辦。

發票的份數應以合同或信用證規定的數目為準。如果信用證要求製作正本發票，應在所製作的發票上加蓋「正本」印章。此外，還需要準備副本多份，除供出口企業本身留底備查，以及在出口地報關時使用外，進口商或中間商也常要求增加提供份數，以供其記帳、存查等所需。

除了商業發票以外，海關發票、領事發票、廠商發票等特殊性質的發票也時常使用。

海關發票（Customs Invoice）是進口國海關提供的一種固定格式的發票，由出口人填寫，進口人憑以報關。在國際貿易中，有些進口國家如美國、加拿大、新西蘭等國的海關制定了一種固定的發票格式，要求國外出口商填寫。這類發票有三種不同稱法：海關發票、估價和原產地聯合證明書。一般習慣地將它們統稱為海關發票。進口國要求提供海關發票，目的是以此作為完稅或徵收差別待遇關稅或徵收反傾銷稅或反補貼稅的依據。

領事發票（Consular Invoice）是一些進口國家如菲律賓、拉美國家規定，凡輸往該國的商品必須向該國海關提供經該國領事簽證的發票。領事發票的作用和海關發票基本相似。在實際業務中，如果對方國家在中國未設立領事機構，應要求修改信用證上關於領事發票的有關規定，以免加大製單難度。

廠商發票（Manufacturer's Invoice）是指出口貨物的生產製造商出具的，以本國貨幣標明貨物出廠價格的發票，其作用是供進口國海關估價、課稅以及徵收反傾銷稅的依據。製作廠商發票時，凡與商業發票有關內容相同的欄目，應與商業發票保持一致。

2. 匯票（詳見第九章「國際貿易結算」的相關內容）

3. 提單（Bill of Lading，B/L）

提單是貨物承運人或代理人在收到貨物後簽發給托運人的表示已經收到貨物，並承諾將貨物運輸到指定目的地的單據。提單既是承運人向托運人出具的貨物收據，也是承運人與托運人之間的運輸契約的證明，同時又是代表貨物所有權的憑證。提單的分類，內容詳見第九章「國際貿易結算」中第二節的相關內容。

在繕制提單時應注意以下幾點：

第一，提單的種類是否符合信用證的規定，其中主要是審核收貨人欄、裝貨港和最終目的港、貨物欄有無批註等。

第二，被通知人的名稱和地址是否詳細、準確。

第三，提單的運費項目是否已按照信用證規定預付或到付。

第四，提單上應註明正本提單份數，並在議付時向銀行提供全套正本提單。

4. 保險單（Insurance Policy）

保險單是指保險人向被保險人簽發的陳述保險內容的單據，其作用既作為承保證明，也作為保險合同，而且還是雙方索賠理賠的憑證。因此，它具有法律上的效力，對雙方當事人都有約束力。保險單又俗稱「大保單」，是使用最廣的一種保險單據。保險單正面內容主要包括：當事人的名稱和地址、保險標的的名稱、數量或重量、嘜頭、運輸工具、保險險別、保險幣別和金額、保險費、簽單日期與保險人簽章、賠款償付地點以及經保險人與被保險人雙方約定的其他事項等內容。保險單背面載明的是保險人與被保險人的權利和義務、承保險別的責任範圍、保險人的責任期限與除外責任、索賠時效、爭議解決方法等方面的保險條款。

出口企業在議付時向銀行提交的保險單應符合以下條件：

第一，被保險人應是信用證的受益人，在其向銀行交單議付時要對保險單進行空白背書，以便辦理保險單的轉讓。

第二，在保險人一欄內應填寫承保的保險公司的名稱，而不能填寫保險代理人或保險經紀人。

第三，保險險別應與信用證的規定相符。保險金額則按信用證規定的最低保險金額填寫。若信用證未規定最低保額，一般以 CIF 和 CIP 價格的 110% 為最低保險金額。

第四，保險單簽發日期應早於或與提單日期相同，除非保險單註明承擔自貨物裝船日起的風險，否則開證行可拒絕接受。此外，保險單上的貨物名、運輸標誌、包裝及數量等內容應與提單相一致。

第五，保險單的裝運日期前可加「大約」（on or about）字樣，裝運港、目的港應與提單記載相同。如果運輸中需要轉船，則在保險單上也應作相同註明。

5. 原產地證明書（Certificate of Origin）和普惠制證格式 A（GSP Form A）

原產地證明書是一種證明貨物原產地或製造地的證件，是進口國海關對出口國實行優惠關稅或進行進口管制的依據。沒有海關發票和領事發票的國家，往往要求外國出口商提供商品的原產地證明。原產地證明書一般由出口地的公證機構或工商團體簽發。在中國的出口業務中，產地證明通常由中國進出口商品檢疫局或中國貿促會簽發。

普惠制是發達國家對來自發展中國家的商品，特別是工業製成品、半製成品，給予的普遍的、非互惠的、非歧視性的關稅優惠待遇。中國也從許多發達國家取得了普惠制待遇，對這些國家出口商品時，要提供相應的普惠製單據，作為取得優惠關稅的依據。普惠制產地證即「GSP 產地證」，又稱「Form A 產地證」，是一種比較常見的單據，它適用於一般性商品，由國家出入境檢驗檢疫局簽發。此外，普惠製單據還有紡織品產地證、手工製紡織品產地證、紡織品出口許可證等。

6. 商檢單證（Inspection Documents）

商檢單證是由商檢局或其指定機構根據報驗人的報驗申請書內容進行檢驗後出

具的證明文件。商檢證書的種類很多，分別被用來證明商品的品質、數量、重量、衛生條件等方面的狀況。買方往往在信用證中要求出口企業提供有關的商檢證書，以維護自身利益。中國的商檢證書一般由國家出入境檢驗檢疫局出具，商檢單證出證日期不得遲於提單日期。

7. 裝箱單（Packing List）

裝箱單又稱規格明細單（Specification List）、重量單（Weight List）、花色搭配單（Assortment List），是商業發票的補充，常見於工業品的出口，主要作用是對貨物名稱、規格、花色搭配等進行詳細描述，以便於檢驗。裝箱單的內容應與信用證、發票、提單等單據保持一致。

以上介紹的是出口製單中常見的幾種單據。隨著電子數據交換技術的發展與推廣，傳統的製單結匯手續將被大大簡化，效率將得以提高，進而推動國際貿易的發展。

第四節　進口合同的履行

目前，中國進口交易一般都是以 FOB 條件成交，以即期信用證的方式付款。因此，按照這些條件成交的進口合同，其履行程序一般包括：開立信用證、派船接貨、投買保險、審單付款、提取貨物等環節。

一、開立信用證

進口合同簽訂後，進口企業應按合同中的有關規定，及時向經營外匯業務的銀行提交開證申請書及進口合同副本，要求銀行對外開證。進口企業在填寫申請書時，應在其中列明各項交易條件，同時這些交易條件應與合同的規定相符，從而保證銀行開出的信用證的內容與合同一致。此外，申請人還要向開證銀行繳納手續費，並根據銀行的要求提交一定數量的抵押金或提供其他形式的擔保。

信用證開出後，如發現內容與開證申請書不符，或因情況發生變化或其他原因，受益人提出需對信用證進行修改時，進口人應當在審核改證要求並認為合理後，立即向開證行提出修改申請，以便開證行及時將改證通知傳遞給受益人。如不同意修改，也應及時通知受益人，敦促其按原證條款履行裝貨和交單。

二、派船接貨

當合同採用 FOB 條件成交時，按規定應由進口人辦理運輸手續。因此，進口人應根據合同規定的裝運期辦理租船訂艙並及時將船名、船期通知賣方，並催告賣方應如期裝船。目前，中國的進口貨物大部分委託中國對外貿易運輸公司、中國租船公司或其他外運代理機構代辦運輸，並與其訂立運輸代理協議，也有向中國遠洋運輸公司或其他對外運輸的實際承運人辦理的。

進口企業在辦妥租船、訂艙手續，接到運輸機構的配船通知後，應按規定期限

將船名及預計到港日期通知賣方,以便賣方準備裝貨。同時,進口企業還應做好催裝工作,特別是對一些數量、金額較大的重要商品,最好委託在出口地的代理來督促賣方按合同規定履行交貨義務,保證船貨銜接。

三、投買保險

同辦理運輸手續一樣,FOB條件下的進口人還需要負責辦理貨物運輸保險。進口貨物運輸保險一般兩種方式:一種是預約保險。中國部分外貿企業和保險公司簽訂海運、空運和陸運貨物的預約保險,簡稱「預保合同」(Open Policy)。這種保險方式,手續簡便,對外貿企業進口的貨物的投保險別、保險費率、適用的保險條款、保險費及賠償的支付方式等都做了明確的規定。根據預保合同規定,保險公司自動承保由進口人負責辦理運輸保險的進口貨物。對於海運貨物,外貿公司接到裝運通知後,將其副本一份送交保險公司,即作為已辦妥保險手續,而不需要逐筆投保。另一種是逐筆投保,即進口人需要逐筆填交投保單作為投保申請,保險公司審批後,向進口人簽發保險單或保險憑證作為承保證明。進口企業在接到賣方的發貨通知後,必須立即向保險公司辦理保險手續,否則,貨物於投保之前在運輸途中發生損失時,保險公司不負賠償責任。

保險公司對海運貨物保險的責任從貨物在裝運港裝上船時生效,到提單載明的目的地收貨人倉庫終止。如果未抵達上述倉庫或儲存處所,則以被保險貨物在最後卸載港卸離海輪後60天為止,如不能在此期限內轉運,可向保險公司申請延期,延期最多為60天。

四、審單付款

賣方將貨物交付裝運後,即將匯票和全套單據提交開證行或保兌行(如果有的話)或其他指定銀行。開證行收到國外寄來的單據後,根據「單單一致」和「單證一致」的原則,仔細審核信用證規定的一切單據,以確定其表面上是否符合信用證條款。若審核無誤,即按即期或遠期匯票向國外付款承兌。開證行或信用證指定的付款行經審單後付款,付款後喪失追索權。

如果經開證行審核發現單證不符,應與進口企業聯繫,立即處理。進口企業可予以接受,指示開證行對外付款,也可指示開證行拒付,或支付部分貨款。如果經雙方同意可改為貨到檢驗合格後再付款,憑受益人或議付行出具的擔保付款,由國外議付行通知發貨人更正單據後付款等。

根據《跟單信用證統一慣例》規定,無論開證行或保兌行(如有的話)或其指定的銀行應各有一段合理的時間審核單據,即不超過收到單據次日起7個銀行工作日。審核和決定接受或拒絕單據,並相應地通知交單方。銀行在審單無誤對外付款後,同時要求進口企業按國家外匯牌價以人民幣購買外匯贖單,此後進口企業再憑銀行的付款通知書向用貨部門結算貨款。

五、提取貨物

根據《中華人民共和國海關法》規定,凡進口商品,必須辦理報關手續。進口

貨物經海關查驗放行後，進口商才能提貨。辦理海關手續時，進口商必須向海關填交「進口貨物報關單」，隨附發票、提單、包裝單據、檢驗證書以及進口許可證等單據。海關審核各類單據及進口貨物無誤後，在報關單上簽字或蓋上有「驗訖放行」或類似字樣的印章，並註明海關放行的日期，進口貨物即可通關。

與出口業務中的情況相同，只有在那些有報關資格的企業中經考核合格的報關員才能辦理報關。報關員的簽字與印章均在海關備案，若報關單上沒報關單位及報關員的簽章或簽章不符，海關不予受理。中國的進口業務中，報關手續一般由外運公司代辦。

此外，根據《中華人民共和國進出口商品檢驗法》規定，凡列入「商檢機構實施檢驗的進出口商品種類表」的進口貨物和其他法律、行政法規規定須經商檢機構檢驗的進出口商品，必須經過商檢機構或者國家商檢部門、商檢機構指定的檢驗機構檢驗。進口商品未經檢驗的，不準銷售、使用。因此，進口貨物到貨後，收貨部門或其代理人必須在合同規定的期限內，向商檢部門報驗。除商檢機構實施的檢驗外，進口港的港務局還將按碼頭慣例在卸貨時核查進口貨物表面情況，若發現短缺或殘損，港務局填製短缺報告交船方確認，同時將貨物存放於海關倉庫，由保險公司會同商檢機構及有關當事人進行進一步的檢驗。

第八章
國際貨物運輸與保險

國際貨物運輸和保險是國際貿易的重要組成部分，也是確保國際貨物貿易能夠最終完成的關鍵環節。同樣，通過國際貿易合同的裝運條款明確合同雙方在貨物運輸中的權利和義務，以及制定保險條款對保險責任的明確界定也是對國際貿易合同得以順利履行的有力保障。本章內容包括了國際貨物運輸方式及國際貿易合同裝運條款，並以海上運輸貨物保險為重點介紹了國際貨物運輸保險及國際貿易合同中的保險條款。

第一節　國際貨物的運輸方式

隨著國際貿易和交通工具的發展變化，國際貨物運輸方式在傳統的海洋運輸基礎上得到了極大的豐富，發展了包括航空運輸、集裝箱運輸、鐵路運輸、公路運輸、管道運輸、多式聯運等多種國際貨物運輸方式，使國際貿易中的買賣雙方可以根據貨物性質及雙方的具體情況，靈活的選用國際貨物運輸方式。

一、海洋運輸

海洋運輸（Ocean Transport）作為國際貿易中起源較早的一種運輸方式，由於其突出的特點，如運量大、運費低廉、不受道路和軌道的限制等，至今仍是使用最為廣泛的國際貨物運輸方式。與其他運輸方式相比較，海洋運輸的主要缺點是運輸速度慢、風險較大、受氣候和自然條件影響較大等。

按照海洋運輸船舶經營方式的不同，國際海洋運輸可分為班輪運輸（Liner Transport）和租船運輸（Shipping by Chartering）兩種。

（一）班輪運輸

班輪運輸又稱定期船運輸，簡稱班輪（Liner），是指船舶在固定航線上和固定港口之間按事先公布的船期表和運費率往返航行，從事客貨運輸業務的一種運輸方式。班輪運輸較適合於運輸小批量、多批次、交貨港口分散的貨物。

1. 班輪運輸的特點

（1）「四固定」，即固定航線、固定港口、固定船期和相對固定的運費率。

（2）「一負責」，即貨物由班輪公司負責配載和裝卸，運費內已包括裝卸費用，

班輪公司和托運人雙方不計滯期費和速遣費。

（3）班輪公司和貨主之間的權利、義務和責任豁免以班輪公司簽發的提單條款為依據。

2. 班輪運費

班輪運費（Liner Freight）是班輪公司為運輸貨物，按照班輪運價表（Liner Freight Tariff）向貨主計收的費用，分為基本運費（Basic Freight）和附加費（Surcharge），包括了貨物在裝運港的裝貨費、在目的港的卸貨費以及從裝運港至目的港的運輸費用和附加費用。在國際海運實務中，各國對班輪運價表的制定並不一致，概括起來主要有班輪公司運價表、船貨雙方協商制定雙邊運價表和航運公會價表三種類型。

（1）基本運費。

班輪運輸基本運費是指貨物從裝運港到目的港所應收取的費用，其中包括貨物在港口的裝卸費用，它是構成全程運費的主要部分。基本運費的計算標準主要有六種：

①按貨物的毛重計收。即以重量噸（Weight Ton）計收，在運價表中以「W」表示。

②按貨物的體積計收。即以尺碼噸（Measurement Ton）計收，在運價表中以「M」表示。

按重量噸或尺碼噸計收運費的單位統稱運費噸（Freight Ton）。

③按貨物的價格計收，又稱從價運費。在運價表中以「AV」或「Ad Val.」表示。一般按貨物 FOB 價值的一定百分比收取。

④按收費高者計收，即選擇較高的一種計價標準作為計算運費的標準。例如在運價表上註有「W/M or AV」或「W/M」的，指在重量噸或尺碼噸或從價運費三種，或在重量噸與尺碼噸兩種標準中，選擇高的收費。此外，還有使用「W/M Plus AV」的，是指先按貨物重量噸或尺碼噸從高計收後，另加收一定百分率的從價運費。

⑤按貨物的件數計收。如車輛按輛（Per Unit）計收，活牲畜按頭（Per Head）計收。

⑥由船、貨雙方議定。在班輪運價表中註有「Open」字樣來表示。臨時議定運價的辦法，適用於運量較大、貨價較低、裝卸方便而快速的諸如糧食、礦石等貨物的運輸。臨時議定的運費一般比較低。

（2）附加費。

班輪運費中的附加費是針對某些特定情況或需作特殊處理的貨物在基本運費之外加收的費用。附加費名目很多，主要有：超重附加費（Heavy-lift Additional）、超長附加費（Long-length Additional）、直航附加費（Direct Additional）、港口擁擠附加費（Port Congestion Surcharge）、轉船附加費（Transhipment Surcharge）、選港附加費（Optional Destination Additional）。此外，還有港口附加費、燃油附加費、變更卸貨港附加費、繞航附加費、貨幣貶值附加費等。

(3) 班輪運費的計算。

班輪運費的計算公式可使用下列一般表達式：

$$F = F_b + \sum S$$

其中，F 表示運費總額，F_b 表示基本運費，S 表示某一項附加費。基本運費是所運貨物的數量（重量或體積）與規定的基本費率的乘積；附加費則是指各項附加費的總和，可以為基本運費的一定百分比。按照附加費的不同，常用的計算公式有以下兩種：

當附加費為絕對值時：

$$班輪運費 = 基本費率 \times 運費噸 + 附加費$$

當附加費是百分比時：

$$班輪運費 = 基本費率 \times 運費噸 \times (1 + 附加費百分比)$$

(二) 租船運輸

租船運輸又稱不定期船運輸，是指包租整船或部分艙位進行運輸。租船方式主要有定期租船（Time Charter）和定程租船（Voyage Charter）兩種。

1. 定期租船

定期租船又稱期租船，是指按一定期限租賃船舶的方式，即由船東（船舶出租人）將船舶出租給租船人在規定期限內使用，在此期限內由租船人自行調度和經營管理。租期可長可短，短則數月，長則數年，租金按租期每月（或30天）每載重噸計算。通常在租賃期，船東只負責船員的相關費用和保持船舶具備適航性而產生的費用；其他在租船期的各航次中產生的燃油費、港口費等都由租船人負擔。

船東和租船人雙方的權利和義務以期租船合同為依據，一般只規定船舶航行區域而不規定航線和裝卸港，可以裝運除另有規定外的各種合法貨物，不規定裝卸率和滯期速遣條款。定期租船的合同可以採用標準合同，國際上常見的定期租船標準合同有紐約物產交易所制定的定期租船合同（Time Charter）、波羅的海國際航運公司制定的統一定期租船合同（Uniform Time Charter），以及中國租船公司制定的中外定期租船合同（Sino Time Charter）等。

在定期租船中，還有一種「光船租船」（Bareboat Charter）方式，即船舶所有者僅向租船方提供適航船舶，租船人需要自己配備船舶出航所需的所有人員以及負擔船舶營運費用和船員費用。在實際操作中，光船租船方式已經較少採用，往往是作為一種融資租賃方式出現。

2. 定程租船

定程租船又稱程租船或航次租船，是指按航程租賃的租船運輸方式。一般可以分為單航次（Single Trip Charter）、來回航次（Return Trip Charter）、連續航次（Consecutive Trip Charter）等租船形式。定程租船的特點是：航線、裝卸港口、航行期等並不固定，是根據租船人（貨主）的需要和船東的可能，經雙方協商，在程租船合同中規定的；程租船合同需規定裝卸率和滯期、速遣費條款；運價受租船市場供需情況的影響較大，租船人和船東雙方的其他權利、義務一併在程租船合同中規

定。定程租船以運輸貨值較低的糧食、煤炭、木材、礦石等大宗貨物為主。

航次租船的合同多採用標準格式，常見的有波羅的海國際航運公會制定的標準雜貨租船合同，簡稱「金康」合同，它適用於一般無特定格式合同的貨類。此外還有澳大利亞穀物租船合同、太平洋沿岸穀物租船合同等。

二、航空運輸

航空運輸（Air Transport）是一種現代化的運輸方式，具有運送迅速快速，安全準時，節省包裝、保險和儲存費用，可以高質量地將貨物運往世界各地而不受河海和道路限制等特點。因此，對易腐、鮮活、季節性強、緊急需要的商品運送尤為適宜。航空貨物運輸有班機、包機、集中托運和航空急件傳送等多種方式。

（一）班機運輸

班機運輸（Scheduled Airline）是指利用在固定航線上定期開航的，並有固定始發站、目的港及途經站的航班運送貨物。航空公司的班機一般都使用客貨混合型飛機（Combination Carrier），也有一些較大的航空公司在一些航線上使用全貨機（All Cargo Carrier）執行班機運輸。班機運輸的特點主要有：

（1）由於固定航線、固定停靠港和定期開航，因此班機運輸方式能保證貨物安全迅速地到達世界上各通航班地點。

（2）方便收、發貨人確切掌握貨物起運和到達的時間，有利於急需商品、鮮活、易腐貨物以及貴重商品的運送。

（3）班機運輸一般是客貨混載，因此，有限的艙位不能滿足大批量貨物的及時出運，往往需要分期分批運輸，這是班機運輸不足之處。

（二）包機運輸

包機運輸（Chartered Carrier）可分為整包機和部分包機兩種方式。

1. 整包機

整包機即包租整架飛機，指航空公司按照與租機人事先約定的條件及費用，將整架飛機租給包機人，從一個或幾個航空港裝運貨物至目的地。一般情況下，包機人要在貨物裝運前一個月左右與航空公司聯繫，以便航空公司安排運載和向起降機場及有關政府部門申請、辦理過境或入境的有關手續。

整包機的費用需隨國際市場供求情況變化一次一議，原則上是按每一飛行里程固定費率核收費用，並按每一飛行里程費用的80%收取空放費。因此，大批量貨物使用包機時，均要爭取來回程都有貨載以降低費用。

2. 部分包機

部分包機是指由幾家航空貨運公司或發貨人聯合包租一架飛機或者由航空公司把一架飛機的艙位分別賣給幾家航空貨運公司裝載貨物，一般運用於貨物容積不足一架整機機艙，但重量較重的貨物運輸。

3. 包機運輸的特點

對比班機運輸方式，包機運輸能夠有效解決班機倉位不足、空運旺季航班緊張的矛盾，也使非直達航班地區得以開展航空貨運，而且包機運輸可以節省時間和發

貨手續，減少貨損、貨差或丟失的現象。但包機運輸也存在運輸時間比班機長，各國政府對從事包機業務的外國航空公司實行各種限制等缺點。

(三) 集中托運

集中托運方式（Consolidation）已在世界範圍內普遍開展，形成較完善、有效的服務系統，為促進國際貿易發展和國際科技文化交流起了良好的作用。集中托運也成為中國進出口貨物的主要運輸方式之一。

1. 集中托運的含義和特點

集中托運指將若干票單獨發運的、發往同一方向的貨物集中起來作為一票貨，填寫一份總運單發運到同一到站的做法。集中托運的特點是：

(1) 節省運費。航空貨運公司的集中托運運價一般都低於航空公司的運價。發貨人可得到低於航空公司運價，從而節省費用。

(2) 提供方便。將貨物集中托運，可使貨物到達航空公司到達地點以外的地方，延伸了航空公司的服務，方便了貨主。

(3) 提早結匯。發貨人將貨物交與航空貨運代理後，即可取得貨物分運單，可持分運單到銀行盡早辦理結匯。

2. 集中托運的具體做法

(1) 將每一票貨物分別制定航空運輸分運單 HAWB（House Airway Bill）。

(2) 將所有貨物按照目的地相同即同一國家、同一城市的原則來分類集中，制定出航空公司的總運單 MAWB（Master Airway Bill）。總運單的發貨人和收貨人均為航空貨運代理公司。

(3) 整理該總運單項下的貨運清單（Manifest），即此總運單下的分運單數量、號碼及分運單貨件數、重量等。

(4) 把該總運單和貨運清單作為一整票貨物交給航空公司。一個總運單可視貨物具體情況隨附分運單（可以是一個分運單或多個分運單）。

(5) 貨物到達目的站機場後，當地的貨運代理公司作為總運單的收貨人負責接貨、分撥，按不同的分運單制定各自的報關單據並代為報關，為實際收貨人辦理有關接貨送貨事宜。

(6) 實際收貨人在分運單上簽收以後，目的站貨運代理公司以此向發貨的貨運代理公司反饋到貨信息。

3. 集中托運方式的限制

(1) 集中托運只適合辦理普通貨物，對於等級運價的貨物，如：貴重物品、危險品、活動物以及文物等不能辦理集中托運。

(2) 目的地相同或臨近的貨物才能辦理集中托運，如發往同一國家或地區的貨物。

(四) 聯運方式

陸空聯運是火車、飛機和卡車的聯合運輸方式，簡稱 TAT（Train-Air-Truck）；或火車、飛機的聯合運輸方式，簡稱 TA（Train-Air）。由於中國國際航空港口岸主要集中在北京、上海、廣州等大城市，因此中國空運出口貨物通常採用陸空聯運方

式，在貨量較大的情況下，往往採用陸運至國際航空口岸，再與國際航班銜接。

（五）航空速遞

航空速遞是目前國際航空運輸中最快捷的運輸方式，發展非常迅速。它不同於航空郵件和航空貨運，是指由經營此項業務的專業機構與航空公司合作，通過自身或其代理人用最快的速度在貨主、機長、收件人之間傳送急件的一種新型快速運輸方式。航空速遞目前主要有門/桌到門/桌（Door/Desk to Door/Desk）、門/桌到機場（Door/Desk to Airport）、專人派送（Courier on Board）三種服務方式。

三、集裝箱運輸

集裝箱運輸（Container Transport）是以集裝箱（Container）為運輸單位進行運輸的一種現代化的運輸方式，它可適用於各種運輸方式的單獨運輸和不同運輸方式的聯合運輸。集裝箱運輸的優點是加速貨物裝卸，提高港口吞吐能力；加速船舶週轉，減少貨損貨差；節省包裝材料，減少運雜費用，降低營運成本；簡化貨運手續和便利貨物運輸等。集裝箱運輸是運輸方式上的一大革命，它的出現和廣泛運用，對國際貿易產生了很大的影響。

（一）集裝箱的含義、種類

集裝箱是一種能反覆使用的便於快速裝卸的標準化金屬容器。國際標準化組織推薦了三個系列十三種規格的集裝箱，在國際運輸中常用的集裝箱規格為20英尺（1英尺＝0.304,8米）和40英尺兩種，即IA型8′×8′×40′，IAA型8.6′×8′×40′，IC型8′×8′×20′。按制箱材料分為鋁合金集裝箱、鋼板集裝箱、纖維板集裝箱、玻璃鋼集裝箱；按用途分為干集裝箱、冷凍集裝箱（Reefer container）、掛衣集裝箱（Dress Hanger Container）、開頂集裝箱（Opentop Container）、框架集裝箱（Flat Rack Container）、罐式集裝箱（Tank Container）。

（二）集裝箱運輸的特點

集裝箱運輸具有如下特點：

（1）在全程運輸中，可以將集裝箱從一種運輸工具直接方便地換裝到另一種運輸工具，而無須接觸或移動箱內所裝貨物。

（2）貨物從發貨人的工廠或倉庫裝箱後，可經由海陸空不同運輸方式一直運至收貨人的工廠或倉庫，實現「門到門」運輸而中途無須開箱倒載和檢驗。

（3）集裝箱由專門設備的運輸工具裝運，裝卸快、效率高、質量有保證。

（4）一般由一個承運人負責全程運輸，其優越性是：①提高裝卸效率，加速車船週轉；②提高運輸質量，減少貨損貨差；③便於貨物運輸，簡化貨運手續，加快貨運速度，縮短貨運時間；④節省包裝用料，減少運雜費，節省裝卸費用，減少營運費用，降低運輸成本；⑤節約勞動力，改善勞動條件；⑥節約倉容，壓縮庫存量，加速資金週轉。

（三）集裝箱運輸的主要關係方

集裝箱運輸的關係方主要有無船經營人、集裝箱實際承運人、集裝箱租賃公司、集裝箱堆場和集裝箱貨運站等。

（1）無船經營人（Non-vessel Operating Common Carrier，NVOCC）指專門經營集裝貨運的攬貨、裝拆箱、內陸運輸及經營中轉站或內陸站業務，其可以具備實際運輸工具，也可不具備。對貨主來講，無船經營人是承運人；而對實際承運人來說，無船經營人是托運人。通常無船經營人應受所在國法律制約，在政府有關部門登記。

（2）實際承運人（Actual Carrier）指掌握運輸工具並參與集裝箱運輸的承運人。通常擁有大量集裝箱，以利於集裝箱的週轉、調撥、管理以及集裝箱與車、船、機的銜接。

（3）集裝箱租賃公司（Container Leasing Company）僅指專門經營集裝箱出租業務的關係方。

（4）集裝箱堆場（Container Yard，CY）指辦理集裝箱重箱或空箱裝卸、轉運、保管、交接的場所。

（5）集裝箱貨運站（Container Freight Station，CFS）是處理拼箱貨的場所，在此辦理拼箱貨的交接，配載積載後將集裝箱送往集裝箱堆場（CY），並接受從CY交接的進口貨箱，進行拆箱、理貨、保管，最後分撥給各收貨人，同時也可按承運人的委託進行鉛封和簽發場站收據等業務。

（四）集裝箱運輸貨物的交接

集裝箱運輸按其裝載貨物所屬貨主可分為整箱貨和拼箱貨。整箱貨（Full Container Load，FCL）是指由貨方自行裝滿整箱後，直接送至集裝箱堆場（CY），整箱貨到達目的地後，送至堆場由收貨人提取。如果貨方貨物不足一整箱，需送至集裝箱貨運站（CFS），由承運人把不同貨主的貨物按性質、目的地進行拼裝，稱為拼箱貨（Less than Container Load，LCL）。拼箱貨到達目的地後也應送至貨運站，由承運人拆箱後由各收貨人分別提取。

每個集裝箱有固定的編號，裝箱後封閉箱門的鋼繩鉛封上印有號碼。集裝箱號碼和封印號碼可取代運輸標誌，顯示在主要出口單據上，成為運輸中的識別標誌和貨物特定化的記錄。集裝箱的交接方式應在運輸單據上予以說明。

按照集裝箱貨物裝箱方式的不同，當前國際上通用的交接方式有：整裝整拆（FCL/FCL）、整裝拼拆（FCL/LCL）、拼裝整拆（LCL/FCL）、拼裝拼拆（LCL/LCL）。

按貨物交接地點不同，交接方式可以分為：門到門（DOOR TO DOOR）、門到場（DOOR TO CY）、門到站（DOOR TO CFS）、場到門（CY TO DOOR）、場到場（CY TO CY）、場到站（CY TO CFS）、站到門（CFS TO DOOR）、站到場（CFS TO CY）和站到站（CFS TO CFS）。

（五）集裝箱運輸的費用

集裝箱運輸費用的構成比較複雜，以集裝箱海運為例，其運費包括內陸貨運港內運輸費（Inland Transport Charge）、拼箱服務費（LCL Service Charge）、堆場服務費（Terminal Handling Charge）、海運運費、集裝箱及其設備使用費（Fee for Use Container and Other Equipments）等。

四、其他運輸方式

(一) 鐵路運輸

鐵路運輸具有運行速度快、載運量較大、受氣候影響小、準確性和連續性強等優點。在國際貿易中，鐵路運輸在國際貨運中的地位僅次於海洋運輸。在中國對外貿易運輸中，鐵路運輸佔有一定比重。

中國對外貿易貨物使用鐵路運輸可分為國內鐵路運輸和國際鐵路貨物聯運（International Railway Through Goods Traffic）兩部分。國內鐵路運輸特指對港澳地區的鐵路運輸，即利用鐵路將供應港、澳地區的貨物運往香港九龍，或運至廣州南部轉船至澳門。國際鐵路貨物聯運是指在兩個或兩個以上國際鐵路運送中，參加國鐵路共同使用一份運輸票據，並以連帶責任辦理貨物的全程運送，在由一國鐵路向另一國鐵路移交貨物時，無須發貨人、收貨人參加的運輸方式。目前，用於規範國際鐵路聯運的國際協約主要是《國際鐵路貨物聯運公約》（簡稱國際貨約）和《國際鐵路貨物聯運協定》（簡稱國際貨協）。中國對周邊國家，如朝鮮、越南、蒙古、俄羅斯等國家的進出口貨物，大部分採用鐵路運輸。通過國際鐵路貨物聯運，使亞歐大陸連成一片，對發展中國與歐洲、亞洲國家的國際貿易提供了有利的條件。

(二) 公路運輸

公路運輸（Road Transportation）也是一種基本的陸路運輸方式。公路運輸靈活機動，能夠隨著公路網延伸到各個角落，可以方便地實現「門到門」運輸服務，同時公路運輸也是海洋、鐵路、航空等運輸方式集散貨物的重要手段。但公路運輸載貨量有限、運輸成本高、運輸風險較大。目前，公路運輸在中國對外貿易中占據一定地位，是中國邊疆地區同內陸鄰國間進行邊貿的主要貨物運輸手段。

(三) 內河運輸

內河運輸（Inland Water Transportation）是以船舶為運輸工具，內陸河流為運輸航道的貨物運輸，是除海上運輸外的另一種水上運輸方式，具有投資少、運量大、成本低，可以實現內陸同海港、空港等貨運站的有效連接，在進出口貨物的運輸和集散中起著重要作用。國際商會所規定的貿易術語中，適用於海上運輸的術語同樣也適用於內河運輸。中國有廣闊的內河運輸網，也有部分邊疆地區同鄰國邊境河流連接，隨著中國內河港口的進一步開放，將為中國對外貿易內河運輸提供有利的條件。

(四) 郵政運輸

郵政運輸又稱郵包運輸（Parcel Post Transport），是一種最簡便的運輸方式，國際郵件可分為函件和包裹兩大類。各國郵政部門之間訂立的協定和《萬國郵政公約》，保證了郵政運輸的暢通無阻、四通八達，形成了全球性的郵政運輸網，從而使國際郵政運輸得以在國際貿易中被廣泛使用。近年來，郵政特快專遞業務發展迅速，目前快遞業務主要有國際特快專遞（International Express Mail Service 簡稱 EMS）、DHL、UPS、FEDEX 和信使專遞（Courier Service）。

(五) 國際多式聯運

1980 年 5 月聯合國國際多式聯運公約第 2 次會議一致通過的《聯合國國際多式

聯運公約》，對國際多式聯運（International Multimodal Transport）做出如下定義：「國際多式聯運是指按照國際多式聯運合同，以至少兩種不同的運輸方式，由多式聯運經營人（Combined Transport Operator, CTO）將貨物從一國境內接管貨物的地點運至另一國境內指定交貨地點。為履行單一方式貨物合同所規定的貨物接送業務，則不應視為國際多式聯運。」

1. 國際多式聯運的特徵

（1）必須有一個多式聯運合同並使用全程提單（Combined Transport Bill of Lading）。

（2）必須由一個聯運經營人對貨主承擔全程的運輸責任。

（3）聯運經營人以單一費率向貨主收取全程運費。

（4）必須是國際間的貨物運輸。

（5）必須是採用兩種以上不同運輸方式銜接組成一個連貫的運輸。

國際多式聯運具有手續簡化、運輸速度較快、質量較高、運費計算方便、縮短發貨人回款時間的優點。貨物的交接方式可以採用門到門、門到港站、港站到港站、港站到門等多種方式。

2. 國際多式聯運經營人的性質和責任範圍

《聯合國國際多式聯運公約》對多式聯運經營人所下的定義是：「國際多式聯運經營人，是指其本人或通過其代表訂立多式聯運合同的任何人，他是貨主，而不是發貨人的代理或代表或參加多式聯運的承運人的代理人或代表，並且負有履行合同的責任。」其責任期間是從接受貨物之時起到交付貨物之時止，在此期間對貨主負全程運輸責任。根據多式聯運責任制的範圍和索賠限額，目前國際上一般有三種類型和做法：統一責任制（Uniform Liability System）、分段責任制又稱網狀責任制（Net Work Liability）、修正統一責任制（Modified Uniform Liability System）。

（六）大陸橋運輸

大陸橋運輸（Land Bridge Transport）是指使用橫貫大陸的鐵路或公路運輸系統作為中間橋樑，把大陸兩端的海洋運輸連接起來的連貫運輸方式。大陸橋運輸實際上是以鐵路為主體，以集裝箱為媒介，兼具集裝箱運輸和國際多式聯運的優點，將海運、公路、航空、河運、管道等多種運輸方式相結合，橫跨洲際大陸，實行海防銜接，「一票到底」的國際聯運。由於其突出的優點，大陸橋運輸越來越受到國際運輸界、貿易界的廣泛重視。目前運用較廣的是西伯利亞大陸橋、亞歐大陸橋及北美大陸橋。

與傳統的國際運輸方式相比，大陸橋運輸具有明顯的優勢：

第一，運輸距離大為縮短。大陸橋橫穿大陸，比繞道海路近得多，目前世界上開通的西伯利亞大陸橋、北美大陸橋和亞歐大陸橋 3 條主要大陸橋，一般比傳統的海運路線縮短 1/2～1/3。

第二，速度快、時間短。由於大陸橋運距較近，且能使用鐵路集裝箱專用直達車，中間環節少，運行速度快，從而節省了大量的途中運輸時間，並使運行時間有了保證。

第三，運行質量高。大陸橋運輸實行「一票到底」的「門到門」運輸，手續簡便、責任明確，加上陸上運輸安全可靠，集裝箱運輸貨損貨差減少，具有運行質量高、效益好的特點。

此外，還有一種 OCP（Over-land Common Point）運輸方式，它是指以美國落基山脈為界，除美國西海岸緊鄰太平洋的九個州以外，其他界東的廣大地區為內陸地區，是適用「OCP」的地區範圍。凡海運到美國西海岸港口再以陸路運往內陸地區的貨物，如提單上表明按 OCP 條款運輸，可享受比直達西海岸港口費率較低的優惠，相應的陸運運費率也有降低；而且向相反方向的運送也可得到相同的優惠。但是這種優惠只適用於貨物的最終目的地在 OCP 地區，而且必須經美國西海岸港口中轉。

(七) 管道運輸

管道運輸（Pipeline Transportation）是隨著石油的生產而產生和發展的，它是一種特殊的運輸方式，與普通貨物的運輸形態完全不同。普通貨物運輸是貨物隨著運輸工具的移動，貨物被運送到目的地，而管道運輸的運輸工具本身就是管道，是固定不動的，只是貨物本身在管道內移動，即它是運輸通道和運輸工具合二為一的一種專門運輸方式。管道運輸是貨物在管道內借高壓氣漿的壓力向目的地輸送的一種運輸方式。現代管道運輸起源於 19 世紀 60 年代的美國，但直到 20 世紀初，管道運輸才得到了迅速的發展。現代管道不僅可以輸送原油、各種石油成品、化學品、天然氣等液體和氣體物品，而且可以輸送礦砂、碎煤漿等。

1. 管道運輸的種類

管道運輸就其鋪設工程可分為架空管道、地面管道和地下管道，其中以地下管道應用最為普遍。視地形情況，一條管道也可能三者兼而有之。

管道運輸就其地理範圍可分為：油礦至聚油塔或煉油廠，稱為原油管道（Crude Oil Pipeline）；從煉油廠至海港或集散中心，稱為成品油管道（Product Oil Pipeline）；從海港至海上浮筒，稱為系泊管道（Buoy Oil Pipeline）。

管道運輸就其運輸對象又可分為液體管道（Fluid Pipeline）、氣體管道（Gas Pipeline）、水漿管道（Scurvy Pipeline）。

此外，管道運輸同鐵路運輸、公路運輸一樣，也有干線和支線之分。

2. 管道運輸的特點

管道運輸與其他運輸方式不同，概括起來它有以下特點：

(1) 運輸通道與運輸工具合二為一。
(2) 高度專業化，適於運輸氣體和液體貨物。
(3) 永遠是單方向運輸。

由於管道運輸有上述特點，可以概括出管道運輸的優點：

(1) 不受地面氣候影響並可以連續作業。
(2) 運輸的貨物無須包裝，節省包裝費用。
(3) 貨物在管道內移動，貨損貨差小。
(4) 費用省，成本低。

（5）單向運輸，無回空運輸問題。
（6）經營管理比較簡單。
但管道運輸也存在如下局限：
（1）運輸貨物過於專門化，僅限於液體和氣體貨物。
（2）永遠單向運輸，機動靈活性差。
（3）固定投資大。

第二節 合同中的裝運條款

採用海洋運輸方式時，合同中的裝運條款主要包括裝運期、裝運港和目的港，是否允許分批裝運和轉船、裝運通知等項內容。

一、裝運期

裝運期（Time of Shipment）是買賣合同中的一項主要條件。如果賣方未能在規定的期限內將貨物裝船，即構成違約，買方有權撤銷合同並要求賣方賠償損失。因此，合理規定裝運期對於買賣雙方（特別是賣方）來說至關重要。

（一）確定裝運期應考慮的問題

1. 貨源情況

裝運期的遠近，應與生產安排的可能性及貨物庫存情況相適應。如對貨源無把握就盲目成交，有可能出現到時交不了貨的情況。

2. 運輸條件

在以 CFR 和 CIF 條件出口或 FOB 進口時，對裝運期的規定應考慮有關的運輸條件。對於有直達船、航次較多的港口，裝運期可適當縮短；反之，裝運期應較長一些。否則，就有可能出現到時租不到船或訂不到艙位，無法安排貨物裝船的情況。

3. 貨物特點

對於一些品質易受氣候影響的貨物，在規定裝運期時，應考慮貨物本身的特點，盡可能避開氣候的不利影響。如茶葉易受潮發霉，應避免在雨季裝運。

4. 進口國市場需求

裝運期的規定應與進口國市場需求的季節性相適應。

（二）裝運期的規定方法

1. 定期裝運

（1）規定在一段期間內裝運。例如：「1993 年 8 月裝運」（Shipment during August 1993）；「1994 年 5/6 月份裝運」（Shipment during May/June 1994）。

（2）規定最遲的裝運期限。例如：「1994 年 3 月底前裝運」（Shipment on or before the end of March 1994）。

2. 不定期裝運

例如：「收到信用證後 30 天內裝運」（Shipment within 30 days after receipt of L/

C）。採用這種規定辦法，裝運期完全取決於開證期，如買方拖延或拒絕開證，賣方將陷於被動。因此，必須同時規定信用證的開出或開到期限。例如：「買方最遲應於 1993 年 11 月 15 日前將有關信用證開抵賣方」（The relevant L/C must reach the sellers not later than 15th November 1993）。

3. 近期裝運

採用一些術語規定近期裝運，例如：「立即裝運」（Immediate shipment）、「即期裝運」（Prompt shipment）、「盡快裝運」（Shipment as soon as possible）等。需要注意的是，國際上對上述術語並無統一的解釋，很容易造成分歧，因此，除非買賣雙方對此已有共同的理解，一般應避免使用。

二、裝運港和目的港

裝運港（Port of Shipment）是貨物起始裝運的港口，一般由賣方提出，經買方同意後確定。目的港（Port of Destination）是貨物最終卸貨的港口，一般由買方提出，經賣方同意後確定。

一般情下，只規定一個裝運港和一個目的港。有時根據具體情況和需要，也可規定兩個以上的港口為裝運港或目的港。在 FOB 合同中如規定兩個或兩個以上的裝運港，則在合同中必須同時規定賣方通知買方確切裝運港的最遲期限，以便買方派船接貨。在 CIF 或 CFR 合同中如規定兩個或兩個以上的目的港，則在合同中必須同時規定買方通知賣方確切目的港的最遲期限，以便賣方辦理貨物運輸手續。

有時買方在按 CIF 或 CFR 條件成交時尚未找到貨物的合適買主。為適應「賣路貨」（將進口在途貨物轉賣出去）的需要，買方往往要求採用「選擇港」（Optional Ports）的做法，即在幾個選擇港中，買方有權於裝貨船舶抵達第一個選擇港前，按船公司規定的時間將最後確定的目的港通知該港的船公司代理人，否則，船方有權在任何一個選擇港卸貨。對於賣方來說，在規定選擇港條款時應注意以下幾點：①選擇港必須在同一航線上，必須是一般班輪公司的船舶都掛靠的基本港口，且選擇港的數目一般不能超過三個；②在合同中明確規定買方通知最後目的港的時間；③規定由於選擇目的港所增加的運費、附加費由買方負擔。

此外，在規定裝卸港口時，還應注意：①力求具體明確，一般不能籠統規定為「歐洲主要港口」（Main European Ports）或者「日本口岸」（Japanese Ports）等；②不能以內陸城市作為裝卸港；③注意港口有無重名問題，凡有重名的港口，應加註所在國或地區的名稱。

三、分批裝運和轉船

（一）分批裝運（Partial Shipment）

它是指對一筆成交的貨物分若干批次裝運。但同一船只、同一航次的多次裝運，即使提單上載有不同的裝船日期及（或）不同的裝運港口，也不作分批裝運論。關於分批裝運，主要有以下幾種規定方法：

1. 「不允許分批裝運」（Partial Shipment Not Allowed）
2. 「允許分批裝運」（Partial Shipment Allowed）

採用這種規定方法，賣方可以一次性交貨，也可以分若干批交貨，且每批數量不受限制，因此，對賣方來說比較有利。

3.「四月至六月分三批每月平均裝運」(Shipment during April/May/June in three equal monthly lots)

採用這種規定方法，賣方的機動餘地很小，只要其中任何一批未能按時按量裝運，就構成違約。因此，賣方不應輕易接受此類規定。

（二）轉船（Transhipment）

它是指貨物在裝運港起運後，需在某中途港口轉換其他船只，再行運往目的港。如果從裝運港至目的港沒有直達船，或者雖有直達船，但船期不定或航次較少，合同中應明確規定「允許轉船」(Transhipment Allowed)。至於轉船的具體事項（中轉港名稱、第二程船名等），一般不在合同中做出具體規定，而是由承運人決定。

四、裝運通知

裝運通知（Shipping Advice）是買賣雙方為共同做好船貨銜接工作，在合同中加以約定的一項重要條款。裝運通知有以下兩種情況：

（1）在 FOB 條件下，賣方應在裝運期前若干天（一般是 30 天或 45 天）向買方電發貨物備妥通知，以便買方及時派船接貨。買方接到通知後，應在規定時間內將船名、船舶到港受載日期等通知賣方，以便賣方及時安排貨物出運。

（2）在貨物裝船後，賣方應立即將合同號碼、貨物名稱、數量、發票金額、船名及裝船日期等項內容電告買方，以便買方辦理保險（CFR 條件下）並做好提貨、報關的準備。在 CFR 條件下，如果因賣方未及時向買方發出裝運通知而致使買方未能及時投保，賣方應承擔有關風險與損失。

第三節　國際貨物的運輸保險

國際貨物運輸不管採取何種運輸方式，由於貨物必然發生空間或時間的大跨度，使貨物在運輸過程中往往會遭遇各種風險，從而導致貨物不同程度的損失。因此，通過辦理國際貨物運輸保險，將貨物在運輸途中可能發生的風險轉移給保險人，從而減少貨方的經濟損失。

一、海上運輸貨物保險

（一）海上貨物運輸風險、損失、費用

1. 海上貨物運輸的風險

風險是造成損失的原因，保險業把海上貨物運輸的風險分成海上風險和外來風險。

（1）海上風險。

海上風險（Peril of Sea）包括自然災害和意外事故，一般是指船舶或貨物在海

上運輸過程中發生的風險,但在國際保險實務中,海上風險還包括與海上運輸航行有關的、發生在陸地或海河等處的事故災害。

自然災害(Natural Calamities)並非指一般自然力量所造成的災害,僅指如雷電、洪水、流冰、地震、海嘯等惡劣氣候,及其他人力不可抗拒的災害。

意外事故(Fortuitous Accidents)是指運輸工具由於偶然的、非意料中的原因發生的事故,主要包括船舶擱淺、觸礁、沉沒、碰撞、失火、爆炸以及失蹤等具有明顯海洋特徵的重大意外事故。

(2)外來風險。

外來風險(Extraneous Risk)是指海上風險以外的各種風險,分為一般外來風險和特殊外來風險。一般外來風險是指偷竊、破碎、滲漏、受潮、受熱、串味、生鏽、鉤損、短量、淡水雨淋等。特殊外來風險主要是指由於軍事、政治及行政法令等原因造成的風險,從而引起貨物損失。如戰爭、罷工、交貨不到、拒收等。

2. 海上貨物運輸的損失

海上貨物運輸的損失又稱海損(Average),指貨物在海上運輸過程中由於海上風險而造成的損失,海損也包括與海運相連的陸運和內河運輸過程中的貨物損失。海上損失按損失的程度可以分成全部海損和部分海損;按照貨物損失的性質,可分為共同海損和單獨海損。在保險實務中,共同海損和單獨海損均屬部分損失。

(1)全部海損。

全部海損(Total Loss)又稱全損,指整批被保險貨物或其中可以完全分割開來的一部分遭受全部滅失或等同於全部滅失的損失。按照全損的性質不同,可分為實際全損(Actual Total Loss)和推定全損(Constructive Total Loss)。實際全損是指貨物全部滅失或全部變質而不再有任何商業價值。推定全損是指貨物遭受風險後受損,儘管未達實際全損的程度,但實際全損已不可避免,或者為避免實際全損所支付的費用和繼續將貨物運抵目的地的費用之和超過了保險價值。推定全損需經保險人核查後認定。

(2)部分海損。

不屬於實際全損和推定全損的損失為部分海損(Partial Loss),按照造成損失的原因可分為共同海損和單獨海損。

共同海損(General Average)是指在海洋運輸途中,當船舶、貨物或其他財產遭遇共同危險,船方為了解除共同危險,有意採取合理的救難措施所直接造成的特殊犧牲和支付的特殊費用。在船舶發生共同海損後,凡屬共同海損範圍內的犧牲和費用,均可通過共同海損清算,由有關獲救受益方(即船方、貨方和運費收入方)根據獲救價值按比例分攤,然後再向各自的保險人索賠。共同海損分攤涉及的因素比較複雜,一般均由專門的海損理算機構進行理算(Adjustment)。

單獨海損(Particular Average)是指不具有共同海損性質,僅涉及船舶或貨物所有人單方面的、未達到全損程度的損失。

3. 海上貨物運輸保險的費用

海上風險還會造成費用支出,即在發生保險責任範圍內事故時,為了避免被保

險貨物遭受損失或減少損失而進行施救行為產生的費用支出。這些費用主要包括：

施救費用（Sue and Labour Expense）是指被保險貨物在遭受承保責任範圍內的災害事故時，被保險人或其代理人或保險單受讓人，為了避免或減少損失，採取各種措施而支出的合理費用。

救助費用（Salvage Charge）是指保險人或被保險人以外的第三者採取了有效的救助措施而產生的由被救方承擔的費用。

特別費用（Special Charges）是專指船舶在遭遇保險責任範圍內保險事故後，因避難引起的費用。

保險人對上述費用都負責賠償，但賠付總和不超過保險金額為限。

（二）海上運輸保險的險別

海上運輸保險的保險條款都由各國保險公司按照各自需要自行制定，在國際保險實務中影響較大並有代表性的保險條款是倫敦保險協會所制定的《協會貨物條款》，中國主要使用《中國人民保險公司海洋貨物運輸保險條款》。保險貨物的險別分為基本險和附加險，附加險不能單獨投保，只能在投保基本險的前提下加保。

1. 基本險險別

（1）平安險（Free from Particular Average，FPA）。

平安險這一名稱在中國保險行業中沿用甚久，其英文原意是指單獨海損不負責賠償。根據國際保險界對單獨海損的解釋，它是指部分損失。因此，平安險的原來保障範圍只賠全部損失，但在長期實踐的過程中對平安險的責任範圍進行了補充和修訂，當前平安險的責任範圍已經超出只賠全損的限制，保險人對於特定意外事故（如擱淺、觸礁、沉沒、焚毀等）所引起的單獨海損亦予以承保。概括起來，平安險的責任範圍主要包括：

第一，在運輸過程中，由於自然災害和運輸工具發生意外事故，被保險貨物的實際全損或推定全損。

第二，由於運輸工具遭擱淺、觸礁、沉沒、互撞、與流冰或其他物體碰撞以及失火、爆炸等意外事故造成的全部或部分損失。

第三，在運輸工具已經發生擱淺、觸礁、沉沒、焚毀等意外事故的情況下，在此前後又在海上遭惡劣氣候、雷電、海嘯等自然災害所造成的被保險貨物的部分損失。

第四，在裝卸或轉船過程中，被保險貨物一件或數件落海所造成的全部或部分損失。

第五，運輸工具遭受自然災害或意外事故後，在避難港卸貨引起被保險貨物的損失以及在中途港或避難港口停靠時引起的卸貨、裝貨、存倉以及運送貨物所產生的特別費用。

第六，發生共同海損所引起的犧牲、公攤費和救助費用。

第七，發生了保險責任範圍內的危險，被保險人對貨物進行搶救，防止或減少損失的各種措施，因而產生合理施救費用。但是保險公司承擔的施救費用限額不能超過這批被救貨物的保險金額，施救費用可以在賠款金額以外的一個保險金額限度

內承擔。

第八，運輸契約訂有「船舶互撞條款」時，根據該條款規定應由貨方償還船方的損失。

(2) 水漬險。

水漬險（With Particular Average，簡稱 WPA 或 WA）的責任範圍除了包括上列「平安險」的各項責任外，還負責被保險貨物由於惡劣氣候、雷電、海嘯、地震、洪水等自然災害所造成的部分損失。

(3) 一切險。

一切險（All Risks）的責任範圍除包括上列「平安險」和「水漬險」的所有責任外，還包括貨物在運輸過程中，因各種一般外來風險所造成保險貨物的全部或部分損失，保險公司都給予賠償。

上述三種險別都是貨物運輸的基本險別，被保險人可以從中選擇一種投保。此外，投保人可以申請擴展保險期，經保險公司出立憑證予以延長，每日加收一定保險費。在上述三種基本險別中都明確規定了除外責任（Exclusion）。

2. 附加險險別

(1) 一般附加險。

偷竊提貨不著險（Theft Pilferage and Non-delivery，簡稱 T. P. N. D.）指在保險有效期內，保險貨物被偷走或竊走，以及貨物運抵目的地以後整件或全部未提交的損失。

淡水雨淋險（Fresh Water Rain Damage，簡稱 F. W. R. D.）指貨物在運輸中，由於淡水、雨水以及雪融所造成的損失。淡水包括船上淡水艙、水管漏水以及汗等。

短量險（Risk of Shortage）指被保險貨物數量短少和重量短少的損失。通常對於包裝貨物的短少，保險公司必須要查清外包裝是否發生如破口、破袋、扯縫等異常現象；如屬散裝貨物，往往以裝運重量（Shipping Weight）和卸貨重量（Landing Weight）的差額作為計算短量的依據，但不包括自然損耗（Natural Loss）和正常損耗（Normal Loss）。

混雜、沾污險（Risk of Intermixture & Contamination）指被保險貨物在運輸過程中，混進了雜質所造成的損失。例如礦石等混進了泥土、草屑等從而使質量受到影響。此外保險貨物因為和其他物質接觸而被沾污，例如布匹、食物、服裝等被油類或帶色的物質污染因而引起的經濟損失。

滲漏險（Risk of Leakage）指流質、半流質的液態物質以及需要用液體浸泡的貨物，在運輸過程中因為容器損壞而引起的滲漏損失。如以液體裝存的濕腸衣，因為液體滲漏而使腸衣發生腐爛、變質等損失。

碰損、破碎險（Risk of Clash & Breakage）。碰損主要是對金屬、木質等貨物而言，破碎則主要是針對易碎性物質。前者是指在運輸途中，因為受到震動、顛簸、擠壓而造成貨物本身的損失；後者是在運輸途中，由於裝卸野蠻、粗魯、運輸工具的顛震造成貨物本身的破裂、斷碎的損失。

串味險（Risk of Odour）指承保貨物在運輸途中因受其他異味貨物的影響而造

成的損失。例如茶葉、香料、藥材等在運輸途中受到一同堆儲的皮革、樟腦等貨物異味的影響使品質受到損失。

受熱、受潮險（Damage Caused by Heating & Sweating）指船舶在航行途中，由於氣溫驟變或者因為船上通風設備失靈等使艙內水汽凝結、發潮、發熱引起貨物的損失。

鈎損險（Hook Damage）指被保險貨物在裝卸過程中因為使用手鈎、吊鈎等工具所造成的損失，如糧食包裝袋因吊鈎鈎壞而造成糧食外漏的損失。

包裝破裂險（Loss for Damage by Breakage of Packing）指由於包裝破裂造成物資的短少、沾污等損失。此外，對於因被保險貨物運輸過程中出於續運安全的需要而產生的調換包裝所支付的費用。

銹損險（Risk of Rusting）指保險公司負責被保險貨物在運輸過程中因生鏽而造成的損失。這種生鏽必須在保險期內發生，如原裝時就已生鏽，保險公司不承擔賠付責任。

上述11種附加險，不能獨立承保，它必須附屬於主要險別下，即只有在投保了主要險別以後，投保人才允許投保附加險。投保「一切險」後，上述險別均包括在內。

（2）特別附加險和特殊附加險。

特別附加險也屬附加險類內，是以導致貨損的某些政府行為風險作為承保對象的，它不包括在「一切險」範圍，不論被保險人投任何基本險，要想獲取保險人對政府行為等政治風險的保險保障，必須與保險人特別約定，經保險人特別同意；否則，保險人對此不承擔保險責任。

中國保險公司目前開辦的特別附加險主要有6種，包括交貨不到險（Failure to Delivery Risk）、進口關稅險（Import Duty Risk）、艙面險（On Deck Risk）、黃曲霉素險（Aflatoxin Risk）、拒收險（Rejection Risk）和出口貨物到香港（包括九龍在內）或澳門存儲倉火險責任擴展條款（Fire Risk Extension Clauses for Storage of Cargo at destination Hongkong, including Kowloon, or Macao）。

特殊附加險主要包括戰爭險（War Risk）和罷工險（Strike Risk），是當前國際海上貨物運輸保險中普遍適用的。罷工險與戰爭險的關係密切，按國際海上保險市場的習慣，保了戰爭險，再加保罷工險時一般不再加收保險費，所以一般被保險人在投保戰爭險的同時加保罷工險。

（三）除外責任

除外責任（Exclusion）是指保險公司明確規定不予承保的損失和費用。

根據《中國人民保險公司海運貨物運輸保險條款》的規定，基本險的除外責任主要包括：被保險人的故意行為或過失造成的損失；屬於發貨人責任引起的損失；保險責任開始前，被保險貨物已存在的品質不良或數量短差所造成的損失；被保險貨物的自然損耗、本質缺陷、特性以及市價跌落、運輸延遲所造成的損失或費用；戰爭險和罷工險的責任範圍和除外責任。

海洋運輸貨物戰爭險的除外責任包括：由於敵對行為使用原子或熱核製造的武

器（如原子彈、氫彈等）所致的損失和費用；根據執政者、當權者，或其他武裝集團的扣押、拘留引起的承保航程的喪失和挫折而提出的任何索賠。

海洋運輸貨物罷工險以罷工引起的間接損失為除外責任，即在罷工期間由於勞動力短缺或不能運輸所致被保險貨物的損失，或因罷工引起動力或燃料缺乏使冷藏機停止工作所致冷藏貨物的損失。

（四）保險責任起訖

《中國人民保險公司海洋貨物運輸保險條款》規定，基本險承保責任起訖期限或稱保險期限，採用國際保險業務中慣用的「倉至倉條款」（Warehouse to Warehouse Clause，簡稱 W/W 條款），即保險責任自被保險貨物離開保險單所載明的起運地倉庫或儲存處所開始運輸時生效，包括正常運輸過程中的海上、陸上、內河和駁船運輸在內，直至該項貨物到達保險單所載明目的地收貨人的最後倉庫或儲存處所或被保險人用作分配、分派或非正常運輸的其他儲存處所為止。如未抵達上述倉庫或儲存處所，則以被保險貨物在最後卸載港全部卸離海輪後滿 60 天為止。如在上述 60 天內被保險貨物需轉運至非保險單所載明的目的地時，則於貨物開始轉運時終止。

戰爭險保險責任的起訖採用的是保險人只負責水面風險的原則，即從貨物裝上海輪或駁船時開始至貨物運抵目的港卸離海輪為止。如果不卸離海輪，則以貨物到達目的港當日午夜起 15 天為限。

二、航空運輸貨物保險

保險公司承保通過航空運輸的貨物，保險責任是以飛機作為主體來加以規定的。航空運輸貨物保險也分為航空運輸險和航空運輸一切險兩種，被保險貨物在投保航空運輸險和航空運輸一切險後，還可經協商加保航空運輸貨物戰爭險等附加險。航空運輸一切險對被保險貨物在運輸中由於外來原因造成的包括被偷竊、短少等全部或部分損失負賠償之責。同樣，在航空運輸貨物保險的情況下，其除外責任與海洋運輸貨物保險的除外責任相同。

（一）航空運輸險及航空運輸一切險

航空運輸險（Air Transportation Risk）負責賠償被保險貨物在運輸途中遭受雷電、火災、爆炸或由於飛機遭受惡劣氣候或其他危難事故而被拋棄，或由於飛機遭碰撞、傾覆、墜落或失蹤意外事故所造成全部或部分損失，以及被保險人對遭受承保責任內危險的貨物採取搶救、防止或減少貨損的措施而支付合理費用，但以不超過該批被救貨物的保險金額為限。

航空運輸一切險（Air Transportation All Risks）除包括上列航空運輸險責任外，還負責被保險貨物由於外來原因所致的全部或部分損失。

（二）除外責任

航空運輸貨物保險對下列損失不負賠償責任：

（1）被保險人的故意行為或過失所造成的損失。
（2）屬於發貨人責任所引起的損失。

（3）保險責任開始前，被保險貨物已存在品質不良或數量短差造成的損失。

（4）被保險貨物的自然損耗、本質缺陷、特性以及市價跌落、運輸延遲所引起的損失或費用。

（5）航空運輸貨物戰爭險條款及罷工險條款規定的責任範圍和除外責任。

（三）責任起訖

（1）航空運輸貨物保險負「倉至倉」責任，自被保險貨物運離保險單所載明的起運地倉庫或儲存處所開始運輸時生效，包括正常運輸過程中的運輸工具在內，直至該項貨物運達保險單所載明目的地收貨人的最後倉庫或儲存處所或被保險人用作分配、分派或非正常運輸的其他儲存處所為止。如未運抵上述倉庫或儲存處所，則以被保險貨物在最後卸載地卸離飛機後滿30天為止。如在上述30天內被保險的貨物需轉送到非保險單所載明的目的地時，則以該項貨物開始轉運時終止。

（2）由於被保險人無法控制的運輸延遲、繞道、被迫卸貨、重新裝載、轉載或承運人運用運輸契約賦予的權限所做的任何航行上的變更或終止運輸契約，致使被保險貨物運到非保險單所載目的地，在被保險人及時將獲知的情況通知保險人，並在必要時加繳保險費的情況下，保險責任仍繼續有效並按下述規定終止：

①被保險貨物如在非保險單所載目的地出售，保險責任至交貨時為止。但不論任何情況，均以被保險的貨物在卸載地卸離飛機後滿30天為止。

②被保險貨物在上述30天期限內繼續運往保險單所載原目的地或其他目的地時，保險責任仍按上述第1款的規定終止。

（四）被保險人義務

被保險人應按照以下規定的應盡義務辦理有關事項：

（1）當被保險貨物運抵保險單所載目的地以後，被保險人應及時提貨，當發現被保險貨物遭受任何損失，應即向保險單上所載明的檢驗、理賠代理人申請檢驗。如發現被保險貨物整件短少或有明顯殘損痕跡，應即向承運人、受託人或有關當局索取貨損貨差證明。如果貨損貨差是由於承運人、受託人或其他有關方面的責任所造成，應以書面方式向他們提出索賠，必要時還須取得延長時效的認證。

（2）對遭受承保責任內危險的貨物，應迅速採取合理的搶救措施，防止或減少貨物損失。

（3）在向保險人索賠時，必須提供下列單證：保險單正本、提單、發票、裝箱單、磅碼單、貨損貨差證明、檢驗報告及索賠清單，如涉及第三者責任還須提供向責任方賠償的有關函電及其他必要單證或文件。

（五）索賠期限

本保險索賠時效，從被保險貨物在最後卸載地卸離飛機後起計算，最多不超過2年。

三、集裝箱運輸貨物保險

在集裝箱運輸中發生貨損貨差，承運人應承擔的最高賠償額、拼箱貨的責任限制與傳統貨物運輸相同。整箱貨的賠償按照目前的國際慣例，如果提單上沒有列明

箱內所裝貨物的件數，每箱作為一個理賠計算單位；如提單上列明箱內載貨件數的，仍按件數計算。如果貨物的損壞和滅失，不屬海運，而是在內陸運輸中發生的，則按陸上運輸最高賠償額辦理。如集裝箱是由托運人所有或提供時，遇有滅失或損壞，其責任確屬承運人應承擔者，亦應視作一個理賠計算單位。

集裝箱貨物運輸保險根據實際運輸工具的不同，分別按照海上貨物運輸保險、陸上運輸貨物保險、航空運輸貨物保險執行，但由於集裝箱運輸的特殊性，又略有差別。以海上運輸為例，海上集裝箱運輸貨物保險的保險責任基本與海上運輸貨物保險責任範圍相同，但根據中國《進口集裝箱貨物運輸保險特別條款》的規定受下列幾條的限制：

（1）進口集裝箱貨物運輸保險責任按原運輸險保險單責任範圍負責，但保險責任至原保險單載明的目的港收貨人倉庫終止。

（2）集裝箱貨物運抵目的港，原箱未經啟封而轉運內地的，其保險責任至轉運目的地收貨人倉庫終止。

（3）如集裝箱貨物運抵目的港或目的港集裝箱轉運站，一經啟封開箱，全部或部分箱內貨物仍需繼續轉運內地時，被保險人或其代理人必須徵得目的港保險公司同意，按原保險條件和保險金額辦理加批加費手續後，保險責任可至轉運單上標明的目的地收貨人倉庫終止。

（4）集裝箱在目的港轉運站、收貨人倉庫或經轉運至目的地收貨人倉庫，被發現箱體有明顯損壞或鉛封被損壞或滅失，或鉛封號碼與提單、發票所列的號碼不符時，被保險人或其代理人或收貨人應保留現場，保存原鉛封，並立即通知當地保險公司進行聯合檢驗。

（5）凡集裝箱箱體無明顯損壞，鉛封完整，經啟封開箱後，發現內裝貨物數量規格等與合同規定不符，或因積載或配載不當所致的殘損不屬保險責任。

（6）進口集裝箱貨物殘損或短缺涉及承運人或第三者責任的，被保險人有義務先向有關承運人或第三者取證，進行索償和保留追索權。

（7）裝運貨物的集裝箱必須具有合格的檢驗證書，如因集裝箱不適而造成的貨物殘損或短少不屬保險責任。

四、其他運輸方式保險

（一）陸上運輸貨物保險

陸上運輸貨物保險分為陸運險和陸運一切險兩種。陸上運輸貨物的附加險為陸上運輸貨物戰爭險（Overland Transportation Cargo War Risk by Train），該險種只限於火車運輸。

1. 陸運險及陸運一切險

陸運險（Overland Transportation Risk）承保範圍包括被保險貨物在運輸途中遭受暴風、雷電、洪水、地震自然災害，或由於運輸工具遭受碰撞、傾覆、出軌，或在駁運過程中因駁運工具遭受擱淺、觸礁、沉沒、碰撞，或由於遭受隧道坍塌、崖崩或失火、爆炸意外事故所造成的全部或部分損失，以及被保險人對遭受承保責任

內危險的貨物採取搶救、防止或減少貨損的措施而支付的合理費用，但以不超過該批被救貨物的保險金額為限。

陸運一切險（Overland Transportation All Risks）責任範圍除包括上列陸運險的責任外，本保險還負責被保險貨物在運輸途中由於外來原因所致的全部或部分損失。

2. 除外責任

陸運險對下列損失不負賠償責任：

（1）被保險人的故意行為或過失所造成的損失。

（2）屬於發貨人責任所引起的損失。

（3）在保險責任開始前，被保險貨物已存在的品質不良或數量短差所造成的損失。

（4）被保險貨物的自然損耗、本質缺陷、特性以及市價跌落、運輸延遲所引起的損失或費用。

（5）陸上運輸貨物戰爭險條款和貨物運輸罷工險條款規定的責任範圍和除外責任。

（二）郵包險條款

根據《郵包保險條款》的規定，該保險分為郵包險和郵包一切險兩種。此外，郵包戰爭險(Parcel Post War Risk)是可以在基本險基礎上加保的一種附加險。

1. 郵包險及郵包一切險

郵包險（Parcel Post Risk）承保被保險郵包在運輸途中由於惡劣氣候、雷電、海嘯、地震、洪水自然災害或由於運輸工具遭受擱淺、觸礁、沉沒、碰撞、傾覆、出軌、墜落、失蹤，或由於失火、爆炸意外事故所造成的全部或部分損失，以及被保險人對遭受保險責任內危險的貨物採取搶救、防止或減少貨損的措施而支付的合理費用，但以不超過該批救貨物的保險金額為限。

郵包一切險（Parcel Post All Risks）除包括上述郵包險的各項責任外，還負責被保險郵包在運輸途中由於外來原因所致的全部或部分損失。

2. 除外責任

郵包險對下列損失不負賠償責任：

（1）被保險人的故意行為或過失所造成的損失。

（2）屬於發貨人責任所引起的損失。

（3）在保險責任開始前，被保險郵包已存在的品質不良或數量短差所造成的損失。

（4）被保險郵包的自然損耗、本質缺陷、特性以及市價跌落、運輸延遲所引起的損失或費用。

（5）本公司郵包戰爭險條款和貨物運輸罷工險條款規定的責任範圍和除外責任。

3. 責任起訖

郵包險責任自被保險郵包離開保險單所載起運地點或寄件人的處所運往郵局時開始生效，直至該項郵包運達本保險單所載目的地郵局，自郵局簽發到貨通知書當

日午夜起算滿 15 天終止。但在此期限內郵包一經遞交至收件人的處所時，保險責任即行終止。

4. 被保險人的義務

被保險人應按照以下規定的應盡義務辦理有關事項，如因未履行規定的義務而影響保險人利益時，保險人對有關損失有權拒絕賠償。

（1）當被保險郵包運抵保險單所載明的目的地以後，被保險人應及時提取包裹，當發現被保險郵包遭受任何損失，應即向保險單上所載明的檢驗、理賠代理人申請檢驗。如發現被保險郵包整件短少或有明顯殘損痕跡，應即向郵局索取短、殘證明，並應以書面方式向其提出索賠，必要時還須取得延長時效的認證。

（2）對遭受承保責任內危險的郵包，應迅速採取合理的搶救措施，防止或減少郵包的損失，被保險人採取此項措施，不應視為放棄委付的表示，保險人採取此項措施，也不得視為接受委付的表示。

（3）在向保險人索賠時，必須提供下列單證：保險單正本、郵包收據、發票、裝箱單、磅碼單、貨損貨差證明、檢驗報告及索賠清單。如涉及第三者責任，還須提供向責任方追償的有關函電及其他必要單證或文件。

5. 索賠期限

本保險索賠時效，從被保險郵包遞交收件人時起算，最多不超過 2 年。

第四節　合同中的保險條款

買賣雙方如果按 FOB 或 CFR 條件成效，由買方承擔貨物在裝運港越過船舷後的一切風險，因此，合同中的保險條款要規定為：

「保險：由買方投保。」（Insurance：To be covered by the buyers.）

如果買方委託賣方代辦，則保險條款可規定為：

「保險：買方委託賣方按發票金額的××%代為投保××險，保險費用由買方承擔。」（Insurance：To be covered by the sellers on behalf of the buyers for…% of invoice value against…（Risks），premium to be for buyers'account.）

買賣雙方如果按 CIF 條件成交，由賣方負責辦理貨物運輸保險，而貨物在裝運港越過船舷後的一切風險仍由買方承擔。這樣，買方為維護本身的利益，希望在已商定價格的條件下盡可能擴大險種、增加保險金額，而賣方則希望投保基本險別、降低保險金額，以減少保險費的支出。為了避免在保險問題上發生爭議，買賣雙方應在合同保險條款中明確賣方需要投保的險別及金額。如有必要，買方還可指定承保的保險公司或適用的保險條款。例如：

「保險：由賣方按發票金額的××%投保××險，以×年×月×日×××保險公司×××保險條款為準。」（Insurance：To be covered by the sellers for…% of invoice value against…（Risks）as per…（Clause）of…（Insurance Company）dated…（Date）.）

第九章
國際貿易結算

第一節　國際貿易結算中的票據

在國際貿易結算中，票據指由出票人簽名於其上、無條件約定由自己或另一人支付一定金額給持票人的、代替現金充當流通手段和信貸工具及結算工具的、可以流通和轉讓的債權憑證，具體包括匯票、本票和支票三種以支付金錢為目的的信用工具。

一、匯票

（一）匯票的含義及當事人

關於匯票的含義，不同國家的票據法在文字表述上略有不同，按照各國廣泛引用的《英國票據法》的解釋，匯票（Bill of Exchange）是由一個人向另一個人簽發的，要求受票人見票時或於未來某一規定的或可以確定的時間，向某一特定的人或其指定的人或持票人支付一定金額的無條件的書面命令。作為一種無條件的支付命令，匯票必定涉及付款人和收款人，還有簽發付款命令及接受付款命令的人，即匯票的幾個基本當事人。簽發匯票的人叫出票人（Drawer），接受匯票的人叫受票人（Drawee），付款人是支付款項的人，通常就是受票人，而收款人則是匯票的受益人或匯票所指款項的接受人。在國際貿易中，出票人通常為出口方，受票人一般是進口方或其往來銀行，收款人可能是出口方本人或其開戶銀行，也就是說，國際貿易結算中的匯票往往是出口方向進口方簽發的無條件的付款命令。

（二）匯票的種類

根據不同的劃分依據，匯票可以分為不同的類別：

1. 銀行匯票（Bank's Bill）和商業匯票（Commercial Bill）

按照出票人不同，匯票可以分為銀行匯票和商業匯票，其中，銀行匯票是一家銀行向另一家銀行簽發的書面支付命令，其出票人和受票人都是銀行；商業匯票是由商號或個人簽發的，其出票人一定不是銀行，其受票人可以是銀行、商號或個人。銀行匯票的信用基礎是銀行信用，商業匯票的信用基礎是商業信用。根據英國的商業習慣，如果匯票的出票人和付款人同屬某一機構，則此匯票可以被看作本票，因

此，出票人和付款人為同一銀行的匯票可以被視作銀行本票。

2. 光票（Clean Bill）和跟單匯票（Documentary Bill）

根據有無隨附商業單據，匯票分為光票和跟單匯票。光票是不附帶商業單據的匯票，光票沒有貨權單據的擔保，其流通全憑票面信用，銀行匯票多半是光票；跟單匯票是附帶有商業單據的匯票，跟單匯票的流通既與票面信用相關，又取決於所附的單據及其所代表的貨物，商業匯票一般都是跟單匯票。

3. 即期匯票（Sight Draft）和遠期匯票（Time Draft）

按照付款時間不同，匯票分為即期匯票和遠期匯票。即期匯票是付款人在見票時即付款的匯票，遠期匯票是載明一定期限後或特定日期付款的匯票。

4. 商業承兌匯票（Commercial Acceptance Bill）和銀行承兌匯票（Bank's Acceptance Bill）

按承兌人不同，匯票分為商業承兌匯票和銀行承兌匯票。商業承兌匯票是由工商企業或個人承兌的遠期匯票，它是建立在商業信用的基礎之上的。銀行承兌匯票是由銀行承兌的遠期商業匯票，它通常由出口人簽發，銀行對匯票承兌後即成為該匯票的主債務人，而出票人則成為從債務人或次債務人。所以銀行承兌匯票是建立在銀行信用基礎上的，這有利於匯票在金融市場上進行流通。

此外，匯票還根據抬頭不同分為來人匯票和記名匯票，來人匯票的抬頭寫明「來人」字樣，記名匯票抬頭寫明收款人姓名；根據所用貨幣不同分為本幣匯票和外幣匯票，前者以本國貨幣記載匯票金額，後者以外國貨幣記載匯票金額；根據匯票份數不同分為單張匯票和雙聯匯票，單張匯票有「單張匯票」標誌，雙聯匯票通常為一套兩張內容相同的跟單匯票，分別附有全套貨運單據，並按連續兩個航班飛機投寄，目的在於防止遺失，雙聯匯票的付款原則是「付一不付二」或「付二不付一」。

（三）匯票的票據行為

匯票的使用通常要經過出票、提示、承兌和付款等票據行為。如果匯票需要流通轉讓，通常還要經過背書。

1. 出票（Issue）

出票是指出票人簽發票據並將其交給受款人的行為。出票是將匯票投入流通的第一個票據行為，它具體包括兩個環節：一是把必要的項目全面填寫，由出票人簽名；二是把它交給收款人，在交出之前，出票這一票據行為不能實際生效。

2. 背書（Indorsement/Endorsement）

背書是背書人在匯票的背面簽字加批，將匯票權利轉讓給受讓人（即被背書人）的行為。經特別背書的匯票在到期前，受讓人可以經過背書繼續進行轉讓。對於受讓人來說，在他以前的所有背書人和出票人都是他的「前手」；而對於出票人和出讓人來說，在他交付或轉讓以後的所有受讓人都是他的「後手」。「前手」對「後手」負有保證匯票被承兌或付款的擔保責任。受讓人在受讓匯票時，要按照匯票的票面金額扣除從轉讓日起到匯票付款日止的利息後將票款付給出讓人，這種行為又稱為「貼現」（Discount）。

3. 提示（Presentation）

提示是指持票人將匯票提交付款人，要求其付款或承兌的行為。即期匯票的票據行為只包括一次提示，即付款提示（Presentation for Payment），而遠期匯票則包括兩次提示，即承兌提示（Presentation for Acceptance）和付款提示。

4. 承兌（Acceptance）

承兌是指付款人在匯票正面寫上「承兌」（Acceptance）字樣，同時註明承兌日期並簽字交還持票人的行為。匯票一經承兌，即表示承兌人承擔到期付款的責任。

5. 付款（Payment）

付款是債務人向持票人支付票款的行為。使用即期匯票時，付款人持票人提示時付款；使用遠期匯票時，付款人在辦理承兌手續後，在匯票到期日付款。

6. 拒付（Dishonor）

拒付也稱退票，是指匯票在提示付款或提示承兌時遭到拒絕的情況。在付款人或承兌人拒不見票、死亡、宣告破產或因違法被責令停業等情況下，由於付款事實上已經不可能兌現，因此這也構成拒付。當匯票被拒付，持票人就擁有向承兌人或「前手」追回票款的權利，這種權利叫作追索權，持票人向承兌人或「前手」追回票款的行為叫追索。持票人行使追索權時，應將拒付事實書面通知「前手」，一般應請求拒付地的法定公證人或其他有權做出拒付證書的機構出具拒付證書（Letter of Protest）。匯票的出票人或背書人為避免承擔被追索的責任，可在背書時加註「不受追索」（Without Recourse）字樣，但帶有這種批註的匯票在市場上很難流通轉讓。

（四）匯票的必要項目與製作要領

作為具有要式性特徵的票據，匯票只有具備法定的必要項目才具有效力。根據《日內瓦統一法》的規定，匯票必須包含的內容有「匯票字樣」、無條件支付命令、付款人名稱和付款地點、付款期限、出票地點和日期、出票人名稱和簽字、一定金額的某種貨幣、收款人名稱。《中華人民共和國票據法》規定的匯票的必要項目與此基本一致。實際上，各國的有關規定雖然有差異，但主要項目是一致的。因此，在製作匯票時，應清楚、明確地記載各主要項目，各主要項目的填製要領如下：

1. 寫明匯票字樣與匯票編碼

匯票上寫明「匯票」（Bill of Exchange）的目的在於明確其票據性質特點，從而將其與其他票據相區別。匯票號碼是由出票人自行編製的，目的在於方便查考。在進出口業務中，匯票號碼通常與相應的發票號碼一致。

2. 出票日期和地點

出票地點涉及適用匯票的法律和匯票必要項目是否齊全、匯票是否成立和有效，一般按照議付地點明確填寫，《英國票據法》認為不註明出票地點匯票也可以成立，此時就以出票人的地址為出票地點，或將匯票交付收款人，由收款人加註出票地點。匯票的出票日期決定著匯票的有效期、到期日和出票人的行為能力，如果出票時出票人已經喪失行為能力，則匯票無效。出票日期一般按照議付日期填寫，它通常在提單日期之後，但不能遲於信用證規定的交單有效期。

3. 匯票金額

匯票必須表明確定的金額，以便任何人都可從匯票的文義記載中計算出一個以某種貨幣表示的確定的金額，否則，根據有關票據法的規定匯票將不能成立。在填寫時，匯票金額分別按大小寫和要求的幣種填寫，並注意大小寫金額要一致，如果大小寫不一致，以大寫「文字」金額（Amount in words）為準，而不以小寫（數字）金額（Amount in figures）為準。

4. 付款期限

付款期限（Tenor）即付款時間或付款到期日，是付款人履行付款義務的日期。在實際業務中，遠期匯票付款日期的記載方法主要有以下幾種：

（1）規定某一特定日期，即定日付款；
（2）付款人見票後若干天付款（at... days after sight）；
（3）出票日後若干天付款（at... days after date of draft）；
（4）運輸單據日後若干天付款（at... days after date of transport document），多數時候用「提單日期後若干天付款」（at... days after date of bill of lading）。

5. 無條件的書面支付命令

無條件的書面支付命令即以有效的書面方式表達的、不附帶任何限制性條件的支付命令，常以「pay to the order of...」或「pay to... or order」表示。

6. 匯票的收款人名稱

匯票的收款人名稱即做匯票的抬頭，包括指示性抬頭、來人抬頭和記名抬頭三種。匯票的抬頭決定著匯票能否流通轉讓。指示性抬頭是一般性指明匯票的收款人，如「支付給 ABC 公司或其指定的人」（pay to ABC Co. or order），這類匯票可以背書轉讓；來人抬頭只簡單寫明「支付給來人」（pay to bearer），這類匯票不需背書即可轉讓；記名抬頭也叫限制性抬頭，一般嚴格規定「只支付給」某個特定的收款人（pay to D. L. only），這類匯票不能轉讓。

7. 付款人名稱和付款地點

付款人名稱必須完整準確地記載全稱，必要時還需加上付款人的詳細地址，常常以「to...」開頭的文句表示；付款地點是持票人提示票據請求付款的地點，按照「行為地原則」，付款地點關係付款行為的法律適用，因此通常需要明確記載。

8. 出票人名稱及簽章

出票人一般應在匯票右下角寫明完整正確的全稱，此外出票人還應該在匯票上簽章或簽字，如果是以個人名義代理或代表企業、銀行、團體等單位作為出票人在匯票上簽章時，應加註「代理或代表」字樣（For/on behalf of...），以表明其代理關係。根據國際上公認的準則，匯票只有經出票人簽字後方能成立，出票人一經簽字就意味著承擔匯票的有關責任。

以上所述是繕制匯票的一般要領，事實上，在不同的具體條件下繕制匯票要注意的事項是不同的。從出口商的角度講，在信用證方式下繕制匯票時除了要注意以上所述事項外，還應注意以下幾個問題：

第一，匯票的出票人與信用證的受益人應為同一人。匯票的付款人應按信用證

規定進行填寫，如果信用證未做規定的，通常以開證人作為付款人。

第二，匯票的出票日期應在信用證的有效期內、最遲應在交單日前。

第三，如果信用證未對匯票收款人作規定，一般應將匯票收款人作成「憑指示」抬頭，另外也可以議付行作為匯票的收款人，或將出口企業自己作為匯票收款人，在向銀行交單議付時，再以記名背書方式將匯票轉讓給議付行。

第四，匯票的貨幣幣種應與信用證規定一致，同時，除非信用證另有規定，否則匯票金額應與發票金額相等，並不能超過信用證金額。

第五，匯票的出票條款要按信用證的規定填寫，如果沒有規定的，則要註明開證行名稱與地址、開證日期及信用證號碼等內容。

第六，匯票的編號一般應與發票的號碼一致。

二、支票

在國際貿易結算中，雖然使用匯票的時候居多，但在有的情況下，特別是在小額貿易中，進口商為了節省費用，也常常使用支票。

（一）支票的含義和當事人

支票（Cheque or Check）是在銀行有一定存款的客戶根據協議向銀行簽發的，授權銀行向某人或其指定的人或持票人即期支付一定金額的無條件的書面支付命令。支票的基本含義表明，支票與匯票具有相同的本質——都是無條件的支付命令，可以說支票屬於匯票的範疇，加之支票都是即期的且其付款人是銀行，所以《英國票據法》將支票定義為以銀行為付款人的即期匯票。同時，從支票的含義還可以看出支票涉及的當事人：出票人即簽發支票的單位或個人、銀行即支票的受票人和付款人、收款人。

從更深的層面分析，支票也有不同於匯票的特點：

（1）支票都是即期的，也不需要承兌；而匯票有即期匯票和遠期匯票之分，遠期匯票是需要承兌的。

（2）支票的付款人僅限於銀行；匯票的付款人可以是銀行，也可以是企業或個人。

（3）在行文上支票比匯票更為簡單，而且匯票有出票條款而支票卻沒有，商業匯票還可以作成一套兩張，而支票只有一張。

（4）支票的出票人是主債務人，在國際貿易結算中，支票的出票人是進口方，收款人是出口方；而匯票的出票人則是債權人、出口方。儘管銀行是支票的直接付款人，但支票的出票人是實際上的付款人，支票一經簽發，出票人就無須承兌並無條件地承擔著兩個方面的責任，一是票據上的責任或保證付款的責任，二是法律上的責任——出票人在銀行必須有不少於支票票面金額的存款，否則出票人開出的支票就是「空頭支票」，對於這種支票，不僅銀行會拒付，出票人還要承擔法律責任。

因此，支票的出票人需要具備一定的條件：第一，必須是在銀行有存款的客戶；第二，與存款銀行簽訂有使用支票的協定，從而獲得存款銀行同意其使用支票的許可；第三支票的出票人必須使用存款銀行統一印製的支票。

(二) 支票的必要項目和製作要領

作為三種主要票據之一，支票必須滿足票據的基本法律規範。從其基本特性來講，支票仍然是要式性票據，其形式必須是書面的，而其內容則必須包含各必要項目。根據中國有關法律的規定，支票的必要項目包括寫明「支票」字樣、無條件支付命令、確定的金額、付款人名稱、出票日期、出票人簽章。除此之外，收款人、付款地、出票地也是支票的重要內容，在《日內瓦統一法》的規定中，付款地是支票應該包括的條款。在製作支票時，出票人必須一一寫明各個項目，特別是各必要項目缺一不可，否則支票將不具效力。至於一些非必要項目，如收款人名稱，如果支票上沒有記載，經出票人授權可以補記，而付款地和出票地未加記載時，則可分別以付款人的營業地和出票人的營業地代之。

(三) 支票的種類

根據《中華人民共和國票據法》的規定，支票分為普通支票、現金支票和轉帳支票。其中，現金支票只能用於支取現金，轉帳支票只能用於轉帳，普通支票既可以用於支取現金，也可用於轉帳。在國際上，支票既可以用於支取現金，也可用於轉帳，這可由持票人自主選擇，但劃線支票（Crossed Cheque）則只能通過銀行轉帳，而不能提取現金。劃線支票就是在支票的票面劃有兩條平行的橫向線條的支票，劃線的目的是為了安全，因為它只能轉帳不能提現，就相當於轉帳支票，即使丟失被人冒領，也可以通過銀行轉帳的線索追回票款。與劃線支票相對而言的是既可以轉帳又可以提現的不劃線支票或未劃線支票（Uncrossed Cheque）。

此外，支票還有記名支票（Cheque Payable To Order）與不記名支票（Cheque Payable To Bearer）之分。記名支票是出票人在收款人欄中註明具體的收款人名稱的支票，如註明「付給某人」「付給某人或其指定人」。這種支票在轉讓流通時需要持票人背書，取款時須由收款人在背面簽字。不記名支票又稱空白支票，其特點是出票人在收款人欄中不註明具體的收款人名稱，而僅註明「付給來人」。這種支票不需要背書即可轉讓，取款時也無須在背面簽字。

按照各國的票據法，支票可以由付款銀行加簽「保兌」字樣，以表明付款銀行將保證支票款項的兌付，這種支票稱作保付支票（Certified Cheque），使用保付支票的目的在於避免出票人簽發空頭支票。有時候，銀行也簽發支票——A銀行在B銀行開立支票帳戶並向B銀行簽發要求其向某人或某人指定的人或持票人付款的書面命令，這種支票叫銀行支票（Banker's Cheque）。由於支票原本與匯票有共同之處，而銀行支票和銀行匯票又都是銀行向銀行簽發的，因此，在實際工作中，這二者常常被視為同類性質的票據。如果深入分析，銀行支票和銀行匯票的區別主要在於：銀行匯票是出票行命令其海外聯行付款的票據，在這種情況下，兩家銀行之間是有通匯關係的；而銀行支票是一家銀行在海外的另一家銀行開有往來帳戶並命令其付款的票據，在這裡，兩家銀行之間的關係是存款行與帳戶行的關係。

三、本票

(一) 本票的含義、當事人及內容

本票（Promissory Note）是一個人向另一個人簽發的，保證即期或將來某個確

定的時間，對某人或其指定的人或持票人無條件支付一定金額的書面承諾。本票的含義表明，本票涉及**兩**個基本當事人：「一個人」即出票人，也就是付款人；「另一個人」即受票人，也**就**是收款人。至於這裡的「某人或其指定的人或持票人」則主要體現了本票的抬頭**即**收款人稱謂的不同說法。因此，更確切地講，本票是由出票人簽發並由出票人自己約定在一定的日期和地點無條件支付一定金額給收款人或持票人的書面承諾，**其**出票人一經簽發本票，他就成為本票的主債務人，無須承兌，出票人對收款人或持票人有絕對的清償責任，這就是本票不同於匯票和支票的性質所在，從這個意義上**講**，任何票據只要它的出票人和付款人為同一個人，都屬於帶有本票性質的票據。

由於本票屬於三**種**主要票據之一，因此，它具有票據的基本屬性，這不僅包括除承兌外的票據行為，如出票、背書、付款行為等，也包括票據的基本特徵如要式性等，這就**要求本票必**須具備某些項目。根據有關票據法的規定，本票必須載明的內容包括：「本票」字樣、無條件的付款承諾、確定的金額、收款人名稱、出票日期、出票人簽章。這些內容缺一不可，否則本票將不具效力。至於付款地、出票地等，本票也應該明確記載，但如果沒有記載，本票的效力也不會受到影響。根據有關法律規定，本票未記載付款地和出票地時，可分別以付款人的營業地和出票人的營業地代之，這與法律對匯票的有關規定是一致的。

（二）本票與匯票的異同

本票與**匯**票的相同之處在於它們都是票據，具有票據的共同特徵如設權性、無因性、要式**性**等，同時也都可以起到票據的作用，而且它們的有關當事人及其票據行為都受到**法律的管轄**、保護和規範。前面述及的關於匯票的出票、背書、保證、到期日、付款、追索權等原理也都適用於本票，它們都是以一定金額的貨幣表示的、以無條件的**書面形式做**成的，其付款期限也都可以是即期的或遠期的，其收款人記載也均可以是記名的**或**不記名的。

另一方面，本票與匯票也有明顯的區別：

1. 性質不同

本票與**匯**票的**實質**性內涵是不同的，匯票是出票人簽發的要求付款的無條件支付命令，是**命令式或委**託式票據；本票是出票人做出的無條件付款的書面承諾，是承諾式票**據**。

2. 涉及的基本當事人不同

本票**有兩**個當事人——出票人和收款人，匯票一般有三個當事人——出票人、受票人、收款人。本票與匯票的出票人和受票人的立場是不同的，匯票的出票人通常是債權方——有權利命令受票人付款的人，也就是說其受票人往往是債務方；而本票的出票人是債**務**方，受票人通常是債權方。在國際貿易結算中，匯票的出票人通常是出口人，本票的出票人通常是進口人，所以匯票用「Bill」，表示是債權憑證，本票用「Note」，表明付款承諾。

3. 出票人的責任及出票行為對付款人的約束力不同

匯票的出票人不是付款人，出票行為對付款人並無直接約束力，需要付款人認

可，如遠期匯票需要承兌，因此，在匯票的付款人認可承兌以前，匯票的出票人是主債務人，要保證受票人承兌和付款，承兌之後，承兌人就成為主債務人。本票是由付款人自己簽發的，因此無須承兌，一經簽發，付款人就受其約束，本票的出票人始終是絕對的主債務人。

此外，根據《英國票據法》規定，本票被拒付時不需要作成拒絕證書，而匯票被拒付時則需要作成拒絕證書。還有，與支票一樣，本票只開一張，而不像匯票可以作成一套數張。

(三) 本票的種類

根據不同的標準，本票可分為不同類型：

1. 即期本票（Sight Note）和遠期本票（Time Note）

根據付款期限不同，本票分為即期本票和遠期本票。即期本票是指見票或提示時就立即付款的本票，遠期本票是指出票或見票後的將來某個特定日期或一定期限付款的本票。

2. 商業本票（Trader's Note）和銀行本票（Banker's Note）

按照出票人不同，本票分為商業本票和銀行本票。商業本票也叫一般本票，它是由工商企業或個人簽發的本票，銀行本票是由銀行簽發的。商業本票有即期和遠期之分，銀行本票則都是即期的，在國際貿易結算中使用的本票，大都是銀行本票。

3. 本幣本票（Domestic Money Note）和外幣本票（Foreign Money Note）

這是根據所使用的貨幣不同而劃分的，其中，本幣本票是指票面金額以出票人本國貨幣表示的本票，外幣本票則是指以非出票人本國貨幣表示票面金額的本票。

4. 國內本票（Domestic Note）和國際本票（International Note）

這是按照本票的兩個基本當事人所在地是否為同一國家劃分的，國內本票是指出票人和收款人所在地為同一國家的本票，國際本票是指出票人和收款人所在地不在同一國家的本票。

四、匯票、本票和支票比較

匯票、本票和支票三者之間既有相同點又有區別。

(一) 匯票、本票和支票的相同之處

1. 三者都具有票據的基本性質

從票據法的意義上講，匯票、本票和支票都是票據，因此都具有票據的基本性質，主要表現在：三者都是設權性有價證券，它們的持票人都需要憑票據上所記載的內容來證明自己的票據權利；三者都是要式性證券，其形式和記載事項都由法律做了嚴格的規定，不遵守有關規定，票據的效力將受到影響；三者都是文義性證券，當事人的票據權利、義務等都以票據上記載的文字為準，不受票據上文字以外事項的影響；三者都是可以流通轉讓性證券，都可以經過背書或不做背書僅憑交付票據而自由轉讓與流通；三者都是無因性證券，權利人享有票據權利只以持有票據為條件，權利人在行使權利時無須陳述取得票據的原因和票據權利發生的原因。

2. 三者都具有相同的票據功能

匯票、本票和支票的票據功能主要表現為匯兌功能、信用功能和支付功能。憑

藉票據的匯兌功能可以解決兩地之間現金支付在空間上的障礙，而其信用功能則可以解決現金支付在時間上的障礙，至於其支付功能則主要表現為可以解決現金支付在手續上的麻煩，通過背書轉讓，匯票、本票和支票在市場上可以成為一種流通、支付工具，這樣就可以減少現金的使用，加速資金週轉，提高資金的使用效益。

(二) 匯票、本票和支票的區別

匯票、本票和支票的區別主要表現為三者的實質性內涵有所不同。在這一點上，匯票與本票是完全相反的，而支票卻既相似於匯票，又相似於本票。一方面，本票是無條件的付款承諾，而匯票是無條件的支付命令，可見匯票與本票的內涵實質是根本不同的；另一方面，支票是無條件的支付命令，這與匯票相同，但同時支票的出票人又是實際上的付款人，是債務方（進口方），這又與本票相似但卻不同於匯票，因為本票的出票人是債務方，而匯票的出票人通常是債權方。

此外，匯票、本票和支票的基本當事人、付款期限等方面也有一定的區別。一方面，本票有兩個當事人，而支票和匯票一般都有三個基本當事人；另一方面，支票都是即期的，而匯票和本票卻有即期和遠期之分；再者，遠期匯票需要承兌，而本票和支票不需要承兌。

第二節　國際貿易結算中的商業單據

隨著貨物單據化及象徵性交貨廣泛運用，商業單據起著越來越重要的作用，它不僅作為貿易過程中的證明文件體現著商品交易各方面的情況，是履約的證明，而且有的單據直接就是代表貨物、憑其提取貨物並能流通轉讓的物權憑證。在各種商業單據中，出口商必須提供的基本單據包括商業發票、運輸單據和運輸保險單據。

一、商業發票

(一) 商業發票的含義及作用

商業發票，常稱發票，它是賣方向買方開立的、用於描述貨物的名稱、數量、單價、總值等情況的發貨清單。在國際貿易中，商業發票起著非常重要的作用。

1. 交易的證明文件

商業發票是賣方向買方發運貨物或說明履約情況的書面憑證，是出口商必須提供的基本單據之一，由於發票對所裝運貨物的情況做了詳細、全面的描述，買方可以從商業發票上瞭解賣方所發運的貨物是否符合合同要求及信用證條款的規定。

2. 記帳憑證

世界各國的工商企業都以商業發票作為記帳憑證，所以發票中通常都列有所裝運貨物價款的詳細計算過程。

3. 報關納稅的依據

商業發票中關於貨物的描述、貨價、產地等各項記載，是世界上絕大部分國家海關確定稅額、稅率的依據。

4. 支付貨款的憑證

在即期信用證或即期托收業務不要求提供匯票的交易中，發票還可以代替匯票作為收款憑證。如在徵收印花稅的國家，使用匯票往往要計徵印花稅，所以這些國家的進口商在信用證條款中通常訂明不要求賣方提供匯票，而以發票代替匯票。

5. 索賠依據

由於商業發票例明了裝運貨物的項目詳情，一旦貨物發生損失，受損方就可以以發票作為依據之一，向有關方面提出索賠。

(二) 商業發票的內容及繕制

發票沒有統一的格式，但其內容大致相同。主要包括出票人名稱和地址、「發票」字樣、抬頭人名稱、發票號碼、合同號碼、信用證號碼、開票日期、裝運地點、目的港、嘜頭、貨物的名稱、規格、數量、包裝方式、單價、總值等。在製作商業發票時，各主要項目的填寫應注意以下問題：

1. 商業發票的出票人

商業發票的出票人通常是出口人，即信用證的受益人。在製作商業發票時，出口人一般把自己的名稱與地址打印在商業發票的正上方中央。

2. 商業發票的名稱、編號與日期（Name No. & Date）

在製作商業發票時，發票上必須清楚完整地註明「商業發票」（Commercial Invoice）字樣，或至少註明「發票」（Invoice）字樣，以便與其他單據相區別。商業發票的編號是由出票人自行編製的，可事先打印。商業發票的日期是指其簽發日期，該日期應該是全套單據中最早的出單日期，發票的開立日期不得遲於信用證的有效期。

3. 抬頭人（To...）

商業發票抬頭人就是收貨人，該項目應按信用證的規定進行填寫。在信用證中未對抬頭人做出規定的情況下，可以按慣例填寫信用證上載明的開證申請人的名稱。

4. 合同號碼（S/C No.）、信用證號碼與開證行名稱（L/C No. ... Issued By...）

合同號碼填寫買賣合同的編號，信用證號碼與開證行名稱根據來證填寫，開證行名稱要填寫開證行全稱。

5. 嘜頭（Marks）與起訖地點（From... To...）

嘜頭按照合同與信用證的有關規定和實際貨物包裝上刷印的嘜頭填寫，對於無嘜頭的散裝貨與裸裝貨，可在該欄目內填寫「No Mark」或「N/M」字樣。起訖地點填寫信用證規定的貨物起運地及目的地的名稱，在貨物需要經由某一中轉港轉船的情況下，此項目中應該註明中轉港的名稱。

6. 品質、數量、包裝等

商業發票中對商品名稱、規格、數量、包裝等的規定必須與信用證中的規定一致，如果要求列出載貨船舶名稱的，應與提單上的記載相一致。商品名稱應填寫商品的全稱；商品的數量填寫成交數量，包括具體數額與計量單位，如果採用的計量單位是重量單位，應說明計量方法，如果合同及信用證中規定有數量溢短裝條款，此項目也應填寫相應內容；包裝的描述包裝材料、包裝方式等內容。

7. 單價與總額（Unit Price & Total Amount）

單價與總額欄目說明貨物的成交價格及整批貨物的總金額。在填寫單價時要注意完整地表述計價數量單位、單位價格金額、計價貨幣與貿易術語，並應與信用證中的規定一致。「總值」要以大小寫方式填寫，並註明與單價相同的貨幣單位，總值金額不能超過信用證規定的最高金額。

8. 其他（Other Conditions）

通常情況下，商業發票上的「其他」欄目填寫信用證規定的一些特殊內容。有些來證中要求出口方在發票上附加一些特別的說明性的文句，如「證明所列內容真實無誤」或「貨款已收訖」等，只要符合國家政策、法規有關規定的，出口企業可以照辦。

9. 商業發票的份數

商業發票的份數應以合同或信用證規定的數目為準。如果信用證要求製作正本發票，應在所製作的發票上加蓋「正本」印章。此外，還需要準備副本多份，除供出口企業本身留底備查，以及在出口地報關時使用外，進口商或中間商也常要求增加提供份數，以供其記帳、存查等所需。

二、貨物運輸單據

貨物運輸單據是由承運人簽發的、證明貨物已經裝船或發運或已由承運人接受監管的單據，在象徵性交貨方式下，它是賣方已履行交貨責任的證明，也是買方支付貨款的主要依據，有時還是物權憑證，因此它是國際貿易結算中重要的基本單據。根據運輸方式的不同，貨物運輸單據分為海運提單、鐵路運單、航空運單、郵包收據及多式聯運單據等。

（一）海運提單

1. 海運提單的含義和作用

海運提單簡稱提單，它是由船方或其代理人收到貨物後簽發給托運人的、證明已接管貨物並承諾將貨物運至指定目的地交付給收貨人的書面憑證。其主要作用在於：

（1）貨物收據。提單是承運人或其代理人簽發的貨物收據，它證明船方已按提單所列內容收到貨物。

（2）物權憑證。提單通常是一種貨物所有權憑證或物權憑證，提單的合法持有人憑提單可以在目的港向輪船公司提取貨物，也可以通過轉讓提單而轉移貨物所有權，或用提單向銀行辦理抵押貨款。

（3）契約證明。提單是托運人和船舶公司之間訂立的運輸契約的書面證明，雙方的權利義務都列明在提單之內，因而在通常情況下，它是處理承運人與托運人在運輸中的權利義務關係的依據。

提單是國際貿易及貿易結算中非常重要的運輸單據，托運人在收到提單時必須仔細檢查提單的有關內容，在檢查過程中要注意以下幾點：

第一，提單的種類是否符合信用證的規定，其中主要是審核收貨人欄、裝貨港

和最終目的港、貨物欄有無批註等。

第二,被通知人的名稱和地址是否詳細、準確。

第三,提單的運費項目是否已按照信用證規定註明預付或到付。

第四,提單上應註明正本提單的份數,並在議付時向銀行提供全套正本提單。

2. 海運提單的種類

據不同的標準,提單可分為不同的種類:

(1) 已裝船提單(On board B/L; Shipped B/L)和備運提單(Received for Shipment B/L)。

根據貨物是否已經裝船,提單分為已裝船提單和備運提單。已裝船提單是指貨物裝上指定船只後承運人向托運人簽發的註明貨物「已裝某某船只」和裝運時間的提單。這種提單在國際貿易中使用最為廣泛。備運提單是指承運人在收到貨物等待裝運期間向托運人簽發的提單。這種提單一般不註明載貨船只的名稱和裝船日期,在貨物裝船後,托運人可持備運提單向承運人換取已裝船提單,或由承運人在備運提單上加註「已裝船」(Shipped on board)字樣並註明載貨船名和裝船日期,並由承運人或其代表簽字蓋章,使之轉變為已裝船提單。

(2) 清潔提單(Clean B/L)和不清潔提單(Unclean B/L; Foul B/L)。

根據提單上有無不良批註,提單分為清潔提單和不清潔提單。清潔提單是指承運人或其代表在簽發提單時,對貨物的表面狀況沒加批註從而表明貨物表面狀況良好——沒有數量、包裝殘損的提單。在國際貿易結算中,銀行一般要求出口商提供清潔提單。不清潔提單是指提單簽發人在提單上對貨物的表面狀況加有不良批註的提單,如註明「貨物表面破損」「包裝不牢」等。不清潔提單不容易轉讓,一般也不為銀行所接受。

(3) 記名提單(Straight B/L)、不記名提單(Bearer B/L)和指示提單(Order B/L)。

根據提單的抬頭不同,提單分為記名提單、不記名提單和指示提單。記名提單又稱收貨人抬頭提單,是指在提單上的「收貨人」欄目內填寫特定的收貨人名稱的提單。採用記名提單時,只有提單指定的收貨人才能提貨,因此這種提單不能流通和轉讓。不記名提單又稱來人提單,是指提單的「收貨人」欄目沒有填明特定的收貨人名稱而只註明「貨交持有人」(To Bearer)字樣的提單。採用不記名提單時,承運人可將貨物交給持有提單的任何人,因此,不記名提單僅憑交付而無須背書就可以流通轉讓。指示提單指在提單的收貨人欄目內填有「憑某人指示」(To Order of...)或「憑指示」(To Order)等字樣的提單。前者稱為記名指示提單,包括「憑托運人提示」(To Order of the Shipper)、「憑收貨人指示」(To Order of the Consignee),「憑特定銀行指示」(To Order of... Bank)等情況,後者稱為不記名指示提單,俗稱空白抬頭提單。指示提單可以通過空白背書或記名背書的方式轉讓。空白背書指背書人在提單背面簽字但不註明被背書人名稱的背書方式;記名背書指背書人在提單背面簽字並註明被背書人姓名的背書方式。

(4) 直達提單(Direct B/L)、轉船提單(Transhipment B/L)和聯運提單

(Through B/L)。

根據運輸方式不同，提單分為直達提單、轉船提單和聯運提單。直達提單又稱直運提單，指承運人簽發的、承諾將貨物直接從裝運港運達目的港而不在中途轉船的提單。這種提單不可有「轉船」或「在某處轉船」之類的批註。由於貨物直運有利於降低費用、減少風險及節省運輸時間，因此進口商一般要求直運貨物並出具直達提單。轉船提單是在貨物從裝運港到目的港要經過一次或一次以上的轉船的情況下由承運人簽發的註有「轉船」類字樣的提單。轉船提單一般在裝運港與目的港之間無直達船只的情況下使用。聯運提單是在採用聯合運輸的情況下由第一程承運人簽發的、包括全程運輸的、能在目的港憑以提貨的提單。聯合運輸是兩種或兩種以上運輸方式的聯合，如海陸聯運，海陸空聯運等等。

（5）全式提單（Long Form B/L）和簡式提單（Short Form B/L）。

根據內容繁簡不同，提單分為全式提單和簡式提單。全式提單又稱繁式提單，是指除了提單正面內容外，還在背面列有承運人與托運人的權利、義務條款的提單，它是一種正規的運輸單據。簡式提單又稱略式提單，是指只含提單正面內容而略去了提單背面條款的提單，這種提單與全式提單具有同等效力。

（6）班輪提單（Liner B/L）和租船提單（Charter Party B/L）。

根據貨物是以班輪運輸還是以租船運輸，提單分為班輪提單和租船提單。班輪提單指貨物是以班輪運輸的情況下由班輪運輸公司或其代理人向托運人簽發的提單，這類提單通常是正反兩面都列有詳細條款的全式提單。租船提單是指貨物是以租船運輸的情況下由船方根據租船合同簽發的提單。這類提單通常為略式提單，在憑租船提單議付時，銀行一般要求隨付租船合同副本。

（7）預借提單（Advanced B/L）、倒簽提單（Anti-dated Bill of Lading）和過期提單（Stale B/L）。

預借提單和倒簽提單是在貨物未裝船的情況下，為了在信用證有效期內交單議付，或者貨物實際裝船期遲於信用證規定的裝運期，為了使單證相符，由托運人出具保函，向承運人預借提單或要求承運人倒簽提單的做法。這實際上是一種弄虛作假的行為，一旦被發現其後果是相當嚴重的，貨主可能會拒收貨物，銀行一般也會拒絕辦理有關結算業務。過期提單提單是簽發後未能在規定的時間內而是晚於規定時間提交給銀行要求憑單議付的提單，對於此類提單，如果信用證沒有特殊規定，銀行將按慣例拒絕接受。此外，過期提單還指晚於貨物到達目的港的提單，這類提單在近洋運輸中經常出現，因此，在近洋運輸情況下的貿易合同中通常訂有「可以接受過期提單」的條款，這樣，過期提單就可以當正常提單使用。

（二）其他運輸單據

1. 鐵路運單（Rail Transport Documents）

鐵路運單是國際鐵路運輸的主要運輸單據，它是由鐵路承運人簽發的證明托運人、收貨人與鐵路承運人之間合約關係的憑證。其基本運作程序是作成一式兩份、記名抬頭，正本隨貨物到達目的地交收貨人作提貨通知，貨物到達目的地後由記名收貨人出示身分證明後提取貨物，副本交托運人作為收據向銀行辦理結算。因此鐵

路運單也是貨物收據，但不是物權憑證，不得轉讓。

2. 航空運單（Air Transport Documents）

航空運輸多用於運送鮮活、易變質的貨物。航空運單是由承運人或機長或其代理人簽發的，它的正面載有航線、日期、貨物名稱、數量、包裝、價值、收貨人名稱與地址、運雜費等項目，背面則印有關於托運人和承運人之間權責關係的規定等內容。航空運單一律作成記名抬頭，全套為 3 份正本 9 份副本，3 份正本中的第一份交航空承運人，第二份隨貨同行，貨到目的地後，由航空部門交收貨人，第三份交給托運人作向銀行結算之用。航空運單是空運承運人與托運人訂立的民用航空貨運憑證或運輸契約，也是貨物收據，但不是物權憑證，不得轉讓。此外，航空運單還可用作報關單據、運費帳單、保險證書，海關只有在審查航空運單無誤後，才會允許貨物通關出口。對托運人來講，它是已支付或將支付一定運費的憑證，對承運人而言，它是記帳憑證。只要在航空運單上加列保險條款，該運單就可作為保險證書使用。

3. 郵包收據（Post Parcel Receipt）

郵寄不需要辦理複雜的手續，非常方便，但郵資較高，且受郵袋容量的限制，因此只適用於少量小件物品的運輸。郵包收據是郵寄貨物的運輸單據，它由寄件人填寫寄件人和收件人的名稱及地址、寄件物品名稱、價格等內容，經郵局核實重量並收取費用後予以簽發，作成記名抬頭，一式兩份，一份隨同所寄物品一併發往目的地，然後由目的地郵局向收件人發出取件通知書，並憑身分證明取件，另一份則交寄件人用以向銀行辦理議付。郵包收據是運輸契約——郵政局和寄件人間的運輸合同證明，也是貨物收據，表明郵局收到郵包收據所記載的貨物，但不是物權憑證，不得轉讓。

三、運輸保險單據

（一）運輸保險單據的含義和類別

運輸保險單據（Insurance Documents）是證明貨物運輸保險情況的商業單據，是保險人與被保險人之間所簽訂的保險合同的證明，也是賠償證明，一旦發生損失，運輸保險單據將是被保險人憑以索賠的依據。

根據不同的標準，運輸保險單據可以分為不同的類別：

1. 按照內容不同劃分

根據內容不同，運輸保險單分為保險單（Insurance Policy）、保險憑證（Insurance Certificate）、聯合憑證（Combined Insurance Certificate）、批單等。保險單也叫大保單，它是正規的保險合同，其基本特點是內容完整全面，除正面內容外，還有完整的背面條款。保險憑證也稱小保單，它是簡化的保險合同，和大保單相比，小保單僅僅略去了背面條款。聯合憑證也是一種承保證明，但它的內容比小保單更簡略，它不是專門製作的保險單，而是由保險人在商業發票上加註承保險別、保險金額、保險編號等內容並簽章後，由商業發票記載的內容與保險人在商業發票上加註的內容聯合構成保險證據。批單是在保險單出立後投保人需要補充或變更其內容

時，按保險公司的規定向保險公司申請獲得的一種憑證，它的作用在於註明補充或更改的內容。這種用以補充或修改原保險單內容的憑證就是批單。批單一經出立，有關當事人就必須按其內容承擔責任。

2. 按保險方式不同劃分

根據保險方式不同，運輸保險單分為預約保險單（Open Policy）、總括保險單（Blanket Policy）、流動保險單（Floating Policy）和定名保險單（Named Policy）。預約保險單是保險人與被保險人就一定業務範圍預約簽訂的長期性保險合同，凡屬預約保險範圍內的貨物，一經裝船就自動獲得預約保險單所列條款的保險。但一般而言，貨物一經發運，被保險人應立即向保險人申報該批貨物的具體情況，這個申報文件稱為保險聲明——在預約保險情況下，被保險人在預約保險範圍內的某批貨物發運後向保險人就該批貨物的具體情況做出申明的書面文件。總括保險單是承保一定時期內多批貨物運輸的保險單據。流動保險單是在承保一批連續分批裝運的貨物的情況下簽發的，而單獨保險單是在一批貨物一次裝運的情況下簽發的。

3. 按保險責任期間界定方式不同劃分

按保險責任期間界定方式不同，保險單分為航程保險單（Voyage Policy）、期限保險單（Time Policy）和混合保單（Mixed Policy）。航程保險單是以航程為界，對保險標的物的保險責任只限於此航程始末，從貨物起運地點至卸貨地點這一段路程，對此間的損失負責賠償；期限保險單是以一定時間期限為界，即一定期限內負責承擔投保險別責任範圍內的損失賠償；混合保單是前二者的結合使用，基本做法是既保航程又保期限，即規定保險責任以一定時期和一定航程內的貨物損失為限。

4. 按保險標的物價值的確定方式不同劃分

根據保險標的物價值的確定方式不同，保險單分為定值保險單（Valued Policy）和不定值保險單（Unvalued Policy）。定值保險單是明確記載事先約定的投保標的物價值並以此作為賠償依據而不需按損失當時的具體情況確定賠償依據的保險單。不定值保險單則是沒有事先確定保險標的物價值，而是在損失發生時按損失當時的市價來確定保險價值並以此為賠償依據的保險單。

第三節　國際貿易結算的方式

通過金融票據的運作實現資金轉移的債權債務清償方式，就是現代國際貿易結算方式，這些方式分順匯和逆匯兩大類。順匯是結算工具的傳遞方向和資金的流向相同的結算方式，由於它具有債務方主動支付款項的特點，因此又稱匯付法。逆匯是結算工具的傳遞方向與資金流向相反的結算方式，由於它是由債權方出具票據索取款項，故又稱出票法。

在國際貿易結算的實踐中，較傳統的結算方式主要有匯付、托收、信用證付款三種，其中，匯付屬於典型的順匯方式，而托收和信用證付款則屬於典型的逆匯方式。

一、匯付

（一）匯付概述

匯付又稱匯款（Remittance）結算方式，它是付款人主動通過銀行將款項匯交收款人的一種支付方式。在業務操作中，匯付有四個基本當事人，即付款人、收款人、匯出行和匯入行。付款人也就是債務人，是將款項交給銀行、委託銀行向外付款的人，因為他需要匯出款項，所以又稱匯款人。在國際貿易結算中，付款人或匯款人通常是進口商。收款人是債權人，也就是接受匯款的人，因此又稱受款人，在國際貿易結算中他通常是出口商。匯出行是受匯款人委託向外匯出款項的銀行，一般是付款人所在地銀行。匯入行是受匯出行委託解付匯款給收款人的銀行，因此又稱解付行，一般是收款人所在地銀行。

在上述當事人之間，匯付方式運作的基本程序如圖 9-1 所示。從圖中可以看出，在匯付方式下，資金和支付工具的流向是相同的，因此匯付屬於順匯方式。

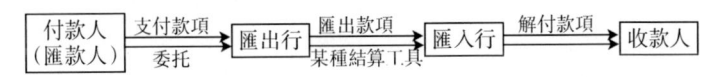

```
付款人   支付款項   匯出行   匯出款項   匯入行   解付款項   收款人
(匯款人)  委託              某種結算工具
```

圖 9-1　匯付方式運作的基本程序

（二）匯付的種類

根據所使用的結算工具或匯付指示的傳遞方式不同，匯付分為電匯、信匯和票匯。電匯是匯出行應匯款人的申請，以拍發加押電報或電傳的方式指示匯入行解付一定金額給收款人的匯款方式，它具有收款迅速、安全可靠的優點，但其費用相對較高。信匯是匯出行應匯款人的申請，用航空信函指示匯入行解付匯款給收款人的匯款方式。從根本上講，信匯與電匯的運作原理基本相同，且都屬於順匯，不同之處在於其委託或支付通知書不是以電報、電傳等電訊方式傳遞，而是用航空信件傳遞，同時，信匯具有費用較低的優點，但其速度較慢。此外，匯入行收到匯出行郵寄的信匯委託書後不再像電匯方式那樣需要核對密押，而是憑匯出行的印簽樣本核對匯出行的簽字或印鑒的真偽，證實無誤後發出匯款通知書通知收款人領取款項。

票匯是以銀行即期匯票作為支付工具的一種付款方式，其業務程序如圖9-2所示。很顯然，票匯仍然符合匯付的特點，屬於順匯。此外，與電匯和信匯相比較，票匯還具有以下特點：

（1）取款靈活。信匯和電匯需要憑證件向匯入行取款，而票匯的持票人可以向匯出行的任何一家代理行取款，只要代理行有匯出行的印鑒冊，能核對匯票真偽即可。

（2）票匯的匯票可以背書轉讓，而信匯、電匯的委託通知是不可以轉讓的。

（3）票匯是匯款人自行將匯票寄交收款人，其票據傳遞不通過銀行，因此票匯不需要銀行通知收款人取款；而信匯、電匯則需要通過銀行傳遞，因而信匯、電匯需要銀行通知收款人取款。

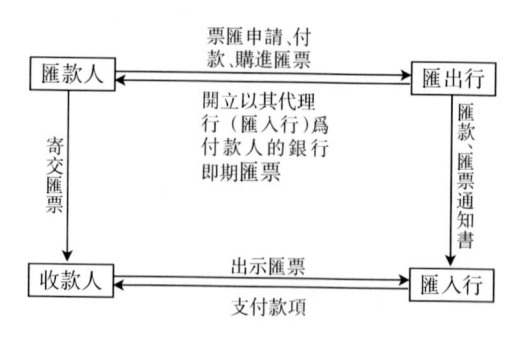

```
                票匯申請、付
                款、購進匯票
    匯款人 ←――――――――――→ 匯出行
          開立以其代理
          行（匯入行）為      匯
       寄   付款人的銀行      款
       交   即期匯票         、
       匯                   匯
       票                   票
                           通
                           知
                           書
    收款人 ←――――――――――  匯入行
            出示匯票
            支付款項
```

圖 9-2　票匯的業務程序

（三）匯付在國際貿易中的運用

在國際貿易中，匯付可用於貿易結算，也可用於非貿易結算。雖然它有簡便、靈活、快捷的特點，但它是建立在商業信用基礎上的，因而當事人的風險較大，國際貿易中用得並不太多，多用於貿易從屬費用，如運費、保險費、佣金等的結算。有時也用於貨款的結算，此時根據貨款匯付和貨物運送時間順序的不同，分為預付貨款和貨到付款兩種。

預付貨款（Payment in Advance）指買方（進口商）先將貨款的全部或一部分通過銀行匯交賣方（出口商），賣方收到貨款後，再根據買賣雙方事先簽訂的合同，在一定時間內或立即將貨物運交進口商的結算方式。這種方式對進口商而言是預付貨款，對出口商而言則是預收貨款；對匯出行而言，預付貨款屬於匯出款項，對匯入行而言，預收貨款屬於匯入款項。在這種方式下，匯入行向出口商結匯後，出口商才將貨物運出，所以又稱「先結後出」。很顯然，預付貨款對出口商有利對進口商不利。

貨到付款（Payment after Arrival of the Goods）指出口商先發貨，進口商後付款的結算方式，也稱「先出後結」，一般有售定和寄售兩種情況。售定指買賣雙方已談妥成交條件並且已經簽訂了成交合同，因價格等已經確定，故稱售定，一般是貨到即付款或貨到後若干天付款。寄售是由出口商先將貨物運到國外，委託外國商人在當地市場代為銷售，貨物售出後，被委託人將貨款扣出佣金後通過銀行匯交出口商，此時雙方先簽訂寄售協議，貨物單據可通過銀行傳遞也可直接由出口商寄給海外的被委託人。很顯然，貨到付款對買方有利對賣方不利。

（四）匯付的性質和特點

綜合匯付的一般含義及其三種具體類別在國際貿易結算中的運作原理，匯付具有以下性質、特點：

（1）匯付是商業信用。匯付是以銀行為仲介的結算方式，但在匯付方式下銀行只是以被委託人的身分辦理款項的收付業務，而不是以銀行信用為擔保，銀行不僅不承擔保證付款的責任，甚至連單據的轉移也不需代辦，而是由付款人與收款人雙方自行處理，例如在進出口中由出口人自行將單據轉交給進口人。

（2）匯付是順匯，其資金流向和支付工具的傳遞方向是相同的。

(3) 匯付在總體上具有簡便、靈活、快捷、費用低廉的優點，但匯付方式下當事人的資金負擔是不平衡的，預付貨款時買方的資金負擔較重，而貨到付款條件下賣方資金負擔較重。

二、托收（Collection）

（一）托收概述

托收又稱銀行托收，它是債權人開立匯票委託銀行向債務人代為收取款項的結算方式。在托收業務中，有幾個基本的當事人：委託人，也就是開立匯票委託銀行向債務人代為收取款項的債權人，通常也是出票人；付款人即匯票中指定的付款人，也就是銀行向其提示匯票和單據的債務人；托收行（Remitting Bank）即接受委託並通過國外聯行或代理行完成托收業務的銀行，一般是債權人所在地的銀行；代收行（Collecting Bank）即受託收行委託代為向付款人收款的銀行，通常是債務人所在地銀行。此外還可能涉及提示行和需要時的代理。提示行（Presenting Bank）是受代收行委託向付款人提示單據的銀行，通常是與付款人有往來帳戶的銀行，一般是代收行的分支機構；需要時的代理是在發生拒付時代理委託人處理貨物的存倉、轉售或運回等事宜的進口地代理人，其權限應在托收委託書中寫明。

在托收業務的當事人中，委託人與托收行以及托收行與代收行間的關係是委託與被委託的關係，委託人與付款人間的關係是債權債務關係，付款人與代收行間不存在直接的約束關係或契約關係，付款人是否對代收行付款取決於付款人與委託人的關係。

根據托收所用匯票不同——是否隨附商業單據，托收分為光票托收（Clean Collection）和跟單托收（Documentary Bill for Collection）。光票托收是指使用不隨附商業單據的匯票進行貨款收付的托收業務，它多用於貿易從屬費用的結算，有時也用於一些小額貨款如樣品費、貨款尾數等的結算。

跟單托收是指使用隨附有商業單據的匯票進行貨款收付的托收業務，它是售定貿易項下常用的結算方式之一。按照交單條件不同，跟單托收又分為付款交單、承兌交單和付款交單憑信託收據借單。付款交單（Delivery of Documents against Payment，D/P）是指代收行必須在付款人付清貨款後才能交付單據的跟單托收方式。根據付款期限不同，付款交單又分為即期付款交單和遠期付款交單。即期付款交單是在使用即期匯票或不使用匯票的情況下，付款人在單據提示時如果審單無誤就須立即付款贖單的 D/P 托收方式。遠期付款交單是在使用遠期匯票的情況下，付款人在單據提示時如果審單無誤須立即承兌匯票並於匯票到期日付款贖單的 D/P 托收方式。承兌交單（Delivery of Documents against Acceptance，D/A）指使用遠期匯票的情況下，付款人在單據提示時審單無誤須立即承兌匯票，提示行在收回已承兌匯票後就交付商業單據，待匯票到期日再向付款人提示匯票收取票款的跟單托收方式。

（二）托收的業務程序與特點

托收的業務程序（如圖 9-3 所示）是比較簡單明了的，從其基本的業務流程可

以看出，托收業務中的結算工具是從委託人傳遞到付款人的，而資金則是從付款人傳遞到委託人的，二者的傳遞方向完全相反，因此托收是典型的逆匯方式，這是托收的顯著特點之一。此外，從托收的業務程序及托收的當事人之間的關係來看，委託人與托收行及托收行與代收行間的關係僅僅是委託與被委託的關係，無論是托收行還是代收行對貨物及收匯的安全性都只負有道義上的責任，銀行不需要承擔保證付款的責任。因此，托收是建立在商業信用基礎上的結算方式。

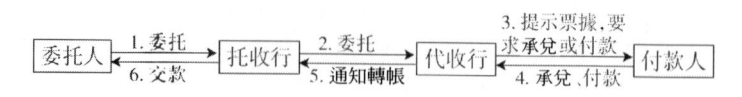

```
委託人  1.委託  托收行  2.委託  代收行  3.提示票據，要求承兌或付款  付款人
        6.交款          5.通知轉帳          4.承兌、付款
```

圖 9-3　托收的業務程序

（三）國際貿易中的托收業務

在國際貿易中，托收方式下出口商的風險較大，而進口商卻處於相對有利的地位，因此在出口貿易中，適當採用托收方式是有利於調動進口商的積極性，從而有利於提高出口商品競爭力的。

根據托收的一般原理，在商品進出口中，辦理托收業務通常會涉及出口人、進口人、托收行和代收行。出口人是委託辦理托收業務的委託人，進口人是托收業務中的付款人。在這四個當事人之間，進出口托收業務的基本流程如圖 9-4 所示。

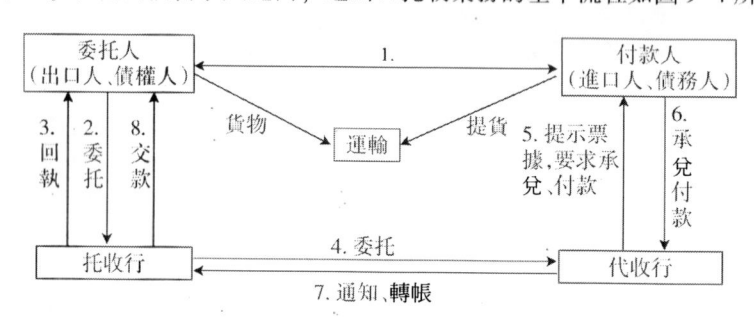

```
委託人              1.                  付款人
(出口人、債權人)                         (進口人、債務人)
        貨物    運輸    提貨
3.回執  2.委託  8.交款        5.提示票據，要求承兌、付款  6.承兌付款
托收行              4.委託              代收行
                    7.通知、轉帳
```

圖 9-4　進出口托收業務的基本流程

（1）進出口雙方在合同中規定採用托收方式，並說明托收的具體類別及交單條件。

（2）出口人按合同規定裝運貨物後，製作匯票及有關單據，填寫出口托收申請書，並連同有關票據一起交托收行，委託它代為收取貨款。出口托收申請書是出口商與托收行之間的委託代理合同，其內容一般包括國外代理行的名稱和地址、申請人的名稱和地址、付款人的名稱和地址、托收的幣種和金額、匯票的日期和期限、商務合同號碼、單據的種類和份數、有關查收條款的指示、委託人的印鑒等。對托收委託書的各項內容，出口人必須將其完整、明確地記載於托收委託書上，否則可能會因為托收委託書內容不完整、明確而造成損失。

（3）托收行審核有關托收文件無誤，簽發回執。

（4）托收行根據托收申請書繕制托收委託書，連同匯票、貨運單據等寄交代收

行，委託代收行向進口商收取貨款。在這裡，托收行對文件的審核主要是核查托收申請書及匯票、貨運單據等的各有關內容是否清楚、正確。

（5）代收行審核有關單據，審核無誤，提示票據要求進口人承兌或付款。
（6）進口人審核有關單據，審核無誤，承兌或付款。
（7）代收行收款後通知托收行貨款已收妥並轉帳。
（8）托收行向委託人交付貨款。

三、信用證付款

（一）信用證（Letter of Credit，L/C）的含義及基本當事人

信用證是銀行開立的有條件的付款承諾，即銀行應申請人的要求並按其指示向第三者開具的、載有一定金額、在一定期限內憑符合規定的單據付款的書面保證文件。這個開立信用證的銀行通常稱開證行（Issuing Bank），而這裡的「條件」是指符合信用證條款，特別是指符合信用證規定的單據要求，只有在這個條件下銀行才會付款。至於「付款承諾」，是指開證行做出的保證在符合條件的前提下向信用證項下的收款人——受益人付款的有條件的承諾。

由上述含義可知，開證行和受益人是信用證的兩個基本當事人，此外，從其含義中還可直接看出另一個當事人，即申請開立信用證的人，通常叫作開證申請人（Applicant）。但在實際運作中，由於國際貿易結算的受益人和開證申請人分別處於不同的國家，由開證行直接將信用證寄交受益人顯然有許多不便，因此，在信用證業務中還會涉及受益人所在地的銀行，開證行總是通過受益人所在地的某個銀行把信用證通知或轉遞給受益人，這家銀行起通知、轉遞信用證的作用，因此叫作通知行。這樣，信用證的基本當事人就包括受益人、申請人、開證行和通知行。

（二）信用證的基本類別

信用證有許多不同的類別，現擇其主要的介紹如下：

1. 光票信用證與跟單信用證

根據信用證項下付款是否要求隨附貨運單據，信用證分為光票信用證與跟單信用證。光票信用證（Clean L/C）是僅憑匯票付款而不要求隨附貨運單據的信用證；跟單信用證（Documentary L/C）是銀行須憑受益人提供的跟單匯票或不帶匯票的貨運單據付款的信用證，它專用於貨款結算，是當前國際貿易結算中使用最多的信用證。

2. 可撤銷信用證和不可撤銷信用證

根據開證行的保證責任不同，信用證分為可撤銷信用證和不可撤銷信用證。可撤銷信用證（Revocable L/C）是開證行在開出信用證以後，不必徵得有關當事人同意即可隨時單方面撤銷或修改的信用證。對出口商而言，可撤銷信用證有收匯比托收快的優點，對進口商來講則有開證費用比不可撤銷信用證的費用低的好處。同時，一旦進口商在中途得知出口商裝運的貨物質量不好或不符合要求，進口商便可隨時要求開證行撤銷信用證。但是，由於在可撤銷信用證項下出口商的收匯保障容易受到影響，出口商一般不願接受可撤銷信用證，所以在實務中這種信用證很少使用。

不可撤銷信用證（Irrevocable L/C）是開證行開立並經受益人接受之後，在有效期內，若非得到信用證基本當事人的一致同意便不能單方面撤銷或修改的信用證。不可撤銷信用證構成了開證行對受益人確定的付款承諾，只要受益人能按照信用證的要求提交符合信用證規定的單據，開證行就必須履行付款義務。可見，不可撤銷信用證以確定的銀行付款承諾對出口商的收匯安全提供了保障，因此在國際貿易結算中使用的信用證一般都是不可撤銷信用證。

3. 保兌信用證和非保兌信用證

根據是否有開證行之外的另一家銀行擔保付款，信用證分為保兌信用證和非保兌信用證。保兌信用證（Confirmed L/C）是有開證以外的另一家銀行（稱保兌行）應開證行請求和授權而以其自身信譽加具保兌的不可撤銷信用證。保兌行一旦對信用證加以保兌，就承擔著和開證行同等的付款責任，對受益人和其他被指定的代理銀行而言，保兌信用證提供了雙重的付款保障。非保兌信用證（Unconfirmed L/C）是指只有開證行的付款承諾，而沒有開證行以外的其他銀行加以保兌的信用證。由於可撤銷信用證項下銀行的付款承諾不夠確定，而保兌信用證也只是在特別情況下才會使用，因此國際貿易結算中使用最多的是沒有保兌的不可撤銷信用證。

4. 即期付款信用證、延期付款信用證、承兌信用證和議付信用證

根據兌付方式不同，信用證分為即期付款信用證、延期付款信用證、承兌信用證和議付信用證。即期付款信用（Sight Payment L/C）是以即期付款方式為兌付方式的信用證。在該信用證項下，付款行在收到受益人提交的符合信用證條款的跟單匯票或不帶匯票的單據後，就立即向受益人履行付款義務。

延期付款信用證（Deferred Payment L/C）是以不要匯票的遠期付款方式為兌付方式的信用證。在延期付款信用證項下，付款行在收到符合信用證條款的不帶匯票的單據後，於約定的付款到期日向受益人履行付款義務。

承兌信用證（Acceptance L/C）是以使用匯票的遠期或假遠期付款方式為兌付方式的信用證，其基本的運作程序是付款行在收到符合信用證條款的跟單匯票後，先辦理匯票承兌手續，然後於約定的付款到期日向持票人履行匯票付款義務。實務中，承兌信用證一般用於遠期付款交易，且具體分為賣方遠期和買方遠期兩種不同性的信用證。賣方遠期信用證（Seller's Usance L/C）是真正以遠期付款方式為兌付方式的承兌信用證，而買方遠期信用證（Buyer's Usance L/C）是以假遠期付款方式為兌付方式的承兌信用證。按照 UCP500 的規定，承兌信用證項下的遠期匯票必須以銀行為付款人，即必須是「銀行承兌信用證」（Banker's Acceptance Credit）。

議付信用證（Negotiation L/C）是以即期議付方式為兌付方式的信用證，在議付信用證項下，議付行在收到符合信用證條款的跟單匯票或不帶匯票的單據後，應當立即向受益人履行議付義務。議付信用證一般需要匯票，這裡的匯票可以是即期匯票，也可以是遠期匯票。UCP500 規定，議付信用證項下的匯票一般不應當以申請人為付款人，否則銀行應將此匯票視為附加單據，因此實務中有時使用要求以申請人為付款人的遠期匯票的議付信用證實質上相當於一個無匯票的議付信用證。根據是否限定議付銀行，議付信用證分為自由議付信用證和限制議付信證。自由議付

信用證（Freely Negotiable L/C）也叫公開議付信用證（Open Negotiable L/C），它是授權出口地任何一家銀行皆可議付的議付信用證，其交單地點和交單到期日均在出口地。限制議付信用證（Restricted Negotiable L/C）是限定在出口地某一家銀行議付的議付信用證，其交單地點和交單到期日均是指定議付行所在地，通常情況下開證行開立這種信用證是為了把業務控制在自己的海外分行或代理行範圍內。

(三) 幾種特殊的信用證

除了上述幾種基本的類別，信用證還有一些特殊的類別，這些較特殊的信用證主要包括：

1. 可轉讓信用證（Transferable L/C）

可轉讓信用證是指開證行在信用證上明確註明有「可轉讓」（Transferable）字樣，並授權其受益人（第一益人）可以要求該證的指定兌現銀行作為「轉證行」（Transferring Bank），或當信用證是自由議付時，可以要求該證的特別授權的轉證行將該證全部或部分轉讓給一個或數個受益人（第二受益人）使用的不可撤銷信用證。貿易實務中，使用可轉讓信用證的原因往往在於進口商委託中間商採購商品而中間商既不想洩露其貿易關係和所得利潤，又想減輕另開信用證所需的押金及費用負擔，或者是因為進口商向國外一家大公司訂購大宗商品，而該公司需要由其分散在各口岸的分號或聯號來分頭交貨。在可轉讓信用證項下，進口商因只與中間商打交道而並不瞭解實際供貨商的情況，只要中間商能夠提交符合信用證規定的單據，開證行就不能拒付，因此，對於進口商來說，信用證可轉讓比不可轉讓的風險要大，在通常情況下進口商應當慎開可轉讓信用證。

2. 對背信用證（Back to Back L/C）

對背信用證是銀行應信用證受益人的申請，以原有的信用證為證而為之另行再開立一張以其為申請人、實際供貨商為受益人的信用證，這張新開立的信用證就是原信用證的對背信用證。很顯然，對背信用證的使用是以原證為不可撤銷信用證為條件的，只有在原證為不可撤銷信用證時銀行才會同意用它作為擔保而開立對背信用證。而且這種擔保只是對背信用證開證行跟其申請人之間的約定，而與原證以及對背信用證的所有其他當事人均無關係，因此就其實質而言，對背信用證是一個獨立於原證的新的信用證。此外，在使用對背信用證時，為了減少風險，對背信用證的開證行一般要求其申請人以原證作為對背信用證的開證抵押，有時還會要求提供其他抵押品或擔保品。

3. 對開信用證（Reciprocal L/C）

對開信用證常用於易貨貿易、補償貿易、來料加工、來件裝配業務，其基本特點是交易雙方簽訂兩份貿易合同，一份為原料或零配件貿易合同，一份為加工製成品貿易合同，在兩份貿易合同的基礎上，雙方在互為開證申請人和受益人的情況下開立兩份金額相等或大體相等的信用證。第一份信用證的開證申請人為第二份信用證的受益人，第二份信用證的開證申請人為第一份信用證的受益人，第一張信用證的通知行通常是第二張信用證的開證行。

4. 分期裝運—支取信用證（Shipment and Drawing by Installment L/C）

這是一種嚴格規定了貨物依次分批裝運的數量和期限並可分期支取貨款的信用證。在這種信用證項下，受益人只要中間有一批貨物未按約裝運，該信用證都會自動失效，而且其後的各批貨物也不能再裝運。在貿易實務中，使用分期裝運—支取信用證是為了要求受益人嚴格按照信用證規定的批次、數量和期限依次裝運和支取貨款，而不允許受益人將不同批次的貨物合併在一起裝運，也不允許在中間漏裝任何一個批次的貨物。因此，在分期裝運—支取信用證中，有關批次、期限等的規定必須準確嚴謹。

5. 循環信用證（Revolving L/C）

這是一種規定信用證的金額被全部或部分使用後仍可恢復到原來的金額再度使用，周而復始直至達到該證規定的次數或累計總金額用完為止的信用證。它一般適用於買賣雙方簽訂了一個總金額很大，需要在長時期內定期分批均衡供應、分批結匯的長期合同。在這種情況下，進口商可以節省開證的手續和費用押金，有利於資金週轉，出口商則可以減少逐批催證和審證手續。循環信用證一般需要明確規定信用證可以循環使用的次數及累計總金額。根據循環方式不同，循環信用證可分為按時間循環和按金額循環。

按時間循環信用證（Revolve in Relation to Time）是規定可以按一定的時間週期循環使用信用證上約定的金額，直至達到信用證約定的期限或總金額為止的循環信用證，它具體又分為非累積循環信用證和可累積循環信用證。非累積循環信用證（Non-cumulative Revolve in Relation to Time）指不能將上一個循環週期內未用完的信用證金額在下一個循環週期內累積使用的按時間循環信用證。可累積循環信用證（Cumulative Revolve in Relation to Time）指規定可以將上一個循環週期內未用完的信用證金額在下一個循環週期內累積使用的按時間循環信用證。

按金額循環信用證（Revolve in Relation to Amount）是指信用證每被使用一次之後可以恢復到原金額被再度循環使用多次，直至達到信用證約定的次數或總金額為止的循環信用證。它又分為自動循環信用證、半自動循環信用證和被動循環信用證三種。自動循環信用證指每使用一次之後指定的兌現銀行可以立即自動將其恢復到原金額再度循環使用的按金額循環信用證；半自動循環信用證指每使用一次之後只要指定的兌現銀行沒有在約定期限內收到開證行發出撤銷循環的指示即可自動將其恢復到原金額再度循環使用的按金額循環信用證。被動循環信用證指每使用一次之後指定的兌現銀行必須在收到開證行發出允許循環的指示後才能將其恢復到原金額再度循環使用的按金額循環信用證。

6. 預支信用證（Anticipatory L/C）

預支信用證是允許出口商在收到信用證後裝運交單前先開立光票支取全部或部分貨款的信用證，由於最初授權預支信用證都被打成紅色，所以又稱之為紅條款信用證（Red Clause L/C）。這種信用證一般用於出口商資金緊張而要求進口商為其提供融資便利的情況。由於預支信用證是憑受益人的光票和按時發貨交單的保證付款的，屬光票信用證，在性質上等於一般的預付貨款，因此只有當受益人資信可靠時

開證行才會開立可預支付用證，有時開證行也要求受益人提交貨物倉單作抵押。

(四) 信用證的內容

實踐中，信用證的具體內容雖各不相同，但其必備的內容基本上是相似的。通常情況下，一張信用證應主要包括以下項目：

1. 信用證的必要條款

信用證的必要條款包括信用證是否可撤銷、是否可以轉讓的說明，對信用證號碼、開證日期和地址、受益人與開證申請人的名稱與地址、信用證金額、信用證有效期和到期地點的說明，以及開證行的名稱、簽字和付款保證條款。

2. 匯票與跟單條款

主要說明信用證對匯票和單據的要求，包括單據的名稱、內容、份數。如果信用證規定出口商應該提示匯票，就還包括匯票的出票人、付款人、匯票金額、付款期限及出票條款。

3. 商品條款及裝運條款

包括對貨物的具體要求、對裝運港或接貨地、目的港或卸貨地、裝運期、運輸方式、是否可以轉運等內容的說明。

4. 兌現方式

這是信用證的非常重要的一個條款，旨在說明信用證屬於即期、遲期、承兌還是議付信用證。

5. 其他條款

其他條款包括開證行對通知行、議付行或付款行的指示。

在信用證的必備內容中，涉及幾個時間概念，其中，裝運期、議付期和有效期是三個特別重要的時間概念，特別是對受益人而言，對這幾個概念稍有疏忽，就很容易逾期，造成單證不符，給安全收匯增加風險。因此當事人對於正確理解和把握這幾個時間概念是十分重要的。

(五) 國際貿易中的信用證結算業務

在國際貿易中，採用信用證結算方式，銀行以其信用作為擔保，這不僅有利於緩解買賣雙方互不信任的矛盾，而且有利於進出口商的資金融通和週轉，從而有利於國際貿易的發展。因此，信用證結算方式是國際貿易結算實務中較為主要的結算方式。在實務中，信用證結算方式的基本運作程序如圖 9-5 所示。

(1) 買方雙方訂立貿易合同，合同規定採用信用證收付款方式結算貨款。

(2) 進口人在買賣合同規定的期限內向所在地銀行申請開立信用證。

(3) 開證行開立並寄出信用證。

(4) 通知行審核並通知信用證。

(5) 出口商審證、改證、發貨。

(6) 出口商製單、交單議付或要求付款。

(7) 議付行或付款行審單無誤，在「單單一致、單證一致」的條件下向出口商墊支貨款或付款。

(8) 議付行或付款行向開證行寄單索匯或向償付行索償。

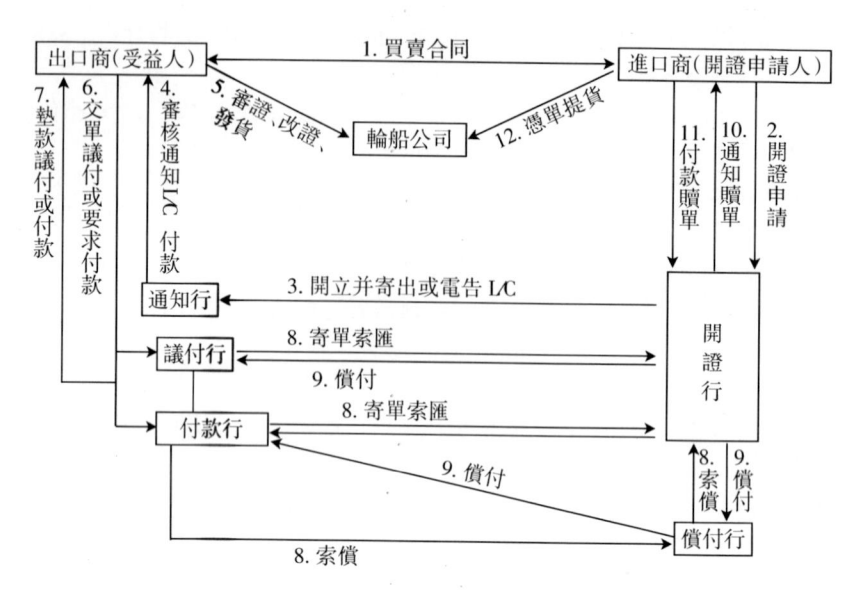

圖 9-5　信用證結算方式的基本運作程序

（9）開證行和進口人審單無誤後，由開證行向議付行或付款行償付，或由償付行償付。

（10）開證行通知進口商贖單。

（11）進口商付款贖單。

（12）進口商憑單提貨。

（六）信用證及信用證付款的性質和特點

綜前所述，信用證及信用證付款有以下性質特點：

（1）信用證付款是銀行信用，開證行負有第一性的付款責任，信用證是銀行開立的有條件的付款承諾。

（2）信用證是一項獨立的、自足的文件，雖然信用證是依據貿易合同開立的，但信用證各當事人辦理信用證項下的業務，是不受貿易合同約束的。

（3）信用證付款處理的是單據，它嚴格遵守「單單一致，單證一致」的付款條件。

（4）信用證結算方式屬於逆匯。

第十章
國際貿易融資

國際貿易融資是指為了使進出口貿易能夠順利進行而對進口商和出口商的信貸支持。在國際貿易的歷史中，最初的國際貿易融資主要是國際貿易的一方向另一方提供的商業信用，如賒銷等。但是，由於貿易商的資金實力有限，因而它們彼此提供的商業信用通常金額較小、期限較短，其融資作用也十分有限，特別是隨著國際貿易迅速發展、貿易金額不斷擴大，這種僅由貿易商相互提供的融資的局限性更是日益突出，為了滿足國際貿易發展的需要，銀行和其他金融機構開始對貿易商提供融資，從而產生了真正意義上的國際貿易融資。

從國際貿易融資的發展歷程來看，古老的貿易融資行為可以追溯到五千年前的巴比倫時代，但作為銀行行為的真正的國際貿易融資卻起源於 19 世紀的歐洲和美國。此後，隨著國際貿易和國際金融業務的發展，國際貿易融資業務也不斷發展。目前，不僅傳統結算方式下的各種貿易融資在國際貿易中起著重要作用，一些新型的、具有結算與融資功能的國際貿易結算與融資業務，如國際保理、包買票據等也得到了巨大發展。

第一節　傳統結算方式下的國際貿易融資

就匯付、托收和信用證付款三種較傳統的結算方式而言，匯付是缺乏融資手段的，只有托收和信用證支付方式有較多的融資手段，其中常見的有打包放款、押匯、貼現、信託收據、提貨擔保等。對於這些融資手段，可以按一定的方式進行歸類。一般而言，按照結算方式不同可以將它們分為托收項下的融資渠道和信用證項下的融資渠道；按照融資涉及的對象不同又可以將它們分為對進口商的融資和對出口商的融資以及對中間商的融資。如果將前面兩種方法結合起來，則可以將它們分為托收項下對進口商的融資和對出口商的融資，以及信用證項下對進口商的融資和對出口商的融資。在這裡，重點從融資涉及的對象不同的角度分析對出口商的融資和對進口商的融資，即出口貿易融資和進口貿易融資。

一、出口貿易融資

在托收和信用證結算方式下，對出口商的貿易融資主要包括出口押匯、票據貼

現、打包放款、預支信用證、承兌信用額度等。

(一) 出口押匯與票據貼現

1. 出口押匯

出口押匯是出口地銀行為解決出口商的資金週轉困難而應出口商請求，以出口商提交的包括貨運單據在內的全套出口單據作抵押向出口商預支部分或全部貨款的融資活動。

根據結算方式的不同，出口押匯分為出口信用證押匯和出口托收押匯。出口信用證押匯是在信用證項下，由出口地銀行以貨運單據及匯票（若有匯票）為質押品向出口商提供資金融通的貿易融資方式。在這種方式下，出口商憑買方銀行開來的信用證將貨物發運後，按照信用證要求製作單據並以出口單據為抵押要求銀行提供資金融通。通過這種行為，出口商可在貨物尚未運出國境前就提前收到貨款，這樣可以加速出口商的資金週轉，提高其經營效益。當然，由於是信用證項下的資金融通，因此要求出口商在使用出口信用證押匯時提交的單據必須符合「單證一致、單單一致」原則。

出口托收押匯是在採用托收結算方式的條件下，出口商在提交單據、委託銀行代為向進口商收取款項的同時，要求托收行先行預支部分或全部貨款，待托收款項收妥後再歸還銀行墊款的貿易融資方式。根據托收行預付的金額不同，出口托收押匯分為「淨額押匯」和「部分押匯」，前者是托收行預支淨額──匯票或發票金額扣除利息及有關費用後的餘額的出口托收押匯，後者是托收行預支部分金額（匯票或發票金額的 50%~80%）的貿易融資行為。

比較而言，出口托收押匯與出口信用證押匯的根本區別在於，出口信用證押匯有開證行的付款保證做後盾，屬於銀行信用，風險較小，而出口托收押匯則沒有銀行信用作保證，進口商付款與否完全取決於其信用狀況，屬於商業信用，風險較大。因此，儘管出口押匯在實踐中（特別是在歐美國家）被廣泛應用，但用得最多的、最具代表性的還是出口信用證押匯。如果銀行要做出口托收押匯需要十分謹慎，一般應限於 D/P 交單條件，並且盡量不做「淨額押匯」而宜採用「部分押匯」，同時還應瞭解出口商和進口商的資信情況和經營狀況等是否良好。就中國的情況而言，往往把出口押匯看作結匯方式的一種，在過去相當長一段時間內，中國主要使用「收妥結匯」和「定期結匯」方式，目前是出口押匯、收妥結匯和定期結匯三者並存。

2. 票據貼現

票據貼現是收款人或持票人將未到期的承兌匯票向銀行申請資金融通，銀行按票面金額扣除一定的利息後將餘額支付給收款人的一項融資業務。票據一經貼現便歸貼現銀行所有，貼現銀行到期可憑票直接向承兌銀行收取票款。所以，票據貼現實際上是銀行購買未到期的已承兌匯票的票據買賣。和其他的融資業務一樣，票據貼現業務也能為出口商快速變現手中未到期的票據，加速其資金週轉，提高其資金利用效率，而且手續簡便、融資成本較低。

很顯然，票據貼現和出口押匯是兩個容易混淆的概念，但事實上這二者是有區

別的。一方面，二者對票據的要求是不同的，票據貼現要求必須有匯票，而出口押匯不一定要有匯票，沒有匯票有貨運單據也可以做出口押匯；同時，票據貼現的匯票必須是遠期匯票，而出口押匯的匯票可以是即期匯票，也可以是遠期匯票；並且，票據貼現的匯票必須是已承兌匯票，而出口押匯的匯票並不要求是已承兌匯票。另一方面，匯票貼現後，貼現者可以持有匯票，也可以在當地票據市場再貼現，但出口押匯並無二級市場，銀行也不把匯票存在本行，而是送到國外去收取貨款。此外，在票據貼現方式下，匯票的到期日在貼現時是可以計算出來的，而出口押匯時收款日只能大體估算出來。

（二）打包放款與預支信用證

1. 打包放款

打包放款是出口商以信用證為抵押向銀行申請融資貸款的行為。由於信用證是銀行的付款擔保文件和依據，只要賣方交付符合信用證規定的單據，開證銀行就承擔第一性的付款責任。因此，如果開證行資信較好，出口商就可以將信用證用作抵押，向當地銀行申請預支低於信用證金額（通常不超過信用證金額的 90%）的貸款，用於購買貨物，待貨物裝運後議付貨款時，再扣除所借貸款的本息。可見，打包放款不是為了解決出口商品打包裝運所需要的資金，而是為了解決出口備貨所需要的資金。

打包放款和出口押匯一樣，都是出口地銀行對出口商的一種資金融通方式，但二者有明顯的區別：

（1）墊款依據不同。在出口押匯條件下，銀行是以出口商提交的包括貨運單據在內的全套出口單據作為墊款的依據，而在打包放款方式下，銀行則是憑出口商提交的國外信用證作為要求預付款項的憑證。

（2）行為時間不同。出口押匯的行為發生在貨物裝運以後，即在出口商交貨後通過押匯提前取得資金，而打包放款則發生在貨物裝運之前，即出口商為了備貨的需要而要求銀行融通資金。

（3）融資金額不同。在押匯業務中，銀行通常會付足全部金額，而在打包放款業務中，銀行通常僅付信用證金額的一部分。

（4）手續繁簡不同。出口押匯的手續比較複雜，辦理出口押匯業務時，出口商需要填寫總質權書和申請書，有時還需要另外尋找擔保人填具擔保書；打包放款的手續比較簡單，在辦理打包放款業務時，出口商只需提交信用證和訂立一份合同。

2. 預支信用證

前已述及，這種信用證的特點是開證人付款在先，出口商交單在後，即開證行在信用證中授權付款行在出口商交單前預付信用證的全部或部分金額。根據預支金額不同，預支信用證分為全額預支信用證和部分金額預付信用證。

全額預支信用證又稱預付貨款，其基本的運作方法是由出口商按全部貨款開出光票或收據並隨附保證書，承諾在信用證有效期內按時發貨並提交全套合格單據，付款行在扣減利息後將款項墊付給出口商並收存出口商提交的正本信用證、背書議付金額並妥善保管，以備將來議付單據之用，預支墊款從往後收取的貨款中扣還。

這種方式下，預付貨款的風險是由進口商或開證行承擔的，如果出口商將款項挪作他用或未交付合同約定的貨物，進口商或開證行仍然需要向墊款行償還墊款本息。

部分金額預付信用證依其預付條件的不同分為紅條款信用證和綠條款信用證。紅條款信用證起源於以預付款方式向澳洲購買羊毛的交易，當時為了醒目，信用證中預支條款以紅墨筆書寫，因此叫「紅條款信用證」。紅條款信用證預支的最高金額一般為信用證金額的 30%～40%。在紅條款信用證下，進口商的風險較大，除補償貿易中有時採用外，目前已很少使用。綠條款信用證是比紅條款信用證更為嚴格的一種部分金額預付信用證，它要求出口商將用預支資金所採購的貨物於裝運前以銀行的名義存放於倉庫並將倉單交銀行持有，以保證該項預支金額依據信用證規定使用，以減少資金被挪用的風險，同時還要求進口商向銀行提供擔保，保證及時提交倉單等。

在實務中，預支信用證的墊款人可以是進口商、開證行或指定的代付銀行，一般誰墊款就由誰收取利息，但是，由於預支款項而遭遇的損失是要由進口商來承擔的。因此，預支信用證實際上屬於進口商對出口商的一種融資方式。這種付款方式對出口商很有吸引力，它通常適用於短缺商品與緊俏商品的進口，當出口商因資金週轉困難提出以預支信用證支付款項時，進口商以提供融資為由可以要求壓低貨價。

很顯然，由於在預支信用證項下出口商也可以在收到信用證以後裝運交單以前獲得資金融通，因此預支信用證與打包放款有時容易被混為一談，但二者實際上是有區別的。一方面，打包放款是一種融資方式，而預支信用證是一種具有融資功能的信用證；另一方面，在打包放款方式下，出口商必須在固定的日期內向銀行付清款項並承擔有關費用，出口商承擔向貸款銀行償付貸款的責任，而預支信用證則使進口商承擔了最終向銀行償付預付款的責任和承擔有關費用。此外，打包放款廣泛的運用於各種貿易，而預支信用證僅用於某些短缺商品與緊俏商品的貿易。

（三）為出口商承兌信用額度

為出口商承兌信用額度是出口商事先與托收銀行訂立承兌信用額度協議，從而在托收貨款時利用融資匯票進行資金融通的一種方式。融資匯票是指出口商在托收貨款時，用在途貨物提單及商業匯票作抵押，專為融資而開立的一張以托收行為付款人、金額低於托收金額、期限略長於托收匯票期限的遠期匯票。融資匯票是為融資而開立的信貸工具，而不是貿易結算的支付工具，此匯票經托收行承兌後就可以向貼現市場貼現以獲得資金融通，托收行作為融資匯票的承兌人，將來以收到的托收款項來償還融資匯票的票款，並在匯票到期時付款給持票人收回融資匯票。

二、進口貿易融資

在托收和信用證結算方式下，對進口商的貿易融資主要包括憑信託收據借單提貨、提貨擔保、進口押匯等。

（一）憑信託收據借單提貨

信託收據（Trust Receipt，T/R）是進口商在付款之前向銀行借取商業單據時，開立的以代收行為信託人（Truster）、以自己為受託人（Trustee）的一種具有保證

性質的書面收據，它是表明進口商以銀行受託人身分代為提貨、報關、存倉、保險、出售，貨物所有權及所得銷售款均歸銀行所有，並保證到期付款的書面保證文件。

憑信託收據借單提貨是進口商獲得資金融通的重要方法。在托收遠期付款交單或信用證遠期付款的交易方式中，有時會遇到貨物先到而贖單日期未到或進口商無法按時贖單的情況，此時為防止貨物滯留港口碼頭造成損失或罰款，或者為了緩解進口商的暫時困難，開證行或代收行允許進口商憑信託收據借單先行提貨，然後再償還款項正式贖單。在信用證項下憑信託收據借單提貨，因為進口商申請開證時已交付了押金或提供了擔保，因此風險較小，但其中的風險要完全由開證行承擔。在遠期付款交單憑信託收據借單的情況下，儘管信託人因為某項信託業務遭受損失時可以向受託人索賠，即使在受託人倒閉清理時信託人對該信託項下的貨物及貨款也有優先債權，但是信託人仍然要承擔較大的風險，只有當進口商資信較好或能提供擔保或者出口商在托收指示中明確表示因憑信託收據借單引起的所有風險由出口商承擔時銀行才願意以此方式融資，否則銀行一般是不願意以此方式融資的。可見，在不同的信託收據業務中信託人的風險是不同的。

在托收方式下，信託收據業務分為委託方授權代收行向進口商提供憑信託收據借單業務和代收行自行向進口商提供憑信託收據借單業務兩種情況。前者指遠期 D/P 托收方式下，委託方在托收委託書中明確記載有「遠期 D/P，可憑信託收據借單」字樣情況下的信託收據業務，這是出口商（委託人）為解決貨物可能先於遠期 D/P 的付款到期日運達的矛盾，而主動向進口商提供的憑信託收據借單提貨的便利，是出口商對進口商的資金融通，其中的風險由出口商承擔，與銀行無關。後者指遠期 D/P 托收或即期 D/P 托收方式下，委託方沒有明確授權可憑信託收據借單而是由代收行自行與進口商商定一個延期付款的期限，必要時由代收行先行墊付貨款，進口商憑信託收據借單提貨，待延期付款到期日再付清貨款贖回信託收據的信託收據業務。這屬於代收行對進口商的資金融通，其中的風險由代收行承擔，與委託方無關。

(二) 提貨擔保

提貨擔保是當貨物已運抵目的地而提單尚未寄到時，進口商為了能及時提貨，請求開證行簽具提貨擔保書（Letter of Indemnity）並憑此向船舶公司換發小提單先行提貨的貿易融資行為。提貨擔保書中聲明，正本提單到達後即向船舶公司提示，且當船舶公司因擔保提貨而蒙受損失時，由進口商及開證行連帶負責賠償。此外，為了避免使銀行捲入糾紛，進口商還應在提貨擔保申請書中註明，即使所附貨運單據不符合信用證規定，銀行也能根據該信用證簽發的匯票付款。因此，一旦辦理了擔保提貨，進口商原則上就不能挑剔文件而拒付或延遲付款，如果進口商借口單據瑕疵而拒付或延遲付款，出口商或銀行可要求退單並向船舶公司索賠，而船舶公司則會憑開證行出具的提貨擔保書向開證行索賠，這樣開證行就難免陷入麻煩。

在實務中，提貨擔保的基本程序是：進口商先向船舶公司索取空白提貨擔保書，在填寫提貨擔保申請書後連同發票和進口許可證等一併交付開證行或代收行。銀行收到進口商的提貨擔保申請書後，在核實進口商的貨物及其申報價值與信用證項下

貨物相符，並要求進口商提供全部貨款作為保證金，或在其有足夠的信用額度的情況下加具銀行擔保，或簽提貨擔保書或直接向船舶公司出具提單保函，以保證船舶公司憑此擔保書交貨後，如果發生任何索賠貨款之事皆由銀行負責。進口商憑提貨擔保書辦理提貨手續。當銀行收到正本提單後，可憑交存的保證金辦理贖單，並在提單背面註明「僅供贖回提貨擔保書」字樣，經背書後交進口商憑以向船舶公司換回提貨擔保書，並交還銀行註銷。

提貨擔保一般多用於信用證項下的貨物，進口商往往需先到碼頭看到貨物情況，在確有需要時，才辦理提貨擔保。如果在跟單托收項下進口商需要辦理提貨擔保，則必須提交有關的交易單據，以便銀行審查貨物的歸屬和真實價值。通常情況下，銀行僅對資信良好的貿易商提供跟單托收項下的提貨擔保。

(三) 信用證開證額度及為進口商承兌信用額度

開證行在開立信用證時一般都要求開證申請人繳納一定押金作為開立信用證的擔保，但是，如果與開證申請人之間已經建立一定的業務關係，或者銀行為了吸引資信較好的客戶，銀行往往根據客戶的有關情況核定一個相應的開證額度，客戶在額度內開證可以減收或免收保證金，這實際上也是銀行對進口商提供的一種資金融通。在中國，凡是具有外貿業務經營資格，在銀行有一定外貿結算業務，業務情況及收付匯情況良好，資信可靠，具備一定經濟實力，能夠向銀行提供可靠擔保、抵押、質押的貿易商，均可以向銀行申請並由銀行核定進口開證額度。

在實務中，開證額度通常分為普通開證額度和一次性開證額度。普通開證額度是可以循環使用的，額度確定後，客戶可以在額度內無限次委託銀行開立信用證，即用開證額度開立的信用證使用完畢，或在信用證註銷、撤銷，或在減額後，可相應自動恢復額度。一次性開證額度是由銀行核准後一次有效、不能循環使用的開證額度，它通常是對於未取得銀行普通開證額度的客戶、非銀行信貸客戶辦理單筆開證業務，或對於已在銀行取得普通開證額度的客戶、銀行信貸客戶辦理某一特殊或大額開證業務而設立的開證額度。

為進口商承兌信用額度是進口商事先與銀行訂立承兌信用額度協議，從而在托收贖單時利用融資匯票來做資金融通的一種方式。這裡的融資匯票是指進口商在托收提示時，用貨物作抵押，專為融資而開立的一張以協議銀行為付款人的遠期匯票。融資匯票經協議銀行承兌後即可向貼現市場貼現以便進口商付款贖單。進口商待融資匯票到期時再把票款償付給承兌銀行，並由承兌銀行付款給持票人以收回該融資匯票。

(四) 進口押匯

進口押匯是進口地銀行接受包括貨運單據在內的全套進口單據作為抵押為進口商墊付貨款的融資行為。根據結算方式不同，進口押匯分為進口信用證押匯和進口托收押匯。

進口信用證押匯是信用證項下的進口押匯，其基本運作程序是在開證行收到單據並經審核無誤後，由於開證申請人因資金週轉困難而無法及時付款贖單，此時便以該信用證項下代表貨權的單據為質押，並同時提供必要的抵押或其他擔保，由銀

行先行代為付款，隨後再由開證申請人歸還銀行墊款。

進口托收押匯是在付款交單的方式下，銀行接受包括物權單據在內的托收單據為抵押向進口商提供的一種融資墊款。其基本運作程序是當進口方銀行收到托收單據後，根據進口商的押匯申請先行墊付貨款，同時按照押匯協議將單據交予進口商，讓其先行提貨，隨後再歸還銀行的墊款。此時銀行通常要根據進口商的資信情況和抵押品情況核定一個押匯額度供其週轉使用。

總體上講，進口押匯具有專款專用和逐筆申請、逐筆使用的特點，同時，進口押匯屬於短期貿易融資，其融資期限一般不超過 90 天。

第二節　國際保理業務

一、國際保理的含義和業務範圍

國際保理的全稱是國際保付代理業務，簡稱保理。根據美國《商業律師》一書的解釋：「國際保理是在保理商與以賒銷方式銷售貨物或提供服務的供貨商之間存在的持續有效的安排。」根據此安排，保理商對通過銷售貨物或提供服務所產生的應收帳款給予如下服務：現金收購所有應收帳款、保留銷售分戶帳並提供有關應收帳款的其他帳務服務、收取應收帳款、承擔因債務人清償能力不足而產生的壞帳損失。在中國，國際保理也叫承購應收帳款業務，它是指保理商從其客戶（出口商）手中購進通常以發票表示的對債務人的應收帳款，並負責信用銷售控制、銷售分戶帳戶管理和債權回收業務。也有觀點認為保付代理是一項特殊的國際結算──融資業務，在該業務中，保理商經過資信調查，為短期賒銷出口供貨商提供信用管理、帳務管理、壞帳擔保以及應收帳款融資──在一定的信用額度內，用預付款方式向出口供貨商購買經過核准的合格應收帳款。

不論具體的文字表述怎樣不同，各種解釋都包含了國際保理的業務範圍及其對出口商的重要作用：

（一）銷售分戶帳管理（Maintenance of the Sales Ledger）

銷售分戶帳管理的具體做法是：保理商收到出口商提交的銷售發票後，在電腦中設立分戶帳，輸入必要的信息及參考數據，如債務人、金額、支付方式、付款期限等，然後由電腦進行自動處理，諸如記帳、催收、清算、計息、收費、統計報表的打印等工作，保理商可根據客戶的要求，隨時或定期提供各種數字和資料。由於保理商擁有完善的帳戶管理制度，先進的管理技術和豐富的管理經驗，能夠提供高效的社會化服務，因此，保理商對出口商銷售分戶帳的管理是確保出口商正常經營和有利於出口商減少經營開支、提高經營效益的必要手段。

（二）債款回收（Collection from Debtors）

債款回收是一種技術性、法律性較強的工作，出口商往往因缺乏回收債款的技術而導致應收帳款不能及時收回和資金週轉不靈。而保理商則擁有專門的收債技術和知識，在保理業務項下，由保理商按照雙方當事人事先商議的回收債款的方式、

程序等代為回收債款，這有利於債款的及時回收，即使遇到了紛爭，保理商也可以通過其專門的法律部門提供有效的服務。

（三）信用銷售控制（Credit Control）

對出口商而言，信用管理是一項重要而困難的工作，而保理商則可以利用其獨特的優勢，如利用保理商聯合會廣泛的代理網絡和官方或民間的諮詢機構，通過現代化手段獲取最新的動態資料，依據所掌握的客戶資信情況的變化，對進口商的資信進行調查和評估，從而為出口商提供其客戶的信用銷售額度，進而將應收帳款的風險降低到最低限度。

（四）壞帳擔保（Full Protection Against Bad Debts）

出口賒銷中難免遇到進口商拒付貨款或無力付款的情況，因此對出口商而言，保理商提供的壞帳擔保具有重要意義。不過，保理商並非無條件地提供100%的壞帳擔保，而只對已核准的應收帳款提供100%的壞帳擔保。這就是說，只要供應商將銷售控制在保理商核定的信用銷售額度之內，就能有效地消除因買方信用而非產品的質量、服務水準、交貨期等引起的貿易糾紛造成的壞帳風險。

（五）貿易融資（Trade Financing）

保理商可以向出口商提供無追索權的貿易融資，而且手續方便，簡單易行。出口商在發貨或提供技術服務後，將發票通知保理商，即可獲得不超過80%發票金額和無追索權的預付款融資，這樣就可以基本解決信用銷售的資金占用問題。此外，保理商還可以向出口商提供保留追索權的短期貿易融資。

可見，由於保理商的有關服務，出口商不僅可以規避收匯風險、減少營業開支、降低經營成本、增加利潤收入，而且擁有對客戶提供賒銷等優惠付款的條件，這極有利於出口商增強競爭力和擴大出口規模。就其基本特點來講，國際保理是在賒銷（O/A）或承兌交單（D/A）條件下常用的集結算、管理、擔保和融資為一體的綜合性業務，同時它也是一種債權轉讓——應收帳款轉讓。

另一方面，從進口商的角度講，國際保理的積極作用也是十分突出的。在國際保理方式下，由於進口商能以賒帳等方式與出口商達成交易，從而可以免交開證押金和有關的銀行費用，並可以在收到貨物甚至將貨物出售後一定時間再行支付貨款，這有利於進口商簡化購貨手續、規避貨物風險、降低進口成本、加速資金週轉和擴大經營規模。不過，從保理商的角度講，承辦國際保理業務的風險是較大的，如果萬一遇到進口商拒付或因破產無力償付，保理商又無法對出口商行使追索權，這樣保理商就難免遭受損失。也正因為如此，所以國際保理的收費一般較高。

二、國際保理的當事人和種類

在國際保理業務中，基本的當事人有：出口商，即保理業務的委託人、被保理帳款的債權人；進口商，即被保理帳款的債務人；保理商，也就是保理業務的被委託人，是直接或間接地為出口商（委託人）提供保理服務的銀行或其他金融機構，分為出口保理商和進口保理商。出口保理商是在出口國直接為出口商提供保理服務的保理商，進口保理商是在進口國直接為出口商提供保理服務或作為出口保理商在

進口國的代理商間接為出口商提供保理服務的保理商。

根據當事人不同和其他因素，可以將國際保理分為不同的種類：

(一) 單保理和雙保理

根據是否涉及進出口兩地的保理商，國際保理分為單保理和雙保理。單保理也被稱為單保理機制（Single Factor System），是指僅僅涉及一個進口保理商或出口保理商的為出口商提供保理服務的國際保理。雙保理也叫雙保理機制（Two-Factor System），是指涉及出口保理商和進口保理商，由出口保理商通過進口保理商共同為出口商提供保理服務的國際保理。

(二) 公開保理和隱蔽保理

根據銷售貨款是否直接付給保理商，國際保理分為公開保理和隱蔽保理。公開保理（Disclosed Factoring）是指出口商必須以書面形式將保理商的參與通知給進口商，並指示進口商將貨款直接付給保理商的保理方式。隱蔽保理（Undisclosed Factoring）是指不將保理商的參與通知給進口商，貨款仍由進口商直接付給出口商的保理方式，在這種方式下，融資與有關費用的清算是在保理商和出口商之間進行的。目前，大多數的國際保理業務都屬於公開保理。

(三) 到期保理和預支保理

根據是否向出口商提供融資，國際保理分為到期保理和預支保理。到期保理（Maturity Factoring）是不提供融資的國際保理，它具體指保理商在票據到期後向出口商無追索權地支付貨款的比較原始的保理方式。預支保理（Financed Factoring）也叫融資保理，是指保理商扣除融資利息和費用後立即以預付款方式無追索權地付給出口商80%左右的發票金額，其餘20%於貨款收妥後清算的比較典型的保理方式。

三、國際保理的業務程序

在不同的保理方式下，由於涉及的具體當事人和其他因素不同，國際保理的運作程序也不相同。這裡僅以國際單保理和國際雙保理為例，簡要介紹國際保理的運作程序。

(一) 國際單保理的業務程序

國際單保理的基本做法是：出口商首先和進口商簽訂保理方式下的貿易合同，然後向進口保理商申請資信調查，並與之簽訂保理協議，向其提交需要確定信用額度的進口商名單。在此基礎上，進口保理商根據保付代理協議的要求對進口商進行資信調查，確定並向出口商通知信用額度；出口商在信用額度內發貨並將有關發票和貨運單據直接寄交進口商，然後將發票副本提交進口保理商或同時提出融資需求。進口保理商負責應收帳款的管理和催收，並提供100%的買方信用風險擔保。如果出口商有融資需求，進口保理商在收到發票副本後便以預付款方式提供不超過80%發票金額的無追索權短期貿易融資，剩餘的20%發票金額待收到進口商付款並扣除融資額及有關費用後轉入出口商的銀行帳戶。如果出口商沒有融資需求，進口保理商則在進口商於應收帳款到期日付款後將全部款項扣除費用後的餘額轉入出口商銀行帳戶。

根據國際單保理的基本做法，可以將其業務程序以框圖表示如圖 10-1 所示。

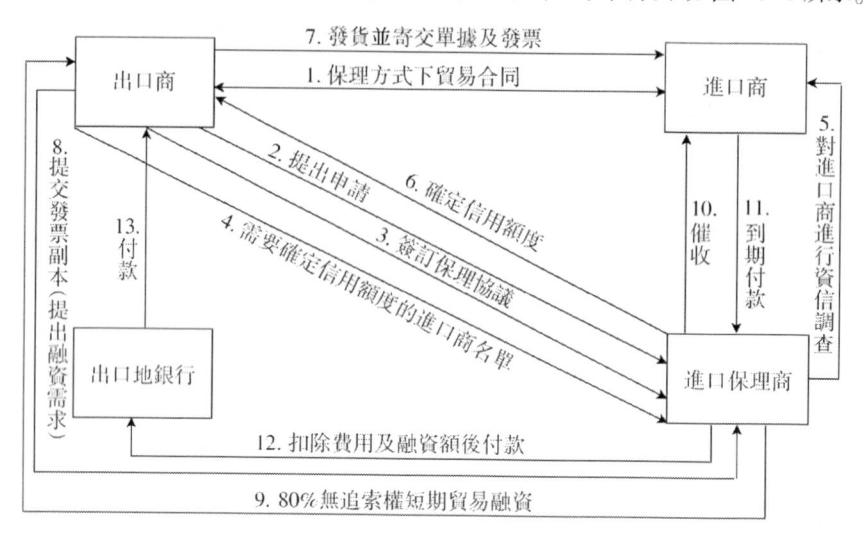

圖 10-1　國際單保理的業務程序

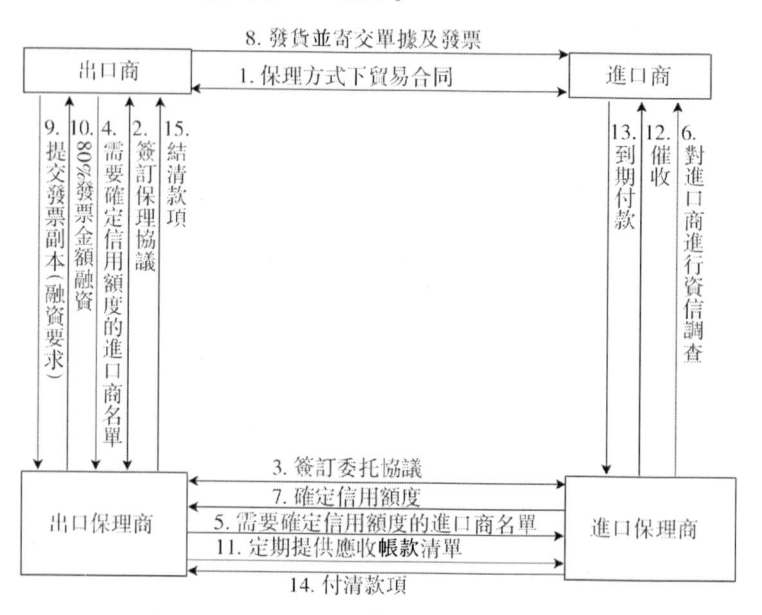

（二）國際雙保理的業務程序

國際雙保理的業務程序如圖 10-2 所示。

圖 10-2　國際雙保理的業務程序

（1）出口商和進口商簽訂保理方式下的貿易合同。
（2）出口商與出口保理商簽訂保理協議。
（3）出口保理商與進口保理商簽訂委託協議。

（4）出口商將需要確定信用額度的進口商名單交給出口保理商。
（5）出口保理商將需要確定信用額度的進口商名單傳送給進口保理商。
（6）進口保理商對各進口商進行資信調查，逐一核定相應的信用額度。
（7）進口保理商通過出口保理商向出口商通知信用額度。
（8）出口商發貨並將發票和單據直接寄交進口商。
（9）出口商向出口保理商提交發票副本或同時提出融資需求。
（10）出口保理商以預付款方式向出口商提供不超過80%發票金額的無追索權短期貿易融資。
（11）出口保理商向進口保理商定期提供應收帳款清單，請其協助催收貨款。
（12）進口保理商向進口商催收貨款。
（13）進口商到期將全部貨款付給進口保理商。
（14）進口保理商將貨款付給出口保理商。
（15）出口保理商扣除融資額及有關費用後，將剩餘貨款付給出口商。

第三節　包買票據業務

一、包買票據的含義及主要當事人

包買票據（Forfaiting）也叫「福費廷」，它是一種以無追索權形式為出口商貼現遠期票據的金融服務。提供這種金融服務的主體叫包買商（Forfaiter），通常是銀行或其他金融機構。包買商是出口商所在國的銀行及有中長期信貸能力的金融機構。當其與出口商達成包買業務協議併購入出口商轉讓的票據後，包買商便成為該項延期付款交易的信貸機構，同時又承擔了向進口商分期收回貨款及與之相關的風險。

除包買商外，出口商和進口商也是包買業務中的兩個主要當事人，是包買票據項下的貿易主體。作為貿易的供貨方，出口商以延期付款方式與進口商達成交易，當其需要資金支持時，便可以向包買商申請包買票據融資，並在向包買商支付貼息後提前收回貨款。作為貿易的進貨方，進口商是延期付款方式下票據的債務人，當作為正當持票人的包買商向其提出付款要求時，進口商應無條件地履行其在票據上的債務責任，按期歸還貨款。

基於規避風險的需要，包買商有時只願購入經過擔保的票據，在這種情況下，包買票據業務就會涉及擔保人。很顯然，擔保人雖然不是包買票據業務所必需的當事人，但擔保人的擔保作用對包買業務的順利開展有重要意義。當進口商不能按期償還貨款時，擔保人負有代其償還貨款的責任，在代進口商償還貨款後，擔保人有權向進口商追索。

二、包買票據的業務程序

從一般的業務流程來講，包買票據主要包括以下環節：

（一）詢價

為確保既能按時獲得融資又不承擔延期付款的利率損失，出口商必須在與進口商簽訂貿易合同之前就向包買商詢價，以便在得到包買商的報價後將延期付款利率打入成本。在向銀行詢價時，出口商需要提供的資料包括：合同金額、期限、幣種、出口商簡介、註冊資本、資信材料、簽字印鑒等，進口商詳細情況，貨款支付方式及結算票據的有關情況，開證行或擔保行名稱及其資信狀況等，出口商品名稱、數量及發運情況，有關進口國家的進口許可和支付許可。

（二）報價

包買商接到出口商的詢價後，首先要分析進口商所在國的政治風險、商業風險和外匯匯出風險，核定對該國的信用額度，然後審核擔保人的資信情況、償付能力、貿易的真實可靠性以及合同金額期限是否能夠接受。在各方面條件可以接受的情況下，包買商應在根據國際包買票據市場的情況計算有關費用後做出報價。

（三）簽訂包買票據協議

出口商接受包買商的報價後，還需要與包買商正式簽訂包買票據協議，協議的內容主要包括：項目概況及債務憑證，貼現金額、貨幣、期限，貼現率及承擔費率，有關當事人的責任與義務，違約事件及其處理等。

（四）簽訂貿易合同並發運貨物

出口商在與包買商正式簽訂包買票據協議後，便可以和進口商簽訂貿易合同，並在合同中約定以包買票據項下的延期付款方式結算貨款。簽訂貿易合同後，出口商按照合同規定向進口商發運貨物，取得經過承兌或擔保的遠期票據。

（五）交單

出口商背書已承兌或擔保的遠期票據並註明「無追索權」字樣，然後將其連同其他單據一起在承諾期內提交給包買商。一般情況下，出口商需要提交的單據包括遠期票據或其他應收帳款債權憑證、提單副本、發票副本、合同副本、信用證或保函副本、出口商對其簽字及文件真實性的證明、出口商債權轉讓函等。

（六）審單付款及到期索償

包買商審核出口商提交的單據，經審核單據無誤後向出口商付款。包買商在貼現付款時，應該將現款項匯到出口商指定的銀行帳戶上，並向出口商提供一份貼現清單，列明貼現票據面值、貼現率、期限、承擔費以及貼現後的淨額，同時抄送進口方銀行一份作為存檔文件，以便在到期日索償時參考。付款之後，包買商將在票據付款到期日向票據付款人提示請求付款。

在實務中，由於包買票據涉及的當事人或其他因素不同，其具體的業務程序也有所不同，以下分別是不涉及擔保人（圖10-3）、涉及擔保人（圖10-4）和採用遠期信用證（圖10-5）的包買票據業務的基本程序：

第十章　國際貿易融資

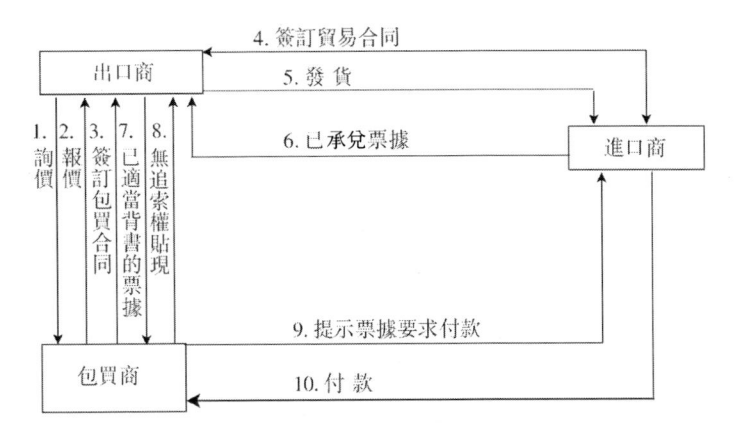

圖 10-3　不涉及擔保人的包買票據的基本程序

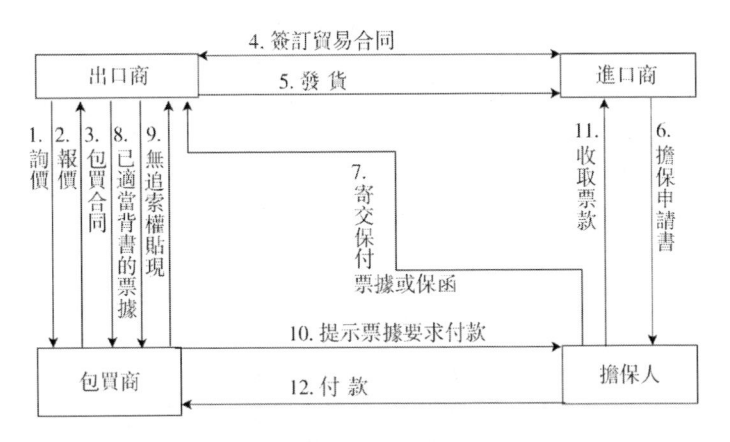

圖 10-4　涉及擔保人的包買票據的基本程序

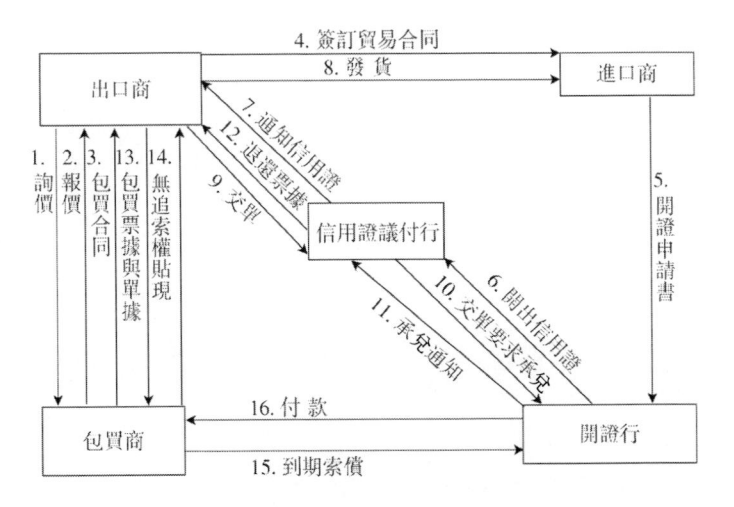

圖 10-5　採用遠期信用證的包買票據業務的基本程序

三、包買票據業務的特點

從根本上講，包買票據是包買商從出口商那裡無追索權買斷經過承兌或擔保的遠期票據或其他應收帳款債權憑證的融資服務，屬於票據貼現的範疇，這是其本質所在。具體分析，包買票據的特點主要有以下幾點：

（1）包買票據業務中的票據或債權憑證必須是「清潔的」——既基於正常的貿易合同又獨立於貿易合同，任何貿易糾紛都不影響債權人憑此憑證到期收款的權利。因此，包買票據業務通常都具有正常的貿易背景，屬於貿易融資型包買票據。

（2）在包買票據項下，出口商必須放棄對所出售債權憑證的一切權益，包買商也必須放棄對出口商的追索權。通常情況下，出口商在背書轉讓債權憑證時會加註「無追索權」字樣，並將收取款項的全部風險和責任轉嫁給包買商。因此，包買票據是無追索權的票據貼現，在將貼現淨額支付給出口商後，包買商作為正當的持票人可以於到期日要求付款人付款，也可以將票據轉售他人，但是，當付款人拒付票款時，包買商卻沒有向出口商追索款項的權利。可見，包買票據與一般票據貼現有共同之處，但也有明顯的區別，因為一般票據貼現業務中，貼現公司貼入票據後是享有追索權的。

（3）包買不僅有一級市場，還有二級市場，即存在包買票據市場，包買商買下的出口商的債權憑證可以在二級市場流通轉讓。一級市場是出口商和包買商之間進行包買債權交易的市場，二級市場是包買商彼此之間進行包買債權轉讓的市場。

很顯然，國際保理業務和包買票據業務都能使出口商獲得貿易融資和轉移風險，從而都有利於進口商和出口商的資金週轉和業務發展。而且，由於包買商和保理商一樣，二者都要承擔較大的風險，因此國際保理業務和包買票據業務的收費都比較高。此外，包買票據業務也有不同於國際保理業務的地方。首先，包買票據是包買商從出口商那裡無追索權的買斷經過承兌或擔保的遠期票據或其他應收帳款債權憑證的融資服務，而國際保理是集結算、管理、擔保和融資為一體的綜合性業務。其次，包買票據項下的交易對象主要是大型資本貨物，而國際保理項下的交易對象多為普通貨物。最後，包買票據業務通常需要出口商提交經過擔保的票據，且其融資期限較長，一般在半年以上，最長的可達數年甚至 10 年之久，屬於中期融資業務；國際保理業務通常不要求提交經過擔保的票據，其融資期限較短，屬於短期貿易融資。

第十一章
國際無形貿易

第一節　國際無形貿易概述

一、國際無形貿易的含義

國際無形貿易（International Invisible Trade）是指在國際範圍內進行的以無形商品為交易對象的買賣。它由國際服務貿易和國際技術貿易兩部分構成。與有形貿易相比較而言，無形貿易具有如下特徵：

（1）無形貿易是一種具有特殊使用價值的活動，在交易中不是有形物與貨幣的交換，而是提供活勞動與貨幣的交換。

（2）在交易中無形商品的價值與使用價值分離，不發生同時轉移。

（3）無形商品和消費是在生產中同時產生的。

（4）國際無形貿易的統計顯示在各國國際收支平衡表中，但在各國海關進出口統計中不做顯示。

二、國際服務貿易的含義和範圍

服務是相對於有形產品的一種特殊形式的勞動產品，是以提供活勞動形式滿足他人需求而取得報酬的活動。因此，國際服務貿易（International Trade in Service）反應的是國家與國家之間相互提供的作為服務活動的特殊使用價值。

由於服務涉及領域廣，二戰後尤其 20 世紀 70 年代後各國服務業都獲得了很大發展，服務便成為國際經濟領域的一個新興而又有廣大發展前景的課題。因此，有必要對國際服務貿易做出具體的定義與範圍的規範。然而由於各國之間的服務貿易發展很不平衡，造成各國對其具體的定義與範圍存在不同看法。在這一背景下，關貿總協定第八輪談判第一次將服務貿易納入其議題，經過充分談判和討論，達成了《服務貿易總協定》。該協定第一部分是對服務貿易的範圍和所涉及的領域做出規定，第二部分是建立服務貿易新規則的框架。

由於服務業涉及面廣且形式各異，難以對此做出具體的定義。在國際服務貿易總協定中主要是從服務貿易的範圍來進行具體的規定，國際服務貿易涉及下列因素的交易：跨境交付、境外消費、商業存在、自然人流動。對這些交易的具體解釋

如下：

(1) 跨境交付（Cross-Border Supply），是指一國向另一國提供服務時沒有人員、物資和資金的流動，而是通過電訊、郵電、計算機聯網實現的。例如，視聽和國際金融活動。

(2) 境外消費（Consumption Abroad），是指一國消費者到另一國消費而接受服務提供者提供的服務。例如，本國病人到外國就醫，外國人到本國來旅遊，本國學生到外國留學等。

(3) 商業存在（Commercial Presence），是服務貿易活動中最主要的形式。它是指允許外國的企業和經濟實體到本國開業，提供服務，包括投資設立合資、合作或獨資企業。例如，外國公司到中國來開酒店，建立零售商店和開律師事務所等。

(4) 自然人流動（Movement of Personnel），是指允許單獨的個人入境來本國提供服務。例如，外國教授、高級工程師或醫生來本國從事個體服務。

三、國際技術貿易（International Technology Trade）的含義

國際技術轉讓是技術供應方將某種內容的技術，通過各種方式跨越國界轉讓給技術接受方使用的一種行為。這種轉讓可以分為非商業性技術轉讓和商業性技術轉讓。前者以政府援助、交換技術情報、學術交流、技術考察等方式進行，通常是無償轉讓；後者是指以一般商業性條件進行的轉讓，是有償的。國際技術貿易正是屬於後一種商業性技術轉讓。它通常按照商品交易的方式，根據簽訂的技術合同或協議來有償提供技術。從內容上看，國際技術貿易主要包括專利、圖紙、技術秘密和工藝技術知識等「軟件技術」。此外，一些先進的機械設備、器材等也往往伴隨軟件技術而一同轉讓。

與國際商品貿易相比，國際技術貿易具有很大的不同：

(1) 買賣標的物不同。一般國際商品貿易的標的物是有形商品，而國際技術貿易的買賣是無形的技術知識。雖然技術貿易還可能包括機器設備，但這些機器設備都必須包含技術知識。如果僅僅涉及實物買賣或只涉及貨物出租的交易是不包括在技術貿易中的。

(2) 買賣標的物所轉移的權利不同。一般國際商品貿易一旦成交，則標的物的使用權和所有權通常一起轉移；而國際技術貿易通常是轉讓使用權而所有權不做轉讓。因此，技術銷售方一般可將此技術作多次出售。

(3) 買賣雙方的關係不同。一般商品貿易中買賣雙方維繫時間相對技術貿易短得多，通常不超過1年，即使是通過出口售貨的一些商品貿易合同一般也不超過2~3年；而技術貿易雙方當事人簽訂合同的履約期限通常較長，有的國家規定5~7年，甚至有的達10年。通常合同履約的開始即是雙方合作的開始，而且在合同有效期內，雙方當事人還有技術傳授與使用等方面的多次合作。此外，在國際商品貿易中，買賣雙方一般是互通有無，而國際技術貿易中，買賣雙方既是當前合作者還有可能成為未來的競爭對手。

(4) 買賣標的物的作價不同。這是因為兩種標的物的生產成本和價格構成不

同。從生產成本看，在商品貿易中，每增加一個單位商品，將增加一個單位變動成本，而一項技術可以多次轉讓而不會增加其成本。從價格構成看，一般商品的價格等於生產成本加一定利潤，而技術貿易通常根據該項技術使用後的經濟效益，即其創造的利潤大小作為其作價原則，通常創造利潤的高低與技術使用費的高低成正比。在具體技術貿易中，技術的價格通常由三部分構成：直接費用，即技術買方在完成技術轉讓中實際消耗的費用；間接費用，即分攤一部分研究開發費用；利潤補償，即技術賣方從技術買方使用該技術的經濟效益中分得的份額。

（5）所適用法律不同。一般商品貿易合同主要涉及國內外買賣法和合同法，而技術貿易合同除了涉及國內的買賣法和合同法外，還受工業產權法、專利權法、商標法、反托拉斯法、公平交易法等法律規範的制約。因此，技術貿易合同較商品貿易合同所涉及的法律更廣泛、更為複雜。

第二節　國際服務貿易

一、國際服務貿易的分類

由於國際服務貿易涉及面廣且形式多樣，目前尚未形成統一的分類標準，許多經濟學家和國際經濟組織為了分析方便和研究的需要，對國際服務貿易進行不同角度的劃分。下面我們將介紹幾種較有代表性的分類：

（一）以部門為標準進行的劃分

按這種方法劃分，國際服務貿易可分為14大類。而在這些大類中，又可以服務在商品中的屬性進行細分。

1. 商業性服務

商業性服務主要指在商業活動中涉及的服務交換活動。具體包括：①設備租賃服務；②不動產服務；③安裝及裝配工程服務（不包括建築工程服務）；④設備的維修服務；⑤伴隨生產活動的服務；⑥專業化（包括諮詢）服務；⑦其它服務。

2. 通信服務

通信服務主要指所有有關信息產品、操作、儲存、設備和軟件功能等服務。具體包括：①郵電服務；②電訊服務；③視聽服務；④其他服務。

3. 建築服務

建築服務主要指工程建築物從設計、選址到施工的整個服務過程。具體包括：①選址服務；②建築物的安裝及裝備工程；③工程項目施工建築；④固定建築物的維修服務。

4. 銷售服務

銷售服務主要指產品銷售過程中的服務交換。具體包括：①商業銷售；②零售服務；③與銷售有關的代理費用及佣金等。

5. 教育服務

教育服務主要指各國在高等教育、中等教育、學前教育、繼續教育、特殊教育

和其他教育中的服務交往。

6. 金融服務

金融服務主要指保險業以外的金融服務活動。具體包括：①銀行存款服務；②與金融市場運作管理有關的服務；③貸款服務；④其他貸款服務，其中包括個人貸款服務、抵押服務、信用卡及其他信貸服務等；⑤與債券市場有關的服務，主要是涉及經紀業、股票發行和註冊管理、有價證券管理等；⑥附屬於金融仲介的其他服務，包括貸款經紀、金融諮詢、外匯兌換服務等。

7. 保健服務

保健服務主要指個人保健服務、獸醫服務等。

8. 旅遊和飯店服務

旅遊和飯店服務主要指旅館、飯店提供的住宿、餐飲服務、膳食服務及相關的服務。

9. 保險服務

保險服務主要指國際間各種形式的保險服務。具體包括：①貨物運輸保險；②非貨物運輸保險；③附屬於保險的服務；④再保險服務。

10. 個人服務

個人服務主要指非企業的個人範疇內的服務交換。其中包括：①房屋清潔及維修服務；②個人護理服務。

11. 文化、娛樂服務

文化、娛樂服務主要指不包括廣播、電影、電視在內的一切文化、娛樂服務，如文化交流、文藝演出等。

12. 交通運輸服務

交通運輸服務具體包括：①貨物運輸服務；②客運服務；③船舶服務；④附屬於交通運輸的服務。

13. 動產的銷售服務

14. 其他服務

(二) 按經濟用途及性質進行的劃分

按這種方法劃分，可以將服務貿易分為消費者服務、政府服務與生產服務。消費者服務是指通過消費者在市場上購買的服務，如金融、保險、交通、餐飲、娛樂、理髮、教育等；政府服務是指那些免費提供的或對一般公眾收取最低費用的服務，如教育、保健、國防與一般行政等；生產服務是生產者在市場上購買的被用作商品與其他服務的進一步生產的中間服務，如計算機運用、會計、廣告、諮詢、法律、工程、倉儲、通信、保衛等。生產者服務在服務業中被認為最具經濟增長潛力。

(三) 以服務在貿易中「移動」的形式進行劃分

按加拿大弗雷澤大學經濟學教授赫伯特·G. 格魯伯和弗雷澤研究所麥克爾·A. 沃克的建議，服務貿易可分為要素服務貿易、附帶有人員和貨物暫時移動的服務貿易及物化服務貿易三種。要素服務貿易主要是指對外投資（包括長期投資與短期投資）而帶來的收入，這種生產要素投資而帶來的收入是國際服務貿易收入的一項

重要來源；附帶有人員和貨物暫時移動的服務貿易，是通過服務提供者或服務接受者穿越國境而進行的貿易，如運輸、旅遊、教育、醫療等種種服務；物化服務貿易是通過對外輸出或輸入服務物化在其中的物資材料來進行的，如工程、音樂、電影、會計、金融等均可採用物化方式進行。

（四）以是否伴隨有形商品支出進行的劃分

按這種方法劃分，可將國際服務貿易劃分為兩種，即國際追加服務和國際核心服務。國際追加服務是隨商品實體出口而提供的追加勞務。當今，隨著市場競爭的加強，追加服務往往在很大程度上左右著消費者對所需商品核心效用的選擇。因此，追加服務被廣泛地應用到有形商品生產的各個階段。在上游階段，有形商品要求有先行的追加服務投入，包括可行性研究、風險資本籌資、市場調研、產品構思和設計等；在中游階段，有形商品既要求與其生產融為一體的追加投入，也要求有與其生產平行的追加服務投入；在下游階段，有形商品的生產要素投放的追加服務項目包括廣告、運輸、商品使用指導等。國際核心服務是指同有形商品的生產和服務無關，而作為消費者單獨使用的，能為消費者提供核心效用的一種服務。按服務中生產者與消費者是否發生接觸，可分為遠距離服務和面對面服務。前者是指無須提供者與需求者的實際接觸而跨越國界交易的服務，是一種「純」的國際服務貿易；後者則需通過提供者與需求者雙方正面接觸才能實現的服務。

（五）以服務生產的不同階段進行的劃分

按這種方法劃分，可將服務貿易分為生產前、生產中與生產後服務貿易。比如說可行性研究、市場調研、產品設計等屬於生產前的服務貿易；生產中的服務貿易有財務會計、人事管理與培訓、設備保養與維修等；生產後的服務貿易則包括提供的各種售後服務，諸如商品使用指導、退貨索賠保證以及供應替換等。

（六）以各種生產要素在服務貿易中的密集程度進行劃分

按這種方法劃分，服務貿易可分為知識密集型服務、資本密集型服務、技術密集型服務和勞動密集型服務。

（1）知識密集型服務。這類服務要求提供者必須是具有某種技藝、技能知識的高級專業人才，如法律、諮詢、會計服務、審計服務。

（2）資本密集型服務。這是需要大量資金投入才能實現的服務，如各種金融、通信服務。

（3）技術密集型服務。這是需要高新技術、現代科學技術才能提供的服務。在許多現代服務行業中，如國際銀行業和金融業的服務、信息服務等都要依靠許多先進技術才能進行。

（4）勞動密集型服務。這主要是通過一般勞動力的提供而實現的服務，如國際工程承包等。

上述種種劃分只是一種相對的劃分，不少服務均存在著交叉，如銀行業既是一種資本密集型服務，又是一種技術密集型服務。但這種劃分方式仍具有重要意義。因為發展中國家在服務貿易中地位較低，其中一個重要因素是它們主要從事勞動密集型的服務，附加值較低；而發達國家則主要從事的是資本密集型或技術密集型的

服務。發達國家正是從這些壟斷性行業中獲得了大量的服務收益。

二、國際服務貿易發展的現狀和特點

二戰後，國際經濟領域最明顯的變化之一，就是國際服務業的迅猛崛起。目前，國際服務貿易，已成為國際貿易關係中的一項重要內容。

從總量上看，國際服務貿易占世界貿易總額的比重在迅速增長。據國際貨幣基金組織的統計，1982年，世界各國服務貿易出口額為4,050億美元，到1992年上升到1萬億美元，10年增長了1.5倍。雖然在此期間，世界各國的貨物出口總額也增加了1倍，但是，國際服務貿易占世界貿易總額的比重已由1982年的18%增至1992年的22%。1993年和1994年，國際服務貿易額分別為1.02萬億美元和1.08萬億美元，而同期國際貨物貿易出口額分別為3.63萬億美元和4.06萬億美元。從增長速度上看，20世紀70年代以來，國際服務貿易的增幅已超過貨物貿易的增幅。國際貨幣基金組織發表的統計數字表明，1970—1980年，國際服務貿易年均增長率為18.7%，與同期貨物貿易年均增長率大體持平，其中1979年超過了貨物貿易的增長。1979年服務貿易的增長率為24%，而貨物貿易的增長率為21%。進入20世紀80年代後，服務貿易增長快速。1982—1992年，世界服務貿易增長1.5倍，同期貨物貿易僅增長1倍。其中商業服務貿易增長率最快，1982—1992年，其平均增長率為7.9%，而同期貨物貿易平均增長率為4.9%。1980年商業服務貿易在世界貿易的份額為17%，1993年增加到22%。另據世界貿易組織統計，1992年、1993年、1994年三年的國際貨物貿易增長率分別為6%、-0.8%和1.2%，而國際服務貿易年增長率分別為12%、0.5%和6.3%，均高於貨物貿易的增長率。到1999年，國際服務貿易出口額已達到26,750億美元。[1]

概括地說，當代國際服務貿易具有以下特點：

1. 國際服務貿易部門的外延日趨擴大

二戰前，國際服務貿易的主要內容是勞動力的輸出輸入。由於科技水準限制，與貨物運輸相聯繫的電訊服務、交通運輸服務、保險服務並不發達。

二戰後，在第三次科技革命推動下，人們生活水準提高，服務貿易的種類也越來越豐富。傳統的服務貿易如運輸、金融、通信等隨世界經濟快速發展以及在高科技的支持下繼續擴張。一些新興的服務貿易也隨科技進步及人們生活水準提高而不斷湧現與發展。如信息服務業作為一種新興的服務行業，其產生與發展完全是建立在計算機網絡系統與光纖通信設施等高技術基礎上的，是未來最具發展潛力的服務業。此外，像旅遊業、家庭保健、法律諮詢、遠程教育等都隨人們生活水準提高而得到快速發展。金融、保險、運輸、旅遊、信息處理與傳遞、設計與諮詢、許可證貿易、租賃、航空與航天技術轉讓等已成為當代服務貿易的主要項目。據統計，跨國投資收支、國際運輸、國際旅遊已分別成為最大的三個國際服務貿易部門。

2. 國際服務貿易行業壟斷現象日趨嚴重

一些關係國家主權與安全的行業，如郵電、民航、鐵路、廣播等不同程度為國

---

[1] 陳憲. 加速發展中國服務貿易業 [N]. 經濟日報，2002-04-29 (2).

家壟斷，尤其是在廣大發展中國家更為明顯，這些部門服務貿易自由化程度較低。發達國家則主要憑藉它們在國際服務貿易領域的明顯優勢，進行行業壟斷，尤其是在以技術服務為核心的專業服務領域，幾乎完全被幾個發達國家控制。例如美國憑藉其在金融服務、保險、數據處理和電訊等領域所處的絕對優勢地位，在世界各地形成了一批壟斷性很強的跨國服務公司。根據《關稅與貿易總協定》的有關統計，六大會計師事務所幾乎掌握了全球的會計事務；來自三個發達國家的保險公司占了世界保險市場的30%；而國際影視服務則為「美洲動畫片協會卡特爾」獨家壟斷。這些行業壟斷給發展中國家進入國際貿易市場造成了嚴重困難，使尚處於初期階段的發展中國家的國際服務貿易業面臨著激烈的競爭和壟斷的挑戰。

3. 各國在國際服務貿易中發展很不平衡，總體上發達國家在國際服務貿易中占絕對優勢

1993年和1994年，服務貿易前30位出口國（或地區）的出口分別占世界出口總額的86.4%和84.1%。前30位進口國（或地區）的進口額分別占進口總額的88.2%和86.7%。在世界服務貿易總額中，15個主要發達國家約占3/4，而其中的美、法、意、德、日五國的服務出口就占世界服務出口總額的50%以上。美國是當今世界上最大的服務產品出口國，1994年，其服務產品出口額為1,600億美元，占同期世界服務貿易總額的13%。發展中國家和地區，在國際服務貿易中地位落後，而且發展很不平衡，主要集中在少數國家和地區。中國在20世紀80年代以後，對外服務貿易發展迅速。1994年，中國在國際服務貿易進出口中的比重均為1.2%，居世界服務貿易第22位。

發達國家的服務商品出口大都是技術密集型、資本密集型產業的高附加值產品，如主要集中在銀行業、保險業、建築工程業、諮詢業、信息處理業等。而發展中國家出口的服務產品大多以勞動密集型產業的低附加值產品為主。因此，發達國家多是服務貿易的主要出口國和順差國，而發展中國家除少部分工業化國家在某些服務項目上可與發達國家相抗衡外，大量落後的發展中國家則為服務貿易的「純進口國」，服務貿易逆差巨大。

4. 國際服務貿易市場呈多元化分佈趨勢

20世紀70年代以前，國際服務貿易主要集中在西方發達國家。20世紀70年代以後，中東幾個主要產油國憑藉其豐富的石油資源，成為最大的國際服務輸入市場。進入20世紀80年代，隨著亞洲經濟的崛起，亞洲服務貿易迅速發展，成為最具潛力的新興市場。其中尤以亞洲「四小龍」、東南亞一些國家吸引大量國際資本，發展其經濟，服務貿易增長迅猛。可以說，進入20世紀90年代後，世界服務貿易市場已呈現多元化的格局，不同經濟發展水準、不同社會制度的國家都積極加入這個市場中來。

5. 國際服務業全球化趨勢增強

在信息革命浪潮的推動下，國際服務業正在迅速向全球化邁進。最顯著的標誌是，近十幾年來，發達國家國外直接投資的結構發生重大變化，服務業投資比重日趨提高。與此同時，一大批服務業跨國公司紛紛崛起。

20世紀80年代以前，發達國家國外直接投資多集中於農業、礦業和製造業。20世紀80年代以後，這種投資開始移向廣告、旅遊和出版業、會計師事務所、銀行、保險業等。據聯合國統計，在1986—1990年，日本、歐共體、美國以及一些發展中國家投入在全球服務業上的資本為9,250億美元，佔同期全球總投資額的45%，而在20世紀50年代後5年僅為22%。近年來，跨國性的高科技服務業異軍突起，跨國公司的崛起成為服務全球化的重要方面。

三、國際服務貿易迅速發展的原因

雖然傳統的服務貿易如運輸、國際結算、國際勞務輸出入等在資本主義生產方式發展的早期就已形成並發展，但國際服務貿易真正得以迅速發展是在二戰後，尤其是在20世紀70年代後期才得到迅猛發展，其原因如下：

（1）二戰後的第三次科技革命是推動服務貿易快速發展的內在因素。它主要體現在以下三個方面：

①產業革命帶來各國產業結構的急遽變化，為發展中國家對外貿易提供了雄厚的基礎。人類社會生產力的發展，已完成由遊牧業向農業和由農業向工業發展的兩次大飛躍，現在正處於由工業化經濟向服務化經濟轉變的過程。在這個過程中，農業一直呈現相對縮小的趨勢，工業也維持相對較低的發展速度，而服務業即第三產業增長最快，在國民經濟中的比重不斷提高。對世界發達國家來說，服務業已構成國民經濟中最大的經濟產業。生產力的發展促使物質生產領域中非直接生產服務的增加、專業人員和「白領」人員增加。隨著工業生產自動化和產品技術的複雜化，在流水線上作業的工人日益減少，更多人力物力資源被用於計算機程序的編製、機器人的設計，以及發展研究、計劃管理、銷售、信息收集與處理。產業結構的這種變化，使服務業的從業人員增加，而技術水準的提高為擴大國際服務貿易提供了可能，構成國際服務貿易發展的基礎。

②產業革命使國際分工不斷深化，國際商品交換空前活躍，帶動了國際服務貿易的發展。二戰後，隨著世界各國社會生產力的發展和科學技術的進步，國際分工日益細化。除了二戰前存在的、以自然資源為基礎的、工農業原料生產的國際分工進一步細化外，還形成以科學技術為基礎的工業部門內部國際分工的格局。各國根據自身經濟發展的特點以及資源和技術的不同優勢，在工業內部促成了產品專業化和工藝專業化的分工。

隨著企業生產越來越向專業化發展，原先從屬於工業部門並納入工業部門的生產服務也逐步從第二產業中脫離出來，成為獨立的服務經濟部門。比如在生產上游階段已有可行性研究、風險資本、產品設計、市場研究等專業化服務；中游階段出現設備租賃、質量控制、會計等專業化服務；下游階段有廣告、運輸、人員培訓等專業化服務。由於國際分工的深入發展，作為國際分工的橋樑和紐帶的國際商品貿易受到推動而規模日益擴大。這就增加了對各種商品貿易服務的勞務或服務的需求，促進了貨物運輸、金融保險、通信信息、法律諮詢服務等服務行業的發展。

③科技進步擴大了服務貿易的對象。首先，二戰後日新月異的科技革命，如新

的發明和發現、新技術、新工藝不斷出現。軟件開發諮詢，技術服務，現場技術指導等已形成獨立的技術貿易部門。其次，高科技的出現形成了新的服務部門。如在計算機和通信技術基礎上發展起來的情報信息業，以信息資料的收集、貯存、整理、交換為主要服務內容，其規模和應用範圍越來越大。信息部門已成為服務業中重大的分支，在國際服務貿易中將佔有越來越多的份額。最後，新技術的廣泛應用，使許多原先「不可貿易」的服務，由於有新技術的支持，而轉化為「可貿易」的服務。如一些傳統教育服務、健康服務一向被稱為「不可貿易」的服務，現今已進入錄像片中或通過計算機系統進行買賣。國際互聯網絡的發展，使得許多原先不便進行的跨國服務在瞬間完成。又如隨著全球通信技術的發展，銀行、保險、商品零售服務可以在全球快捷開展服務。

(2) 生產的國際化，特別是跨國公司直接投資的發展，是服務貿易發展的又一源泉。

生產的國際化在區域貿易自由化浪潮中得到發展，這種發展往往推動服務貿易自由化的發展。例如，區域貿易自由化趨勢與雙邊自由貿易協定的簽訂，多涉及服務貿易。1988年達成的《美加自由貿易協定》也包含服務貿易條款。區域貿易協定中的服務貿易條款，既包含擴大區域內服務貿易發展的可能性，也為服務生產的國際化和文化生活的國際化帶來了契機。無疑，服務生產的國際化極大地刺激各國文化生活的國際化。例如，開展國際旅遊，欣賞外國電影、電視、球賽、音樂和舞蹈等，這些因素均極大地促進服務貿易的發展。

由跨國公司主導的對外直接投資構成國際服務發展的不可忽視的力量。20世紀80年代初，發達國家平均每200家大型跨國公司就有83家公司的50%以上收入來自服務銷售。據估計，跨國公司對服務出口的貢獻大約占服務出口的2/5～1/2。20世紀80年代中期，服務業的直接投資已占外國直接投資的40%，並占20世紀80年代前半期新增投資的50%以上。此外，由於現代通信技術和信息網絡能夠使跨國公司同時掌握世界市場的各種變化，跨國公司不斷加強綜合性服務活動。例如，將以往分開的銀行業、保險業、交易所和經紀人服務合併為現代金融服務業等。非服務型跨國公司也通過其全球行銷戰略加強對服務業的投資，帶動跨國公司內部的服務貿易，使服務貿易出現內部化趨勢。

(3) 國際競爭的激烈，使得服務業尤其是高技術、高知識含量的服務業迅速發展。

在當今激烈的國際市場競爭中，為了能在世界市場占據優勢，各國更加重視在高技術含量產業中的投入。一方面，這些具有高知識含量的技術能為它們獲得更多的剩餘價值；另一方面，高知識含量的產業也是21世紀各國產業競爭的制高點。當前，發達國家如日、美、德等的產業結構，逐漸向電子、航空技術及生物工程等高科技產業轉移。一些發展中國家也正在努力增加在這些方面的科技投入。

(4) 各國經濟的發展，特別是發達國家居民收入的增加，使得其對服務的需求越來越大。

隨著人們收入水準的提高和休閒時間的增加，消費支出模式發生改變，對物質

的需求相對減少，對服務的要求不斷增加，家庭把越來越多的開支用在服務的消費上。收入增加，加上工作日的減少和教育文化水準的提高，通信及交通運輸的發展，這一切都使得為生活服務的國際旅遊業、文化娛樂、體育活動、醫療、家庭服務等行業興旺起來，成為**國際服務貿易**的一個重要組成部分。

第三節　國際技術貿易

一、國際技術貿易發展現狀與原因

二戰後，國際技術貿易空前發展，國際技術貿易規模迅速擴大。尤其是近年來，隨著信息革命的到來，世界經濟正朝著國際化、全球化方向邁進。西方發達資本主義國家，在經濟體制和經濟結構方面發生著一系列的變化，促進經濟以強勁的勢頭迅速發展，從而更加擴大了對外經濟和技術貿易的規模。發展中國家為了縮小與發達國家的差距，盡可能地利用西方國家資本與技術，促進自身的發展，力圖趕上先進國家。因而，在國際技術領域內，世界各國為了自身的利益，展開了激烈的競爭，促使現代國際技術貿易高速發展。

從總量上看，全世界技術貿易在 20 世紀 50 年代僅為 5 億～6 億美元，20 世紀 60 年代中期也僅為 25 億美元，到 20 世紀 70 年代中期已增至 110 億美元，而到 20 世紀 80 年代中期又猛增到 500 億美元，1975—1985 年平均年增長率為 16.3%。據 UNESCO 統計，1984—1994 年世界技術貿易市場以年均 21% 的速度增長，到 20 世紀 90 年代中期則高達 2,500 億美元。

目前，**國際技術貿易**主要集中在發達國家之間進行，越是工業化程度高的國家，輸出輸入技術也越多。發達國家之間成交的技術貿易總額占世界技術貿易總額的 80% 以上，**發達國家與發展中國家之間的技術貿易總額只占世界技術貿易總額的 10%**，而發展中國家之間成交的技術貿易額則占的比重更小，不足 10%。20 世紀 70 年代中期以來，美、日、歐盟在國際技術貿易市場上形成三足鼎立的局面。20 世紀 80 年代以來，形勢發生變化，美國地位日益減弱，日本、歐盟的地位日益增強，但美國仍是當前技術出口大國，占世界技術商品供應量的 60%。另一方面，發展中國家也在積極發展技術貿易，但主要是通過引進發達國家的先進技術為主。近年來發展中國家相互之間成交的技術貿易也日益增多。

從技術要素流動上看，當前國際技術的要素流動也十分不合理。發達國家之間的進出口商品以資金密集型和技術密集型為主；發達國家與發展中國家之間的技術貿易，出口以資金密集型和技術密集型產品為主，進口以初級產品和勞動密集型產品為主；發展中國家之間的進出口商品以初級產品和勞動密集型產品為主。

從貿易方式看，隨著國際貿易的深入進行和廣泛開展，技術貿易方式也更加靈活多樣。不僅適合於許可貿易、技術諮詢、也適合於補償貿易、特許經營；不僅適應於技術商品交易，也適應於技術商品與資本轉移相結合、機械設備與技術軟件相結合的交易。交易對象的內容也日趨交融，互相滲透，不再是 20 世紀 80 年代純粹

生產線的輸出或引進和單項專利的買賣，而是硬件技術與軟件技術相結合、專利技術與專有技術相結合的整套買賣。因此，現代國際技術貿易逐漸趨於各種交易方式、對象和條件相結合的一攬子工程。

當前國際技術貿易途徑主要是通過跨國公司來實現。跨國公司憑藉其經濟實力雄厚，科技力量強大，在發達國家之間和發達國家與發展中國家之間的技術輸出和輸入方面發揮著主導作用。

二戰後，國際技術貿易迅速發展的原因是：

第一，第三產業革命為技術貿易的迅速發展奠定了基礎。

二戰後，隨著數學、物理、化學等基礎學科的突破性進展，以工業發達國家為主體的科技革命創新了許多新產品、新工藝。近幾十年來，科技的發展和發現比過去兩千年的總和還多。高科技極大地促進了生產力的發展，「科技立國」已成為世界各國的共識。為了爭奪技術優勢，近幾年來，各國政府迅速調整科技政策，如美國於 1993 年放棄了「星球大戰」計劃，大力發展與市場相結合的科技項目；日本政府於 1995 提出了「新技術立國」計劃；歐盟在 20 世紀 80 年代實施「尤里卡」計劃的基礎上，1995 年通過了「第四個科研發展框架計劃」；其他發達國家和發展中國家也都紛紛制訂和實施了相應的科研發展規劃。一系列的調整和改革，大大促進了世界科技的發展，科技成果層出不窮，技術商品品種繁多。但另一方面，這些新技術在各國發展很不平衡，新技術的發展主要集中於那些先進的發達國家。隨著生產國際化程度的不斷提高和國際分工的深化，各國之間的聯繫日益緊密，國際經濟技術交流不斷擴大。這一切必然大大促進國際技術貿易的發展。

第二，通過技術貿易可以為技術輸出國帶來更多的經濟利益。

這是因為通過出售技術和出售技術使用權，輸出國由此獲得的收入不僅可以彌補技術創新支出，而且還可能從輸入方銷售中獲得一定利益。同時，在當前各國存在的種種關稅和非關稅壁壘的情況下，一國通過輸出技術的方式，可繞過東道國的貿易壁壘，通過輸出這種技術吸引國外消費者，從而擴大本國的出口市場。此外，當今科技發展突飛猛進，產品轉換週期日趨縮短。據美國波音飛機公司技術中心研測，20 世紀 80 年代以來，科學技術（包括各種發明創造）以平均 5 年翻一番的速度在發展。產品技術平均更新週期由 20 世紀 70 年代的 5~6 年縮短至 20 世紀 80 年代的 4~5 年，而 20 世紀 90 年代只有 2 年，甚至 1 年。一項新技術產品問世後，很快就會更新，被更先進的產品代替。因此，技術帶來的巨大經濟利益具有較強的實效性，面對技術淘汰率提高，技術創新活躍，一些發達國家一方面在努力創新技術，一方面又把已淘汰的或即將淘汰的技術繼續輸出到國外，以延長其生命週期，獲取利潤。

第三，發展中國家為了發展本國經濟，也在加速技術引進工作。

通過引進技術來發展一國經濟是發達國家與新興工業國的成功經驗。通過引進國外先進技術可以節約時間、成本和研製費用，彌補本國科研力量的不足。發展中國家大多處於技術相對落後、外匯資金相對緊張的局面，面對國際上已成熟的技術，如果進行大規模的科技投入，進行自行開發研究顯然不是明智之舉。通過引進技術，

再對其加以吸收、消化和創新，才有可能實現其後發制人的優勢。此外，通過引進技術可以帶動設備投資的擴大，有利於本國改進技術，改進工藝，提高勞動生產率水準，降低生產成本，從而提高本國產品的國際競爭力。

第四，各國產業經濟結構的調整推動了國際技術貿易不斷擴展。

二戰後，新技術革命的發展，促使許多發達國家積極進行國內產業結構調整。它們把勞動密集型產業向一些新興工業化國家和發展中國家轉移，本國則致力於資本、技術密集型產業的發展。同樣，新興工業化國家隨著本國經濟發展，也逐步集中發展資本密集型產業，把從發達國家轉移過來的勞動密集型產業再向其他發展中國家轉移。顯然，每一次發達國家產業結構的調整，都帶來技術貿易的一次擴展。面對信息時代的到來，以美國為首的發達資本主義國家開始掀起以高知識、高技術含量為特徵的信息產業的發展熱點。為了能更好、更迅速地搶占這一產業的國際競爭制高點，美國、日本等發達國家開始紛紛調整產業結構，把許多製造業技術向新興工業化國家和發展中國家轉移。在這種情況下，新興工業化國家和許多發展中國家也不失時機地抓住這一機遇，大力引進國外先進技術，實現本國產業結構的升級換代。

二、國際技術貿易的內容

技術貿易主要包括專利技術、商標及專有技術，其中專利技術與商標屬於工業產權，在一定時間、一定地點受各有關國家的法律保護；專有技術屬非工業產權即不受國家專門法律保護。

（一）專利（Patent）

1. 專利的概念

專利是一國政府的主管部門（通常是政府專利局）根據發明人就某項技術發明所提出的申請，經審查認為其符合法律規定的條件，授予發明申請人在一定時間（一般是 15～20 年）的一種專有權利。在這種專有權利下，專利通常只能在專利持有人的授權下才能予以利用（製造、使用、出售等）。由此可見，專利所有人具有獨占權、轉讓權與禁止權。獨占權就是發明者在一定時間內，對其發明擁有獨占使用的權利；轉讓權就是發明者既可自行使用其發明創造，也可將其轉讓給他人使用；他人未經授權擅自使用該發明創造，專利所有人有權禁止其使用該項發明，並通過法律得到保護。

2. 專利權的地域性和時間性

專利權具有嚴格的地域性。一般而言，各國專利權均由各國自己授予認可，僅在本國領土有效，在授予國外地域時就沒有效力。如果發明人希望在其他國家享有獨占該項技術的權利，就必須向有關國家提出專利申請。專利權又是一種有時限性的權利。各國專利法律對專利權的有效期均有明確規定，發達國家一般在 15～20 年，發展中國家一般在 5～10 年，中國為 15 年。保護期限滿後，專利權失去法律效力，專利技術的內容就由專利局向全社會公開。

專利一般包括三種類型：發明專利、實用新型專利和外觀設計專利。

(1) 發明專利（Invention Patent）。發明是一種解決技術問題的新方案，包括產品發明和方法發明。產品發明是指創新一種新產品，如機器、設備裝置等；方法發明是指製造某種產品的方法發明和使用產品的方法發明，如機械製造法、化學製造法、修理方法等。

(2) 實用新型（Utility Model）專利，是指關於機械、工具等構造和形狀及其組合的革新設備，具有新穎性和實用性。

(3) 外觀設計（Design）專利，是指商品的外形、圖案、色彩及它們相互結合的設計具有的獨占性，別人不能仿造使用。

（二）商標（Trade Mark）

商標是生產和銷售者為了識別其生產和銷售的商品而在商品和商品包裝上使用文字、圖形或其組合所做的一種標記。商標所有人申請商標註冊，經核准註冊後取得商標使用權。商標使用權可以進行轉讓。

商標權的取得在各國遵守不同的法律，大致有以下三種方式：

(1) 使用在先取得商標所有權的原則。根據這一原則，只有最先使用的人獲得商標權，如英、美、法便是採用這一原則。

(2) 註冊在先取得商標所有權的原則。也就是最先申請註冊人才擁有商標權。目前大多數國家，如日本、德國、義大利、比利時、丹麥、荷蘭、盧森堡和中國均採用這一原則。

(3) 在規定期內無人指控所得商標所有權的原則。根據這一原則，商標權原則上先授予先註冊者，如在規定期限內（如西班牙為3年，英國為7年），先使用人提出異議，如異議成立，則已授予先註冊人的商標權即被撤銷而授予先使用人。但是超過這一規定期限無人提出異議，則商標權屬於優先註冊人。目前，英國、美國、印度、加拿大、西班牙等國家採用這一原則。

除了以上三種方式外，還有的國家實行先授予先註冊商標人，又保留先使用人繼續使用商標權利。先使用人並不擁有商標權，但擁有商標連同企業一同轉讓的轉讓權。如目前的斯里蘭卡、沙特阿拉伯、冰島等國就使用這一原則。

同專利權一樣，商標權也是一種地域性權利，只有在獲得商標權的國家或地區才受其保護。同時，商標權具有時間性，有效期滯後，可辦理延長手續。

（三）專有技術（Know-How）

專有技術有時又稱作為技術訣竅、技術秘密。當前國際上尚無一個統一嚴格的定義。根據聯合國世界知識產權組織聯合國際局1972年制定的《發展中國家保護發明示範法》中認為：「所謂專有技術，是指有關使用和運用工業技術的製造方法和知識。」國際商會（ICC）在其《關於保護專有技術的標準條款草案》中對專有技術的定義是：「為實施某種為達到工業生產目的所必需的，具有秘密性質的技術知識經驗或其累積。」

由此可見，專有技術是一種在完善工藝流程，提高產品質量，解決生產關鍵以及包括提供經營技巧和工商財務管理等方面的特殊技能。顯然，專有技術具有如下特點：

(1) 知識性。這種技術知識可以語言、公式、配方、記錄、操作手冊、實驗報告等形式表現。

(2) 實用性。這種專有技術一定是能帶來實際價值的。

(3) 可傳授性或可轉讓性。這種技術知識可以言傳身教，也可以用紙、配方等文字形式進行傳授。

(4) 保密性。這是專有技術與專利的明顯區別。只有具有秘密性，才使其有貿易的可能性。保密是專有技術保有其價值的前提，一旦喪失秘密，專有技術所有人就喪失其專有性，專有技術也就成了公開技術。

三、國際技術貿易的方式

在人們長期的技術貿易實踐中，出現了多種技術貿易方式，其中主要有：許可證貿易、技術諮詢服務、技術協助、工程承包、合作生產、補償貿易等幾種方式。

（一）許可證貿易（Licensing）

許可貿易是國際技術貿易的主要方式。許可證貿易是技術所有者即許可方（Licensor），通過簽訂許可合同向被許可方（Licensee）授予某項權利，允許被許可方使用這項技術進行製造及銷售產品，並向其支付一定數額的報酬。

從許可貿易的對象看，許可證貿易包括專利許可、商標許可、專有許可和混合許可。其中混合許可指專利技術、商標、專有許可方式中的兩種或兩種以上的組合。

從許可協議雙方權限上劃分，常見的有以下五種形式：

(1) 普通許可（Simple license），又稱一般許可，指在規定的地區和時間內，許可人可以同一個以上的被許可人簽訂許可合同轉讓技術，同時自己仍保留有該項技術的使用權。

(2) 獨占許可（Exclusive License），即在規定的時間和地域內，只有被許可人獨家使用該項技術的權利，其他人包括許可人都不得使用。顯然，在這種情況下被許可人擁有最大權利，許可費通常也較高。

(3) 排他許可（Sole License），指在規定時間、地點內，許可人只能允許一家被許可人使用該項技術，而不得再向第三方授權使用該項技術。因此除許可人外，只有一家有使用該項技術的權利。

(4) 分許可（Sub-License），又稱可轉讓許可，指在原許可合同簽訂有分許可的授權條款下，被許可人可以把該項技術再向第三者轉讓。

(5) 交叉許可（Cross License），當許可協議雙方都擁有對方所需使用的技術時，往往通過簽訂許可合同相互交換各自的技術。

以上幾種不同類型的許可，其當事人的權利是不同的，列表說明如下（見表11-1）。

表 11-1　　　　　　　　　許可證貿易方式下各方的權利

許可種類	各方權利		
	被許可方	許可方	第三方
排他許可	有使用權	保留使用權	不能獲得使用權
獨占許可	有獨占使用權	無使用權	不能獲得使用權
普通許可	有使用權	保留使用權及轉讓權	能從供方獲得使用權
分許可	有使用權及轉讓權	保留使用權及轉讓權	供受雙方都可獲得使用權
交叉許可	有使用權	有使用權並可交換技術使用權	

不同類型的許可合同，由於許可權限不同，許可方向被許可方索取的使用費也不同。一般來說，同一種技術的轉讓，採用獨占許可的方式比排他許可的方式價格要高，可轉讓許可則價格更高，普通許可價格最低。在實際業務中，具體採用哪一種合同方式，取決於兩點因素：一是價格。如果沒有特殊需要，被許可方就不會出高價簽訂獨占許可或排他許可，只簽訂普通許可就可以了。二是市場情況。一般認為，容量不大的市場獨占許可比較合適，因為在市場容量不大的情況下，如果簽訂普通許可合同，必然形成多家競爭，使產品價格下跌，從而影響許可合同的報酬。如果市場容量大，則可以簽訂普通許可合同。

（二）技術諮詢服務（Technical Consulting Services）

技術諮詢是指諮詢公司應委託方所提出的技術課題，提供建議和解決方案，並收取一定金額的諮詢費用。技術諮詢的內容廣泛，包括編製計劃、項目的可行性研究、效益分析、工程設計、施工、監督、設備的訂購、竣工驗收、運輸指導等方面。在國際上，技術諮詢多由行業團體進行，它們通常掌握著非常豐富的知識、經驗和技術情報，可以幫助委託方選擇先進適用的技術，並確定其合理的價格和其他交換條件。對於一些技術比較落後的國家，由於科技力量不足，或對解決某些技術課題缺少經驗，通過聘請外國工程諮詢公司提供諮詢服務，可以少走彎路，還可節省資金。

（三）技術協助（Technical Assistant）

技術協助是指一方受另一方委託，運用自己掌握的技術知識和經驗，協助另一方完成某項經濟、技術任務。在技術轉讓中，不僅包括轉讓公開的技術知識，而且還可轉讓秘密技術知識和經驗。這些知識與經驗是很難用書面資料表達出來的，必須輔以語言、示範等方式。因此，技術協助是技術轉讓中必不可少的環節。技術協助的方式，可包括在技術轉讓合同中，也可單獨簽訂。技術協助的方式既可以是技術受方派出自己的技術人員和工人到技術供方學習，也可以是供方派出專家或技術人員到受方處指導，選擇何種方式可根據雙方的具體情況而定。

（四）工程承包（Engineering Contracting）

工程承包又稱交鑰匙項目，是工程所有人委託工程承包人承諾按規定條件包干完成某項任務，完工後交付給工程所有人。通常工程承包人要求承擔工程設計、土建施工、提供機器設備、負責安裝、提供原材料、技術、培訓人員、提供投產試車

及質量管理全過程的設備與技術。國際承包的過程一般包括招標、投標、開標、評標、中標、簽訂承包合同、組織工程施工、竣工驗收等。工程承包是一種綜合性的國際經濟合作方式，其中包括大量的技術轉讓內容，因此成為國際技術貿易的一種常見方式。

（五）合作生產（Co-Production）

合作生產是指不同國家之間兩個以上的當事人（企業），根據所簽訂的合同相互配合、共同合作生產某種產品，或合作研究某個項目，或聯合設計某種產品的一種經濟合作和技術轉讓相結合的綜合形式。合作生產包括共同制訂生產計劃、轉讓生產技術、雙方人員共同研製以及相互提供零部件等。合作生產作為技術轉讓的一種方式，可以使雙方各自發揮其技術優勢。通常在合作生產中，技術較強的一方提供生產該產品的技術，另一方按技術生產出符合標準的產品。合作生產中所需要的原材料、加工設備費用、勞動工資、技術服務等，都按國際市場價格計算成本，互相結算。

國際上，合作生產的方式多種多樣，並且是不斷變化的，合作生產的方式取決於合作者的政治、經濟、技術條件和彼此的願望，其基本形式有以下幾種：①提供零部件的合作生產。它可以是一方提供零部件，另一方組裝，也可以是雙方相互提供各自生產的零部件給對方分別組裝。②一方提供技術或生產設備，即一方向對方提供機器設備和技術，由接受方長期為供方製造某些零部件或某些製成品。③專業化生產。根據產品的型號、規格或產品部件的種類實行分工，分別由各方製造，相互交換。

（六）補償貿易（Compensation Trade）

補償貿易是指貿易的一方向另一方提供技術、機器設備、原材料、技術服務等，在一段時間內，由另一方用進口的技術、設備和原材料所生產的產品，或者所得的利益進行償還的一種貿易方式。顯然，補償貿易帶動兩種內容不同的貿易：一種是技術貿易，另一種是商品貿易。補償貿易是在20世紀60年代初期開始出現的一種特殊的國際貿易形式，是技術轉讓與信貸業務相結合的方式。補償貿易為許多國家所採用，如美、日、西歐等國同東歐及發展中國家有大量的應用實例。其範圍已由最初的成套設備、機器設備項目等擴大到專利、專有轉讓、聯合開發研究、商品出售和服務等方面。

補償貿易的具體形式很多，主要有以下幾種：

（1）直接補償貿易，又稱產品返銷（Product Buy Back）。它是指引進方用引進的技術和設備所生產出來的產品去抵償輸出方的技術和設備費用。該形式占補償貿易的30%以上。

（2）間接補償貿易，又稱無關產品補償，也稱互購貿易（Counter Purchase Trade），即引進方不是直接用其生產的產品去抵償輸出方的費用，而是使用雙方商定好的其他產品或勞務來返還該款項。

（3）綜合補償，是指進口方一部分用設備生產的產品，一部分用間接產品來償還貨款，或者全部用事先商定的其他商品來償還貨款。

四、國際技術貿易的作價和付費

由於技術貿易標的特殊性和多樣性，因此確定技術交易的價格和支付方法較一般商品貿易複雜。

(一) 技術價格的含義和特點

技術的價格是指技術受讓方為取得技術使用權所願支付的、供應方可以接受的使用費的貨幣表現。也可以從供、受雙方所處的不同立場和所提供的技術內容出發，把技術的價格稱為：補償（Compensation）、酬金（Remuneration）、收入（Income）、收益（Profit）、提成費（Royalty）、使用費（Fee）、服務費（Service Fee）等。技術價格的高低是以利用該技術所能帶來的經濟效益大小來決定的，利用該技術所產生的經濟效益越大，其價格也就越高；相反，所產生的經濟效益越小，其價格也就越低。

由於技術是一種特殊商品，因此技術的價格也有不同於其他商品的特點：

(1) 從價格的內容來看，技術價格不是技術所有權的轉讓費，而是技術使用權的轉讓費。

(2) 從價格形成來看，技術價格形成的基礎取決於技術本身的特殊價值。

(3) 從價格構成來看，技術價格構成的主要部分在於盈利，而不在於成本。

(二) 技術價格的構成及其影響因素

技術價格基本上是由三部分構成：進行技術轉讓交易所發生的直接費用（人員往來、準備資料等）、分攤的部分技術研製費和期望得到的利潤。

在具體確定技術的使用費時，要綜合考慮各種因素主要有以下幾方面：

(1) 直接費用，即供方為達成技術轉讓交易和完成技術轉讓過程所實際支出的費用。其內容包括：合同簽訂之前進行準備工作的費用、派遣談判人員費用、資料費、接待技術考察費用等。

(2) 技術供方所期望得到的利潤。

(3) 使用費高低受技術生命週期和技術所處生命週期階段的影響。對生命週期短的技術，技術供方索取的使用費高，反之索取的使用費低。在技術的生命週期內，技術經過三個不同的階段，即發展階段、成熟階段和衰老階段。處於發展階段和衰老階段的技術，其技術價值低，索取使用費也低。轉讓成熟階段的技術，其技術價值高，索取使用費也高。

(4) 需要技術供方提供技術協助數量。

(5) 技術用於何種目的及範圍。技術供方對僅將技術用於某一種特定目的，或擬將技術用於一切目的的兩種不同要求，索取不同的使用費。一般來說，後者的技術使用費將高於前者。

(6) 技術受方對使用技術獨占性的要求程度。如要求獨占使用，即排除第三者及技術供方本身對該技術使用和銷售產品的權利，技術供方要求的使用費高；如僅排除第三者，仍允許技術供方利用該技術製造和銷售產品，使用費亦相應低些；如允許技術供方把該技術同時轉讓給第三者，且其自身仍保留製造和銷售的權利，使

用費最低。

(7) 技術供方承擔的擔保責任與技術受方對技術的吸收能力。
(8) 技術供方之間的競爭。
(9) 利用技術帶來的經濟效益。
(10) 技術受方國家的政治情況和法律保護是技術轉讓順利進行的前提，也是技術供方所擔心的主要問題之一。

影響技術使用費的因素多種多樣，其中技術供給方因技術轉讓的直接費用以及其最低預期利潤，和技術受讓方因引進技術可能獲取的最低經濟收益是兩個最重要的因素，也是技術使用費數額的上下限，最終確定的技術使用費將處於兩者之間。

不論影響技術價格的因素有多少，確定技術價格有一條基本原則：利潤分成原則，即使用費應是「技術受方收入或利潤的一部分」，應從受方的總收入中支付，國際上通稱為「LSLP」（Licensor's Share on Licensee's Profit）原則。

$$LSLP（\%）= \frac{技術許可方得到的費用}{被許可方的利潤} \times 100\%$$

其中，技術許可方得到的費用，即提成費，即：

$$技術價格 = 被許可方的利潤 \times LSLP（\%）$$

(三) 技術轉讓交易的支付方式

技術轉讓交易的支付方式基本分為兩類：①對具有工業產權或不具有工業產權的專有技術，通常使用總付或提成費支付或入門費與提成費結合方式；②對於技術專家的服務或技術協助，通常按提供服務的每人或每一單元時間支付固定的金額。但是各種支付方式可以單獨使用，也可以適當結合。

1. 總付（Lump-sum Payment）

總付，又稱一次總算，是指技術供應方與技術受讓方談妥一筆固定的金額，由技術受讓方一次或分期付清。總付金額不隨技術受方收益多寡而變動，不論其利用引進技術的效果如何，規定的金額都得照付。因此，技術受方承擔了引進技術是否適用的全部風險，同時還會有技術許可方提供技術協助不積極等問題。對於技術供方來說，其收益有較確定的保證。

一般來說，在轉讓的技術不是尖端的技術，不需要技術許可方不斷提供有關的技術服務，同時許可技術可以在短時間內全部轉移給被許可方，並能為被許可方全部接受等條件滿足時，技術貿易的支付方式才採用總付方式。

2. 提成費支付（Royalty）

提成費支付方式是指技術受讓方利用引進技術開始生產之後，以經濟上的使用或效果（產量、銷售額、利潤等）作為函數予以確定，按期連續支付的方法。這種支付方式的特點是：雙方在簽訂技術轉讓合同時，只規定提成的比例和提成的基礎，不固定合同期間技術受讓方應支付的技術使用費總額。只有當技術受讓方利用供方技術取得實際經濟效果時，才根據合同規定計算提成費，按期支付給技術方。在提

成支付方式下，首先應該確定三個基本參數：

（1）提成基礎，一般選產品產量、產品的銷售價格或利潤作為提成基礎。

（2）提成率，是技術許可方在被許可方新增利潤中所占份額以百分數形式表示的比率。提成率一般按照以下的計算公式計算：

$$提成率 = 許可方在被許可方利潤中的份額 \times \frac{受方的銷售利潤}{受方產品銷售價}$$

例如：技術許可方欲得到被許可方利潤的15%，利用許可技術所生產的產品價格為15美元，估計每銷售一件產品，被許可方可以得到淨利潤4美元，則可得：

提成率 = 15/100 × (4/15) = 4%

實際中，也有些採用更靈活的提成方式，在初期規定較低的提成比率，在項目盈利豐厚的後期，確定較高的提成比率；或者隨著被許可方產品銷量的增加，提成率逐步降低等的方法。

（3）提成的期限，指許可方提成使用費的年限。提成年限的長短關係到技術被許可方支付使用費總量的多少，一般有三種方式：提成期限較合同期短、與合同期限相等、長於合同期限。實際中，多採用較合同有效期短的提成期限。

3. 入門費與提成費結合方式（Down Payment Plus Royalty）

入門費與提成費相結合的方式是指許可方和被許可訂約後若干天內或被許可方收到第一批資料後若干天內先支付一筆約定的金額，這筆金額稱為入門費或初付費，以後再按規定的辦法支付提成費。入門費與總付是完全不同的概念，總付是支付技術使用費的全部金額，而入門費僅為技術使用費的一小部分。

許可方要求入門費主要是為了盡快收回技術轉讓交易支出的費用，以及補償需要提供的專門技術協助的費用等。目前，國際上要求的入門費日趨減少。

第十二章
電子商務

20世紀90年代以來，計算機網絡化和經濟全球化成為不可抗拒的世界潮流，應運而生的電子商務以前所未有之勢在全球範圍內迅速發展普及。作為一種新興的商務模式，電子商務代表著未來商務的發展方向。

電子商務源於英文Electronic Commerce（簡寫為EC），是指在技術、經濟高度發達的現代社會裡，掌握信息技術和商務規則的人，系統化運用電子工具，高效率、低成本地從事以商品交換為中心的各種活動的過程。具體來講，電子商務包括了兩方面的內容：一是商務活動所利用的電子手段，或者說進行商務活動的電子平臺；二是商務活動的具體內容。

從貿易活動的角度分析，電子商務可以在多個環節實現，由此也可以將電子商務分為兩個層次，較低層次的電子商務如電子商情、電子貿易、電子合同等；最完整的也是最高級的電子商務應該是利用互聯網進行全部的貿易活動，即在網上將信息流、商流、資金流和部分的物流完整地實現，即從尋找客戶開始，一直到洽談、訂貨、在線付（收）款、開具電子發票乃至到電子報關、電子納稅等通過互聯網一氣呵成。

本章主要介紹電子商務在國際貿易與結算中的應用。

第一節　電子商務體系

一、電子商務運行體系

電子商務運行體系是指構成電子商務順利運行的基本框架，也是電子商務解決方案的核心問題，具體來說，主要包括以下四個方面：

1. 網絡基礎平臺

電子商務存在的前提是幾項關鍵技術，最重要的技術是互聯網。互聯網是電子商務的運行平臺，因此，網絡基礎的好壞直接影響電子商務系統的質量。對一個電子商務運行環境來說，網絡系統應具有較強的路由和交換能力來支持廣域連接和虛擬網絡的劃分。網絡應能夠支撐各種應用軟件，除能夠處理一般數據的傳送與交換外，還應具有部分圖形、圖像、音頻等多媒體信息的交換傳送能力。在廣域上應能具有與各大網絡系統互連互通以及進行數據採集、信息交換的功能。此外，除了計

算機的處理速度要滿足商務處理的基本要求外，網絡的帶寬、擴張的可靠性及穩定性也是影響電子商務系統整體性能的重要因素。因為寬帶傳輸系統可以傳輸圖像信息，並進行高速數據傳輸，可以極大提高電子商務系統的運行效率。中國也已經開始在頻帶上網的基礎之上推廣寬帶上網了。

2. 安全基礎結構

互聯網是個開放的網絡，向世界各地的所有客戶開放是通過互聯網來進行電子商務的重要特點。可是，在互聯網上進行安全的電子商務活動就顯得勉為其難了。安全問題始終是電子商務的一個難點和重點。安全問題得不到妥善解決，對電子商務應用的打擊將是致命的。具體來說，電子商務在進行過程中可能會受到數據被非法截獲、讀取或修改、冒名頂替和否認、未經授權非法訪問網絡等方面的安全威脅。電子商務活動需要有一個安全的環境基礎，以保證數據的保密性、完整性和不可抵賴性。為實現安全的電子商務活動，在網絡基礎平臺之上，需要增加一些安全技術措施，如防火牆、加密、數字簽名、身分認證等技術。利用先進的安全技術，保障電子商務活動安全、順利地進行。

3. 支付體系

電子商務的出現，造成了對傳統支付結算模式的巨大衝擊。傳統的支付結算系統效率低下、成本高的缺陷使其已經不能適應當今快速發展的國際經貿關係。電子商務中的支付結算系統借助互聯網獲得了快速、便捷、低成本、全球連通性等諸多優點，但是也引發了安全及信用方面的問題。安全是支付的保證，支付體系必須架構在安全基礎結構之上。此外，由於電子商務支付工具、支付過程的虛擬化，需要建立 CA（Certification Author）身分認證體系，以確保虛擬的網絡中存在的真實信用關係，這也是支付得以進行的基礎。這種支付體系主要採用電子貨幣、基於 SET 標準卡的支付方式，也包括符合其他標準的各種電子支付手段。因此，電子商務中的支付體系應該是集購物流程、支付工具、安全技術、認證體系、信用體系以及現代金融體系為一體的綜合大系統。

4. 電子商務業務系統

電子商務的業務系統是指建立在電子商務的基礎框架（網絡基礎、安全體系、支付體系）上的應用和服務，包括所有利用信息系統和網絡進行的一切商務活動。在企業與客戶這兩類基本市場因素之間，商務活動無外乎三種：①直銷和銷售（B to C）；②供應鏈集成（B to B）；③企業採購（B to B）。所有這些內容不僅在電子商務中要體現出來，而且還必須進行合理的整合，使得電子商務提供的內容能夠支持企業全部業務過程和提供完整的管理手段。

二、電子商務模式

電子商務的模式是基於電子商務市場環境以及技術環境等多因素的分析後得出的。按照電子商務交易主體之間的差異，最典型的業務模式有三類：

1. 企業對企業模式（B to B 模式）

企業與企業之間的電子商務（Business to Business），一般被簡稱為 B2B。它是

一個將買方、賣方以及服務於它們的中間商（如金融機構）之間的信息交換和交易行為集成到一起的電子運作方式。其應用主要是以「增值鏈」為核心實施對信息鏈的管理。具體地說，對處於生產領域的生產企業來說，電子商務可以在以下幾個環節提高生產企業的商業效率：加速收縮供貨鏈，實現零庫存，加快運輸過程，使信息流通更快、更便宜。對處於流通領域的商貿企業來說，由於它沒有生產環節，電子商務活動幾乎覆蓋了整個企業的經營管理活動，因此電子商務在商貿企業中的運用更為廣泛。通過電子商務，商業企業可以更及時地獲取消費者信息，從而準確訂貨、減少庫存，並通過網絡促進銷售，以提高效率、降低成本，獲取更大的利益。

B2B 電子商務以電子數據交換 EDI（俗稱「無紙貿易」）的應用最為廣泛。EDI 是指一個企業把標準格式的、計算機可讀的數據傳輸到另一個企業。EDI 的應用領域很廣泛，主要包括貿易中供應商與客戶的文件交換、運輸文件交換、報關、訂貨、零售分配中心、電子競標等。由於其巨額的開銷，EDI 只能是大的企業、大的銀行以及大的合作夥伴之間的專利。互聯網的出現將電子商務從專業網擴展到互聯網。互聯網同 EDI 技術的結合，以及各種網絡支付手段的建立和完善使得中小型企業進入這一領域成為現實。從發展趨勢看，隨著電子商務的擴大，中小企業將成為企業間電子商務活動的主要增長力量。

2. 企業對消費者模式（B to C 模式）

企業與消費者之間的電子商務（Business to Consumer，B to C）是以互聯網為手段，面向公眾提供消費及服務，並保證與其相關的付款方式的電子化。傳統的商務模式採用的是製造商—批發商—中間商—零售商—消費者的物流方式，然而許多企業都希望直接將商品送到消費者手裡，互聯網的出現使得企業可以為消費者提供一個新興的購物環境——網上商店，消費者通過網絡在網上購物，在網上支付，也可以將這種模式的電子商務看作是一種電子化的零售。目前，在互聯網上遍布各種類型的商業中心，提供從鮮花、書本、汽車、住房、到訂票訂座、旅遊、轉帳等多種商品和服務。這種模式免除了流通的中間環節，使企業直接面對消費者，不僅大大提高了雙方的交易效率、降低成本，並為企業開拓了一個龐大的市場。隨著電子結算、安全系統的發展，B to C 這種全新的商務模式將更方便、更快捷、更實用，在未來很有發展潛力。

3. 企業對政府模式（B to G 模式）

企業與政府之間的電子商務（Business to Government，B to G）包含的內容比較廣泛，政府與企業之間的各項事務都可以涵蓋在此模式中，包括政府電子化採購、電子稅收、電子商檢、電子工商行政管理系統、中小企業電子化服務等。

這種模式強調的是政府對電子商務的介入。政府在這種電子商務模式中扮演兩種角色：一是使用電子商務進行購買活動，屬於商業行為，主要是指政府電子化採購，即政府通過網絡面向全球範圍發布政府採購商品和服務的各種信息，企業通過電子方式進行投標報價。這就為國內外企業提供了平等的機會，特別是廣大中小企業可以借此參與政府的採購，贏得更多發展機會。另一種是政府通過網絡對企業的行政事務實施管理，如進出口配額許可證的網上發放，在網上進行稅務登記、申報，

海關報關手續的網上辦理以及網上結匯等。從 1998 年政府網上工程啓動至今，中國以「金關工程」為代表的電子商務取得了重大進展。

在發達國家，電子商務的發展主要依靠企業的參與和投資，政府主要是為電子商務活動提供一個透明、簡捷、一致的法律環境；相對於發達國家來說，發展中國家的企業規模偏小，信息技術落後，依靠自身發展電子商務難免缺乏實力，發展中國家更需要政府的直接參與和幫助，而且由於歷史和管理模式的不同，許多發展中國家的信息產業都處在政府壟斷經營或政府高度管制之下，沒有政府的積極參與和幫助，這些國家將很難快速地發展電子商務。

三、B2B 的基本經營模式

就目前看來，電子商務最熱心的推動者是企業。從國際電子商務發展的實踐和潮流看，B2B 業務占據絕對的主導地位。在全球電子商務銷售額中，B2B 業務高達 80%~90%。在可以預見的將來，B2B 業務在國際電子商務發展中仍將是最有潛力的。目前國際 B2B 的環境中，大致有五種主要的經營模式：以買家為中心的買方市場模式、以供應商為中心的賣方市場模式、採購入口網站模式、供貨入口網站模式、獨立第三方市場模式。

買方市場模式（Buyside），它是以買家為中心，一般由買方自己投資建設的專為自己設計的採購型網站。買方在網站上提供在線採購機制，通過網絡公布採購與招標信息、採購程序，向賣方企業提供必要的幫助；賣方企業登錄網站，確定所能提供的產品、數量、價格。買方通過市場競價和比貨決定出最適當的供應廠商，在寶貴的採購預算內，獲取最適用的資源，並發揮最大的經濟效益。此類模式的企業例如英特爾、沃爾瑪、IBM、通用汽車、戴爾電腦等。

賣方市場模式（Sellside），它是以供應商為中心，由供應商自己投資建設的推廣型網站。供應商在網站上進行在線行銷，通過網絡提供完整的產品信息目錄，提供企業客戶快速、便利、安全的產品在線搜索及在線下訂單服務，再由客戶及供應商雙方自行決定付款及送貨方式。通過網站推廣，有效簡化行銷業務流程，提升企業品牌形象，為企業帶來更多商機。

採購入口網站模式（Procurement Portal），它一般是由幾家大買家共同構建的用來聯合採購的網站，投資者希望通過聯合買家的議價力量得到價格上的優惠。這類網站最適合的是企業裡的非直接性物料採購，例如辦公室文具等，或者是大型工業製造的原料，如汽車、鋼鐵、化工等等。但這類網站比較偏向於為買家提供服務，而不會更多兼顧到供應商的利益。如 World Wide Retail Exchange（零售業交換市場）就是大約有 27 家零售商聯合創辦的。再如三大汽車廠通用、福特、克萊斯勒共同的採購網站 Covisint 等。不過，由於聯合買家之間本身就存在著同業的競爭，因此這類網站在運作上不太容易，目前已經有許多家網站開始解散。

供貨入口網站模式（Distribution Portal），亦稱為分銷門戶網站，它是以供應商為中心，集合幾家大型的供應商，供應給多家買家。這實際上是一種聯盟供應鏈管理。生產的專業化使得單一的供應商不可能滿足買家的全部需求，幾家大的供應商

聯合，實現優勢互補，形成業務關係緊密的行業供應鏈，共同向市場提供商品和服務來完成單個企業不能承擔的市場功能，可以最有效的利用整體資源來適應社會化大生產的競爭環境，共同增強市場競爭實力。這類網站的顯著特徵是比較偏向於為供應商提供服務，而不會更多兼顧到買家的利益。例如第一商務（Commerce One）、艾瑞巴（Ariba）、甲骨文（Oracle）等就是這種類型的網站。

獨立第三方市場模式（Independent Marketplace），它是一種既非買方也非賣方投資而自行建立起來的中立的網上市場交易中樞，它既不偏向買家也不偏向於供應商。這類網站力圖彌補買方或賣方市場模式的不足，在這類網站上，買家能尋找新的產品及供應商，而供應商能向全球買家推介自己的產品及生產能力。著名的B2B企業，如Plastic Net、Purchase Pro以及環球資源（Global Sources）等都屬於這種類型。獨立第三方市場模式成功的關鍵在於：如何擁有牢固的買家和供應商社群，並以此建立確實有效的商業市場。這的確是邁向真正交易、實現電子貿易巨大挑戰的必經階段。商業信息的累積是一個漫長的過程，環球資源在國際貿易領域經過了30年的努力，才創立了廣泛的買家及供應商社群。環球資源生存和盈利的事實證明，這種經營模式大有發展前途。

四、電子商務的層次和實現階段

電子商務的展開需要循序漸進地進行。電子商務的工作流程與傳統商業系統很好地融合在一起使得人們做貿易的順序並沒有改變，電子商務的交易過程也分為三個階段：交易前、交易中和交易後。

1. 支持交易前的系統

支持交易前（Pro-Trade or Pro-Transaction）的電子商務系統主要支持商務信息交流和貿易磋商，主要指交易各方在交易合同簽訂前的活動，包括在各種商務網絡和Internet上發布和尋找交易機會，通過交換信息來比較價格和條件，瞭解對方國家的貿易政策，選擇交易對象等。這類系統只向供需雙方提供溝通信息的機會，不涉及任何安全保密問題，是整個企業間電子商務業務中技術要求最低的一種。目前中國針對企業的各類電子商務應用系統大都是這一類。

2. 支持交易中的系統

支持交易中（Trade or Transaction）的電子商務系統主要支持企業間商務活動過程中的各種業務文件或單證的交換。主要指合同簽訂後的貿易交易過程，涉及銀行、運輸、稅務、海關等方面的電子單證交換。這類系統一般對數據交換的可靠性會有很高的要求。在技術上必須有兩點要保證：一是數據交換的準確性；二是單證報文記錄的法律效力，這一點通常是通過制定相應的法律和應用系統的安全性來保證。這類業務常常發生在一些買賣交易頻繁、買賣關係相對比較固定的同行業企業業務中。

3. 支持交易後的系統

支持交易後（Post-Trade or Post-Transaction）的電子商務系統主要涉及銀行、金融機構和支付問題，所以對數據交換的可靠性和安全保密性都有很高的要求。在交

易雙方辦完各種手續後，商品交付運輸公司起運，可以通過電子商務跟蹤貨物；銀行按照合同，依據提供的單證支付資金，出具相應的銀行單證，實現整個交易過程。要完成整個電子商務交易的過程，不僅需要企業應用電子商務系統，還需要有與商務活動相關的企業和服務機構提供電子商務服務應用，如銀行提供網上銀行服務、電子商務中心提供認證服務等，它是一個系統性、社會性工程。

第二節　電子商務在國際貿易中的應用

根據企業間商務業務類型分類，企業間電子商務系統可分為針對國際貿易業務的國際電子商貿系統，針對一般商務過程的電子商務系統和針對支付與清算過程的電子銀行系統。目前，針對國際貿易業務的國際電子商貿系統國際上主要採用 EDI 方式。

EDI 是英文 Electronic Data Interchange 的縮寫，又稱作電子數據交換或「無紙貿易」。它是指按照協議，把具有一定結構特徵的經濟信息，通過電子數據通信網絡，在商業貿易夥伴的計算機系統之間進行自動交換和自動處理。從貿易的角度看，EDI 是利用存儲轉發方式將企業貿易過程中的訂貨單、發票、提貨單、海關申報單、進出口許可證、貨運單等數據以標準化格式，通過計算機和通信網絡在國與國之間、國家與地區之間、企業與企業之間進行傳遞、交換、處理，並自動完成以貿易為中心的全部業務過程。EDI 具有信息標準化、電子傳輸化、計算機處理等特點，它代替了貿易、運輸、保險、銀行、海關、商檢等行業間人工處理信息、郵遞互換單證的方式，使交易行為更加快速、安全和高效。正因為如此，它才在製造、運輸、保險、特別是國際貿易中得到了廣泛的運用。EDI 已成為國際貿易未來的必然趨勢和事實上的新的交易標準，無紙貿易時代已經到來。

一、EDI 在進出口貿易中的應用

EDI 在進出口貿易領域中的應用效果是最明顯的。用傳統方式處理業務時，一筆國際貿易業務中有 46 種不同的單證，連同正副本一共有 360 份以上，它們要在 20 多個部門間進行傳遞，有 70% 的信息將重複出現，有 30% 的信息重複達到 20 次以上，如果靠手工來逐份處理的話，那將是極其繁瑣的。而且還有一個關鍵的問題就是在進出口貿易業務中，對單證的正確性要求是極其嚴格的，哪怕是一份單證出現了一點格式錯誤，都可能導致整筆業務的失敗，故需要有專人負責審單。如果使用 EDI 技術傳遞單證的話一舉就可解決這兩個問題。EDI 網絡上有專門的翻譯軟件，可將輸入的內容自動翻譯成所要求的單證形式、語言形式，而且可以根據需要做成不同份數組合，並保證自動傳遞到有關部門，同時追蹤結果，這一過程在十幾秒就可完成。由於這種軟件在開發時就已遵循有關協議中規定的標準單證格式，因而不會出現單證不符的情況。

EDI 在進出口貿易領域的應用，目前已達到比較成熟的階段。貿易商可以通過

EDI 來發出訂單、接受訂單、詢問有關商品信息、辦理海關手續，也可通過 EDI 來辦理貨物運輸和銀行結算等事項。總之，和國際貿易有關的各種手續都可以在不使用紙質單據文件的條件下完成。例如，一家生產企業如果已經與貿易商、海關、商檢、銀行、運輸等有關部門都聯上 EDI 網絡，那麼它在網絡上收到一份訂單時，系統可以自動地處理這份訂單，檢查其是否符合要求，向訂貨方發送確認報文。同時，通知企業內部管理系統安排生產，向交通部門預定貨運集裝箱，向海關、商檢等部門辦理出口手續，然後通知銀行結算並開具 EDI 發票。甚至可以做到，位於西半球一家連鎖店的櫃臺上剛售出一件襯衫，通過 EDI 使設在東半球生產廠家的流水線上即刻會安排多生產一件。

具體說來，國際電子商務涉及以下部門：雙方國家的海關、商檢、金融機構、保險公司、承運商、物流公司等。國際電子商務業務運作流程可以分為以下的環節：

（1）交易前的準備：供給方通過網絡把自己的產品等信息資源上網，需求方通過網絡獲得國際市場商情，雙方共同完成商品信息的供需實現。這種交流方式的速度和效率是傳統的貿易方式無法比擬的。

（2）貿易磋商過程：首先向權威的認證機構申請認證，證明企業的合法地位和實力；其次雙方通過 E-Mail 或 WEB-EDI 的方式進行發盤和還盤；在網絡環境下，傳統貿易磋商中的單證交換過程可以演變為電子化的記錄、文件或報文在網絡中的傳輸過程。各種商貿單證、文件（如價目表）、報價單、詢價單、發盤、還盤、訂單、訂購單應答、訂購單變更要求、運輸說明、發貨通知、付款通知、發票等在網絡貿易中都成為標準的報文形式，規範了整個貿易流程。

（3）簽訂合同與辦理手續：交易談妥，簽訂合同明確雙方的權利和責任。對購買商品的種類、數量、價格、交貨地點、交貨期、交易方式和運輸方式、違約和索賠等合同條款，全部以電子交易合同形式做出全面詳細的規定，並且通過認證機構獲得的秘匙進行加密傳輸，例如通過電子（或數字）簽名、或電子（或數字）日期確保文件的真實性和完整性。

（4）支付：首先必須到提供網上支付的銀行申請電子帳號，向銀行提供傳統開戶所必要的證件、材料，在相關手續齊全的情況下，網上銀行提供電子帳號。在企業需要對外收款時只需向對方提供電子帳號，對方就可以直接把資金通過對方銀行劃撥到企業帳戶裡；如果企業進行對外付款時，只需上到該網上銀行的主頁，通過驗證口令密碼等進行付款。而且，目前各大銀行都能提供電子信用證服務，這種電子信用證不再是物理的單證，不僅在形式上發生了變化，而且傳輸利用電子數據方式，大大縮短了傳統信用證的通知時間，便利了企業備貨和履行合同。

此外，國際電子商務業務運作流程還包括運輸、商檢與報關等環節，這些將在下文作詳細介紹。

二、EDI 在外貿運輸中的應用

電子商務的運用也使得國際貿易運輸發生了不小的變化。在 EDI 普及的情況下，國際貿易運輸不再是單一方式的運輸，而必須將倉儲、運輸、交通等密切結合

起來，形成電子商務下的國際貿易綜合物流。通過 EDI 對整個國際貿易運輸過程進行綜合管理，可以經濟使用運輸資源、減少貿易運輸空間、降低運輸成本、縮短運輸時間，提高綜合物流每一個環節的效率和服務水準。

從國際貿易的一般業務角度來看，國際物流表現為，實現國際商品交易的最終目的的過程，即實現賣方交付單證、貨物和收取貨款，而買方接受單證、支付貨款和收取貨物的貿易對流條件。國際貨物運輸是國際物流系統的核心。國際貨物運輸主要包括運輸方式的選擇、運輸單據的處理以及投保等有關方面。

EDI 在國際運輸業務中的簡單運作流程如下（以 CIF 為例）：

（1）發貨方通過 EDI 向專業物流公司發送運輸詢價單，詢問運輸商品的有關事宜。物流公司接到運輸詢價單後，向發貨方發運輸確認單或稱運輸報價單，告知有關事項。發貨方收到報價單，若不滿意，可按自己所需再次製作運輸詢價單，開始新一輪談判。雙方對條件都滿意後，由發貨方向物流公司發貨運委託書。

（2）發貨方把運送貨物的清單及運送時間安排等信息通過 EDI 發送給物流公司和收貨方，以便物流公司預先制訂運送計劃和收貨方制訂貨物接收計劃。

（3）發貨方向物流公司下達運輸指示單，同時給物流公司出庫碼頭授權。發貨方分揀配貨、打印出物流條形碼的貨物標籤（即 SCM 標籤，Shipping Carton Marking）並貼在貨物包裝箱上，同時把運送貨物品種、數量、包裝等信息通過 EDI 發送給物流公司和收貨方。

（4）物流公司在向發貨方取運貨物時，利用掃描讀數儀讀取貨物標籤的物流條形碼，並與先前收到的貨物運輸數據進行核對，確認運送貨物。

（5）物流公司在物流中心對貨物進行整理、集裝、作成送貨清單並通過 EDI 向收貨方發送發貨信息，並要求給予入庫碼頭的授權。得到雙方的委託權後，就可進行運輸，在貨物運送的同時進行貨物跟蹤管理，並在貨物交納給收貨方之後，通過 EDI 向發貨方發送完成運送業務信息和運費請示信息。

（6）收貨方在貨物到達時，利用掃描讀數儀讀取貨物標籤的物流條形碼，並與先前收到的貨物運輸數據進行核對確認，開出收貨發票，貨物入庫。同時通過 EDI 向物流公司和發貨方發送收貨確認信息。最後，買賣雙方取消物流公司對各自碼頭的運輸權限。

通過專門的物流公司運輸貨物，可以將網上虛擬交易和商品實物運輸區別開來，保證了網上交易的可信度。在電子商務中，交易雙方可以通過網上查找、聯繫合適的運輸公司或保險公司。各主要運輸公司和保險公司都和主要 B2B 平臺建有戰略聯盟關係，可以直接在 B2B 平臺上訂立運輸合同，辦理貨物的運輸保險過程。目前，中國保險公司已經開通網上在線辦理出口貨物保險單等業務。

三、EDI 在進出口商品檢驗中的應用

商品檢驗是各國對外貿易業務的一個重要環節。凡屬國家規定或合同規定必須由商檢機構檢驗出證的商品，只有取得商檢機構核發的檢驗合格證書，海關才準放行；凡經檢驗不合格的商品，一律不得進出口。而在商檢過程中會涉及各種單據、

信息的頻繁交換與傳遞而且傳遞時間長、手續複雜。如果在進出口商檢業務中應用 EDI，就可以大大縮短傳遞處理單據、信息的時間，提高精度，推動進出口業務的順利進行。

商品檢驗的基本步驟包括報驗、商檢和出證，因此，商品檢驗系統 EDI 的應用主要在以下兩方面：

（1）申報原產地證明書。

採用 EDI 形式申報原產地證明書，企業不用派專門人員到商檢局進行申報，只需在辦公室內便可完成。在企業的計算機中安裝一套 EDI 客戶端製單軟件後，將製作好的電子產地證通過 EDI 貿易網絡中心發往商檢局，商檢局在計算機前通過審簽端的軟件對申報進行審核，立即通過 EDI 貿易網絡中心返回審簽結果；如果申報中出現錯誤，企業只需進行修改，然後重新發送，直到正確為止。最後，用戶直接到商檢局領取已打印，並蓋好章的原產地證明書。

（2）辦理 EDI 報檢報驗。

企業發送報檢報驗申請單、隨附單據到 EDI 貿易網絡中心，並將這些單據轉發到商檢局。在商檢局的 EDI 通信服務器收到這些單據並經 EDI 軟件翻譯後，還原出報檢報驗申請單、樣機隨附單據，並送回執到 EDI 中心，通知企業已經收到報檢報驗數據。商檢局檢驗處對這些數據進行第一次審核，對於合格的報檢報驗數據，發送回執並通知企業，商檢局已經受理該項報檢報驗業務，同時打印紙面上的報檢報驗申請單，並通知檢驗處。檢驗處進行第二次審核，確定檢驗方式以後，給出不同的回執。如果是「認可」回執，通知檢務處打印「放行單」；如果是「自驗」形式，企業和商檢局協商檢驗時間。

對於企業，根據收到的不同回執，相應地採取不同的措施。如果是有錯誤的回執，應對報檢報驗的數據進行相應的修改；對於「認可」方式，企業帶齊紙面單據，到商檢局領取「放行單」並交上紙面單據；對於「自驗」方式，企業帶齊紙面單據，在工廠檢驗時，交給商檢局的檢驗員，並領取「放行單」。中國國際電子商務中心目前可以提供此類的全套服務，企業可以完全委託中心代理進行報關、商檢等服務。

四、EDI 在海關的應用

除複雜的商檢問題外，國際貿易中還存在著複雜的通關手續。在傳統貿易方式的海關報關過程中，出現過大量利用假報關單騙匯的犯罪行為，為了減少騙匯的可乘之機，需要對來往於銀行和海關之間的紙質報關單進行二次核對。在本地核對至少需三天，異地核對就要近一個月，這在很大程度上影響了正常進出口業務的貿易效率。因此，急需利用電子化的報關手段來堵住這些管理上的漏洞，解決海關業務在安全與效率上的問題。隨著貿易自由化進程的推進，以及信息技術的發展，各國都在積極實施各種貿易便利化措施，並運用各種新的技術手段，簡化海關手續。一個明顯的趨勢是，國際貿易中的海關障礙正在逐步減少。

海關報關系統以 Internet/Intranet 技術為基礎，採用 EDI 服務，使廣大進出口企

業電腦終端可以按一定的格式直接向海關遞交進出口貨物的報關單,來料加工企業可以直接向主管海關申報來料加工合同、來料和出口成品的貨物清單。根據企業的申報內容,海關可以將每份單據的審核結果直接返還到企業的電子信箱,把過去人工處理需要數小時至數天的業務縮短為幾分鐘。具體的報關過程可以描述為:申報(申報企業可以通過 EDI 系統將報單報給海關報關控制中心)、存證、轉發(轉發給申報企業的主管海關)、審單(主管海關審核收到的報單)、返還(主管海關將審批結果返還給申報企業)。

中國也積極地將 EDI 應用於建設和實施海關報關係統。1995 年 1 月,中國海關完成了 EDI 海關系統的全部開發工作,高起點地制定了 EDI 海關系統所需的 15 個 EDI FACT 標準報文子集,設計了普通貨物進出口和快遞物品海關軟件,開通了北京、天津、上海、廣州、九龍、拱北、杭州、寧波、廈門等 EDI 海關系統。EDI 海關系統用戶已達 400 多家,EDI 海關系統日平均處理的普通貨物報關單 6,000 餘份,占全國總數的 15%,快遞 EDI 海關系統處理的快遞物品占全國的 80% 以上。EDI 海關系統的成功開發與應用,為 EDI 技術在中國的應用起到了推動與示範的作用。

第三節　電子單據及其結算

一、電子提單

近年來,國際運輸領域已經通過 EDI 系統用電子提單代替傳統的提單來實現運輸途中貨物所有權的轉移。這不僅對國際運輸,乃至對整個國際貿易領域都是一場深刻變革。

(一) 電子提單的定義及優點

電子提單 (Electronic Bill of Lading, EBL) 是電子數據交換 (EDI) 技術與傳統紙面提單 (Paper Bill of Lading) 相結合的產物,是將傳統紙面提單項下的內容(包括紙面提單正面的全部條款及背面與提單關係人有利害關係的條款)通過 EDI 系統以數據形式進行傳送的、有關海上貨物運輸合同的電子數據。通過計算機,提單信息被轉換為數字信號後在電信網絡中高速傳遞,最後由接受方計算機處理還原為原信息。提單的編製、修改、流轉、儲存等一切過程都在計算機內進行。因此,嚴格地說,電子提單並不是一種書面單證,而是一組電子信息。

我們知道提單是貨物所有權的憑證,因此長期以來的國際貿易實踐形成了通過背書來實現貨物所有權的轉讓,而電子提單則是利用 EDI 系統根據特定密碼使用計算機進行的。因此它具有許多傳統提單無法比擬的優點:

第一,所有權快速、準確地轉移。EDI 是一種高度現代化的通信方式,可利用計算機操縱、監督運輸活動,使所有權快速、準確地轉移。在近海運輸中,常常出現船貨到港而提單未到的情況,電子提單的使用,使這個問題迎刃而解。

第二,可防冒領和避免誤交。由於計算機科技的使用使整個過程具有高度的保密性,能大大減少提單詐欺案件的發生。一方面承運人可通過 EDI 系統監視提單內

容，以防止托運人塗改，欺騙收貨人與銀行；另一方面，托運人、銀行或收貨人可以監視承運人行蹤，以避免船舶失蹤。兩方面的互相監督使雙方對整個過程都心中有數。另外，只有當某收貨人付款後，銀行才通告貨物所有權的轉移。

第三，可以減少費用。根據國際商會的資料顯示，紙面單據在貿易過程中消耗大量人力物力，其費用為貨價的約 10%，若改用計算機操作在費用上可以削減 50% 左右。

（二）電子提單的流轉過程

在電子提單的流轉過程中，承運人起著核心作用，各有關方（賣方、發貨人或托運人、銀行、海關、商檢、衛生檢驗、動植物檢疫、保險公司、買方和收貨人）均以承運人為中心，完成貨物運輸所需要的各項環節的工作。在完成此類貨物運輸中，通常情況下不出現任何書面文件，如收貨人提貨，只要出示有效證件證明其身分，由船舶代理驗明即可。電子提單的轉移或轉讓需通過專有計算機密碼才能實現。其完整的流轉過程如下：

第一，托運人通過 EDI 系統向承運人發送訂艙電信（Booking Message），進行訂艙。在訂艙電信中應包含傳統海運單證中的主要內容，例如托運人名稱、收貨人名稱、貨物名稱、重量、尺碼、件數、包裝形式、標誌及號碼、裝卸港、裝卸期限、結匯日期、能否分批裝運、對運輸的要求以及對簽發提單的要求等。

第二，承運人在收到托運人發送過來的訂艙電信以後，如果同意訂艙，即可向托運人發送接收訂艙的電信以及有關運輸合同條件的 EDI 電訊，托運人收到承運人發來的接收訂艙的電信以後加以確認，並將貨物運交給承運人。

第三，托運人的終端系統向「一關三檢」（海關、商檢、衛檢、動植物檢疫）的終端系統發送申請出口證書，進行電子申報，經確認後傳送有關電訊給承運人的終端系統批准放行。

第四，承運人收到貨物後，即應向托運人發送收貨電訊（Receipt Message）。收貨電訊的內容其實就是來源於傳統海運單證中的收貨單（亦稱大副收據），包括：托運人的名稱、貨物的說明、對貨物狀況所做的保留（批註）、收貨的時間與地點、船名、航次、其他關於船舶的情況，以及此後與托運人進行通信聯繫的密碼，以保證電訊的鑒定和完整。托運人的終端系統一經確認，托運人便成為電子提單的準持有人。（因電子提單尚未被簽發，此時電子提單還無法轉讓。）

這裡所指的「保留」是諸如「貨物的品質、數量是由賣方提供的，承運人對具體情況不明」之類的保留。如實際品質、數量與所提供不符，應由賣方承擔後果。另外，「密碼」（Private Code）可以是一組數碼，也可以是一組字母。

第五，貨物實際裝船後，承運人應向托運人發送裝船電訊同時給托運人一更新的通信密碼（即電子簽名），經托運人確認（包括時間和地點的確定），托運人就對貨物具有了支配權，電子提單簽發完畢。

第六，托運人在收到承運人發來的裝船電訊後，向議付銀行（即負責結匯的銀行）發送電子發票、電子保單及電子提單，得到確認完成信用證結匯。

第七，托運人發送電訊通知承運人，該結匯電信發出以後，貨物的支配權已轉

移至銀行。此時承運人可以銷毀與托運人通信的密碼，並向銀行確認和提供給銀行一個新的通信密碼，銀行成為電子提單的質押持有人。

第八，收貨人通過電子付款形式向銀行付款贖單後，取得對貨物的支配權。為此，銀行向承運人發送貨物支配權轉移至收貨人的電信，承運人據此銷毀與銀行之間的通信密碼。

第九，承運人的終端系統向收貨人的終端系統發送電訊，確認其控制著貨物，並傳送電子提單及一更新的通信密碼，由收貨人的終端系統加以確認。承運人還應貨物的說明、船舶的情況等通知收貨人，由收貨人加以確認。

第十，在貨物運抵目的港之前，承運人須向目的港代理人發送電訊，將船舶情況、貨物說明以及收貨人名稱通知代理人，並由代理人在船舶抵達目的港之後，向收貨人發出到貨通知電訊。

第十一，收貨人在收到到貨通知電訊以後，向目的港承運人的代理人發送密碼，經該代理人的終端系統確認後回覆提貨時間和地點。收貨人可以憑藉該通知和身分證明，向承運人在該港的代理人換取提貨單並提取貨物。

需要說明的一點是，電子提單流轉過程中貨物支配權的轉移是以密碼鑒定的通知來實施的。但是貨物的支配權不是根據密碼的轉移而轉移的，密碼只是對擁有貨物支配權一方的保障手段，它具有獨立、專有和不可轉移三個特點：獨立是指它應與眾不同，專有即應視其為專利，而不可轉移是指其保密性。

(三)《國際海事委員會電子提單規則》

1990年6月，國際海事委員會34屆大會上審議通過了《國際海事委員會電子提單規則》(簡稱《電子提單規則》)、《電子提單規則》起著約束 EDI 系統操作過程的作用。如在操作過程中出現了過失、故障和糾紛，相關方可依《電子提單規則》進行判別和調解。

該規則回答了如下問題：

第一，傳統提單的背面條款可被視為電子提單的組成部分。

第二，適用於傳統提單的國際公約或國內法同樣適用於電子提單。

第三，通過電訊傳送的電子數據可視為合同的書面形式。

第四，在電子提單的傳送過程中，同樣可以轉移貨物的支配權。

二、電子貨幣及結算

電子支付（Electronic Payment）指的是電子交易的當事人，包括消費者、廠商和金融機構，使用安全電子支付手段通過網絡進行的貨幣支付或資金流轉。電子支付使用的是電子貨幣，電子貨幣是一種通過電子處理方式實現交易的電子化錢幣，其應用廣泛，可應用於生產、交換、分配和消費領域，集儲蓄、信貸和非現金結算等多功能為一體。電子貨幣具有使用簡便、安全、迅速、可靠的特徵，並具有多種功能：儲蓄功能，使用電子貨幣存款和取款；轉帳結算功能，直接消費結算，代替現金轉帳；兌現功能，異地使用貨幣時，進行貨幣匯兌；消費貸款功能，在一定條件下，先向銀行貸款，提前使用貨幣。

電子貨幣的出現將國際商務帶入電子結算時代。在電子商務環境下，電子貨幣系統主要包括：銀行卡、電子錢包、電子現金、電子支票和網上銀行等。

1. 銀行卡支付手段

銀行卡是由銀行發行的，是銀行提供電子支付服務的一種手段。信用卡（Credit Card）是一種常見的銀行卡，是網絡銀行的重要支付工具，也是全世界最早使用的電子貨幣。信用卡從根本上改變了銀行的支付方式、結算方式，從根本上改變了人們的消費方式和消費觀念，是目前電子支付中最常用的工具。

信用卡電子貨幣的種類很多，不同的電子貨幣在結算程序上各有特點，但基本流程是類似的，以網上信用卡為例的步驟如下：

第一，客戶預先通過互聯網下載電子貨幣專用軟件，並通過該軟件向信用卡信息中心註冊登記自己的信用卡信息，只要一次註冊登記，以後即可直接在網上交易和支付。

第二，客戶向商家發送訂單信息，內容包括購物清單及通過電子貨幣軟件生成的加密支付信息（信用卡號和密碼）。

第三，商家收到訂單信息和支付信息後，初步確認客戶的交易意圖，在對客戶身分認證完成後，將兩種信息發往信用卡信息中心進行確認並申請授權。

第四，經支付網關檢查過的合法支付指令被傳送到信用卡信息中心進行聯機即時處理，經過卡的真實性、持卡人身分合法性以及信用額度的確認後，信用卡信息中心決定是否授權，並產生結果傳回商家服務器。

第五，接到信用卡授權後，商家向客戶發送貨物，並向客戶索取交易完成的標誌。在此，客戶用信用卡實現了「先消費、後付款」的功能，其中銀行提供的信用是交易順利進行的保障。

第六，信用卡信息中心將信用卡授權產生的轉帳結算數據傳往收單行進行帳務處理。時間可在當日、次日或約定的一定時間間隔內。

第七，收單行將轉帳數據及相關信息傳往發卡行進行認證（在信用卡信息中心的認證基礎之上的再認證，充分保證支付系統的安全性）。

第八，轉帳業務經發卡行認證傳回收單行。同時，發卡行將客戶的消費金額記入其消費信貸帳戶中，並開始計息；收單行則把商家的貨款收入記入其存款帳戶中。至此，轉帳過程結束。

第九，轉帳結果再分別由發卡行和收單行傳往信用卡信息中心，以便它更新數據庫，從而方便商家和客戶的查詢。

信用卡幾乎集中了全部的金融服務功能，包括存款、貸款、消費、轉帳結算、匯兌儲蓄等，在結算手段、結算容量、結算速度、結算質量等方面具有傳統貨幣無法比擬的優點。當然，使用信用卡也存在著一些問題，其中最主要的就是安全問題，很多人都擔心因密碼被洩露而導致信用卡被盜用。不過，現在全球範圍內正推行一種新型的安全交易模式——安全電子交易（SET）協議，它的一項重要功能就是保證信用卡交易的安全性。

2. 電子現金支付手段

目前，商務活動中的零星小額支付多採用信用卡方式，包括網上信用卡方式。但信用卡不像現金那樣具有匿名性，也不能在個人之間隨意流通，這種局限性促使了電子現金的出現。電子現金是以數字化形式存在的，以數字形式流通的隱形貨幣，它可以存貯在個人微機內，也可以存貯於專門的 IC 卡中。

在介紹電子現金之前我們有必要先來介紹電子錢包，因為電子現金需要通過電子錢包來進行管理。

（1）電子錢包。

電子錢包是專門針對小額支付而設計的一種應用軟件，通常設置在用戶端的計算機上，通過網絡銀行的電子錢包服務系統來對自己帳戶上的各種電子貨幣上的數據進行更有效的管理以及用於網上支付。電子錢包可以用來存放信用卡、電子現金、所有者個人資料（如電子認證資料、信用卡號、到期日）等。

電子錢包主要用來解決兩個問題：一是將所有者信息放入電子錢包可以避免在線購物時重複填寫送貨地址和結算信息，這樣可以加速訂購過程，提高網上採購的效率；二是為信用卡資料和電子現金提供一個安全的存儲之所。例如，持卡人在使用銀行卡進行網上購物時，卡戶信息及支付指令可以通過電子錢包軟件進行加密傳送和有效性驗證。其運作機制是：使用電子錢包的顧客通常在銀行裡都開有帳戶，使用電子錢包時，利用電子錢包服務系統將持卡者的信用資料加密後傳至商家的服務器中，而商家收到加密的資料後，則將確認信息也加密至此信用卡資料中，再傳到相關的銀行網絡上。在這一操作過程中，商家的服務器中只會保留訂單與信用卡類型。因此電子錢包的出現除了讓消費者在線上購物能更方便外，也提供了更多的安全保障。

綜上所述，電子錢包具有如下功能：

第一，電子貨幣帳戶的管理，即管理信用卡、電子現金等帳戶的數據資料。

第二，數字證書的管理，包括數字證書的下載、存儲、刪除等。

第三，安全電子交易，即進行 SET 交易時認證持卡人和商戶的身分並發送交易信息。

第四，交易記錄的保存，即保存每一筆交易記錄，查詢訂單狀態。

（2）電子現金。

電子現金，又稱為數字現金，是紙幣現金的電子化。因此，數字現金同時擁有現金和電子化兩者的優點，具有匿名性、不可跟蹤性、節省交易費用、節省傳輸費用、持有風險小、支付靈活方便、防偽造性等優點。

網上電子現金結算程序如下：

第一，客戶預先在銀行開戶、存款，向銀行提出申請電子現金，並從開戶行中下載電子現金專用軟件。

第二，銀行在驗證了客戶的身分後，從客戶的真實帳戶中扣款，利用電子現金專用軟件生成同等金額的電子現金，並將等值的電子現金存入客戶端計算機上的電子錢包。

第三，客戶通過網絡從商家處選購商品或取得勞務，並同時利用裝在自己計算機中的電子錢包支付電子現金，電子錢包開始激活管理功能，將所列的電子現金轉移支付給商家的電子錢包中。

第四，商家在收到客戶送來的電子現金後，就會傳送到銀行去驗證這筆電子現金是否為銀行發行的合法電子現金。如果驗證無誤的話，銀行就會通知商家驗證成功，並將電子現金轉成相應的真實現金金額存入商家的帳戶完成交易支付。

第五，商家預先也必須在受理電子現金的銀行開戶存款，並使用電子現金軟件。商家收到的電子現金也可繼續用來支付。當需要兌現時，可通過網絡向開戶行返回電子現金，開戶行對返回的電子現金認證確認後，即增加商家的實體現金。

第六，商家向客戶發送商品或提供勞務。

在電子現金使用過程中，並不需要銀行的直接介入，發行銀行只認證電子現金，而不跟蹤現金的流向。如果電子現金的轉移是在個人之間發生，可能表現為電子現金直接從一個人的電子錢包轉移到另一個人的電子錢包，銀行根本無法像普通信用卡那樣把消費者的姓名等身分信息與所領電子現金聯繫起來。也就是說如果對電子現金不加以控制的話，可能造成對金融領域的衝擊。所以對電子現金的發行與管理應該是十分謹慎的。

電子現金的安全使用也是一個重要的問題。在公共網絡中，必須保證電子現金的傳送和存儲是安全可靠的，即電子現金應該安全、完整地送到另一端，而不會被竊取、篡改，也不會丟失或重複接受。一旦電子現金丟失，就意味著用戶的貨幣確實丟失了。所以從技術上加強對電子現金傳送和存儲的保護是十分必要的。

因此，電子現金適用於金額較小的業務支付，並且在目前中國應用不多。

3. 電子支票支付手段

在傳統的匯票、本票、支票等結算方式中，其最終結果實際上只是交易雙方的存款發生了移動，並沒有實體貨幣的物理流動，而這種結算方式又非常適合在計算機網絡上應用。因此，電子支票系統應運而生，它也是其中正在發展的典型服務內容之一。

電子支票系統提供發出支票、處理支票的網上服務，是紙質支票的電子化延伸。類似於紙質支票是經付款人簽名的載有相關數據的憑證，電子支票則是一個經付款人私鑰加密的寫有相關信息的電子文件。它由客戶計算機內的專用軟件生成，一般應包括支付數據（支付人、支付金額、支付起因等）、支票數據（出票人、收款人、付款人、到期日等）、客戶的數字簽名、CA證書、開戶行證明文件等內容。

其業務流程如下：

第一，客戶到銀行開設支票存款帳戶並存款，申請電子支票的使用權。

第二，客戶開戶行審核申請人資信狀況（如存款是否充足、有無詐欺記錄等），決定是否給予使用電子支票的權利。通過發放開戶行統一開發的電子支票生成軟件來標誌使用權的賦予，電子支票的生成軟件是多家銀行通用的，其中某個開戶行的授權信息只是作為電子支票生成的一個參數。這種系統對消息的認證性、安全性的要求也更高，是一種較為成熟的電子支票支付體系。

第三，雙方簽訂買賣協議電子合同，經雙方數字簽名後，由買方向商家發送電子支票。

第四，商家將電子支票信息通過支付網關發往收單行請求驗證，收單行將通過金融網絡驗證後的信息傳回商家。其中收單行做驗證記錄並據以為商家入帳，客戶開戶行做出確認記錄以便據以轉帳，或為了防止詐欺和其他商業糾紛，可暫時「凍結」此筆款項。

第五，支票有效，商家向買方送貨。

第六，在支票到期日前，商家將支票向收單行背書請示，請求兌付。商家可以累積一定數量的電子支票進行批量處理。背書的過程中會生成「數字時間戳」以及其他背書標誌，以防止商家利用支票複製本多次背書詐欺。收單行根據上一步的驗證信息確定是否接受背書，背書成功則發送完成消息返回商家。

電子支票支付系統十分適合 B2B 模式中的貨款支付。由於電子支票的即時認證能加快交易的速度，減少了處理紙質支票的時間成本與財務成本，並在一定程度上保障交易的安全性，對支票丟失或被盜的掛失處理也方便有效。而且，大量的電子支票還可以經票據交換所進行清分，即通過票據交換組織，使銀行之間互相抵消各自應收應付的票據金額，只進行最終軋差金額的轉帳。由於整個過程的自動化程度很高，即使交易額很少，這種方式也是經濟劃算的。

4. 網上銀行

網上銀行是依託互聯網的發展而興起的一種新型銀行服務手段，它無時空限制、快捷方便、成本低廉，是今後網上支付的一個發展趨勢。用戶通過撥號登錄網上銀行，在嚴格的安全控制下完成有關操作，如企業在線理財（帳務查詢、內部轉帳、資金劃撥、代收代付、國際收支申報等業務活動）、個人網上購物活動、網上銀行轉帳等。但與網上銀行相關的技術、法律、管理等都有待進一步完善。

三、電子商務安全

電子商務安全是電子交易進行的基礎，是為了保證電子商務的保密性、完整性、認證性和不可抵賴性的重要方面。電子商務的安全性分為三個方面：安全技術手段、內部管理、相應的法律法規。對於電子商務的安全，在此著重從安全技術手段方面介紹電子商務的加密技術、數字證書和安全協議。

1. 加密技術

電子商務安全內容一個最重要的方面就是對信息隱私的保密性。為了保證電子商務的安全，在網絡中廣泛應用了加密技術。

所謂網絡加密技術，就是在互聯網中採用數字方法對原始信息（通常稱為「明文」）進行再組織，使得非法接收者無法識別在網絡中公開傳播的加密信息（通常稱為「密文」），而合法的接受者則可以通過密鑰解密過程，獲得正確的原始數據。在這一加密解密的過程中有兩個基本的元素——算法和密鑰。算法是加密過程中所用到的，是將「明文」與一串數字（密鑰）相結合，從而使有效信息形成「密文」的過程。密文是相對安全的，因此非法使用者在無法得知密鑰（解密方法）的時

候，無法將「密文」轉換為「明文」，即保持了信息的安全性。一般來說，設計一種算法是一項非常複雜的工作，而且算法一般是公開的，因此密鑰成為解密的關鍵。

(1) 密鑰。

一般按加密密鑰和解密密鑰是否相同，分為對稱密鑰加密（Secret key encryption，又稱秘密密鑰加密）和非對稱密鑰加密（Public key encryption，又稱公開密鑰加密）。

對稱密鑰加密的發送和接收雙方採用相同的密鑰，雙方都可以用密鑰進行加解密。這種密鑰雖然非常簡單，易於推廣和使用，但是卻有一些缺點。

第一，密鑰管理中對每一個用戶均需採用不同的密鑰，這樣在用戶過多的網絡交易中，使密鑰的管理難度加大。而如果有用戶間採用相同的密鑰的話，更會無法識別用戶的真實性了。

第二，由於在使用環境中不可避免的經常更換密鑰，則會影響密鑰的發布和管理，而不能滿足使用的要求，產生密鑰發布和交換過程中的困難。

非對稱密鑰加密基於一對密鑰技術。發送者採用一個密鑰（可以是公共密鑰，也可以是秘密密鑰）加密，只有接收者的另一個密鑰（秘密密鑰）才能解密。非對稱密鑰加密方法兼容了對稱密鑰加密方法，同時可採用公開密鑰發布信息。在發送者針對大量用戶時，只需要對每一個用戶複製一個公開密鑰的拷貝即可，簡化了密鑰的管理和發布。同時不同的用戶在使用私人秘密密鑰解密的時候，也可以通過秘密密鑰認證用戶的真實性，保證網絡信息傳遞的安全性。

(2) 算法。

隨著具有高速運算能力的電子計算機的發展和普及，人們對加密算法的要求也越來越高。至今使用得最多的兩種加密算法是 DES 算法和 RSA 算法。

DES 算法是 1977 年 1 月由 IBM 公司提出的加密算法方案，被美國國家標準局正式確定為美國統一數據加密標準（Data Encryption Standard，DES）。作為典型的對稱密鑰加密方法，DES 具有其缺點，而且它還有一個最大的弱點就是它的密鑰加密長度僅為 56 比特，這使得窮舉搜索法破譯 DES 成為可能。因此出現了眾多代替 DES 的算法。如 LUCIFER 算法、NewDES 算法、REDOC 算法、IDEA 算法、SKIPJACK 算法、RC2 算法、RC4 算法等。

RSA 算法則是公開密鑰加密方法中成熟的算法。RSA 算法是建立在「大數分解和素數檢測」的理論基礎上，由美國麻省理工學院的 Rivest、Shamir 和 Adleman 三人提出的。它的最大特點是加密和解密可以採用不同的密鑰，因此在實際應用和操作中大大簡化了密鑰管理的難度，而被廣泛應用。

2. 數字認證

數字認證是當前最常用的安全認證手段，主要包含數字信封、數字簽名和數字時間戳、數字證書等。

(1) 數字信封：運用在電子郵件中的一種混合對稱密鑰算法和非對稱密鑰算法實現的信息保密傳送技術。規定只有合法收信人持有密鑰才可以打開並閱讀該信的內容，並在每次會話過程中都會使用不同的會話密鑰，大大減少了密鑰使用次數，

提高了密鑰的安全性。

（2）數字簽名和數字時間戳：是針對使用公開密鑰加密方法速度慢，而推出的一種快速產生短少信息來代表用戶身分或電子文件發表時間的機制，稱為報文摘要（Message Digest），被加密後就成了數字簽名（Digital Signature）或數字時間戳。數字簽名和數字時間戳都是用戶先將文件或加時間的文件用 Hash 編碼加密形成摘要，然後將該摘要連同密文一起傳送給接收方。加密算法的構造保證如果接收方不知道私鑰的話，無法打開報文摘要和密文。數字簽名和數字時間戳能驗證信息傳輸者的確鑿身分，並可以檢驗數據是否在傳輸過程中被修改。

（3）數字證書：是用電子手段來證實用戶身分及其對網絡資源訪問權限。它包括了以下幾種類型：

第一，客戶證書：是針對某一個用戶所提供的數字證書，有固定和不固定用戶兩種。由金融機構簽發，不易被第三方更改。

第二，商家證書：是針對商家客戶提供。由商家銀行簽發，是商家進行信用卡交易的資格憑證。在 SET 中，商家可持有一個或多個數字證書。

第三，網關證書：通常由支付或轉帳銀行負責認證，收款機構持有，提供客戶對帳號等信息加密的密碼。

數字證書就是記錄用戶或商家客戶的公開密鑰和身分信息的一系列資料文檔，它不僅包括用戶姓名、身分、地址、用戶公開密鑰、簽發數字證書的機構、證書有效期、類別和號碼等，還可以包括用戶的指紋、聲音、DNA 信息、視網膜掃描等生理特徵。

此外，數字證書有專門的管理機構，即證書管理機構（CA）。它是一個公認的第三方認證機構，通常由分佈在各國的各級、各類 CA 機構（如 RCA、BCA、GCA、CCA、MCA、PCA 等）多個機構組成。CA 的主要職能有：接受用戶、客戶註冊請求、批准/拒絕請求、頒發證書。CA 接受用戶註冊請求並批准請求後，會向用戶頒發一個經過 CA 私有密鑰簽名的 CA 證書。在網上交易的過程中，交易雙方即可通過 CA 對對方的身分進行認證，在 CA 認證後，會將包含對方資料的公開密鑰證書傳給另一方，這樣另一方就可以確認對方身分的真實性，從而誠信的進行交易了。

3. 安全協議

現在的電子商務應用過程中，最常採用的安全協議有兩種：SSL（Security Socket Layer，安全套接層）協議和 SET（Secure Electronic Transaction，安全電子交易）協議。

SET 協議是由 VISA 和 Master Card 兩大信用卡公司於 1997 年 5 月聯合推出的，並被微軟、網景、IBM、Oracle、GTE、SAIC、TERISA、RSA 等多家大型網絡公司認可。SET 是通過互聯網，從信用卡結算出發，為商家和客戶端以及結算銀行傳輸結算信息時提供的一種電子付款的系統規範和安全保證。SET 協議的目標有三個方面：網絡安全性、用戶商戶身分資料管理和認證、異質系統兼容性。

（1）網絡安全性是 SET 能夠保證信息在網絡傳輸中的安全性和完整性。

（2）由於用戶的帳戶資料與訂單信息相互隔離，商戶無法得知用戶的帳戶資

料，因此通過對商戶和用戶資料的身分認證就可以瞭解用戶商戶身分的合法性和真實性。

（3）對於不同的應用系統和軟件，SET 要求遵循相同的協議和消息格式，因此可以在不同的操作平臺和硬件環境下運行。

SET 協議的內容包含：加密算法、證書信息及格式、購買信息及格式、認可信息及格式、劃帳信息及格式、實體之間消息的傳輸協議六大部分。其協議內容涉及電子交易的全過程。下面以一個完整的電子購買過程為例介紹 SET 協議的交易流程。（前提是結算銀行及商家用戶端均採用 SET 協議。）

第一步，用戶持有銀行的電子支付卡，到商家網站瀏覽並選擇購買商品。

第二步，用戶接受或與商家協商價格後，詳細填寫購買商品訂單的各項內容，選擇電子付款的方式，並把訂單發回商家服務器。

第三步，SET 對訂單和付款指令執行雙重簽名技術保證，商家無法得知用戶任何帳戶資料。

第四步，商家接受訂單後向銀行申請支付認可。銀行批准支付後，向商家發回確認信息。

第五步，商家把訂單確認信息發回給用戶，並請示銀行結算或轉帳。

第六步，商家收到銀行劃款後，備貨發貨給用戶，交易結束。

在處理過程中，SET 協議規定了通信協議、請求信息格式、數據類型定義等，並通過 CA 安全認證中心來驗證交易各方的身分，確保各方身分的真實性。

SET 安全協議為電子交易提供了更大的信任度，更完整的交易信息，更高的安全性和更少受詐欺的可能性，正如 VISA 和萬事達公司公開聲明的一樣，「提出 SET 的目的是為消費者和商家提供一個統一的解決方法，以便他們可用它在網絡上進行結算」。

第十三章
國際貿易爭端的解決

在當前國際貿易中，交易雙方常常會因彼此間的權利與義務等問題而產生爭議，並由此導致索賠。為迅速、公正地解決當事人之間的爭議，維護其合法利益以及進一步加強各方的經濟往來，促進國際貿易的健康發展，由此產生了協商、調解、仲裁和訴訟等一系列解決爭議的方式。由於貿易雙方分處於不同的國家或地區，雙方因而會經常受到各國或地區的傳統文化、法制觀念以及經濟利益等影響。所以，交易雙方須深入瞭解以上方式各自的特點，並根據爭議的實際情況靈活選擇，從而達到快速、公平、合理地解決爭議的目的。

第一節　爭　議

爭議（Disputes）是指簽訂合同的一方認為另一方未能全部或部分履行合同約定的義務或承擔相應的責任而引起合同當事人之間的糾紛。在國際貿易中，合同雙方產生爭議是屢見不鮮的，其中爭議的絕大部分產生於國際貨物貿易買賣中。

一、爭議的種類

爭議可分為如下幾類：

(1) 貨物買賣雙方之間的爭議。這種爭議在國際貿易爭議中最為常見。

一是買方違約，即買方不履行或不完全按照合同約定履行其應該承擔的義務。比如在信用證支付方式下，買方不申請開證或不按期開證，買方無理拒收貨物、不按合同約定付款贖單，或者在買方自辦運輸情形下，不依照合同約定按期派船接貨或不辦理、延遲辦理托運手續等。

二是賣方違約，即賣方不履行或不完全按照合同約定履行其應該承擔的義務。比如賣方不按照合同約定的期限交貨，或所交貨物的品質、規格、數量及包裝等與合同約定不符，或提交的單據不齊、單據不符、單據份數不夠等。

再者就是合同中所訂立的條款不明確，對買賣雙方各自的權利與義務約定不詳細，導致雙方對合同條款與內容的理解不一致，導致各方從自身利益出發而各執一詞。比如條款中訂立的「立即裝運」「即期裝運」等字樣。

(2) 賣方與銀行之間的爭議。賣方已經按照合同約定，制備全套單證並按時交

給議付行，但議付行由於一時大意，丟失部分文件，導致開證行拒絕付款，從而引起賣方與議付行之間的爭議。

（3）賣方與承運方之間的爭議。比如賣方向輪船公司預訂艙位後，到交付運輸時卻因無艙位而未能按時交貨引起雙方之間的糾紛。在航空運輸方式下，商品在以FOB價格條件成交時，買賣雙方約定運費採用貨到付款。而貨物到達後，買方認為運費高昂而拒絕提貨，航空公司轉而向賣方收取運費而引起的雙方之間的糾紛。

（4）賣方與保險公司之間的爭議。比如賣方向保險公司投保海運險後，由於買方拒收已運至其所在地的貨物，貨物在返回的途中因船遇險沉沒，保險公司拒絕理賠而引起的雙方之間的爭議。

二、爭議產生的原因

在國際貿易實務中，產生爭議的原因有多種：

（1）買方違約。比如在信用證支付方式下，買方不申請開證或不按期開證；買方無理拒收貨物、不按合同約定付款贖單；在買方自辦運輸情形下，不依照合同約定按期派船接貨或不辦理、延遲辦理托運手續等。

（2）賣方違約。拒絕交貨，不按時交貨，或不按合同約定的品質、規格、數量及包裝交貨，或提交的單據不齊、單據不符等。

（3）買賣雙方對不可抗力的範圍及其後果有著不同的觀點而各執一詞，或者在履約過程中產生了雙方不能控制的因素，導致合同無法履行、無法按時履行，但雙方對是否可以解除合同或延遲履約持有不同的看法而引起的爭議。

（4）合同條款約定不明確，導致雙方對條款的理解不同。

（5）合同是否成立，或由於雙方引用的法律和國際貿易慣例不同而規定不一，或雙方對法律、國際貿易慣例的理解不同而引起的爭議。

三、解決爭議的途徑

（一）協商（Consultation）

協商是指發生爭議的當事人在自願的基礎上，按照有關法律、法規及合同條款的規定，直接進行磋商或談判，相互諒解達成一致協議，從而消除糾紛、解決爭議的一種處理方式。這種方式的最大特點是沒有第三者介入，全憑當事人自己解決。爭議能否解決取決於當事人之間是否能達成一致。

協商在解決當事人之間的爭議上具有許多優點。首先，協商的進行始終都是建立在自願的基礎上。因此，當事人一般都能自覺遵守已達成的協議；其次，協商的進行沒有仲裁或訴訟那樣嚴格而複雜的程序，同時避免了裁決或判決在外國的承認和執行這一繁瑣且充滿不確定性的過程，從而提高瞭解決爭議的效率；再次，當事人可以靈活解決爭議，無須援引哪一國家的規則或適用哪一國家的實體法，只要當事人不違背法律的基本原則即可；最後，協商可以增進當事人之間的瞭解，促進當事人合作關係的進一步發展。

因此，在爭議發生時，雙方一般應首選協商的方式解決爭議。許多國家的法律，

包括中國的法律，也都規定了發生爭議時應盡量通過友好協商解決。

(二) 調解 (Conciliation)

調解是指發生爭議的當事人自願將他們之間的爭議交付給他們信任的第三人，由第三人以適當的方式促進雙方當事人協商和解的一種爭議解決方式。自願原則是調解方式的基礎，任何人不能強迫當事人接受調解。在調解過程中，第三人除聽取各當事人的意見外，一般還就當事人所持意見分別與之進行討論，確定當事人和解的最低條件，從而迅速為當事人提出解決爭議的方案。

採用調解方式解決當事人之間的爭議具有如下優點：首先，調解可以快捷地解決爭議。和協商一樣，調解的進行沒有仲裁或訴訟那樣嚴格而複雜的程序。調解人不必遵循刻板的規則或模式，當事人也不必在程序上耗費過多的時間，從而提高解決爭議的效率。其次，調解人的專業技術有利於爭議解決的可能性。調解人一般都是在某一行業具有專門知識或實際經驗的人士，他們以其專門知識和技能說服當事人互諒互讓，來消除當事人之間的抵觸情緒，從而增加了和解的可能性。再次，調解人製作成的調解書對當事人具有約束力。各方當事人通過調解人的調解達成了和解協議的，可以說在一定程度上解決了他們之間的爭議。當事人之間的和解協議成為他們之間新的契約關係。一方當事人在簽署和解協議之後拒不履行的，另一方當事人可指控其違約。在法律許可的情況下，如果調解人依據和解協議做成的調解書有可以強制執行的效力的話，則爭議通過成功的調解可以獲得徹底的解決。最後，調解是在雙方都自願接受調解的前提下進行的。因此，不管調解最後是否能解決爭議，都不會有損當事人之間的關係。

(三) 仲裁 (Arbitration)

仲裁是指雙方當事人達成書面協議或在合同中訂立仲裁條款，自願將他們之間已經發生的爭議或者可能發生的爭議交給雙方當事人都同意的第三者進行審理和裁決的一種解決爭議方式。仲裁是依照法律規定的仲裁程序進行，因此裁決結果對爭議雙方均具有法律約束力，雙方都必須遵守。

當事人意思自治是仲裁的最基本、最重要的原則，就是說當事人之間可以通過仲裁協議自行約定仲裁地點、仲裁機構、仲裁程序以及適用的法律等。這種方式具有解決爭議時間短、費用低、能為當事人保密、氣氛友好等優點；而且裁決一般是終局性的，任何一方無權就裁決結果另行起訴。如今，在國際貿易實踐中，該種方式已為越來越多的當事人所選擇和採用。

(四) 訴訟 (Litigation)

在雙方爭議激烈或者不能採取協商、調解、仲裁等方式下時，一方當事人可以通過向法院提起訴訟，通過司法程序來解決彼此爭議。

強制管轄是訴訟的基本原則，即除非當事人訂有明確而有效的仲裁協議以排除法院的管轄權外，法院可以按管轄權限受理任何類型的爭議，而不管任何一方當事人是否願意接受法院管轄。這種特點決定了訴訟方式可以作為當事人在協商和調解方式下無法解決爭議的情況時作為解決爭議的最終手段。

在採用訴訟方式下，起訴人只能向有管轄權的某一國法院提出訴訟請求。由於

在國際貿易實踐中，訴訟管轄權的行使涉及一國主權和利益以及對當事人利益的保護，而各國的政治與經濟利益又不完全相同，所以國際上至今也沒有形成統一的訴訟管轄權制度。各國對涉外訴訟管轄權都十分重視，在本國民事訴訟法或民法中對管轄權都有相應的規定。

各國以及國際條約中對管轄權有多種分類，最常見的有：屬地管轄權與屬人管轄權、專屬管轄權與選擇管轄權、注定管轄權與協議管轄權。在國際貿易實踐中，較為常見的是屬地管轄，又稱地域管轄，它是根據當事人的居住地、被告財產所在地、契約成立地或履行地，以及侵權行為地等訴訟原因發生地來確定法院的管轄權。在國際貿易訴訟中，由於法院的管轄權是一個重要而複雜的問題，因此雙方當事人在訂立合同時，應就法院的管轄權在合同中做出明確規定。

在採用訴訟方式解決國際貿易爭議時，當事人需關注的一個問題就是一國法院的判決能否得到外國法院的承認和執行。因為，任何國家法院的判決都是一國司法機關代表其主權國家針對特定的爭議而做出的，原則上只能在本國領域內生效。如果沒有相關國家的明確承認，任何外國法院的判決在別國領域內就不會產生任何法律效力。外國的任何機關或個人都不能在別國領域內強制執行其所屬國法院所做出的任何判決。而且，法院判決的承認和執行作為一國司法機關代表其國家行使司法主權的一種重要形式，只能由本國法院來實施。根據各國立法的普遍規定，外國法院判決的承認和執行一律由承認和執行地國家的法院來協助進行。因此，任何國家的內國立法在它們參與締結的有關國際條約中都明確規定了承認和執行外國法院判決時應該遵循的條件。包括：①原判決國法院必須具備合法的管轄權；②原判決國法院應該進行公正的訴訟程序；③外國法院判決必須是確定和合法的判決；④做出判決的外國法院應該適用被請求國衝突規範內所指定的準據法；⑤有關外國法院判決的承認和執行不能與內國的公共政策相抵觸；⑥國家之間一般應存在互惠關係。

採用訴訟方式解決爭議一般耗時長、程序複雜、訴訟費用高，而且容易惡化雙方當事人之間的關係，影響當事人以後的貿易往來。

第二節　索　賠

索賠（Claim）是指當簽訂合同的一方違反合同約定時，遭受損害的另一方向違約方提出損害賠償的要求和行為。在國際貿易實踐中，索賠通常來自三個方面：①由貨物買賣引起的索賠；②由運輸公司引起的運輸索賠；③由保險公司引起的保險索賠。

一、貨物買賣索賠的原因、內容與程序

貨物買賣索賠（Trade Claim）是指合同簽訂後，當事人中的一方由於未能按照合同約定履行自己的義務而使另一方因此遭受損失，遭受損失一方向違約方提出索賠的要求。它是建立在買賣雙方已經成立且有效的合同基礎上。

(一) 貨物買賣索賠的原因

在國際貿易實踐中，引起貨物買賣索賠的原因一般有以下三種：

第一，買方違約。如買方在簽訂合同後沒有按照合同規定的期限開立信用證，或者不按照相關的要求開立信用證；在 FOB 條件下，買方沒有按照合同約定的期限派船接收貨物；買方不按照約定期限付款，甚至拒絕付款以及無理拒收貨物。

第二，賣方違約。如賣方未按合同約定的期限交貨，甚至拒絕交貨；賣方所交貨物的品質、名稱、數量、包裝與合同規定不符，如貨物品質不良或與樣品不符，所交貨物出現短裝、溢裝以及漏裝，賣方未按要求包裝貨物；賣方未按合同約定履行交貨方式（包括不按合同約定的運輸方式或地點交貨、擅自中途轉運貨物或分批裝運貨物等），以及在賣方投保的條件下，賣方沒有按照合同約定對貨物進行投保。

第三，合同約定不明確導致雙方當事人對合同產生不同的理解。比如合同中所訂立的條款不明確，條款中訂立的「立即裝運」「即期裝運」等字樣，或者對買賣雙方各自的權利與義務約定不詳細。

(二) 貨物買賣索賠的內容

第一，賣方索賠的內容。當買方違約時，賣方要求索賠的內容一般有以下三種：①賣方要求賠償損失。如果買方因違約給賣方帶來了一定的損失，賣方只要能充分說明理由，舉出證據，就可以向買方要求賠償損失。②賣方要求償還貨款。當買方無正當理由拒絕付款，賣方就有權要求買方償付貨款及其相應利息。③賣方要求解除合同。如果買方無正當理由拒不開證，或者在 FOB 條件下，買方一直不派船接貨，那麼賣方就有權要求解除雙方交易合同，並且可以要求買方賠償相應的損失。

第二，買方索賠的內容。當賣方違約時，買方要求賠償的內容一般有以下幾種：①買方要求賠償損失。如果賣方因違約給買方帶來了一定的損失，買方只要能充分說明理由，舉出證據，就可以向賣方要求賠償損失。②買方要求補運貨物。當賣方所交貨物數量少於合同約定時，買方可以要求賣方在一定期限內補足數量，並且可以要求賣方賠償相應的損失。③當情況更糟糕時，買方可以要求減價或換貨，甚至拒收貨物。

(三) 貨物索賠的程序

以買方對賣方提出的索賠為例，簡要說明貨物買賣索賠的程序。

首先，買方發出索賠通知。當買方發現所收到的貨物與合同規定不符時，應立即向賣方發出索賠通知。其次，盡快備好索賠依據。雙方的貨物買賣合同最為重要，必不可少。同時準備好貨物檢驗證書，最好是有一定知名度的機構做出的，以及準備好其他單據，如發票、保險單、提單副本等等。列明索賠清單，包括索賠的具體項目、索賠金額以及該金額的計算方式。最後，向賣方正式提出索賠。

買方在索賠時，應該在約定的索賠期限內主張自己的權利，發出索賠函，並附上索賠依據。根據《聯合國國際貨物銷售合同公約》的規定，買方行使索賠權的最長期限為從實際收到貨物起不超過兩年。

二、運輸索賠的原因與程序、內容

運輸索賠（Transportation Claim）是指建立在雙方已經成立且有效的運輸合同基

礎上，對貨物承運人違反貨物運輸合同的行為提出的索賠，貨物承運人在其責任範圍內承擔賠償責任。比如，有一批運往瑞典的蠟燭，按 CIF 方式成交，貨物在裝船前經過檢驗，其品質完全符合合同規定，但貨物到達瑞典時，買方發現部分蠟燭呈現彎曲現象，因而向賣方提出索賠。事後查明，造成蠟燭彎曲的原因是貨物交給承運人後，承運人把該批貨物裝在靠近機房的船艙內，由於船艙內溫度過高而造成。因此，該貨物損失的原因是屬於承運人的責任，與賣方無關，買方可憑提單向承運人索賠。

（一）運輸索賠的原因

運輸索賠的原因一般有以下幾種情況：提單是清潔提單，但非意外事故，而是由運輸方造成的貨物損失，包括被運貨物短卸、破損等；無故繞航、延遲開船、違反合同約定中途轉運貨物或分批裝運貨物等；運輸方的實際過失或私謀，或者其代理人、雇傭人員的過失或疏忽造成的損失。

（二）運輸索賠的程序

貨物運輸索賠的基本程序與貨物買賣索賠相同，只是在個別細節上有所差異。具體步驟如下：

首先，發出索賠通知。貨主在目的地提貨時，若發現貨物損失，應立即向運輸方發出索賠通知，並要求運輸方簽發貨損貨差證明。如果在提貨後發現貨物損失時，一般應於提貨之日起三天內發出索賠通知。在發出索賠通知的同時，還應向保險人發出損失通知。按照《漢堡規則》第 19 條第 1 款規定：「除非收貨人在不遲於貨物移交給他之後第一個工作日內將滅失或損害書面通知送交承運人，敘明滅失或損害的一般性質，否則此種移交應作為承運人交付運輸單據所述貨物的初步證據，或如未簽發這種單據，則應作為完好無損地交付貨物的初步證據。」第 2 款規定：「遇有不明顯的滅失或損害，在貨物交付收貨人之日後連續 15 天內未送交書面通知，則相應地適用本條第 1 款的規定。」第 5 款規定：「除非在貨物交給收貨人之後 60 個連續日內已書面通知承運人，對延遲交付造成的損失不予賠償。」

其次，提請相關人聯合檢驗。貨主發現損失時，應立即提請公證行、運輸方以及保險公司等派人會同檢驗，並在檢驗報告上簽字為證。

再次，備齊索賠依據。需要的索賠依據主要有索賠清單、提單副本、發票、包裝單（重量單）、檢驗報告以及貨損貨差證明。

最後，向運輸方正式提出索賠。

貨主應在規定的索賠期限內向運輸方發出索賠函，並附上相關索賠依據，提出正式索賠。按照《海牙規則》（Hague Rules），即《統一提單若干法律規定的國際公約》（International Convention for the Unification of Certain Rules of Law Relating to Bill of Lading）和中國遠洋運輸公司的規定，向船公司索賠的有效期，應在貨物到達目的港交貨後一年之內提出索賠，逾期無效，但運輸方可以和貨主在運輸合同中協議延長。

三、保險索賠的原因、程序與保險賠款的計算

保險索賠（Insurance Claim）是指被保險人的貨物遭受承保責任範圍內的風險

損失時，被保險人向保險人提出的索賠要求。比如，在 CIF 方式下，貨物在運輸途中因輪船觸礁，船艙進水，致使貨物中的大部分遭到水浸損失。這種情況應屬於保險中基本險的承保範圍，賣方將保險單在議付貨款時交給買方，買方就可以憑該保險單向保險公司索賠。

(一) 保險索賠的原因

保險貨物在遭受承保範圍內的損失主要有以下兩種情況：

第一，自然災害、意外事故的發生使貨物遭受損失，且在保險人承保責任範圍之內的。

第二，承運人不予賠償或賠償額不足以抵補貨物損失的部分，且在保險人承保範圍之內的。

(二) 保險索賠的程序

保險索賠主要有以下四個基本程序：

首先，發出損失通知（Notice of Loss）。被保險人在發現保險貨物已遭受承保責任範圍內的損失時，應立即向保險人發出損失通知，並盡可能保留現場。由保險人會同有關方面進行檢驗，調查損失原因，確定損失性質和責任。否則，保險人將很可能對貨物遭受損失的部分不負賠償責任。

其次，採取必要、合理的施救措施。保險貨物受損後，被保險人有責任採取可能的、合理的施救措施，已防止損失擴大。因搶救、阻止、減少貨物損失而支付的合理費用，保險人負責賠償。被保險人能夠施救而不履行施救義務，保險人對因此而擴大的損失甚至全部損失有權拒絕賠償。

再次，向承運人提出索賠。如果被保險貨物是由於運輸方的原因遭受損失的，應先向運輸方索賠，不足部分才能再向保險人索賠。

最後，備齊索賠依據，在規定期限內向保險人提出索賠。向保險人索賠時，應備妥的依據主要有保險單（Insurance Policy）或保險憑證（Insurance Certificate）正本、運輸單據、商業發票、重量單和裝箱單、檢驗報告、貨損證明、殘損證明等，以及向運輸方或有關責任方追償的函電或其他證明文件，必要時還需要提供海事報告、索賠清單（包括賠償金額及其計算依據、有關費用項目和用途）。

按照國際保險業的慣例，保險索賠的時效為自貨物在最後卸貨地卸離運輸工具時起算，最多不超過兩年。

(三) 保險賠款的計算

保險索賠經保險人鑒定後確認承保範圍內的，保險人予以賠償。保險索賠的計算方式如下：

1. 貨物全損的索賠（包括實際全損或推定全損）

$$索賠金額 = 保險金額$$

2. 貨物部分損失索賠

(1) 貨物數量短少的索賠。

$$索賠金額 = 保險金額 \times \frac{損失貨物的數量}{保險貨物的數量}$$

(2) 貨物質量受損的索賠。

$$索賠金額 = 保險金額 \times \frac{(完好貨物現行市價 - 受損部分現行市價)}{完好貨物現行市價}$$

在計算現行市價時，一般按損失當時目的地未損壞貨物的正常市價計算。

3. 費用損失

只要屬於保險人承保責任範圍內的費用損失，均可與貨物損失合在一起，全部由保險人負責賠償，但全部賠償額不能超過貨物的保險金額；對於合理的損害防止費用，則可以在保險金額以外由保險人負責賠付，但損害防止費用最高不能超過一個保險金額。

此外，在計算保險索賠金額時，要注意保險條款中是否有免賠規定，即規定一定的免賠率或者規定不論損失程度均予以賠償。

保險人對易碎、易損、易耗的保險貨物，通常規定一定的免賠率（一般情況下定為0.5%~5%），以免除一部分賠償責任。免賠率分為相對免賠率（Franchise）和絕對免賠率（Deductible Franchise）。如果損失額不超過免賠率，保險人不予以賠償；超過免賠率，如果是相對免賠率則按照實際損失全部賠償，如果是絕對免賠率則扣除免賠額後的剩餘部分進行予以賠償。免賠額的計算如下：

$$免賠額 = 保險金額 \times 免賠率$$

保險人對於共同海損及由於船舶擱淺、碰撞、沉沒、火災而發生的損失，則不論損失程度如何均予以賠償。

四、合同中的索賠條款

合同中的索賠條款，主要有兩種規定辦法：

（一）異議和索賠條款（Discrepancy and Claim Clause）

這一索賠條款，除明確規定一方違反合同時，另一方有權提出索賠外，其主要內容還包括：

1. 索賠期限

索賠期限亦稱索賠時效，是指一方可向另一方提出索賠的有效時限。對於針對賣方交貨的品質、數量或包裝的索賠，規定索賠期限就顯得更為重要。索賠期限應根據不同的貨物、不同的情況加以合理規定，不宜過長也不宜過短，過長則賣方承擔的風險較大，過短則買方很難行使索賠的權利。

2. 索賠依據

主要規定索賠時須提交的證據以及出證機構。如果提交的證據不全、不足、不清，或者出證機構不符要求，對方可不予受理。

3. 索賠內容

通常不做具體規定。如果需要，買賣雙方也可按不同情況商定具體的索賠內容。異議和索賠條款舉例如下：

「索賠：買方對於賣方所交貨物的任何索賠，應在貨到目的港後××天內提出，

並須同時提交經雙方同意的公證機構出具的公證報告。」（Claim：The claim by the buyers regarding to the goods shipped, if any, shall be lodged within… days after the arrival of the goods at the port of destination and based on a survey report issued by a surveyor approved by both the buyers and the sellers.）

（二）罰金條款（Penalty Clause）

這一索賠條款規定一方未履行或未完全履行合同義務時，必須向另一方支付一定數額的罰金，罰金數額大小視違約時間的長短而定，但有一個最高限額。這一條款主要是針對賣方延期交貨，或者買方延期開證、延期接貨等情況而訂立的。違約方支付罰金後，仍需繼續履行合同義務。

值得注意的是，在德國、法國等大陸法系國家，罰金條款一般都能得到承認和保護；在英國、美國、澳大利亞、新西蘭等英美法系國家，要區別罰金是屬於損害賠償性質還是懲罰性質，如果屬於後者，法律是不予承認的。

罰金條款舉例如下：

「罰則：如果賣方延期交貨，每延誤一天必須向買方支付合同金額的 0.03%。罰金總額不得超過合同金額的 3%。賣方支付罰金後仍需繼續履行合同義務。延期超過 100 天時，買方有權撤銷合同。」（Penalty：In case of delayed delivery, the sellers shall pay to the buyers a penalty of 0.03% of the contracted amount for every day of delay. The penalty, however, shall not exceed 3% of the contracted amount. The sellers shall not thereby be exempted from the execution of this contract. Should the sellers fail to make delivery 100 days later the time of shipment stipulated in this contract; the buyers shall have the right to cancel this contract.）

第三節　不可抗力

一、不可抗力的含義

不可抗力（Force Majeure）是指雙方當事人簽訂合同後，發生的不是由於任何一方的過失或疏忽而造成的，卻是任何一方無法預見和避免的自然災害或意外事故，以致合同不能履行或不能如期履行。遭受不可抗力事件的一方，可以據此免除履行合同或推遲履行合同，對方無權要求賠償。

不可抗力通常包括兩種情況：一種是自然原因引起的，即自然災害如水災、火災、冰災、旱災、暴風雪、暴風雨、地震等，比如中國 1976 年發生的唐山大地震和 1998 年發生的長江洪水就屬於不可抗力事件；另一種是社會原因引起的，即意外事故如社會動亂、敵對行為、戰爭、封鎖、禁運等，比如在美國紐約發生的「9/11」事件。但是雙方當事人在合同簽訂後貨物價格發生漲落以及貨幣發生的升貶值不屬於不可抗力，它們是交易的正常現象，是交易雙方應該承擔的正常的貿易風險。

由於不可抗力不但是國際貨物買賣合同中的一項條款，而且也是一項法律原則，對此，國際公約和各國的法律、法規對不可抗力有不同的定義和規定。

《聯合國國際貨物買賣合同公約》第 79 條第 1 款中，將不可抗力定義為：「當事人不履行義務，不負任何，如果他能證明此種不履行義務，是由於某種非他所能控制的障礙，而且對於這種障礙，沒有理由預期他在訂立合同時能考慮到或能避免或克服它或它的後果。」

大陸法系國家按「情勢變遷原則」，將不可抗力歸結為合同成立後，由於非當事人的原因，使合同履行的基礎情勢發生變遷，以致按原合同履行會產生顯失公平的結果。英美法系國家把不可抗力歸結於「合同落空」（Frustration of Contract）的理論之中。其含義是合同簽訂後，不是由於雙方當事人自身的原因和過失，而是由於事後發生了雙方當事人意想不到的變化，致使合同不能履行，或對原來的法律效力需做相應的變更。這種理論對不可抗力的規定更狹窄、更嚴厲。

因此，在不同的法律體系中，對不可抗力有著不同的理解和限定，世界各國對此並沒有統一的解釋。在國際貿易實踐中，對於由自然災害引起的不可抗力事件，世界各國認識比較一致；對於由社會原因引起的不可抗力事件，世界各國對此沒有做出統一的解釋。如有的國家把罷工、政府干預、市場變化等認定為不可抗力，而其他國家則沒有將其規定在範圍內。一方面，社會現象比較複雜，解釋起來有相當的困難；另一方面，由於不可抗力是一種免責條款，買賣雙方經常援引該條款來解除或減少自己承擔的違約責任與義務。而這種援引在多數情況下是誇大了不可抗力的範圍。為避免合同雙方對不可抗力存在的不同理解，雙方當事人應在合同的不可抗力條款中約定哪些意外事故應視作不可抗力。當合同中就不可抗力事件的範圍具體列明時，法院或仲裁機構根據意思自治原則，一般都予以支持和維護。但如果合同對此未做規定或規定不明確時，則依據法律適用原則來確定，就會給一方當事人造成很不利的後果。

雖然國家貿易公約和各國的法律、法規對不可抗力的理解和解釋不一致，但基本要件相同，主要包括以下三方面：第一，它是合同簽訂以後發生的；第二，事故的發生是當事人無法預見、無法控制、無法避免和不可克服的；第三，它不是由於當事人的故意或過失行為而造成的。

二、不可抗力事故的法律意義

發生不可抗力事件後，一般根據不可抗力事件對當事人一方履行合同能力的影響大小，將不可抗力的法律意義分為三種情況：

（1）部分免責。當不可抗力事件發生後，如果遭受不可抗力事件的一方仍有部分履約能力，或者可以用其他方式代償時，只要不損害對方利益，那麼遭受不可抗力事件的一方對於能夠履行合同的部分就負有繼續履行的義務，對於不能履行合同的部分義務可以予以免除，而且不需承擔不履行合同的責任。

（2）解除合同。如果在合同履行期間一方因遭受不可抗力事件而使其在履行合同受到根本性的損害，導致履約成為不可能，這時，該方可以解除合同，並不承擔不能履行合同的違約責任。當然，至於在什麼情況下可以解除合同，應視事故的性質、規模和對當事人履行合同影響的大小具體對待。為了避免在不可抗力事件後當

事人是否可就該不可抗力以解除合同發生爭議，雙方當事人應就不可抗力的具體情況在合同中規定。

（3）延期履行合同。如果在合同履行時，當事人一方遭受不可抗力事件，導致無法在合同規定的期限內履行合同，這時法律允許其推遲其履行合同的義務，並免除延期履行合同的責任。不可抗力事件一旦消除，當事人仍要繼續履行合同。

三、合同中的不可抗力條款

合同中的不可抗力條款，其主要內容包括：不可抗力事故的範圍；不可抗力事故的法律後果；發生不可抗力事故的通知期限、通知方式；出具事故證明文件的機構。

在訂立不可抗力條款時，應當注意：

（一）明確規定不可抗力事故的範圍

不可抗力事故的範圍，對買賣雙方（尤其是賣方）的利害關係很大，是買賣雙方在磋商交易時經常發生爭執的問題。在合同中對不可抗力事故範圍的表達應明確具體，防止因籠統含糊而造成理解上的分歧，產生爭議。

關於不可抗力事故的範圍，通常有以下三種規定方法：

（1）概括式規定，即在合同中不具體訂明哪些現象屬於不可抗力事故，而只作籠統概括地規定。例如：「由於公認的不可抗力原因（Owing to the generally recognized Force Majeure causes）致使賣方不能交貨或延期交貨，賣方不負責任。」這種規定比較籠統含糊，對不可抗力事故範圍的解釋易產生糾紛，除非雙方有固定的業務關係，對其已取得較一致的解釋，一般不宜採用。

（2）列舉式規定，即在合同中逐一訂明哪些現象屬於不可抗力事故。凡未訂明的，均不能視為不可抗力事故加以援引。例如：「由於戰爭、水災、火災、雪災、地震、海嘯的原因致使合同一方不能履行合同規定義務，可不負責任。」這種規定雖然明確具體，但由於不可抗力事故不勝枚舉，一旦發生未列舉的其他事故，就無法引用不可抗力條款，雙方仍有可能發生爭執。

（3）綜合式規定，即將概括式規定與列舉式規定並用，在訂明雙方已取得一致意見的各種不可抗力事故的同時，加入「以及雙方當事人同意的其他人力不可抗拒事故」。這樣，除了已列明的不可抗力事故外，如發生其他意外事故，可由雙方協商求得合理的解決辦法，這種規定既明確、具體又具有一定的靈活性，彌補了前兩種方式的不足。

（二）合理確定不可抗力事故的法律後果

如前所述，不可抗力事故的法律後果有兩種，一是解除合同，一是延遲履行合同。並不是一發生不可抗力事故，遭受事故的一方就可以免除履行合同的責任。對於在什麼情況下可以解除合同，什麼情況下只能延遲合同的履行，買賣雙方應在合同中加以合理確定。常見的規定辦法有以下兩種：

（1）將不可抗力事故按其性質及對履行合同的影響程度，分為兩類：一是使合同無法履行的不可抗力事故，二是推遲了合同履行的不可抗力事故。規定在前一種

情況下，可以解除合同；在後一種情況下，可以將合同的履行期延長一定期限。

(2) 規定在不可抗力事故發生後，可根據實際情況延遲履行合同××天。如果到時合同仍無法履行，雙方可再就合同是否要履行問題進行協商。

(三) 明確規定發生不可抗力事故通知對方的期限、方式以及出具事故證明文件的機構

按國際慣例，當事人一方因發生不可抗力事故而影響合同履行時，必須及時通知對方，對方也必須予以及時答覆。但為明確起見，最好能在合同中規定一方發生事故後通知對方的期限和方式。同時還應明確要求免責的一方向對方提交證明文件以及出具證明的機構（通常是當地政府、商會或合法的公證機構）。例如：「由於……致使任何一方不能履行合同時，遭受上述不可抗力事故的一方應立即以電報或電傳通知對方，並應在十五天內以航空掛號信提供事故的詳情以及當地政府機關或商會出具的事故證明。」

合同中的不可抗力條款舉例如下：

「人力不可抗拒：由於戰爭、罷工、地震、水災、火災、雪災、臺風以及雙方同意的其他人力不可抗拒事故，致使賣方不能按期裝運或延遲裝運合同貨物，賣方不負責任。但賣方應立即以電報通知買方，並應在事故發生後 15 天內以航空掛號信向買方提交有關當局出具的證明文件，以證明此類事故的存在。如因遭受不可抗力事故引起的延誤超過 60 天時，買方有權撤銷合同。」（Force Majeure：The sellers shall not be liable for any failure or delay in shipment of the goods under this contract due to war, strike, earthquake, flood, fire, heavy snow, typhoon and/or other force majeure events agreed upon by both the sellers and the buyers. However, in such case, the sellers shall notify the buyers of the occurrence without any delay and within 15 days thereafter send by registered airmail to the buyers a certificate issued by the relevant authorities as evidence thereof. in case the delay caused by any force majeure event continues for more than 60 days, the buyers shall have the right to cancel this contract.）

第四節　仲　裁

仲裁（Arbitration）又稱公斷，是指雙方當事人達成書面協議或在合同中訂立仲裁條款，自願將他們之間發生的爭議或者可能發生的爭議交給各方當事人都同意的第三者進行審理和裁決的一種解決爭議的方式。由於仲裁是依據法律所規定的仲裁程序裁定爭端，因此該裁決結果對雙方當事人均具有法律約束力，雙方當事人必須遵守並執行該裁決。

在大多數國家中，如果雙方當事人在合同中訂立了仲裁條款，那麼在發生爭議後，就無須再訂立仲裁協議；而在少數國家，即使雙方當事人事先在合同中訂有仲裁條款，但在發生爭議後，仍需達成書面仲裁協議，才能將爭議提交仲裁機構裁決。

從長期的國際貿易實踐來看，國際貿易的爭議不能通過友好協商與調解解決時，

一般都習慣於採用仲裁的方式解決。

一、仲裁機構

國際商事仲裁機構（International Commercial Arbitration Agency），它是雙方當事人基於意思自治而自主選擇出來，以解決當事人之間已經發生或可能發生爭議的一種民間機構。在國際商事仲裁實踐中，國際商事仲裁機構有臨時仲裁機構和常設仲裁機構。當事人在選擇仲裁方式解決爭議時，可以任意選擇其中的一種仲裁機構，但是當事人必須在合同條款或事後達成的仲裁協議中明確規定。

1. 常設仲裁機構（Permanent Arbitration Agency）

該機構是依據國際條約和一國國內法而設立的，它是具有固定組織、固定地點和固定仲裁程序規則的永久性機構，一般都備有仲裁員名冊供當事人選擇。如今，常設仲裁機構在地域範圍上幾乎遍及全球各個國家，在業務範圍上也已涉及國際商事法律關係的很多領域。以下對國際社會上有較大影響的幾個常設仲裁機構做些簡單的介紹：

（1）國際商會仲裁院（The International Court of Arbitration of International Chamber of Commerce）。

在國際商事仲裁領域，國際商會仲裁院是最具影響的仲裁機構，現有會員國家60多個。該仲裁院1923年成立於法國巴黎，屬於國際商會的一部分，其宗旨是通過處理國際性商事爭議，促進國際商事的合作與發展。國際商會仲裁院總部設在巴黎，儘管它是根據法國法律設立的，但與任何國家沒有關係。國際商會仲裁院的委員來自40多個國家，他們都具有法律背景和國際商事法律及爭議解決的專業經驗。仲裁院在國際商會的主持下制定有一套完整的國際商事仲裁程序規則，規則已獲得了全球多數國家的承認，如今為世界各國所廣泛採用和遵守。

國際商會仲裁院具有非常廣泛的管轄範圍。任何國家的當事人，即使當事人所屬國家不是國際商會成員國的成員，也可以將有關爭議通過仲裁協議或合同中訂立的仲裁條款提請到國際商會仲裁院以仲裁。同時，當事人可在該仲裁院中自由選擇仲裁員，以及仲裁進行的地點、使用的語言和適用的法律。仲裁院審理案件時由仲裁院指定或確認的仲裁員組成的仲裁庭進行。仲裁庭有權自行決定其管轄權，有權確定或確認或在必要時改變當事人選擇的仲裁地點。仲裁庭在審理裁決某一爭議事項時，必須適用當事人選擇的法律，在當事人未做該項選擇時可適用仲裁地法。仲裁庭做出的裁決具有終局效力，有關當事人可以此請求有關國家的法院協助執行。

從全球範圍看，各國法院對仲裁裁決越來越持寬鬆、支持的態度。因此，國際商會仲裁院做出的仲裁裁決，各國法院基本上都能承認和執行，尤其是歐洲和美洲的法院。但在某些亞洲國家，仍然存在一些問題，主要是國家法院的決定干預了未決的案件。

（2）解決投資爭議的國際中心（ICSID）。

該機構專門為解決國家契約——國家與外國私人投資者簽訂的「特許協議」或「經濟開發協議」所產生的爭議問題而設。該中心是專門性國際組織，具有國際法

人地位。它與世界銀行關係密切。該中心仲裁有完全自治的管轄體制，不受制於內國法律和內國法院。在該體制中，締約國對本國國民和另一締約國根據公約已同意交付仲裁的協議不得給予外交保護或提出國際要求。內國法院僅限於為做出的裁決提供便利和給予司法協助。

（3）瑞典斯德哥爾摩仲裁院（The Arbitration Institute of the Stockholm Chamber of Commerce）。

斯德哥爾摩商會成立於1917年，其仲裁機構組織設立於1949年。仲裁院設立的目的在於解決工業、貿易和運輸領域的爭議。它是瑞典斯德哥爾摩商會下的一個專門處理商事爭議的獨立機構，其總部設在瑞典的斯德哥爾摩。斯德哥爾摩商會仲裁院解決國際爭議的優勢在於其國家的中立地位，為公平裁決提供了很好的保障。仲裁院除自身有一整套適用於國際範圍的完整規則外，還根據《聯合國國際貿易法委員會仲裁規則》等其他任何仲裁規則來審理裁決有關當事人提交的任何商事爭議。因此，瑞典斯德哥爾摩仲裁院的公正裁決享有很高的國際聲譽，特別以解決涉及遠東的爭議而著稱。該院與中國國際經濟貿易仲裁委員會有業務聯繫。中國對外經濟貿易促進委員會建議，中國當事人在選擇第三國仲裁機構時，可優先考慮該仲裁院。

（4）美國仲裁協會（American Arbitration Association）。

美國仲裁協會成立於1926年，是一個非營利性的為公眾服務的機構。由全美工商界及各社會團體選舉組成的理事會領導，總部設在紐約，並在全美24個主要城市設有分支機構。20世紀90年代，美國仲裁協會成立亞太爭議中心。近年來，美國仲裁協會又開始發展歐洲業務，並在歐洲設立了分部。美國仲裁協會的仲裁員來自很多國家，當事人可以在其仲裁員名冊之外指定仲裁員。美國仲裁協會制定有《商事仲裁規則》，受理全美各地以及外國當事人提交的任何商事爭議。美國仲裁協會的慣例是，每當協會指定審理案件的地點時，有關的仲裁庭在雙方當事人沒有合意選擇法律的情況下，幾乎都是自動地選擇該地的法律作為仲裁所依據的法律。而且，如果雙方當事人就仲裁地點的選擇難以達成一致，通常都是由協會指定在紐約市進行仲裁，從而根據紐約市的現行法律對有關爭議事項進行仲裁審理，並做出實質性裁決。

美國仲裁協會的受案範圍比較廣泛，從國際經貿糾紛，到勞動爭議、消費者爭議、證券糾紛等無所不包。與此相應，美國仲裁協會有各種類型的仲裁規則，分別適用於不同種類的糾紛。美國仲裁協會的受案量是世界第一，其中勞動爭議等美國國內案件占絕大部分，並且該協會受理的案件多數為美國當事人與外國當事人之間的爭議。

（5）倫敦國際仲裁院（The London Court of International Arbitration）。

英國倫敦仲裁院成立於1892年，是國際社會成立最早、影響最大的常設仲裁機構之一，仲裁院由倫敦市政府、倫敦商會和女王特許仲裁協會共同組成的聯合委員會管理。該仲裁院的海事仲裁在國際社會享有很高聲望，世界各國的大多數海事爭議都訴諸該院仲裁。倫敦仲裁院受理提交給它的任何性質的國際爭議。該仲裁院備

有供當事人選擇的仲裁員名單，而且為了適應國際性仲裁的需要，又於 1978 年又設立了「倫敦國際仲裁員名單」。名單上的人員由來自 30 多個國家具有豐富經驗的仲裁員組成。有關商事爭議的當事人決定將其爭議提交倫敦仲裁院仲裁以後，有關的仲裁程序即由雙方當事人合意選擇的仲裁員組成的仲裁庭來主持進行。該仲裁庭通常是按照其自身制定的仲裁規則來進行仲裁，並適用英國法作為有關契約的準據法，以對有關爭議進行實質性裁決。

（6）香港國際仲裁中心（The Hong Kong International Arbitration Center）。

香港國際仲裁中心成立於 1985 年，機構設在中國香港。雖然成立較晚，但其借助於香港區位優勢很快發展為亞洲領先的國際仲裁中心。該中心沒有自己的國際商事仲裁規則，因而在仲裁實踐中，依《聯合國國際貿易法委員會仲裁規則》進行操作。香港國際仲裁中心還設有調解機構，調解包括家庭糾紛在內的各種爭議。

近年來，香港國際仲裁中心的地位受到其他仲裁機構的挑戰。隨著中國內地經濟的發展和加入世貿組織，香港仲裁中心開始致力於在中國內地推廣其仲裁業務，爭取更多的內地公司到香港國際仲裁中心仲裁案件。

（7）中國國際經濟貿易仲裁委員會（Chinese International Economic and Trade Arbitration Commission）。

中國國際經濟貿易仲裁委員會成立於 1956 年 4 月，前身為「對外貿易仲裁會」及「對外經濟貿易仲裁委員會」，1988 年正式更名為「中國國際經濟貿易仲裁委員會」，總部設在北京。該委員會是中國國際商會的常設仲裁機構，其主要職責是以仲裁方式公正、獨立地解決各種契約性或非契約性商事糾紛，組織仲裁案件程序管理並提供相應服務。2000 年，該委員會啟用新名稱——中國國際商會仲裁院，並於 2000 年 9 月 5 日通過了新仲裁規則，同年 10 月 1 日正式實施。該仲裁委員會受案範圍目前為一切國內、國際仲裁，在國際上享有較高聲譽。

該仲裁委員會在國內有深圳和上海兩個分會，以及在大連、長沙、重慶、成都、福州等地設有辦事處。在國際上，該委員會先後與瑞典斯德哥爾摩仲裁院、倫敦國際仲裁中心、埃及開羅地區仲裁中心、俄羅斯工商會、蒙古工商會、克羅地亞商會仲裁院、英國皇家御準仲裁員協會等機構簽訂了仲裁合作協議。

在 1994 年《中華人民共和國仲裁法》頒布前，所有的涉外經貿仲裁案件均由該仲裁委員會受理。現在，雖然國內其他仲裁委員會也可以據當事人協議受理一些涉外案件，但絕大多數的涉外案件仍然由當事人提交到中國國際經濟貿易仲裁委員會審理並裁決。該仲裁委員會的仲裁裁決可在世界 140 多個國家和地區得到承認和執行。隨著該仲裁委員會 2000 年版《仲裁規則》的頒布和實施，其受案範圍進一步擴大到當事人意願提交仲裁的其他國內案件。這將為國內企業提供更多的選擇具有國際水準仲裁機構的機會。

除此之外，國際上主要的常設仲裁機構還有新加坡國際仲裁中心、日本國際商事仲裁協會、義大利仲裁協會、蘇黎世商會仲裁院、巴黎國際商會仲裁院等等。

2. 臨時仲裁機構（Ad Hoc Arbitration Agency）

臨時仲裁機構是指根據雙方當事人的仲裁協議，在爭議發生後由雙方當事人選

定的仲裁員臨時組成的，負責審理當事人之間的有關爭議，並在審理終結做出裁決後即自行解散的臨時性仲裁機構。臨時仲裁機構沒有固定的組織、章程、規則和地點。採用臨時仲裁機構來審理國際商事案件具有極大的靈活性，雙方當事人可以協商確定臨時仲裁機構的組成及其活動規則、仲裁程序、法律適用、仲裁地點、裁決方式甚至仲裁費用等。

二、仲裁程序

仲裁程序（Arbitrtration Procedure）是雙方當事人將所發生的爭議根據仲裁協議的規定提交仲裁時所需進行的各項手續、步驟和方法。仲裁程序主要是為當事人和仲裁員提供進行仲裁的準則，以便仲裁進行有所遵循。各國常設仲裁機構一般都有自己的仲裁程序規定，如中國現行的仲裁程序是依據《中國國際經濟貿易仲裁委員會仲裁規則》。根據國際仲裁的一般做法，原則上採用仲裁所在地的仲裁規則，也就是說，規定在哪個國家的仲裁機構進行仲裁，就採用哪個國家的仲裁機構的仲裁規則進行仲裁。但是，國際慣例和有些仲裁機構也允許當事人之間約定採用仲裁地點以外的其他仲裁地點的仲裁規則進行仲裁。比如，瑞典斯德哥爾摩商會仲裁院受理仲裁案件時，允許當事人選擇按聯合國國際貿易法委員會制定的仲裁規則進行仲裁。仲裁程序一般包括提出仲裁申請和受理、組織仲裁庭、仲裁審理和仲裁裁決四個基本環節。

（一）仲裁申請和受理

仲裁申請是指有關仲裁協議中所約定的爭議事項發生以後，一方當事人依據該項協議將有關爭議提交給他們所約定的仲裁機構，請求對爭議事項進行仲裁審理。提出仲裁申請是仲裁程序的最初步驟。仲裁申請的提出必須以書面形式進行，由提出申請的一方當事人，即仲裁程序中的申請人按規定提交仲裁申請書，同時預繳一定數額的仲裁費。仲裁申請書一般包含以下方面的內容：

（1）申請人和被申請人的名稱和地址。
（2）請求仲裁的爭議事項以及提出請求的理由和依據。
（3）按規定指定仲裁員，如果委託有關仲裁機構指定仲裁員，申請人應做出明確授權。
（4）指明常設仲裁機構的名稱或臨時仲裁機構的組成方式。
（5）應依法附上有關的文件，如合同、仲裁協議、雙方往來函電以及其他有關文件。

有關仲裁機構在收到申請人提交的仲裁申請書以後，應立即進行初步審查。如果仲裁機構具有仲裁管轄權，而申請人又沒有違反仲裁立法中的時效規定，即正式受理該有關仲裁案件，並將仲裁申請書及其副本及時送交給有關被申請人和申請人所選定的仲裁員。同時還應將有關的仲裁規則及仲裁員名冊送交被申請人，並通知被申請人依法提出答辯書，並選出應由他選定的仲裁員，或提交請求有關仲裁機構代為指定仲裁員的委託書。如果被申請人有反訴，則應在一定期限內向仲裁機構提出，並按規定預繳仲裁費。

根據各國仲裁立法的規定，無論是申請人，還是被申請人都有權委託代理人代為進行有關的仲裁活動。但接受委託的代理人應該向有關的仲裁機構提交授權委託書。

(二) 組織仲裁庭

仲裁庭是指具體負責對某項已交付仲裁的爭議進行仲裁審理，並最終就該爭議做出實質性裁決的組織。雙方當事人選擇某臨時仲裁機構審理有關爭議時，該臨時仲裁機構可以直接作為仲裁庭審理裁決案件。如果雙方當事人將有關爭議合意提交常設仲裁機構審理，則應該由在該常設仲裁機構內組織的仲裁庭來進行，因為常設仲裁機構本身並不具體負責案件的仲裁審理。

仲裁庭由雙方當事人合意選定或由有關仲裁機構基於當事人的授權或依職權指定的仲裁員組成。在目前的國際商事仲裁實踐中，一般都基於組成仲裁庭人數的不同，將仲裁庭區分為獨任仲裁庭和合議仲裁庭。獨任仲裁庭由一名仲裁員組成；合議仲裁庭由兩名或兩名以上的仲裁員組成。至於某一具體的國際商事仲裁案件應由哪種類型的仲裁庭來審理，則完全取決於雙方當事人的意見。只有在雙方當事人沒有就仲裁庭的類型和人數做出約定時，才由有關的仲裁機構依法做出裁定。

依照中國《中華人民共和國仲裁法》規定，仲裁庭可以由三名仲裁員或者一名仲裁員組成，由三名仲裁員組成的仲裁庭要設首席仲裁員。

(三) 仲裁審理

仲裁審理是指仲裁庭成立以後，採取一定的方式和程序調取審核證據，查詢證人、調查事實，對爭議事項進行全面的審查動。仲裁審理是仲裁程序中一個重要的環節，是裁決爭議事項的基礎。

仲裁審理有口頭審理和書面審理兩種方式，在採取口頭審理方式審理爭議事項時，仲裁庭應首先確定審理日期，並將具體的開庭日期、時間和地點在每次開庭前的適當時期通知雙方當事人及有關人員，便於他們做好出庭準備工作。當事人可以親自出庭參與仲裁，也可以委託代理人代為辦理有關仲裁事宜。通常情況下，仲裁庭不公開進行開庭審理，以便於對雙方當事人的保密。如果雙方當事人要求公開，由仲裁庭做出決定。開庭地點一般是仲裁委員會所在地，但經過仲裁委員會主席批准，也可以選擇其他地方。在採取書面審理方式審理爭議事項時，由仲裁員直接根據仲裁當事人、證人或有關專家、鑒定人等提供的仲裁申請書、答辯書、證明、證據等有關書面材料對有關爭議事項進行審理。

(四) 仲裁裁決

仲裁裁決是指仲裁庭對當事人提交的爭議事項進行審理以後做出的終局性裁決。仲裁裁決作為仲裁程序的最後環節一經做出，整個仲裁程序即宣告終結。仲裁庭必須遵循以下原則做出裁決：當事人意思自治原則，即依據雙方當事人約定的仲裁程序和相關法律對爭議事項進行仲裁；多數裁決原則，即仲裁庭對爭議事項的裁決必須由仲裁庭多數成員的意見做出；依照仲裁協議規定進行裁決，即仲裁庭裁決有關爭議事項時不能超越仲裁協議所規定事項的範圍；依法裁決原則。

仲裁庭在仲裁過程中可以基於當事人的請求，在必要時就有關爭議事項做出部

分裁決、中間裁決或臨時裁決，然後在仲裁程序終結時，再對整個爭議事項做出終局裁決。仲裁裁決都必須以書面形式做出，並且由仲裁庭全體仲裁員簽名。裁決書應註明雙方當事人和仲裁員的相關情況以及裁決的準確日期和地點，並簡述爭議事項的背景情況，以及當事人的仲裁請求及其提出請求的理由和依據；同時，裁決書應註明仲裁庭對爭議事項的評價和做出裁決的理由，以及裁決所認定各方當事人的權利與義務，仲裁費用的分攤也在裁決書中註明。

由於裁決時間的長短直接影響到雙方當事人的經濟利益以及仲裁機構審理的費用和成本，因此各國仲裁法和仲裁規則都對仲裁庭做出仲裁裁決的時間有明確的規定。《國際商會調解與仲裁規則》第18條規定仲裁裁決在仲裁程序正式開始後6個月內做出；《中華人民共和國國際經濟貿易仲裁委員會仲裁規則》第52條規定，仲裁庭應在組庭後9個月內做出仲裁裁決書。同時規定，在適用簡易程序時，開庭審理的案件，仲裁庭應在開庭審理之日起30天內做出仲裁裁決書；書面審理的案件，仲裁庭應當在仲裁庭成立之日起30天內做出仲裁裁決書。

多數國家都規定仲裁是終局性的，規定各方當事人都必須依照執行，而且任何一方當事人不得向法院起訴，也不得向其他機構提出變更仲裁裁決的要求。如果一方當事人對裁決不服而向法院起訴，法院也只能審查仲裁程序，即仲裁裁決在法律上是否手續完備，而不能就裁決結果進行審查。在審查時，如果法院認為裁決在程序上不完備，可以有權裁定該裁決無效。如果一方當事人不自覺執行仲裁裁決，其他當事人可以依照仲裁裁決請求相關法院強制執行。

三、仲裁裁決的執行

仲裁的執行是指司法機關根據當事人的申請，依法強制另一方當事人執行裁決的結果。仲裁裁決的執行應當以當事人自覺履行為原則，只有當有關當事人拒不履行有關裁決所確定的義務時，才由對方當事人依法向有關國家的法院提出申請，請求法院協助予以強制執行。由於各有關國家在社會、政治、經濟利益方面的衝突以及法律制度方面的差異，一般都對內國仲裁裁決和外國仲裁裁決分別採取不同的態度，對於外國仲裁裁決的承認和執行規定有比內國仲裁裁決的承認和執行更為嚴格的條件。

（一）內國裁決的執行

內國裁決的執行涉及兩個方面：一方面是內國裁決在內國境內的執行，另一方面是內國裁決在外國境內的執行。

各國仲裁立法和仲裁規則以及民事訴訟法都普遍承認已經發生法律效力的內國仲裁裁決在內國境內具有與內國法院做出的判決和裁定同等的法律效力，並且都明確規定內國法院或其他有執行權的機構可以基於仲裁一方當事人的請求，按照與執行內國法院確定判決同樣或類似的方式和程序予以強制執行。

當內國仲裁裁決需要到國外執行時，根據各國有關立法的規定，一般都授權有管轄權的法院或允許有關當事人直接向與本國存在條約關係或互惠關係的國家的法院提出申請，要求予以強制執行的協助。

(二) 外國裁決的執行

外國仲裁裁決的執行除涉及雙方當事人的經濟利益以外，它還關係到各國政治、經濟、文化、法律等方面。因此，世界各國都在授權內國法院或其他有權機構執行外國仲裁裁決的同時，又對外國裁決的執行規定了一定的條件和程序。

第一，執行外國仲裁裁決的條件。根據各國仲裁立法和民事訴訟法的規定，某一外國仲裁裁決要在一個國家境內得到執行，一般都得具備以下要件：

（1）必須存在有效的仲裁協議。
（2）有關裁決是有關仲裁庭在管轄權範圍內做出的裁決。
（3）做出有關裁決所依據的仲裁程序符合有關當事人之間訂立的仲裁協議的規定，或在沒有這種仲裁協議的規定時，不違反原裁決國的法律。
（4）有關的仲裁程序為被執行人提供了適當的辯護機會。
（5）請求承認與執行的仲裁裁決應該是確定的裁決。
（6）有關國家之間存在互惠關係。
（7）有關外國仲裁裁決的承認和執行不與內國的公共政策相抵觸。

第二，執行外國仲裁裁決的程序。外國仲裁裁決要在一個國家境內得到執行，按照國際商事仲裁實踐中的做法，一般由相關當事人向執行地國家的法院或其他有執行權的機構提出書面申請，由其進行審查。確認有關外國仲裁裁決符合本國法所規定的條件以後，發給執行令，然後由本國法院或有關主管機構按照執行本國仲裁裁決同樣的方式和程序予以執行。

由於申請外國法院強制執行比較困難，為便於裁決在外國的承認與執行，各國除簽訂了大量的雙邊條約外，還制定了多邊性的國際公約。1958年6月，聯合國國際商事仲裁會議簽訂了《承認與執行外國仲裁裁決公約》，簡稱《紐約公約》。該公約強調了兩點：一是承認雙方當事人所簽訂的仲裁協議有效；二是根據仲裁協議所做出的仲裁裁決，締約國應承認其效力並有義務執行。中國於1986年加入該公約，並同時聲明：中國只在互惠的基礎上對在另一締約國領土內做出的仲裁裁決的承認和執行適用該公約，中國只對根據中國法律認定為屬於契約性和非契約性商事法律關係所引起的爭議適用該公約。

四、合同中的仲裁條款

合同中的仲裁條款，其主要內容包括：

(一) 仲裁地點

仲裁地點的選擇關係到仲裁所適用的程序法（仲裁規則），以及合同所適用的實體法。除非合同另有規定，在哪個國家仲裁，往往就要用那個國家的實體法確定合同當事人的權利義務關係。

因此，仲裁地點的選擇對於買賣雙方來說都至為重要。買賣雙方通常都會爭取在本國仲裁，如果無法達成協議，則可規定在雙方同意的第三國仲裁。

(二) 仲裁機構

國際商務仲裁機構有常設仲裁機構與臨時仲裁機構兩種。

常設仲裁機構可分成三類：
（1）國際性或區域性的仲裁機構，如國際商會仲裁院；
（2）全國性的仲裁機構，如英國倫敦仲裁院、美國仲裁協會、日本國際商事仲裁協會、義大利仲裁協會、瑞士蘇黎世商會仲裁院、瑞典斯德哥爾摩商會仲裁院、中國國際貿易促進委員會對外經濟貿易仲裁委員會等；
（3）專業性的仲裁機構，如倫敦穀物商業協會、倫敦油籽協會等附設於特定行業組織內的仲裁機構。

臨時仲裁機構是為了解決特定的爭議，由當事人雙方指定仲裁員自行組成的仲裁庭，在爭議處理完畢後即自動解散。

如果買賣雙方選擇常設仲裁機構解決爭議，應在仲裁條款中訂明仲裁機構的具體名稱，常設仲裁機構中通常都備有仲裁人員名冊，雙方在爭議發生後可加以選擇以組成仲裁庭；如果買賣雙方採取臨時仲裁機構解決爭議，應在仲裁條款中訂明仲裁員人數、指定辦法以及關於仲裁庭組成的主要事項。

（三）仲裁規則

仲裁規則主要是規定進行仲裁的具體步驟、手續與做法，包括仲裁的申請、仲裁員的指定、仲裁案件的審理、仲裁裁決的執行、仲裁費用的支付等內容。各國常設仲裁機構一般都有自己的仲裁規則，國際性的仲裁規則有國際商會商事仲裁規則、聯合國國際貿易法委員會仲裁規則等。

按照國際仲裁慣例，原則上應採用仲裁所在地的仲裁規則，但買賣雙方也可另行約定其他的仲裁規則。

（四）仲裁裁決的效力

為明確起見，一般都應在仲裁條款中規定：仲裁裁決是終局的，對雙方均具有約束力。

（五）仲裁費用的負擔

合同中的仲裁條款舉例如下：

「仲裁：因執行本合同所產生的或與本合同有關的任何爭議，雙方應友好協商解決。如協商不能解決，應提交××國××地仲裁機構，按照該仲裁機構的仲裁規則進行仲裁。仲裁裁決是終局的，對雙方均具有約束力。除仲裁機構另有裁決外，仲裁費用由敗訴方負擔。」（Arbitration：Any dispute arising from the execution of, or in connection with this contract, shall be settled through friendly negotiations between both parties. Should no settlement be reached, the dispute shall be submitted to the arbitration organization of... for arbitration in accordance with its arbitration regulations. The arbitral award shall be final and binding upon both parties. The arbitration fee shall be borne by the losing party unless otherwise awarded by the arbitration organization.）

國家圖書館出版品預行編目（CIP）資料

國際貿易學（第二版）/ 尹忠明 主編. -- 第二版.
-- 臺北市：崧博出版：崧燁文化發行, 2019.05
　　面；　公分
POD版

ISBN 978-957-735-804-2(平裝)

1.國際貿易理論

558.7　　　　　　　　　　　　　108005647

書　　名：國際貿易學（第二版）
作　　者：尹忠明 主編
發行人：黃振庭
出版者：崧博出版事業有限公司
發行者：崧燁文化事業有限公司
E - m a i l：sonbookservice@gmail.com
粉絲頁：　　　　網　址：
地　　址：台北市中正區重慶南路一段六十一號八樓 815 室
8F.-815, No.61, Sec. 1, Chongqing S. Rd., Zhongzheng
Dist., Taipei City 100, Taiwan (R.O.C.)
電　　話：(02)2370-3310　傳　真：(02) 2370-3210
總 經 銷：紅螞蟻圖書有限公司
地　　址：台北市內湖區舊宗路二段 121 巷 19 號
電　　話：02-2795-3656　傳真：02-2795-4100　　網址：
印　　刷：京峯彩色印刷有限公司（京峰數位）

　　本書版權為西南財經大學所有授權崧博出版事業股份有限公司獨家發行電子書及繁體書繁體字版。若有其他相關權利及授權需求請與本公司聯繫。

定　　價：450元
發行日期：2019 年 05 月第二版

◎ 本書以 POD 印製發行